Frauen in Geschichte und Gesellschaft
Herausgegeben von Annette Kuhn und Valentine Rothe

Band 40

Zwischen „Nebenwiderspruch" und „revolutionärem Entwurf"

Emanzipatorische Potenziale sozialdemokratischer Frauenpolitik 1945–1949

Heike Meyer-Schoppa

Centaurus Verlag & Media U G 2004

Heike Meyer-Schoppa, geb. 1962, Dr. phil., studierte Soziologie und Philosophie an der Georg-August-Universität Göttingen, war Stipendiatin der Hans-Böckler-Stiftung und promovierte 2003 im Fach Geschichte im Rahmen des virtuellen Promotionskollegs „Gesellschaftliche Interessen und politische Willensbildung – Verfassungswirklichkeiten im historischen Vergleich" am Historischen Institut der Fernuniversität Hagen. Sie ist derzeit freiberuflich mit Vortrags- und Publikationstätigkeiten befasst. Veröffentlichungen zu Verfassungsgeschichte, Nachkriegszeit und Frauenpolitik.

Die Deutsche Bibliothek – CIP-Einheitsaufnahme

Meyer-Schoppa, Heike:
Zwischen „Nebenwiderspruch" und „revolutionärem Entwurf" :
Emanzipatorische Potenziale sozialdemokratischer Frauenpolitik
1945-1949 / Heike Meyer-Schoppa. -
Herbolzheim : Centaurus-Verl., 2004
(Frauen in Geschichte und Gesellschaft ; Bd. 40)
Zugl.: Hagen, Fern-Univ., Diss., 2003
ISBN 978-3-8255-0485-4   ISBN 978-3-86226-508-4 (eBook)
DOI 10.1007/978-3-86226-508-4

ISSN 0933-0313

Umschlagabbildungen: Wuppertaler Reichsfrauenkonferenz der SPD 1948. Archiv der
sozialen Demokratie / Agentur Berben-Binder, Düsseldorf.
Umschlaggestaltung: DTP-Studio, A. Walter, Hinterzarten
Satz: Vorlage der Autorin

Inhaltsverzeichnis

Vorwort

Zwischen „Nebenwiderspruch" und „revolutionärem Entwurf". Heike Meyer-Schoppa wählte diese Überschrift für ihre Untersuchung der sozialdemokratischen Frauenpolitik in den Jahren 1945 bis 1949. Eine beunruhigende Spannung liegt in dieser Formulierung. Frauen aus der Arbeiterschaft arbeiten ebenso wie bürgerliche Frauen innerhalb der sozialdemokratischen Partei für die Verwirklichung von Sozialismus und Demokratie ohne die ideologischen Grundpositionen ihrer Partei in Frage zu stellen und begreifen ihre Arbeit zugleich als mögliche Anfangsform eines weit angelegten revolutionären Entwurfs. Heike Meyer-Schoppa deckt die emanzipatorischen Potenziale der SPD Frauenpolitik nach 1945 auf. Die beunruhigende Spannung ist dabei integraler Teil dieser Arbeit, die mich beim Lesen immer wieder fasziniert.

Was ist nun das Besondere an der sozialdemokratischen Frauenpolitik in den Jahren 1945 bis 1949? Heike Meyer-Schoppa zwingt mich, darüber neu nachzudenken.

Biographische Skizzen von acht Sozialdemokratinnen führen in anschaulicher Weise in die sozialdemokratische Frauenpolitik ein. Acht Frauen erzählen von den Widersprüchen ihres Alltagslebens und ihrer politischen Aktivitäten. Auch als aktive Gegnerinnen des Nationalsozialismus waren sie gezwungen, wie es Margarete Hofmann ausdrückte, „mit sehenden Augen etwas falsch zu machen". Ihre Kinder konnte sie unter den Lebensbedingungen des NS nicht zur Wahrhaftigkeit erziehen. „Dies' einfach wissen, du musst dein Kind zum Lügen erziehen und kannst nicht anders. Es war nicht einfach." Alltagsgeschichten. In diesen Geschichten bringt das Jahr 1945 nicht die radikale Wende. Die politische Arbeit, vor allem der frauenpolitische Einsatz in allen Lebensbereichen, geht weiter. Margarete Hofmann setzt sich für die Errichtung von Altenheimen und Kindertagesstätten und für ein Heim für ledige Mütter ein. Frauenpolitik – ein untergeordneter Punkt in der SPD-Politik oder der Ausgangspunkt eines revolutionären Entwurfs?

Diese Leitfrage ist beim Lesen dieser Arbeit in einer irritierenden Weise stets anwesend und abwesend zugleich. Sie steht ausgesprochen und unausgesprochen im Zentrum der Frauenpolitik, die sich ausnahmslos um alle die drängenden Alltagsfragen der deutschen Gesellschaft in ihrem umfassendsten Sinne dreht. Sie lässt sich mit den Begriffen Demokratie, Geschlechtergleichheit, soziale Gerechtigkeit, Freiheit fassen. In der politischen Praxis sperrt sich die Frauenpraxis gegen die künstliche, Menschen verachtende, dualistische Trennung von Sphären der Verantwortlichkeit. Frauenpolitik betrifft in gleichem Masse öffentliche und private Bereiche.

Beim Lesen der Biographien ist mir die Bedeutung der Frauenpolitik dieser Politikerinnen klarer geworden. Sie haben eine Grundlage für die deutsche Nachkriegsdemokratie gelegt, die im besten Wortsinn lebendig ist: Sie sind für uns heute Vorbilder. Den Widerspruch, der im Titel dieser Arbeit liegt, halten sie aus und transformieren ihn zugleich. Die Diskrepanz zwischen der Verfassungsnorm der Gleichheit – und dazu gehört die Gleichheit der Geschlechter – und der Verfassungswirklichkeit im Sinne der real existierenden Geschlechterungleichheit ist ihnen bewusst. Sie wird alltäglich erlebt. Davon unbeirrt handeln diese Frauen im Wissen um die Richtigkeit ihrer Politik als einer Politik des realen Lebens im alltäglichsten und umfassendsten Wortsinn...

Frauenpolitik ist in der Sicht dieser Arbeit nicht mehr und nicht weniger als „das tägliche Leben der Frau in Arbeit, Haushalt und Familie" - so die Worte von Marta Schanzenbach auf der Wuppertaler Frauenkonferenz der SPD im Jahre 1948. Ein „revolutionärer Entwurf" inmitten eines parteipolitisch und patriarchal verengten Deutungsrahmens? Also immer noch ein „Nebenwiderspruch"?

Es war klug, den Titel: Zwischen „Nebenwiderspruch" und „revolutionärem Entwurf" zu wählen. Heike Meyer-Schoppa zeigt, was alles an Politik in diesem Zwischenbereich möglich war und heute noch möglich ist. Ihre Arbeit wirft ein neues Licht auf die Frauenpolitik in der deutschen Nachkriegsgeschichte in ihrer historischen Nachhaltigkeit und ihrer noch uneingelösten gesellschaftlichen Forderung nach geschlechterdemokratischen Zuständen.
Eine spannende, eine wichtige Arbeit.

Annette Kuhn

Danksagung

„Die Dinge haben alle ihre Geschichte und ihr Werden. Man steht nicht alleine da, man steht immer auf den Schultern von anderen Leuten. Und das sollte auch ein Stück zur Bescheidenheit beitragen."
Antje Huber im Interview mit der Autorin

Mein ausdrücklicher Dank gilt
- den frühen Unterstützerinnen dieser Arbeit: Dr. Dorothea Mey, Dr. Ilse Costas, Dr. Gisela Notz, Lucinde Sternberg und Prof. Dr. Helga Grebing.
- den Interviewpartnerinnen: Prof. Dr. Susanne Miller, Marga Tylinski, Dr. Lore Henkel, Margarete Hofmann, Nora Walter, Elfriede Eilers, Antje Huber und Lucie Kurlbaum-Beyer, sowie der Friedrich-Ebert-Stiftung, die mit einem Reise- und Bearbeitungskostenzuschuss die Interviews ermöglichte.
- den Mitarbeitern und Mitarbeiterinnen des Archivs der sozialen Demokratie, insbesondere Herrn Wolfgang Stärke für die kompetente und überaus freundliche Hilfe.
- der Hans-Böckler-Stiftung, die nicht nur mit einem Promotionsstipendium die materielle Grundlage schuf, diese Arbeit zu schreiben, sondern den Fortschritt derselben durch die Bereitstellung eines vielfältigen ideellen Förderprogramms großzügig unterstützt und schließlich auch die Veröffentlichung ermöglicht hat.
- dem virtuellen Promotionskolleg „Gesellschaftliche Interessen und politische Willensbildung. Verfassungswirklichkeiten im historischen Vergleich." des Historischen Instituts der Fernuniversität Hagen. Das Kolleg war für mich nicht nur der unmittelbar wissenschaftliche, sondern vor allem auch ein wichtiger menschlicher Bezugspunkt. Für diese Entwicklung danke ich insbesondere der Koordinatorin des Kollegs, Dr. des. Eva Ochs.
- Heinrich und Ingeborg Gille für die sorgfältige orthographische Überarbeitung der Interviews sowie Martina Bräutigam für die entsprechende Korrektur der vorliegenden Arbeit.

Mein Dank gilt ebenso Prof. Dr. Peter Brandt und Prof. Dr. Annette Kuhn, die meine Arbeit betreut und mein Promotionsverfahren stets wohlwollend und ermutigend begleitet haben.

Dr. Sandra Tiefel und Sylke Bartmann danke ich für die „intensive Arbeit am Material" im Rahmen der von der HBS geförderten Mikro-AG „Auswertung qualitativ erhobener Daten". Im Erkenntnisprozess dieser Arbeit wurde ich von den bereits genannten und vielen anderen Personen unterstützt. Meine Arbeit steht zudem auf den Schultern derer, die die frauengeschichtlichen Grundlagen schufen, von denen meine Untersuchung ihren Ausgang nahm. Ich hoffe, dass sie dazu beiträgt, den Zusammenhang von Frauenpolitik und dem Respekt vor der Würde des Menschen zu verdeutlichen.

Sofern mich diese Hoffnung im Entstehungsprozess der Arbeit zu verlassen drohte, war ein Blick in die Quellen Ansporn weiterzumachen. Unter welch widrigen Bedingungen und persönlichem Verzicht sich viele der Frauen, von denen diese Arbeit handelt, für das Ideal einer humaneren Gesellschaft eingesetzt haben, hat mich immer wieder beeindruckt. Ihre Leistungen dem Vergessen zu überlassen, wäre meines Erachtens ein falsches Signal „weiblicher" Bescheidenheit.

Karin Gille-Linne aber, mit der ich nicht nur diese Einschätzung, sondern viele Höhen und Tiefen im Entstehungsprozess dieser Arbeit teilen konnte, war meine stärkste Verbündete. Während meine Arbeit vorzugsweise von den Inhalten und Zielen der sozialdemokratischen Frauenpolitik der Jahre 1945 bis 1949 handelt, wird ihre Arbeit organisatorische und strategische Aspekte zur Durchsetzung dieser Ziele in den Vordergrund stellen. Als Gemeinschaftsprojekt „Frauenorganisation und Sozialdemokratie in den westlichen Besatzungszonen" haben wir alle Interviews für diese Arbeit gemeinsam geführt. Dass wir unsere Forschungsarbeit nicht gleichzeitig beenden und publizieren konnten, bedauere ich sehr. Es liegt jedoch in der Natur von Familien, dass sich deren Gründung und Organisation nur bedingt planen und koordinieren läßt. Vor diesem Hintergrund bin ich stolz auf den gemeinsam bewältigten Arbeits- und Lebensabschnitt und das gegenseitige Verständnis im individuellen Umgang mit der Konkurrenz von Mutter- und Wissenschaft!

Ich bedanke mich bei meinen Eltern, Gerhard und Lisa Meyer, meinem Ehemann, Dr. Frank Schoppa, meinem Schwiegervater, Günter Schoppa sowie bei Eva Wernert und allen, die außer den bereits Genannten die Entstehung dieser Arbeit begleitet, unterstützt und ermöglicht haben! Sie ist meinen Söhnen Frederick und Henrik im Gedenken an ihre Groß- und meine Schwiegermutter, Eva Schoppa, gewidmet.

Heike Meyer-Schoppa

Einleitung

Das bis heute fortbestehende Spannungsverhältnis zwischen der Verfassungsnorm der Gleichberechtigung und der gesellschaftlichen Wirklichkeit der Bundesrepublik Deutschland bildet den Ausgangspunkt dieser Untersuchung. Die Sozialdemokratin Dr. jur. Elisabeth Selbert (1896-1986) prägte für dieses Spannungsverhältnis den Ausdruck des „Verfassungsbruchs in Permanenz"[1]. Sie ist eine der bekanntesten Vertreterinnen sozialdemokratischer Frauenpolitik der Nachkriegszeit und ihrem Einsatz im Parlamentarischen Rat ist die Annahme der bis heute geltenden Formulierung von Art. 3 II GG „Männer und Frauen sind gleichberechtigt" zu verdanken. Der Zusammenhang zwischen ihrem Einsatz im Parlamentarischen Rat und ihrer Einbindung in die Strukturen sozialdemokratischer Frauenpolitik erfuhr bisher jedoch nur wenig Beachtung. Eine systematische Untersuchung sozialdemokratischer Frauenpolitik der Nachkriegszeit liegt bisher nicht vor.

Das zwischen der Verfassungsnorm und der Verfassungswirklichkeit bestehende Spannungsverhältnis ist vielmehr analog auch auf die Wahrnehmung der Sozialdemokratie übertragbar. Sie gilt als die Partei, die die Gleichberechtigung zwar auf ihre Fahnen und in ihre Programme schrieb, zu allen Zeiten aber eine Kluft zwischen Programmatik und Realität erkennen ließ. Der Begriff des „Nebenwiderspruchs" markiert entsprechend die zentrale Kritik der feministischen Theorie an der sozialistischen Emanzipationstheorie und deren Gewichtung der Kategorien Klasse und Geschlecht. Die einseitig am Produktionsprozess bzw. am Verhältnis von Kapital und Arbeit als „Hauptwiderspruch" ausgerichtete Analyse gesellschaftlicher Ausbeutungs- und Unterdrückungsverhältnisse in der sozialistischen Theorie hat nach Ansicht feministischer Kritiker und Kritikerinnen zur Ausblendung des besonderen Herrschafts- und Abhängigkeitsverhältnisses zwischen Frauen und Männern im Reproduktionsbereich geführt und damit die elementare Bedeutung geschlechtsspezifisch hierarchischer Arbeitsteilung für das Funktionieren kapitalistischer Ordnungssysteme verkannt.

Als wegweisender Klassiker sozialistischer Emanzipationstheorie und die Frauenpolitik der deutschen Sozialdemokratie nachhaltig beeinflussendes Werk gilt bis heute August Bebel und seine 1879 erstmals erschienene Abhandlung „Die Frau

---

[1] Elisabeth Selbert im Gespräch mit Kristine Sudhölter. In: Margarete Fabricius-Brand, Kristine Sudhölter und Sabine Berghahn: Juristinnen. Berichte, Fakten, Interviews. Berlin 1982, S. 190.

und der Sozialismus"[2]. Bebels Analyse, nach der die Lösung der Frauenfrage mit der Lösung der sozialen Frage zusammenfalle, wird von der feministischen Kritik eine Schlüsselfunktion zugeschrieben. Aus ihr habe sich als theoretische und vor allem praktische Konsequenz die Nachrangigkeit der Frauenfrage innerhalb der deutschen Sozialdemokratie ergeben. Die enge Anbindung der proletarischen Frauenbewegung an die SPD erscheint vor diesem Hintergrund fatal: „Die Kollaboration der sozialistischen Frauenbewegung mit dem 'Geschlechtsfeind' gegen den 'Klassenfeind' hat für die Emanzipation der Proletarierin schwerwiegende Folgen. [...] Resultat dieses ungleichen Bündnisses der Frauenbewegung mit der Arbeiterbewegung ist eine einseitig auf die Berufsarbeit ausgerichtete Frauenemanzipationstheorie und –strategie, die die Unterdrückung der Frau im sogenannten privaten Bereich, in Ehe und Familie als nicht existent einstuft. Die fehlende Analyse der Unterdrückung der Proletarierin in Ehe und Familie führt sowohl in der SPD als auch in der Frauenbewegung zu einer vollständigen Übernahme der herrschenden bürgerlichen Familienideologie. Die Entwicklung radikaler Alternativen zum bürgerlichen Ehe- und Familienverhältnis ist aufgrund der unterbliebenen Analyse nicht möglich."[3]

Während der Begriff des „Nebenwiderspruchs" die theoretische Auseinandersetzung implizit oder explizit bis heute beherrscht, handelt es sich beim Begriff des „revolutionären Entwurfs" um einen Quellenbegriff. Er entstammt dem stenographischen Protokoll der Wuppertaler Reichsfrauenkonferenz der SPD 1948. Diese Konferenz fand nur wenige Tage nach Beginn der Beratungen des Parlamentarischen Rates statt und diente im Vorfeld des Parteitages der SPD 1948 in Düsseldorf der Festlegung und Demonstration frauenpolitischer Ziele der Sozialdemokratie beim Aufbau des neuzugründenden Westzonenstaates, der Bundesrepublik Deutschland. Marta Schanzenbach, spätere Nachfolgerin Herta Gotthelfs im Parteivorstand[4], fragt in ihrem Redebeitrag auf der Wuppertaler Konferenz: „[...], ob es

---

[2] Die Bedeutung dieser Schrift zeigt sich u.a. daran, dass von der noch heimlich gedruckten und vertriebenen Erstausgabe 1879 bis zur 50. Auflage 1909 bereits Übersetzungen in 15 Sprachen vorlagen. Vgl. Mechthild Merfeld: Die Emanzipation der Frau in der sozialistischen Theorie und Praxis, Hamburg 1972, S. 62f.

[3] Elke Kleinau: Über den Einfluß bürgerlicher Vorstellungen von Beruf, Ehe und Familie auf die sozialistische Frauenbewegung. In: Ilse Brehmer, Juliane Jacobi-Dittrich, Elke Kleinau und Annette Kuhn (Hg.): „Wissen heißt Leben..." Beiträge zur Bildungsgeschichte von Frauen im 18. und 19. Jahrhundert. Frauen in der Geschichte Bd. 4, Düsseldorf 1983, S. 145.

[4] Herta Gotthelf übernahm im Juli 1946 nach ihrer Rückkehr aus dem Londoner Exil den Aufbau der Frauenarbeit der Partei. Als zentrale Frauensekretärin und Leiterin des Frauenbüros beim Parteivorstand gehörte sie zu den besoldeten Mitgliedern des Parteivorstands. Auf dem Parteitag 1958

für die Frauen nicht eine Anfangsform der Aktivität sein könnte und sein müßte, gleichsam als weit angelegte Untersuchung des revolutionären Entwurfs schon jetzt Untersuchungen darüber anzustellen, wie in einem integralen sozialistischen System das reale Leben, das tägliche Leben der Frau in Arbeit, Haushalt und Familie zu bestimmen wäre."[5]

In der neueren feministisch-theoretischen Auseinandersetzung wird der deutschen Sozialdemokratie wenig frauenpolitische Bedeutung beigemessen – sie scheint verhaftet in bürgerlichen Weiblichkeitsideologien, auf einer Emanzipationstheorie basierend, die entscheidende Zusammenhänge ausblendet und Frauen lediglich auf die ferne Zukunft einer neuen Gesellschaft vertröstet, in der sie dem Manne einst als Freie und Gleiche gegenüberstehen wird.[6] Wie aber verträgt sich diese Einschätzung mit der 1948 erfolgten Aufforderung von Marta Schanzenbach, schon jetzt mit der Untersuchung des „revolutionären Entwurfs" zu beginnen?

Bebels Ausführungen über die Frau in der neuen Gesellschaft dürften Martha Schanzenbach bekannt gewesen sein. Als Tochter einer wirtschaftlich armen, aber kulturell interessierten, sehr bewußten sozialdemokratischen Familie ist davon auszugehen, dass unter den Klassikern, die der Vater, nach ihrer Aussage, alle besaß, auch August Bebel „Die Frau und der Sozialismus" gewesen sein dürfte. Vom Sozialismus aber habe sie bis zu ihrer Ausbildung auf der Wohlfahrtsschule in Berlin, die sie 1929 begann, nur geschwärmt. „Vorher dachte ich, na ja, dann ist die Welt gut, und alle Menschen sind friedlich, und es wird keinen Krieg geben. Auf der Schule bin ich dann mit Politik konfrontiert worden. Da ist über Verfassung und über die Geschichte der Parteien gesprochen worden, und so ist in mir ein ganz anderes politisches Weltbild entstanden."[7] 1948 besitzt Marta Schanzenbach mehrjährige Berufserfahrung als Fürsorgerin. Neben ihrer Berufstätigkeit ist sie in der SPD in führender Position aktiv und alleinerziehende Mutter von zwei Kindern, da ihr Mann nicht aus dem Krieg heimkehrte. Ihre Vor-

---

wurde sie nicht wieder in den Parteivorstand gewählt. Martha Schanzenbach übernahm die Zuständigkeit für Frauenarbeit im Parteivorstand.
[5] Marta Schanzenbach, Redebeitrag, Protokoll der Wuppertaler Frauenkonferenz, Archiv der sozialen Demokratie, Parteivorstand (folgend abgekürzt: AdsD, PV) 04039, S. 68f. Die Originalschreibweise wird in den Zitaten beibehalten.
[6] „Die Frau ist in der neuen Gesellschaft sozial und ökonomisch vollkommen unabhängig, sie ist keinem Schein von Herrschaft und Ausbeutung mehr unterworfen, sie steht nunmehr dem Mann als Freie, Gleiche gegenüber, sie ist Herrin ihrer Geschicke." August Bebel zitiert nach Elisabeth Selbert: Überparteiliche Frauenbewegung?, Manuskript, AdsD, Bestand Kurt Schumacher (folgend abgekürzt: BKS) 179, S. 4.
[7] Marta Schanzenbach: Das Glück helfen zu können. In: Renate Lepsius: Frauenpolitik als Beruf. Gespräche mit SPD-Parlamentarierinnen. Hamburg 1987, S. 17.

stellungen vom Sozialismus basieren nach eigener Aussage nicht mehr nur auf
Schwärmerei, sondern einer fundierten Ausbildung und praktischer Politikerfah-
rung. Und als Delegierte einer westzonalen Konferenz schlägt sie vor, das alltägliche Leben der Frau in Arbeit, Haushalt und Familie im integralen, sozialistischen
System als Anfangsform der Aktivität sozialdemokratischer Frauenarbeit zu wählen.

Der Lebensweg von Marta Schanzenbach ist, wie der Lebensweg vieler Sozialdemokratinnen, der Weg einer Frau aus einfachen Verhältnissen in wichtige, politische Entscheidungsgremien. Über den Kontakt zur Sozialdemokratie gelingt es ihr,
Bildungschancen wahrzunehmen, die sich ihr sonst nicht geboten hätten. Für die
Tochter eines ungelernten Arbeiters aus dem Schwarzwald, so Marta Schanzenbach, bedeutete der Umzug nach Berlin eine Reise zum Mond. „Von Gengenbach nach
Preußen war Berlin doch so weit und so fremd und so fern. [...] Das war eine großartige Zeit für
mich! Erst einmal diese Menschen, die ich da kennenlernte. [...] Solche jungen Menschen gibt es
heute einfach nicht mehr. Das waren alles Funktionäre aus der sozialistischen Arbeiterjugend oder
junge Leute, die irgendwo in den Büros der Arbeiterwohlfahrt schon mitgearbeitet hatten, alles
junge Leute, die verspätet in den Beruf hineinkamen und vorher nichts werden konnten und die jetzt
eine große Chance erhielten."[8]
    Auch Elisabeth Selbert kam aus einfachen Verhältnissen und begann erst als
30jährige Ehefrau und Mutter von zwei Kindern ihr Studium. Über ihren Ehemann
Adam Selbert kam sie zur Sozialdemokratie. Er war nach ihrer Aussage derjenige,
der sie ermunterte, sich zu qualifizieren und in die höhere politische Ebene aufzu-
steigen. Diese Aufstiegshoffnung wurde durch die Machtergreifung der Nationalsozialisten zunächst bitter enttäuscht. Einem glücklichen Zufall verdankte sie es,
als eine der letzten Frauen die Zulassung zur Anwaltschaft zu erhalten, und dadurch ihre Familie bis 1945 ernähren zu können, denn ihr Mann war zunächst inhaftiert und kam erst nach dem Krieg wieder als Beamter in den Dienst.

Solche Lebenswege stehen dem Befund geringer frauenpolitischer Bedeutung der
deutschen Sozialdemokratie entgegen. Denn es sind dies nicht nur einige wenige
Ausnahmefrauen, denen es zufällig gelingt, schicht- und geschlechtsspezifische
Barrieren zu überwinden, die der Teilhabe und Einflußnahme von Frauen und Ar-
beiterkindern an staatlichem Handeln entgegenstehen, sondern Elisabeth Selbert
und Marta Schanzenbach sind Frauen, die die Frauenpolitik der Sozialdemokratie

---

[8] Ebd., S. 16f.

und der Bundesrepublik entscheidend mitprägten.[9] Vor dem Hintergrund ihrer Lebenswege verweist die geforderte Untersuchung des „revolutionären Entwurfs" auf einen Politikansatz, der die realen Bedingungen des täglichen Lebens der Frau in Arbeit, Haushalt und Familie zum Ausgangspunkt nimmt. Zwischen „Nebenwiderspruch" und „revolutionärem Entwurf" kennzeichnet vor diesem Hintergrund einen Spannungsbogen, dem nachzugehen das zentrale Anliegen dieser Arbeit ist.

Fragestellung

Die oben angeführten Lebenswege von Martha Schanzenbach und Elisabeth Selbert wären ohne ihre Einbindung in die Sozialdemokratie nicht denkbar. Beide durchbrechen mit Unterstützung eines sozialdemokratisch geprägten Umfeldes herkunfts- und geschlechtsspezifisch begründete Bildungsbarrieren und engagieren sich über ihre Einbindung in die Sozialdemokratie nach 1945 in politischen Gremien, die ihnen ohne diese Einbindung verwehrt geblieben wären. In späteren Interviews unterstreichen sie die Bedeutung von Erfahrungen ihres persönlichen Aufstiegs und Werdegangs für die von ihnen vertretene Politik.

Die folgende Untersuchung konzentriert sich analog auf Erfahrungszusammenhänge erlebter gesellschaftlicher Wirklichkeit und inhaltlich politischer Orientierung. Mit dem für diesen Untersuchungsansatz entwickelten Begriff der „emanzipatorischen Potenziale" sozialdemokratischer Frauenpolitik der Nachkriegszeit sind demnach zunächst die konkreten, aus einer bestimmten historischen Situation abgeleiteten Forderungen zur Aufhebung von Abhängigkeitsverhältnissen gemeint. Inwiefern diese Forderungen wiederum auf eher diffuse, in eine ferne Zukunft gerichtete Hoffnungen verweisen, gilt es darüber hinaus zu prüfen.

---

[9] Analog gilt dies für Lebenswege von Sozialdemokratinnen im Kaiserreich und in der Weimarer Republik. So wurde die erste Rede einer Frau vor einem deutschen Parlament von der Sozialdemokratin Marie Juchacz gehalten. 1879 geboren verließ sie 14jährig die Volksschule, wurde Dienstmädchen, Fabrikarbeiterin, Wärterin in einer Heilanstalt für Geisteskranke und schließlich Schneiderin. Friedrich Stampfer bemerkt dazu: „Es war ein Vorgang von symbolischer Bedeutung: aus einem Objekt der Gesindeordnung war ein Subjekt der Gesetzgebung geworden." Friedrich Stampfer in einem Brief an Marie Juchacz abgedruckt in dies.: Sie lebten für eine bessere Welt. Lebensbilder führender Frauen des 19. und 20. Jahrhunderts. Hannover 1955, S. 8. Als Mitglied der Nationalversammlung von Weimar begann Marie Juchacz die erste Rede einer Frau vor einem deutschen Parlament mit den Worten: „Sehr geehrte Herren und Damen!". Traditonsbewußte Sozialdemokratinnen beginnen und begannen ihre Reden auch im Bundestag mit dieser Drehung geschlechtsspezifischer Höflichkeitskonvention.

Die Jahre 1945 bis 1949 sind in diesem Kontext von besonderer Bedeutung. Als Jahre der Not und des Chaos, als „Stunde Null" oder auch als „Stunde der Frauen" erscheint der Übergang vom Kriegsende bis zur Etablierung zweier deutscher Staaten von frauenpolitischem Aufbruch geprägt. Nachdem schon einmal in der deutschen Geschichte am Ende eines Weltkrieges über die Sozialdemokratie Frauenrechte in die Verfassung gelangten, wird bei den Beratungen des Parlamentarischen Rates wiederholt auf die „Bewährung der Frauen in Kriegs- und Nachkriegszeit" verwiesen und unter dem maßgeblichen Einsatz der Sozialdemokratin Dr. jur. Elisabeth Selbert die Aufnahme des Satzes „Männer und Frauen sind gleichberechtigt" in den Grundrechtskatalog des Grundgesetzes erwirkt.

Die zentralen Fragen dieser Arbeit lauten deshalb: Was prägt sozialdemokratische Frauenpolitik nach 1945? Welche Gleichberechtigungsvorstellungen verfolgt sie und was bewegt Frauen der Nachkriegszeit, die sich im Rahmen der Sozialdemokratie engagieren?

Für die Geschichte der Bundesrepublik Deutschland berühren diese Fragen wichtige Problembereiche, wie die politisch-moralische Verarbeitung von Nationalsozialismus und Krieg, die Bewältigung der Versorgungs- und Orientierungskrise der unmittelbaren Nachkriegszeit und das möglicherweise von Politikzugängen von Männern und deren Politikverständnis abweichende Verhältnis von Frauen zur Politik. Nicht zuletzt aber verlangt die Frage, aus welchem Gleichberechtigungsverständnis Elisabeth Selbert den Verfassungsbruch in Permanenz ableitete, nach einer Analyse sozialdemokratischer Frauenpolitik der Nachkriegszeit und deren emanzipatorischen Potenzialen zwischen „Nebenwiderspruch" und „revolutionärem Entwurf".

Forschungsstand

Das für die Verfassungsgeschichte der Bundesrepublik Deutschland bedeutendste frauenpolitische Ereignis, die Verankerung von Art. 3 II GG, wird in der gegenwärtigen Forschung[10] weniger vor dem Hintergrund der Gleichberechtigungstradi-

---

[10] Hier erfolgt eine Auseinandersetzung mit der im Folgenden beschriebenen „Wiederentdeckung" Elisabeth Selberts durch Barbara Böttger und dem im Zuge dieser Wiederentdeckung in den 90er Jahren gewachsenen Interesse an Parteipolitikerinnen seitens der frauengeschichtlichen Forschung. Die Marginalisierung der Frauen und ihrer politischen Betätigung in der Nachkriegszeit in der allgemeinen Geschichte sowie der Geschichte des Grundgesetzes und des Weges in die staatliche

tion der Sozialdemokratie betrachtet als vielmehr als Ausdruck eines nachkriegs-spezifischen, frauenpolitischen Aufbruchs. Grundlegend für diese Betrachtungs-weise ist die Dissertation von Barbara Böttger mit dem Titel „Das Recht auf Gleichheit und Differenz. Elisabeth Selbert und der Kampf der Frauen um Art. 3 II Grundgesetz."[11], die Böttger nach der Arbeit an einem Fernsehfilm über Elisabeth Selbert und der anschließenden Bitte Selberts, ihre Biografie zu schreiben, begann. Bis 1980 sei Selbert von der Partei faktisch vergessen und erst durch Böttgers Film wieder in das öffentliche Bewußtsein gehoben worden.[12] Aber auch die Verfas-sungsgeschichtsschreibung, so Böttger, habe die Bedeutung der außerparlamentari-schen Einflußnahme durch die Eingaben der Frauen systematisch ignoriert. „Erst die im Gefolge der Neuen Frauenbewegung einsetzende Rückbesinnung auf die unsichtbar gemachte Geschichte der Rechtskämpfe der Frauen hat uns diese ungewöhnliche Erfolgsgeschichte von Elisa-beth Selbert und den >Waschkörben voller Eingaben< wieder ins Bewußtsein gebracht."[13] Seither habe es kaum eine frauenpolitische Debatte im Bundestag gegeben, bei der sich die SPD nicht ihrer bis dato vergessenen Erbin gerühmt habe.

Spätere Arbeiten greifen weitgehend auf die Analyse von Böttger zurück und übernehmen deren Einschätzung der Bedeutung des außerparlamentarischen Prote-stes.[14] Anläßlich des 50. Jubiläums des Grundgesetzes im Jahr 1999 gibt die Hessi-sche Landesregierung in Erinnerung an die Lebensleistung Selberts unter dem Titel „Ein Glücksfall für die Demokratie. Elisabeth Selbert (1896-1986). Die große An-

---

Teilung im Speziellen ist demgegenüber in frauengeschichtlichen Untersuchungen zur Nachkriegs-zeit bereits hinlänglich beschrieben worden.

[11] Barbara Böttger: Das Recht auf Gleichheit und Differenz. Elisabeth Selbert und der Kampf der Frauen um Art. 3 II Grundgesetz. Münster 1990. (Im Folgenden abgekürzt: Böttger: Recht auf Gleichheit.)

[12] So Barbara Böttger: „Ich habe sie durch meinen Film >Portrait Elisabeth Selbert<, 23.9.1980 in der Reihe Frauenstudien im Westdeutschen Rundfunk (Wiederholung im Hessischen Rundfunk), der wiederum Anlaß für einen weiteren Film im ZDF (Lothar Seehaus: Zeitzeugen des Jahrhun-derts, 16.3.1981) war, wieder in das öffentliche Bewußtsein gehoben." Anmerkung 13 in Barbara Böttger: Elisabeth Selbert. >Mutter< des Grundgesetzes, profilierte Politikerin, Anwältin aus Beru-fung, Frauenrechtlerin wider Willen. In: Ariadne Heft 30, September 1996: Den Frauen ihr Recht - Zum 100. Geburtstag von Elisabeth Selbert. S. 9.

[13] Ebd., S. 5.

[14] So z.B. Ingrid Langer: „Daß der Artikel 3 Abs. 2 Grundgesetz nur durch den mächtigen Druck eines von Frauen entfachten außerparlamentarischen Sturms durchgesetzt werden konnte, ist noch lange nicht so im allgemeinen Bewußtsein verankert, wie es dieser Tatsache gebührt." Ingrid Langer in der Einleitung zu Ingrid Langer: Alibi-Frauen. Hessische Politikerinnen Bd. I. In den Vorparla-menten 1946 bis 1950. Frankfurt a.M. 1994 , S. 7.

wältin der Gleichberechtigung."[15] eine Monographie heraus. Neben einer umfassenden von Heike Drummer und Jutta Zwilling erstellten Biographie enthält diese
Ausgabe Aufsätze zur Erinnerung an Elisabeth Selbert und Einschätzungen ihrer
Wirkungsgeschichte – u.a. von der damaligen Präsidentin des Bundesverfassungs-
gerichts Jutta Limbach sowie von ausgewiesenen Forscherinnen zur Nachkriegsgeschichte, wie Birgit Meyer, Ingrid Langer und Annette Kuhn. Genau 20 Jahre nach
dem ersten telefonischen Kontakt von Barbara Böttger und Elisabeth Selbert, in
dem Selbert gesagt haben soll, sie könne kein Vorbild für jüngere Frauen heute
sein, weil ihr Leben so schwer gewesen sei, dass sie es so wirklich niemandem
wünsche,[16] belegt dieser Band eine zweite Erfolgsgeschichte: Die dem Vergessen
entrissene Geschichte der großen Anwältin der Gleichberechtigung ist über die
Arbeit von Barbara Böttger fester Bestandteil frauenpolitischen Traditionsbewußt-
seins der Bundesrepublik geworden. Dabei tritt jedoch eine Reihe von Widersprüchen und Konfliktlinien auf, der im Folgenden nachgegangen werden soll.[17]

Frauenpolitik und Frauenforschung

Die infolge der neuen Frauenbewegung entstandene Frauenforschung hat auf der
Suche nach Vorbildern und der eigenen Geschichte nicht nur eine Vielzahl verges-
sener Frauen wiederentdeckt, sondern darüber hinaus einen wesentlichen Beitrag
zu neuem frauenpolitischen Selbstbewußtsein geleistet. Wenngleich Elisabeth Selbert unter Verweis auf die Schwere ihres Lebens die Vorbildfunktion von sich
wies, wurde die Geschichte ihres Einsatzes für die Gleichberechtigung zum Symbol des Erfolgs frauenpolitischer Bündnispolitik.[18] Die gegenseitige Bedingtheit

---

[15] Die Hessische Landesregierung (Hg.): Ein Glücksfall für die Demokratie. Elisabeth Selbert
(1896-1986). Die große Anwältin der Gleichberechtigung. Frankfurt a.M. 1999.

[16] Vgl. Böttger: Recht auf Gleichheit. S. 11.

[17] Wenngleich hier aufgrund der Fragestellung dieser Arbeit den Widersprüchen und Konfliktlinien
in der Darstellung des frauenpolitischen Erfolgs von Elisabeth Selbert besondere Aufmerksamkeit
gilt, ist zu betonen, dass die umfangreichen bisher geleisteten Forschungsarbeiten zur Lebenssituation und Politik von Frauen in der Nachkriegszeit als wesentliche Voraussetzung dieser Untersuchung zu betrachten sind. Nähere Angaben zur entsprechenden Forschungsliteratur und deren Bedeutung für die Bearbeitung dieses Themas finden sich bei der Beschreibung des methodischen
Ansatzes und der Quellenlage unter der Überschrift „Weiteres Material" in dieser Einleitung.

[18] So verweist Barbara Böttger beispielsweise auf die „pfiffige Idee" der SPD Bundestagsfraktion
1992 unter dem Titel „Enkelinnen Elisabeth Selberts" in Anspielung an das Treffen von Verfas-
sungsexperten 1948 in Herrenchiemsee auf die Nachbarinsel Frauenchiemsee einzuladen, um die

von Forschung und Politik ist in diesem Kontext offenbar. Denn nicht nur die Forschungsergebnisse haben Einfluß auf die Wahrnehmung der „Frauenfrage" seitens
der Öffentlichkeit und Politik, sondern vielfach ist die politische Einsicht in den
Sinn und Nutzen frauengeschichtlicher Fragestellungen die Vorbedingung, um die
erforderlichen Ressourcen für entsprechende Forschungsarbeiten zu erhalten. Auch
unter diesem Aspekt geben die Erfolgsgeschichten von Elisabeth Selbert und Barbara Böttger Anstösse zum Nachdenken über eine weitere Erfolgsgeschichte.

Die noch Anfang der 80er Jahre gegenüber Parteipolitikerinnen der Nachkriegszeit vorherrschende Zurückhaltung seitens der Frauenforschung ist einem neuen
Interesse an Parteilichkeiten bzw. der politischen Partizipation von Frauen und ihren Erfahrungen mit männlichen Politikbereichen[19] gewichen. Dabei sind grundlegende Arbeiten vielfach dem „Selbertschen Vorbild" entsprechend durch interfraktionelle Bündnisse von Politikerinnen möglich geworden. So betonen die Heraus-
geberinnen der Veröffentlichung „Staatsbürgerinnen zwischen Partei und Bewegung. Frauenpolitik in Hessen 1945 bis 1955" ausdrücklich: „Der Initiative und dem
Interesse der hessischen Parlamentarierinnen über die vier Parteien hinweg [...] ist es zu verdanken,
daß dieses Projekt möglich wurde."[20] Ingrid Langer, die einen weiteren Teil dieses Pro-
jekts leitete, weist darauf hin, dass die weiblichen Abgeordneten des 12. Hessischen Landtags damit an die frühe Tradition von Frauen getragener interfraktioneller Anträge wieder anknüpften.[21]

Auch die von der Berliner Senatorin für Arbeit, berufliche Bildung und Frauen
herausgegebene Studie „Frauenpolitik und politisches Wirken von Frauen im Ber-

---

gemeinsame Verfassungskommission von Bundesrat und Bundestag auf eine zeitgemäße Weiter-
entwicklung des Gleichheitsgrundsatzes einzuschwören. Geladen waren sozialdemokratische Ministerinnen, Bundestags- und Lantagsabgeordnete, Professorinnen, Gewerkschaftsvorstände, Direkto-
rinnen aus der Wirtschaft, Gleichstellungsbeauftragte u.a.. Vgl. Barbara Böttger: Elisabeth Selbert.
>Mutter< des Grundgesetzes, profilierte Politikerin, Anwältin aus Berufung, Frauenrechtlerin wider
Willen. In: Ariadne Heft 30, September 1996: Den Frauen ihr Recht - Zum 100. Geburtstag von
Elisabeth Selbert. S. 5 und Anmerkung 16 auf S. 9.

[19] Vgl. den gleichnamigen Titel: Parteilichkeiten. Politische Partizipation - Erfahrungen mit männlichen Politikbereichen. Ariadne. Forum für Frauen- und Geschlechtergeschichte, Heft 40, November
2001.

[20] Ulla Wischermann, Elke Schüller und Ute Gerhard (Hg.): Staatsbürgerinnen zwischen Partei und
Bewegung. Frauenpolitik in Hessen 1945 bis 1955. Frankfurt a. M. 1993, S. 8.

[21] Vgl. Ingrid Langer: Alibi-Frauen. Hessische Politikerinnen Bd. I. In den Vorparlamenten 1946 bis
1950. Frankfurt a.M. 1994, Einleitung, S. 8. Der Projektteil unter Leitung von Ingrid Langer: Alibi-
Frauen. Hessische Politikerinnen umfaßt drei Bände, siehe oben sowie Bd. II: Im 1. und 2. Hessischen Landtag 1946-1954, Frankfurt a.M. 1995 und Bd. III: Im 2. und 3. Hessischen Landtag 1950-
1958, Frankfurt a.M. 1996.

lin der Nachkriegszeit 1945-1949" geht auf eine gemeinsame Initiative aller Frauen
der Parteien im Berliner Abgeordnetenhaus zurück. Im Vorwort betont die Senatorin, Dr. Christine Bergmann, dass schon der Antrag zu diesem Projekt „in seiner
Überparteilichkeit eine wirkliche politische Rarität" gewesen sei, bemerkenswert sei jedoch
vor allem, „daß die Parlamentarierinnen ihn in dieser Form in ihren Fraktionen und schließlich
sogar im Parlament durchsetzten."[22]
Welchen Seltenheitswert demgegenüber interfraktionelle Anträge von Politikerinnen sowohl im Reichs- als auch im späteren Bundestag hatten, zeigen die Ausführungen von Regine Marquardt: „Die einzigen gemeinsamen Aktivitäten von Frauen im
Bundestag von 1949-1961 in der Form interfraktioneller Anträge gab es in der 1. und 2. Wahlperiode. (Auch im Reichstag hatte es zwei gemeinsame Vorstöße gegeben: Eine Appellation an die
Nationalversammlung, auf die Beendigung der Hungerblockade hinzuwirken und von den rechts-
konservative[n] Frauen einen Antrag mit rassistischem Inhalt.)"[23] Die beiden interfraktionel-
len Anträge der Frauen des Bundestages der 1. und 2. Wahlperiode bezogen sich,
nach Regine Marquardt, auf die Herstellung und den Vertrieb von Kriegsspielzeug
sowie auf die Reform des Lebensmittelrechts.
Vor diesem Hintergrund ist davon auszugehen, dass die „Erfolgsgeschichte" der
Elisabeth Selbert eine neue frauenpolitische Tradition begründet hat, die weniger
dem historischen Vorbild entspricht als vielmehr selbst Ausdruck eines neuen frauenpolitischen Bewußtseins ist. Denn die Abstimmungsniederlage im Parlamentarischen Rat, auf die sich die Mobilisierungskampagne gründet, die nach Böttger,
„schließlich doch noch die heutige Formulierung erzwang [...]"[24], erfolgte mit den Stimmen
aller bürgerlichen Parteien einschließlich ihrer weiblichen Abgeordneten gegen das
einheitliche Votum von SPD und KPD respektive also den Stimmen ihrer männlichen Abgeordneten. In der Darstellung Böttgers aber verliefen die Konfliktlinien
der öffentlichen Diskussion nicht so sehr zwischen CDU und SPD, sondern zwischen Männern und Frauen. Das Verdienst der Durchsetzung des Gleichberechti-
gungsgrundsatzes käme der historischen Wahrheit entsprechend nicht der Sozialdemokratie, sondern Elisabeth Selbert zu.[25]

---

[22] Christine Bergmann in: Renate Genth, Reingard Jäkl, Rita Pawlowski, Ingrid Schmidt-Harzbach,
Irene Stoehr: Frauenpolitik und politisches Wirken von Frauen im Berlin der Nachkriegszeit 1945-
1949, S. 6.
[23] Regine Marquardt: Das Ja zur Politik. Frauen im Deutschen Bundestag 1949-1961. Ausgewählte
Biographien. Opladen 1999, S. 31.
[24] Böttger: Recht auf Gleichheit, S. 15.
[25] Vgl. ebd., S. 234f.

Die Maxime der Überparteilichkeit

Diese Sichtweise, nach der Elisabeth Selbert den frauenpolitischen Positionen ihrer Partei weit voraus agierte, wurde nicht nur in folgenden Arbeiten übernommen. Sie hat vielmehr darüber hinaus eine neue frauenpolitische Tradition parteiübergreifenden Handelns von Frauen nach vermeintlich historischem Vorbild begründet und weitere Forschungsarbeiten ermöglicht. Die gegenwärtige Forschung ist insbesondere von dem Bemühen gekennzeichnet, an Einzelschicksalen von Parteipolitikerinnen der Nachkriegszeit jene Ambivalenzen aufzuzeigen, denen parteipolitisches Handeln von Frauen im männlich geprägten konventionell-politischen Bereich unterliegt. Perspektivischer Bezugspunkt ist dabei die „Überparteilichkeit" frauenpolitischer Ambivalenzen. Systematische Analysen von Inhalten und Strategien frauenpolitischer Konzeptionen der verschiedenen Parteien in den Anfangsjahren der Bundesrepublik liegen entsprechend - wenn überhaupt - nur in rudimentären Ansätzen vor.

Frauenpolitik und deren Erforschung scheint vielmehr weiterhin ein mühsam zu finanzierender, den Frauen überlassener Randbereich zu sein, von dem „mann" sich wenig Impulse für die „große Politik" erwartet. Arbeiten zur Frauenpolitik nach 1945 sind zum weit überwiegenden Teil Arbeiten von Frauen[26], die von der neuen Frauenbewegung geprägt wurden oder sich zumindest deren Zielsetzung verbunden fühlen. Sie unterliegen in ihrer Arbeit analog dem Konflikt, der Marginalisierung von Frauen und Frauenpolitik entgegen arbeiten zu wollen, gleichzeitig der eigenen Marginalisierung im Wissenschaftsbetrieb begegnen zu müssen, dabei ein Feld zu bearbeiten, das von demselben Konflikt beherrscht wird – und damit zu permanenter Selbstreflexion zwingt. „Und gerade weil der Umgang mit der unmittelbaren Vergangenheit, der Geschichte unserer Mütter, kompliziert, schon Teil der eigenen Geschichte ist, haben diese Erkenntnisse und Einschätzungen viel mit uns selbst und unseren politischen Zielsetzungen und Hoffnungen zu tun."[27] Für die anfängliche Zurückhaltung der frauenge-

---

[26] Zu den wenigen Ausnahmen zählt z.B. Klaus-Jörg Ruhl, der sich in seiner Habilitationsschrift mit Fragen der Frauenerwerbstätigkeit und deren politischen Rahmenbedingungen beschäftigt. Siehe Klaus-Jörg Ruhl: Verordnete Unterordnung. Berufstätige Frauen zwischen Wirtschaftswachstum und konservativer Ideologie in der Nachkriegszeit. (1945-1963). München 1994.

[27] Ute Gerhard: „Fern von jedem Suffragettentum" – Frauenpolitik nach 1945, eine Bewegung der Frauen? In: Ulla Wischermann, Elke Schüller und Ute Gerhard (Hg.): Staatsbürgerinnen zwischen Partei und Bewegung. Frauenpolitik in Hessen 1945 bis 1955. Frankfurt a. M. 1993, S. 9; ebenfalls abgedruckt in: Irene Bandhauer-Schöffmann, Claire Duchen (Hg.): Nach dem Krieg. Frauenleben und Geschlechterkonstruktionen in Europa nach dem Zweiten Weltkrieg. Herbolzheim 2000, S. 175.

schichtlichen Forschung gegenüber parteipolitischem Engagement von Frauen in der Nachkriegszeit fand Birgit Meyer denn auch Ende der 80er Jahre folgende Erklärung: „Die ersten Politikerinnen der Nachkriegszeit sind von der Frauengeschichtsforschung bislang unentdeckt geblieben, vermutlich weil es sich um Frauen handelt, die in traditionellen Männerdomänen eingedrungen sind und sich dort durchsetzen konnten. So etwas ist anrüchig."[28]

In den 90er Jahren hat sich diese Zurückhaltung gewandelt. Nicht zuletzt durch die verstärkte Beteiligung von Frauen in Parteien und die über Quotierung erreichte Erhöhung des Frauenanteils in den demokratischen Organen der Bundesrepublik wurden, wie bereits erwähnt, mehrere Forschungsarbeiten über Parteipolitikerinnen der Nachkriegszeit angeregt. Der Bezugspunkt „Überparteilichkeit" zeigt sich dabei einerseits in der Entstehungsgeschichte entsprechender Forschungsaufträge und andererseits in dem Bemühen die Vielfalt des frauenpolitischen Engagements darzustellen. So bemerkt beispielsweise Renate Genth einleitend: „Das vorliegende Buch gibt einen Überblick über die politische Wirksamkeit der Frauen, die in der Berliner Nachkriegszeit agierten. Dabei stehen die verschiedenen Organisationen, in denen Frauen gemeinsam tätig waren, im Vordergrund. Thematisch orientierte und damit differenziertere Untersuchungen müssen anderen Projekten überlassen werden. [...] Für den geplanten Überblick mußten die jeweiligen Ausführungen – etwa über die Parteien – kurz gehalten werden."[29]

Die von Ingrid Langer empfohlene Zurückhaltung „mit Urteilen aus heutiger Sicht über Entscheidungen, Meinungen und Lebensläufe damaliger Zeitgenossinnen"[30] und das Bemühen um Ausgewogenheit findet methodisch seinen Niederschlag darin, vorzugsweise Sammlungen von Einzelbiographien vorzustellen. Diese methodische Präferenz wird zudem inhaltlich durch den Wunsch begründet, „die übliche, am männlichen Politikermodell orientierte Trennung von öffentlich-politischem, beruflichem und privatem Bereich nicht fortzuschreiben."[31] Neben dem grundsätzlichen Problem, dass das Beschaffen von Material über Politikerinnen der Nachkriegszeit in aller Regel mühevolle Kleinarbeit bedeutet, da nur wenigen Frauen biographische Aufmerksamkeit seitens ihrer Zeit- und/oder ParteigenossInnen zuteil wurde und Frauenbiographien

---

[28] Birgit Meyer: Politik als Beruf auch für Frauen? Oder: Die Schwierigkeit, sich an die ersten Politikerinnen der Nachkriegszeit zu erinnern. In: Frauenforschung. Informationsdienst des Forschungsinstituts Frau und Gesellschaft 7, Nr. 3, 1989, S. 29f.

[29] Renate Genth: Einleitung. In: Dies., Reingard Jäkl, Rita Pawlowski, Ingrid Schmidt-Harzbach und Irene Stoehr: Frauenpolitik und politisches Wirken von Frauen im Berlin der Nachkriegszeit 1945-1949, Berlin 1996, S. 12.

[30] Ingrid Langer zitiert nach Regine Marquardt: Das Ja zur Politik. Frauen im Deutschen Bundestag 1949-1961. Ausgewählte Biographien. Opladen 1999, S. 14.

[31] Regine Marquardt: Ebd.

nicht selten aufgrund von Heirat, Umzug, Niederlegung politischer Ämter nicht mehr rekonstruiert werden können, problematisieren Forscherinnen immer wieder auch das Thema der Distanz zum Untersuchungsobjekt.

So schreibt beispielsweise Bettina Michalski: „Je mehr ich über eine Frau erfuhr, desto „näher" kam sie mir. Ich entwickelte Verständnis für ihre Haltung, zumindest aber Respekt vor ihrer Leistung. Fast hinter meinem Rücken schlich sich in meine biographischen Skizzen mehr Sympathie ein, als ich dies zunächst beabsichtigt hatte."[32] Der Balanceakt zwischen Nähe und Faszination einerseits und professioneller Distanz andererseits[33] ist in besonderer Weise eine Herausforderung biographischen Vorgehens. In frauengeschichtlichen Arbeiten über Parteipolitikerinnen der Nachkriegszeit wird diese Methode auffallend häufig bevorzugt.[34]

Das im Regelfall in mühevoller Kleinarbeit recherchierte, biographische Material wird durch Veröffentlichungen von Parteipolitikerinnen ergänzt, die wie Renate Lepsius, Gespräche mit Parteikolleginnen führten[35], oder wie Antje Huber, Parteikolleginnen aufforderten, über sich selbst zu schreiben[36]. Solche Bemühungen von Parteifrauen, die Arbeit und das Leben von Kolleginnen (in diesem Fall Genossinnen) einem breiteren Publikum (oder der Nachwelt) zugänglich zu machen, haben in der Sozialdemokratie Tradition. Bereits 1955 veröffentlichte Marie Juchacz, zentrale Frauensekretärin der SPD bis 1933, Lebensbilder führender Frauen des 19. und 20. Jahrhunderts unter dem Titel „Sie lebten für eine bessere Welt".[37] 1958 gab

---

[32] Bettina Michalski: Louise Schroeders Schwestern. Berliner Sozialdemokratinnen der Nachkriegszeit. Bonn 1996, S. 18.

[33] Vgl. Böttger: Recht auf Gleichheit, S. 11.

[34] Überwiegend biographisch orientiert sind z.B. die von Ingrid Langer herausgegebenen Bände: Alibifrauen. Hessische Politikerinnen a.a.O., Bettina Michalski: Louise Schroeders Schwestern. Berliner Sozialdemokratinnen der Nachkriegszeit. a.a.O., Regine Marquardt: Das Ja zur Politik. Frauen im Deutschen Bundestag 1949-1961. Ausgewählte Biographien. a.a.O., einen umfangreichen Portrait-Teil enthält ebenfalls Renate Genth u.a.: Frauenpolitik und politisches Wirken von Frauen im Berlin der Nachkriegszeit 1945-1949. Berlin 1996, Kapitel X, S. 255-358.

[35] Renate Lepsius: Frauenpolitik als Beruf. Gespräche mit SPD-Parlamentarierinnen. Hamburg 1987.

[36] Antje Huber (Hg.): Verdient die Nachtigall Lob, wenn sie singt? Die Sozialdemokratinnen. Stuttgart/Herford 1984. In diesem Fall handelt es sich um eine Trilogie „Frauen in der Politik", in der ebenfalls zu den Liberalen und den Christdemokratinnen eine Veröffentlichung erschien. Liselotte Funke (Hg.): Frei sein, um andere frei zu machen. Die Liberalen. Stuttgart/Herford 1984 sowie Renate Hellwig (Hg.): Unterwegs zur Partnerschaft. Die Christdemokratinnen. Stuttgart/Herford 1984.

[37] Marie Juchacz: Sie lebten für eine bessere Welt. Lebensbilder führender Frauen des 19. und 20. Jahrhunderts. Hannover 1955.

der Vorstand der Sozialdemokratischen Partei Deutschlands die Aufsatzsammlung „Frauen machen Politik. Was sie sind, wie sie es wurden. Lebensschicksale politischer Frauen." heraus, die autobiographische Texte enthält.[38] Um Lebensbilder von „Frauen der ersten Stunde", unter denen mehrere Sozialdemokratinnen vertreten sind, bemühte sich ebenfalls Antje Dertinger.[39] Seltener liegen umfangreichere Einzelbiographien bedeutender Sozialdemokratinnen vor[40] und nur vereinzelt sind (auto-) biographische Zeugnisse sozialdemokratischer Frauen in nicht explizit frauengeschichtlichen Veröffentlichungen zu finden.[41]

Wie auch das Bemühen von Parteifrauen, Lebensbilder parteipolitisch engagierter Frauen einem breiteren Publikum zugänglich zu machen, zeigt, stellen die Biographien von Parteipolitikerinnen ein wesentliches Element zum Verständnis parteipolitischen Engagements von Frauen dar, denn grundsätzlich sind Frauen in der Geschichte der Parteien zunächst ein im Gegensatz zum männlichen Politiker vom Regelfall abweichendes Phänomen. Wenngleich sich u.a. aus diesem Aspekt die Bevorzugung biographischer Zugänge zum Wirken von Parteipolitikerinnen erklärt, birgt die aus der frauenpolitischen Maxime der Überparteilichkeit resultierende Fokussierung der Frauengeschichte auf die Ambivalenzen des politischen Handelns von Frauen im männlich geprägten Parteiensystem die Gefahr, jene Bereiche zu vernachlässigen, aus denen sich trotz männlicher Dominanz divergierende frauenpolitische Ansprüche ergeben.

---

[38] Vorstand der Sozialdemokratischen Partei Deutschlands (Hg.): Frauen machen Politik. Was sie sind, wie sie es wurden. Lebensschicksale politischer Frauen. Schriftenreihe für Frauenfragen, Bonn 1958, darin u.a. Texte von Herta Gotthelf, Lisa Korspeter und Anna Stiegler.

[39] Antje Dertinger: Frauen der ersten Stunde. Aus den Gründerjahren der Bundesrepublik. Bonn 1989. Darin z.B. Portraits von Louise Schröder und Marta Fuchs.

[40] So z.B. die Biographie von Nora Platiel von Helga Haas-Rietschel und Sabine Hering: Nora Platiel. Sozialistin.Emigrantin.Politikerin. Eine Biographie. Köln 1990. Oder z.B. das auf Interviews basierende Portrait von Elfriede Eilers von Heinz Thörmer: „Wenn Frauen aktiv sind, sind sie's meistens länger als Männer!" Elfriede Eilers – Lebensbilder. Marburg 1996.

[41] So z.B. Lucie Kurlbaum-Beyer – Erinnerungen. In: Deutscher Bundestag. Wissenschaftliche Dienste. Abteilung Wissenschaftliche Dokumentation (Hg.): Abgeordnete des Deutschen Bundestages. Aufzeichnungen und Erinnerungen. Bd. 4, Boppard am Rhein 1988, S. 139-215. Mitunter enthalten Veröffentlichungen auch Kurzbiographien bzw. biographische Hinweise, so beispielsweise: Christoph Stamm (Hg.): Die SPD-Fraktion im Frankfurter Wirtschaftsrat 1947-1949: Protokolle, Aufzeichnungen, Rundschreiben. Bonn 1993; darin z.B. eine Kurzbiographie von Irmgard Enderle; bzw. Ludwig Eiber: Die Sozialdemokratie in der Emigration. Die „Union sozialistischer Organisationen in Großbritannien" 1941-1946 und ihre Mitglieder. Protokolle, Erklärungen, Materialien. (Archiv für Sozialgeschichte: Beiheft 19), Bonn 1998, darin z.B. Hinweise auf den Lebensweg von Elisabeth Innis.

Sozialdemokratische Frauenpolitik nach 1945

Gegenüber dem gewachsenen Interesse an Lebensläufen von Parteipolitikerinnen und der Fülle an mühsam recherchiertem, biographischem Material, das inzwischen veröffentlicht wurde, stellen die frauenpolitischen Konzeptionen der Parteien in der Nachkriegszeit ein weitgehend unbearbeitetes Feld dar. In bisher vorliegenden Veröffentlichungen handelt es sich zumeist, wie in der Studie zur Frauenpolitik der Nachkriegszeit in Berlin von Renate Genth bemerkt, um kurz gehaltene, vergleichende Überblicksdarstellungen, während Organisationsstrukturen, in denen Frauen (überparteilich) zusammenarbeiteten und Biographien den Schwerpunkt bilden.[42] Darstellungen zur Frauenpolitik der Sozialdemokratie nach 1945 konzentrieren sich dabei vorrangig auf den Widerspruch zwischen dem programmatischen Bekenntnis zur Gleichberechtigung und der faktischen Unterrepräsentanz von Frauen in der Parteihierarchie bzw. der Unterordnung der „Frauenfrage" unter Parteiinteressen, die entsprechend der männlichen Dominanz in der Partei von Männern vorgegeben wurden.

So heißt es bei Renate Genth einleitend: „Die SPD hatte in der Tradition Bebels die Frauenemanzipation auf ihre Fahnen und in die Programme geschrieben. Aber mit der Proklamation endete der Eifer. Die Lösung der Frauenfrage galt, so hatte es Bebel beschieden, als ein Teil der sozialen Frage. Daraus wurde eine zeitliche Abfolge. Erst die Lösung der sozialen Frage; die Frauenfrage duldete so lange Aufschub."[43]

Gisela Notz beginnt ihre Betrachtungen sozialdemokratischer Frauenpolitik der Nachkriegszeit mit den Worten: „Die Sozialdemokratische Partei Deutschlands (SPD) hat seit ihrem Bestehen die politische, wirtschaftliche und soziale Gleichberechtigung der Frauen zu einem ihrer wichtigen Programmpunkte gemacht. Freilich klafften Programmatik und Realität zu allen Zeiten auseinander. 1946 waren 15,4% der Parteimitglieder weiblich."[44]

---

[42] So gilt auch in der explizit sozialdemokratischen Politikerinnen gewidmeten Studie von Bettina Michalski das erste Kapitel der Arbeit in Frauenausschüssen. Vgl. Bettina Michalski: Frauenausschüsse – die erste Bewährung. In: Bettina Michalski: Louise Schroeders Schwestern. Berliner Sozialdemokratinnen der Nachkriegszeit. Bonn 1996, S. 19-31.

[43] Renate Genth: Die Frauen in der SPD: Ambivalenter Egalitarismus. In: Dies., Reingard Jäkl, Rita Pawlowski, Ingrid Schmidt-Harzbach und Irene Stoehr: Frauenpolitik und politisches Wirken von Frauen im Berlin der Nachkriegszeit 1945-1949, Berlin 1996, S. 125.

[44] Gisela Notz: „Ihr seid, wenn ihr wollt, diejenigen die alle Arbeit in der Partei machen können." Sozialdemokratische Frauenpolitik im Nachkriegsdeutschland. In: Ariadne. Forum für Frauen- und Geschlechtergeschichte, Heft 40, November 2001: Parteilichkeiten. Politische Partizipation - Erfahrungen mit männlichen Politikbereichen., S. 58.

Und Barbara Böttger kommt zu dem Schluß, dass die Frauengeneration der Vierziger Jahre eine sozialdemokratische Frauenarbeit vorfand, „die im eigentlichen Sinne keine Frauenbewegung mehr darstellte, da sie ihre Ziele in guter Zetkinscher Tradition den primären Interessen der Partei, die Männer in ihr definierten, unterordnete – mit Ausnahme der Forderung nach Gleichberechtigung."[45]

Argumentationslinien, die zur Wahrnehmung sozialdemokratischer Frauenarbeit der Nachkriegszeit als „ambivalenter Egalitarismus" (Genth), klaffende Lücke zwischen Programmatik und Realität (Notz) oder „Unterordnung, selbstbestimmt"[46] (Marquard) führen, orientieren sich an klassischen Schriften der sozialistischen Emanzipationstheorie (Engels, Bebel, Zetkin) und dem Verhalten von Sozialdemokratinnen der Nachkriegszeit zur Frage überparteilicher Frauenarbeit. Anstatt „knallharte Forderungen" zu stellen, so Gisela Notz, klagten die Sozialdemokratinnen der Nachkriegszeit immer wieder über die „mangelhafte Unterstützung durch >ihre< SPD-Männer" und verwendeten viel Kraft darauf, sich gegen ein „Image als Suffragetten, Blaustrümpfe oder Emanzen" zu wehren. Die große Angst, mit den bürgerlichen Frauen in eine Schublade gesteckt und als Frauenrechtlerinnen verschrieen zu werden, könne mit ein Grund für die frühe Distanzierung der SPD-Frauen von den überparteilichen (reinen) Frauenzusammenschlüssen gewesen sein, denn: „In der Geschichte der SPD gab es nie eine isolierte >Frauenfrage<. Sie war immer eingebettet in den Klassenkampf."[47]

Überhaupt, so Ingrid Langer, hätten sich die sozialdemokratischen Frauen der Nachkriegszeit bemüht, „nur ja nicht den Verdacht aufkommen zu lassen, sie hätten etwas mit einer von der Partei getrennten Frauenbewegung im Sinn. Offenbar erinnert sich niemand mehr daran, daß es einmal [...] eine einflußreiche sozialdemokratische Frauenbewegung gegeben hat, für die unter anderem Clara Zetkin und die von ihr lange herausgegebene >Gleichheit< stand.[48] [...] Tatsächlich wird es noch über zwanzig Jahre, bis 1972, dauern, bis mit der Arbeitsgemeinschaft

---

[45] Böttger: Recht auf Gleichheit, S. 116.

[46] Dieses Fazit zieht Bettina Michalski bei ihrer Analyse sozialdemokratischer Frauenpolitik insbesondere anhand eines Aufsatzes von Hildegard Wegscheider „An unsere Frauen. Die Frau im demokratischen Staat.", vgl. Bettina Michalski: Louise Schroeders Schwestern. Berliner Sozialdemokratinnen der Nachkriegszeit. Bonn 1996, S. 56.

[47] Gisela Notz: „Ihr seid, wenn ihr wollt, diejenigen, die alle Arbeit in der Partei machen können." Sozialdemokratische Frauenpolitik im Nachkriegsdeutschland, a.a.O., S. 61.

[48] Auch die Einschätzung der Bedeutung Clara Zetkins divergiert in starkem Maße. Dieses Phänomen kann im Rahmen dieser Arbeit jedoch nicht eingehender geklärt werden.

sozialdemokratischer Frauen, AsF, eine eigene Frauenorganisation in der Partei gegründet werden wird."[49]

Unter dem Fokus einer eigenständigen Frauenorganisation in der Partei erscheint die Gründung der AsF als frauenpolitischer Wendepunkt der Parteigeschichte. „Junge Frauen in der Sozialdemokratie wollten sich hinfort nicht mehr auf Sozial- oder Bildungsarbeit festlegen lassen, sondern *richtige* [Hervorhebung im Original, A.d.V`.] politische Arbeit leisten. [...] Raus aus dem Frauenghetto, hieß die Devise, neue Formen politischer Frauenarbeit entwickeln, Überlebtes abschütteln! – Diese Abkehr von Traditionen, teils aus Unkenntnis, teils aus dem Gefühl heraus, bisher sei überhaupt noch keine richtige politische Arbeit von und für Frauen in der Sozialdemokratie geleistet worden, verletzte verständlicherweise viele ältere aktive Frauen, die sich in der Sozialdemokratie oft jahrzehntelange Verdienste erworben hatten."[50] Inzwischen, so Anke Martiny 1984, seien einige Defizite an Informationen und Traditionsverständnis ausgeglichen, gleichwohl sei jedoch die Frage nicht beantwortet, wann, wodurch und wie der Faden historischer Kontinuität in der politischen Frauenarbeit der Sozialdemokratie abriß. „Mit der Spaltung der SPD und Clara Zetkins Ausscheiden aus der Redaktion der `Gleichheit`? Mit der Vertreibung der Sozialdemokraten durch Hitlers `Machtergreifung`? Mit dem `Godesberger Programm`? Oder erst mit dem endgültigen Tod der sozialdemokratischen Zeitschrift für Frauen `Gleichheit`?"[51]

Auf die von Anke Martiny formulierten Fragen vermag auch der gegenwärtige Forschungsstand zur sozialdemokratischen Frauenpolitik nach 1945 keine Antwort zu geben. Dabei ist in diesem Kontext von besonderem Interesse, dass die Frage nach dem Kontinuitätsbruch in der sozialdemokratischen Frauenarbeit ebenso wenig geklärt werden konnte wie die zentrale Frage bezüglich des Kampfes der Frauen um Artikel 3 II Grundgesetz: „Der Kampf um die Durchsetzung des Gleichberechtigungsartikels bezeichnet das für lange Zeit letzte gemeinsame Aufbäumen der Frauen."[52] Warum aber brach nach diesem Erfolg das Engagement der Frauen ab? Trotz dezidierter Arbeiten zur Situation von Frauen und zu frauenpolitischen Aktivitäten in der Nachkriegszeit erscheint es rätselhaft, weshalb sich die in Zeiten der Not erstarkte Frauengemeinschaft nach der mühsamen Durchsetzung der Gleichberechtigung den „Verfassungsbruch in Permanenz" gefallen ließ.

---

[49] Ingrid Langer: Alibi-Frauen. Hessische Politikerinnen Bd. I. In den Vorparlamenten 1946 bis 1950. Frankfurt a.M. 1994, S. 17.

[50] Anke Martiny: Schwestern, zur Sonne, zur Freiheit! In: Die Neue Gesellschaft 31 (1984) Nr. 2, S. 162f.

[51] Ebd., S. 163.

[52] Böttger: Recht auf Gleichheit, S. 116.

Der frauenpolitische Aufbruch der Nachkriegszeit und die Erklärung seines Schei-
terns durch die Frauengeschichte

Während in der frauengeschichtlichen Forschung die besondere Rolle der Frauen
für das Überleben im zerstörten Deutschland außer Frage steht, ist dagegen strittig,
ob und wie die von den Frauen geleistete Überlebensarbeit als Überlebenspolitik zu
werten ist. Zu Beginn der Forschungsarbeiten zu Frauen in der Nachkriegszeit
„wurde die Überlebensarbeit der Frau nach '45 nicht nur als eine ungeheure gesellschaftliche Leistung begriffen, sondern darüberhinaus auch als eine bewußte von Frauen konzipierte und gestaltete
Überlebenspolitik."[53] Die in vielen Städten entstandenen Frauenausschüsse gelten als
Indiz eines entsprechenden neuen politischen Aufbruchs der Frauen, der sich aus
dem Wissen um die Bedeutung der Überlebensarbeit speist und auf eine explizit
politische Dimension weiblicher Erfahrungszusammenhänge verweist. „Frauen sahen
sich in der Verantwortung, die schwierige Nachkriegssituation zu meistern. Reproduktionsarbeit, im
Sinne von Überlebensarbeit nun wichtiger denn je geworden, fiel traditionell in ihren Aufgabenbe-
reich und – sie waren demographisch in der Mehrheit, was Verpflichtung und Chance zugleich
bedeutete. Deshalb reduzierten die Ausschüsse ihr Selbstverständnis nicht auf die Aufgaben eines
wohltätigen Frauenvereins, sondern zielten auf eine gleichberechtigte Teilhabe am demokratischen
Wiederaufbau Deutschlands."[54]
   In der betonten Überparteilichkeit der Frauenausschüsse kommt nach Einschätzung vieler ForscherInnen ein Politikverständnis zum Ausdruck, das sich im Gegensatz zu den von Männern dominierten Parteien an der praktischen Logik der
Überlebensarbeit orientiert, statt sich im Kampf um Machterwerb und Machterhaltung zu verlieren. So erscheint der überparteiliche frauenpolitische Aufbruch als
Konsequenz aus dem „Scheitern der Männerpolitik"[55], die in kleinlichem Parteien-

---

[53] Annette Kuhn: 1945 – Versäumte Emanzipationschancen? Feministische Überlegungen zur Refamiliarisierung nach 1945. In: Forschungsinstitut der Friedrich-Ebert-Stiftung (Hg.): Frauen in den
neuen Bundesländern. Rückzug in die Familie oder Aufbruch zur Gleichstellung in Beruf und Familie? (Reihe Frauenpolitik H.2), Bonn 1991, S. 18.

[54] Corinne Bouillot und Elke Schüller: „Eine machtvolle Frauenorganisation" – oder: „Der
Schwamm, der die Frauen aufsaugen soll". Ein deutsch-deutscher Vergleich der Frauenzusammenschlüsse der Nachkriegszeit. In: Ariadne. Almanach des Archivs der deutschen Frauenbewegung. Heft 27. Mai 1995: „Stunde Null" Kontinuitäten und Brüche, S. 47.

[55] „Das Scheitern der Männerpolitik" ist neben der gewachsenen Bedeutung von Frauen aufgrund
der vermeintlichen Kongruenz von Überlebensarbeit und Überlebenspolitik ein zentrales Element
zur Erklärung der Politisierung von Frauen und des frauenpolitischen Aufbruchs der Nachkriegszeit.
Insbesondere in zeitgenössischen Frauenzeitschriften sind entsprechende Formulierungen häufig zu
finden und mit dem Aufruf verbunden, dass Frauen politisch aktiv werden sollten. Eine eingehende-

streit zur Katastrophe führte bzw. diese nicht zu verhindern wußte. Die Reorgani-
sation der Parteien aber habe schließlich über Unvereinbarkeitsbeschlüsse der Par-
teivorstände und Selbstbeschneidungen der parteilich organisierten Frauen zur
Schwächung überparteilicher Frauenarbeit geführt. Vor diesem Hintergrund erscheinen die „Wäschekörbe voller Eingaben" im Kampf um Artikel 3 II Grundgesetz als letzter Akt des frauenpolitischen Aufbruchs der Nachkriegszeit.

Weshalb sich die Frauengeneration der Nachkriegszeit dieser Zurückdrängung so
bereitwillig gefügt hat, ist jedoch angesichts einer der Verfassungsgarantie der
Gleichberechtigung entgegenstehenden Wirklichkeit der Bundesrepublik Deutschland und der in den 50er und 60er Jahren erfolgten Restauration bürgerlicher Ge-
schlechterideologie für feministische Forscher und Forscherinnen eine entscheidende Frage. Mit der These vom „erzwungenen Matriarchat"[56] lieferte die anfangs
bewunderte Stärke von Frauen nach 1945 schließlich wiederum die Begründung
ihres Scheiterns, da die Frauen lediglich der Not gehorchend gehandelt hätten. Was
zunächst als Ausdruck spezifisch weiblicher Stärke erschien, wurde nun als typisch
weibliche Schwäche interpretiert: „Diese Umkehrung, wonach die zunächst bewunderte
Frauenstärke von `45 für viele Forscherinnen und feministisch engagierte Frauen zum Symbol für
das unabwendbare Schicksal von Frauen im Patriarchat, für ihr kollektives Schicksal als schuldig-
unschuldige Opfer und Komplizinnen wurde, hat zu einem frustrierenden Zirkelschluß in der feministischen Forschung zur deutschen Nachkriegsgeschichte geführt."[57] Die von den Frauen geleistete Überlebensarbeit wurde nun als von außen auferlegte Ausnahmetätigkeit
ohne politisch-gesellschaftliche Perspektiven interpretiert und zum Ausgangspunkt

---

re Auseinandersetzung mit entsprechenden Aufrufen erfolgt in Kapitel 3 dieser Arbeit „Die Perspektive der Genossin".
[56] Siehe u.a. Elke Nyssen, Sigrid Metz-Göckel: „Ja, die waren ganz einfach tüchtig" – Was Frauen
aus der Geschichte lernen können. In: Anna E. Freier, Annette Kuhn (Hg.): Frauen in der Geschichte Bd. V, Düsseldorf 1984, S. 312-347. Sowie: Irene Bandhauer-Schöffmann und Ela Hornung: Trümmerfrauen – ein kurzes Heldinnenleben. Nachkriegsgesellschaft als Frauengesellschaft.
In: Andrea Graf (Hg.): Zur Politik des Weiblichen: Frauen Macht und Ohnmacht. Beiträge zur Innenwelt und Außenwelt. Wien 1990, S. 93-120. Sowie: Nieves Kolbe, Domenica Rode und Ingrid
N. Sommerkorn: Chancen und Grenzen der Emanzipation von Frauen in der Nachkriegszeit. In:
Frauenforschung. Informationsdienst des Forschungsinstituts Frau und Gesellschaft 6 (1988) Nr. 3,
S. 13-22.
[57] Annette Kuhn: 1945 – Versäumte Emanzipationschancen? Feministische Überlegungen zur Refamiliarisierung nach 1945. In: Forschungsinstitut der Friedrich-Ebert-Stiftung (Hg.): Frauen in den
neuen Bundesländern. Rückzug in die Familie oder Aufbruch zur Gleichstellung in Beruf und Familie? (Reihe Frauenpolitik H.2), Bonn 1991, S. 21.

für die Wiederherstellung patriarchaler Ordnung erklärt. Lediglich dem durch die erzwungene Selbständigkeit erfahrenen Bedeutungszuwachs der Frauen in der Familie wird bei dieser Betrachtungsweise nachhaltige Wirkung unterstellt: „Als das Private wieder strikt vom Politischen getrennt war, weil der Alltag sich normalisiert hatte, nahm die Beteiligung der Frauen am öffentlichen Leben wieder ab. Aber die private Sphäre hatte sich durch Krieg und Nachkriegszeit verändert. Dort wurde ein neues Kapitel der Frauenbefreiung vorbereitet. Sichtbar, lesbar wurde es erst Ende der sechziger Jahre."[58]

Der Ausnahmecharakter der Nachkriegszeit findet so erneut Bestätigung: Wenngleich Frauen vorübergehend an öffentlicher Bedeutung gewonnen hatten und Ansätze eines anderen, möglicherweise frauenspezifischen Politikverständnisses über die Frauenausschüsse sichtbar wurden, scheint es sich nur um ein kurzes, anormales Zwischenspiel zu handeln. Die Wiederherstellung der Normalität aber ist gleichbedeutend mit dem Rückzug der Frauen in die Familie gedacht. Weshalb sich jedoch im Privaten das Wissen um die Stärke der Frauen erhalten haben soll, während in der Politik dieses Wissen verloren ging, bleibt ungeklärt.

Erst vor dem Hintergrund der neuen Frauenbewegung, der Gründung der AsF, der Wiederentdeckung Elisabeth Selberts und (neuerlichen) überparteilichen Bündnissen von Frauen wurde die Geschichte der Frauenpolitik drängend genug, um den Blick auf die Frauen in den Parteien zu öffnen und nach ihren möglicherweise von denen der Männer abweichenden Beiträgen zur demokratischen Entwicklung der Bundesrepublik Deutschland zu fragen. Diese Entwicklung lässt es sinnvoll scheinen, den Begriff des „Scheiterns" neu zu überdenken.

Sozialdemokratie und neue Frauenbewegung

Dabei erklärt sich die fortbestehende Zurückhaltung gegenüber der sozialdemokratischen Frauenpolitik aus der Geschichte der neuen Frauenbewegung und in deren Folge der Entstehung der Frauenforschung selbst. Schließlich entstand die neue Frauenbewegung in Abgrenzung zur Marginalisierung der Frauenfrage im sozialistischen Befreiungskampf: „...dadurch, dass man einen bestimmten bereich des lebens vom gesellschaftlichen abtrennt, ihn tabuisiert, indem man ihm den namen privatleben gibt. in dieser tabuisierung unterscheidet sich der SDS in nichts von den gewerkschaften und den bestehenden parteien. diese tabuisierung hat zur folge, dass das spezifische ausbeutungsverhältnis, unter dem die frauen stehen, verdrängt wird, wodurch gewährleistet wird, dass die männer ihre alte, durch das

---

[58] Renate Genth: Arbeit und politisches Handeln. In: Dies. u.a.: Frauenpolitik und politisches Wirken von Frauen im Berlin der Nachkriegszeit 1945-1949, Berlin 1996, S. 23.

patriarchat gewonnene identität noch nicht aufgeben müssen."[59] Der Vorwurf an die Genossen des Sozialistischen Deutschen Studentenbundes (SDS) bestand also darin, ebenso wie ihre Vorläufer in der Arbeiterbewegung Profiteure patriarchaler Verhältnisse zu sein: „Die Ungleichheit zwischen den Geschlechtern blieb auch innerhalb der Arbeiterklasse immer ein `Nebenwiderspruch` neben dem `Hauptwiderspruch` zwischen Kapital und Arbeit. Auch Arbeiter wollten eine Hausfrau an ihrem Herd, nach dem Vorbild des Bourgeois, den sie sonst verachteten."[60]

Im Gegenzug erging an die neue Frauenbewegung der Vorwurf selbst eine Bewegung Privilegierter zu sein: „Ich nehme diese Einschätzung insbesondere aus einem Umstand, der bis heute die Diskussion um die Anfänge der neuen Frauenbewegung pejorativ begleitet. In den vielfältigen Auseinandersetzungen mit denjenigen, die sich der Arbeiterbewegung verpflichtet fühlten und fühlen, fehlt niemals der Hinweis, daß die neue Frauenbewegung von Frauen der >Mittelklasse< getragen, aufgerührt, angeführt und gemacht wurde. In der sozialistischen Tradition ist somit sofort klar, daß es sich hier um eine historisch zufällige und auch nicht recht verläßliche, eine eigentlich luxurierende Trägerin von Veränderung handelt, mithin also kaum etwas Grundlegendes zu erwarten sei. Vermutlich geht es um Freizeithobbys von privilegierten Frauen, die genügend Geld besitzen – also nicht anständig dafür arbeiten müssen – und zuviel Muße haben."[61]

Neben dem Konflikt um die Schlüsselkategorie Klasse oder Geschlecht bestimmen Enttäuschungserfahrungen die Außenperspektive auf traditionelle Politikträger. Die Erfahrung der zögerlichen Umsetzung der Gleichberechtigungsgarantie durch Artikel 3.II GG trifft in diesem Sinne alle Parteien. Innerhalb der Sozialdemokratie markiert die 1972 erfolgte Gründung der Arbeitsgemeinschaft sozialdemokratischer Frauen (AsF) dagegen einen paradoxen Wendepunkt. Unter Berufung auf die Gleichberechtigungstradition der Partei ignorierten junge Sozialdemokratinnen die Warnrufe der älteren und forderten die Abschaffung aller Sicherungsklauseln für Frauen. Inge Wettig-Danielmeier, von 1981 bis 1992 Vorsitzende der Arbeitsgemeinschaft sozialdemokratischer Frauen, heute Bundestagsabgeordnete und Schatzmeisterin der SPD, bezeichnet diese Haltung nachträglich als irrationalen Eigensinn: „Diese, unsere Partei sollte es so schaffen, freiwillig und nur aus innerer Überzeu-

---

[59] Helke Sander, Rede vom „Aktionsrat zur Befreiung der Frauen." am 13.9.1968 auf der 23. Delegiertenkonferenz des SDS in Frankfurt am Main, zitiert nach dem Abdruck des Manuskripts als Faksimile. In: metis, 8. Jg. (1999), Heft 16: Politeia. Frauenpolitik in Deutschland 1945-2000, S. 124.

[60] Gisela Notz: Auswirkungen der Studentenbewegung auf die Frauenbewegung. In: Ebd., S. 106.

[61] Frigga Haug: Tagträume eines sozialistischen Feminismus. In: Ute Gerhard, Mechthild Jansen, Andrea Mayhofer, Pia Schmid und Irmgard Schultz (Hg.): Differenz und Gleichheit. Menschenrechte haben (k)ein Geschlecht. Frankfurt a.M. 1990, S. 84f.

gung. (...) Schon bei den nächsten Vorstandswahlen fielen die Frauen durch. Es blieb bei zwei Alibifrauen im Parteivorstand statt bisher fünf."[62] Später waren es gerade diejenigen Frauen, die sich für die Abschaffung der Schutzklausel eingesetzt hatten, die den von der Arbeitsgruppe „Gleichstellung" unter Vorsitz von Oskar Lafontaine und Inge Wettig-Danielmeier erarbeiteten Quotenbeschluß der Partei 1988 durchsetzten.

An diesem Verlauf zeigt sich paradigmatisch, welchen Brüchen selbst die frauenpolitischen Traditionen innerhalb einer Partei unterliegen können: „Wir – die Frauen, die sich für links und fortschrittlich hielten – wollten die Quote nicht! Warum waren wir in der Partei August Bebels und Willy Brandts? Hatte diese Partei nicht seit mehr als 100 Jahren für die Gleichheit gekämpft? Wußte nicht jeder Genosse, was seit 1890 im Programm stand? Hatte nicht Bebel proklamiert >Es gibt keine Befreiung der Menschheit ohne die soziale Unabhängigkeit und Gleichheit der Geschlechter<? Und wurde er nicht immer noch zitiert?"[63]

Statt auf die Warnungen der älteren Genossinnen setzten die jungen Frauen auf Bebel. Eine weibliche Autorität nennt Wettig-Danielmeier nicht. Der Wechsel zwischen der alten Frauenarbeit und der neuen Frauenbewegung stellt in der Partei einen Kontinuitätsbruch dar. Sowohl unter Historikern der sozialdemokratischen Arbeiterbewegung als auch bei entschiedenen Feministinnen, so Helga Grebing, sei es beliebt, die sozialdemokratische Frauenarbeit in den 50er Jahren und einem Teil der 60er Jahre als „AWO-Kaffeekränzchen" und „Häkelkreise" veranstaltet von „Muttis mit Wickelschürzen" abzutun. Diese Sicht teilt Grebing keineswegs. Als führende sozialdemokratische Frauen dieser Jahre nennt sie Herta Gotthelf, Annemarie Renger, Marta Schanzenbach und Elfriede Eilers. Dabei zählten die drei Letztgenannten zu den „alten Parteihäsinnen", die, wie Grebing konstatiert, das Scheitern der jungen Frauen bei den oben erwähnten Vorstandswahlen vorausgesagt hatten.[64]

Für die Rekonstruktion der Gleichberechtigungsvorstellungen sozialdemokratischer Frauenpolitik in den westlichen Besatzungszonen verdient die - hier als Kontinuitätsbruch bezeichnete – Abgrenzung gegen die Nachkriegsgeneration besondere Aufmerksamkeit. Nicht nur in der parteiinternen Auseinandersetzung, sondern auch in der frauengeschichtlichen Forschung gibt es Hinweise auf ein problematisches Verhältnis zwischen den Generationen und Anzeichen für begrenzte Aufmerksamkeit gegenüber zeitgebundenen Bezügen frauenpolitischer Begrifflichkei-

---

[62] Inge Wettig-Danielmeier: Laßt die Pfoten von den Quoten. In: Dies. (Hg.): Greift die Quote? Köln 1997, S. 7f.

[63] Ebd., S. 7.

[64] Helga Grebing: Gleichstellung verwirklichen – Das alte-neue Thema in der Geschichte der Arbeiterbewegung. In: Inge Wettig-Danielmeier: Greift die Quote? Köln 1997, S. 56.

ten. Die Rezeptionsgeschichte Selberts, in der es bisher nicht gelang, Selberts erklärte Distanzierung von frauenrechtlerischen Aktivitäten überzeugend in das Bild
der „grossen Anwältin der Gleichberechtigung" zu integrieren, bietet hierfür ein
anschauliches Beispiel.[65]

Methodischer Ansatz und Quellenlage

Die in der Parteien-, Frauen- und Verfassungsgeschichte der Bundesrepublik
Deutschland auszumachenden Kontinuitätsbrüche und Spannungsmomente einer
nicht realisierten Gleichberechtigungsgarantie lassen es sinnvoll erscheinen, den
Hinweisen auf ein problematisches Verhältnis der Generationen nachzugehen und
der Einbettung politischer Forderungen in zeitgebundene Kontexte besondere
Aufmerksamkeit zu widmen. Für diese Arbeit wurde deshalb in methodischer Absicht besonderer Wert auf die Trennung von „zeitgenössischer" und „heutiger"
Sicht gelegt. Die Frage, welchen Stellenwert die Schaffung des Grundgesetzes aus
der Perspektive derer hatte, die sich im sogenannten Chaos oder der Ausnahmesi-
tuation der Nachkriegsjahre 1945 bis 1949 im Rahmen der Sozialdemokratie engagierten, ist dabei von zentraler Bedeutung. Wenngleich aus der „heutigen" Sicht
frauengeschichtlicher Forschung die Verankerung der Gleichberechtigung im
Grundgesetz als herausragendes frauen- und verfassungsgeschichtliches Ereignis
erscheint, lässt sich daraus nicht schließen, dass dieser Akt auch im Winter 1948/49
während der sogenannten Mobilisierungskampagne von breiten Bevölkerungskreisen als ebenso bedeutsam wahrgenommen wurde.[66]
Hier soll jedoch nicht der Mobilisierungskampagne selbst, also den Eingaben
und Pressestimmen anläßlich der Abstimmungsniederlage im Parlamentarischen
Rat nachgegangen werden, sondern vielmehr sollen hier die konkreten Forderun-

---

[65] Siehe zur Rezeptionsgeschichte Selberts auch Karin Gille: „Kennen Sie Herta Gotthelf?" Eine
Parteifunktionärin im Schatten von Elisabeth Selbert. In: Sylke Bartmann, Karin Gille und Sebasti-
an Haunss (Hg.): Kollektives Handeln. Politische Mobilisierung zwischen Struktur und Identität.
Düsseldorf 2002, S. 221-238.

[66] Auf die Frage: „Was sagen Sie eigentlich zu unserer heutigen Verfassung – ich meine unserem
Staats-Grundgesetz: Finden Sie sie im großen und ganzen gut – oder haben Sie sich dafür noch
nicht so interessiert?" antworteten im Mai 1955 noch 34% der befragten Männer und 66% der be-
fragten Frauen, sie würden die Verfassung nicht kennen. Siehe: Elisabeth Noelle und Erich Peter
Neumann (Hg.): Jahrbuch der öffentlichen Meinung 1947-1955, Allensbach 1956, S. 157. Dieses
Umfrageergebnis lässt zumindest die rege Anteilnahme der weiblichen Bevölkerung am Akt der
Verfassungsgebung fragwürdig scheinen.

gen der Sozialdemokratinnen ermittelt und, wie einleitend beschrieben, hinsichtlich ihres emanzipatorischen Potenzials überprüft werden. Diese Fragestellung greift den Beratungen im Parlamentarischen Rat vor und nähert sich dem Postulat der Gleichberechtigung über die Frage, was wurde von den Hauptakteurinnen der Normgebung[67] inhaltlich erstrebt. Damit steht weniger der Akt der Verfassungsgebung als vielmehr die Wahrnehmung der gegebenen gesellschaftlichen Verhältnisse und der Gestaltungswille der politischen Akteure – hier der Sozialdemokratinnen – im Zentrum des Interesses, die sich maßgeblich für die Verankerung der Norm engagierten. Deren mit der Gleichberechtigungsnorm verbundene, politische Implikationen zu erfassen, ist das zentrale Anliegen dieser Arbeit.

Im Gegensatz zur Beschäftigung mit einzelnen Politikerinnen der Nachkriegszeit und der Ausarbeitung ihrer möglicherweise herausragenden Positionen, die sie ihrer Zeit weit voraus gewesen erscheinen lassen[68], interessiert hier nicht eine Person, sondern eine Personengruppe – die Sozialdemokratinnen - und deren (frauen-) politische Haltung in einer historisch konkreten Situation. Denn selbst wenn herausragende Repräsentantinnen Schlüsselpositionen besetzen und zu den seltenen Glücksfällen der Demokratie zählen, „wo ganz klar nachzuweisen ist, daß sich die Dinge ohne das Einwirken gerade dieser Persönlichkeit anders entwickelt hätten"[69], bedürfen demokratische Forderungen einer breiten Basis, die eben diese trägt und stützt. Für die Frage nach dem Verhältnis von demokratischen Verfassungsnormen und Verfassungswirklichkeit bildet die Rückbindung zwischen herausragenden ProtagonistInnen, die entsprechende Forderungen artikulieren und vertreten, und ihrer beispielsweise im Rahmen einer politischen Partei gegebenen Basis eine entscheidende

---

[67] Trotz der herausragenden Bedeutung Selberts im Kontext der Verhandlungen im Hauptausschuss des Parlamentarischen Rates war es die Fraktionskollegin Frieda Nadig, die die Formulierung „Männer und Frauen sind gleichberechtigt" im Grundsatzausschuss als Antrag der SPD-Fraktion erstmalig vortrug. Insofern werden hier die weiblichen Mitglieder der SPD-Fraktion als Hauptakteurinnen der Normverankerung bezeichnet.

[68] So immer wieder die Kennzeichnung Elisabeth Selberts. Vgl. z.B. auch Annette Kuhn: „Diese frauenpolitische Brücke beruht aber nicht auf einer konsistenten Geschlechtertheorie, wenn auch die Nähe der Gedanken von Elisabeth Selbert zu den heutigen feministischen Theorien zur Anerkennung der Geschlechterdifferenz als Verwirklichung von Gleichheit ins Auge fällt. [...] Hier ist Elisabeth Selbert ihrer Zeit weit voraus gewesen." Annette Kuhn: Das politische Vermächtnis der Elisabeth Selbert. In: Die Hessische Landesregierung (Hg.): Ein Glücksfall für die Demokratie. Elisabeth Selbert (1896-1986). Die große Anwältin der Gleichberechtigung. Frankfurt a.M. 1999, S. 203.

[69] Böttger: Recht auf Gleichheit, S. 12.

Schnittstelle. Als solche gilt es im Folgenden, die sozialdemokratische Frauenpolitik im engeren Sinne sozialdemokratischer Frauenarbeit[70] zu untersuchen.

Darüber hinaus ist gerade am Einzelfall von historischem und aufklärerischem
Interesse, aus welchen Traditionen, Erfahrungen und Umständen heraus Menschen
befähigt werden, für die Demokratie Besonderes zu leisten. Deshalb konzentriert
sich diese Untersuchung nicht auf die Person Elisabeth Selbert, sondern vielmehr
auf das Umfeld, aus dem heraus sie agierte und das ihr die Möglichkeit bot, zum
„Glücksfall der Demokratie" zu werden.

Das Problem der Repräsentativität

Die Kritik von Alexander von Plato, dass aufgrund der schlechten Quellenlage zur
Nachkriegszeit über die Haltung „der" Bevölkerung, „der" Arbeiterklasse oder
„der" Frauen zur Verarbeitung der Vergangenheit, zur Politik im Allgemeinen und
zu den Besatzungsmächten oder zum neuen Staat im Besonderen weitgehend spekuliert werde, da in der Regel von der Einstellung von Repräsentanten einer Elite
(z.B. der Parteien) auf die Haltung der Basis kurzgeschlossen werde,[71] verdient hier
besondere Beachtung. Denn wenngleich in dieser Arbeit nicht „die" Frauen oder
„die" Arbeiterklasse und deren Haltung zur Diskussion stehen, so richtet sich das
Interesse doch auf eine Gruppe – nämlich „die" Sozialdemokratinnen –, von denen,
wenn überhaupt, eher die Repräsentantinnen der Elite der Partei Quellen hinterlassen haben. Das Problem der Repräsentativität ist deshalb eine entscheidende methodische Herausforderung für den Ansatz dieser Arbeit und ein wichtiges Kriterium für die Quellenwahl.

---

[70] Die Unterscheidung von Frauenpolitik und Frauenarbeit ist in der Sozialdemokratie der Nachkriegszeit von grundlegender Bedeutung. Aufgabe der Frauenarbeit im engeren Sinne spezieller
Organisations- und Veranstaltungsformen ist die Werbung und Schulung von Frauen für die Parteiarbeit. Wenngleich in diesem Kontext auch die Artikulation frauenspezifischer Forderungen besonderes Gewicht besitzt, gilt die Durchsetzung frauenpolitischer Positionen (also Frauenpolitik im
weiteren Sinne) analog zu Positionen in anderen Sachbereichen zumindest konzeptionell als Aufgabe der Gesamtpartei. Siehe dazu eingehendere Ausführungen in Kapitel 2 unter der Überschrift
„Sozialdemokratische Frauenarbeit".
[71] Vgl. Alexander von Plato: Nachkriegsgesellschaft. Erfahrungsstrukturen und „Große Politik". In:
Deutsches Institut für Fernstudien an der Universität Tübingen (Hg.): Deutsche Geschichte nach
1945. Teil 1: Nachkriegsjahre und Bundesrepublik Deutschland. Studienbrief 3, Tübingen 1987, S.
7.

Zunächst bezieht sich dieses Problem auf die Person Elisabeth Selbert: War sie in die Frauenarbeit der Partei eingebunden? Inwieweit entsprachen die von ihr vertretenen Positionen sonstigen Verlautbarungen der Partei und insbesondere den im Rahmen der Frauenarbeit geführten Diskussionen? Welche Bedeutung hat in diesem Kontext die häufig geäußerte Stellungnahme Selberts, keine Frauenrechtlerin zu sein? Bedurfte es ihrer, um Frauenpolitik in der Partei durchsetzungsfähig zu machen? Und wo verlaufen die entsprechenden Konfliktlinien innerhalb der Partei? Handelt es sich um den klassischen Konflikt zwischen Männern und Frauen – also um die Zurücksetzung des Kampfes um Frauenrechte durch die Genossen – oder gibt es Hinweise auf andere Begründungszusammenhänge für die Abwehr der sogenannten „Frauenrechtlerei"?

Das Problem der Repräsentativität führt in diesem Kontext also zunächst zu der Frage, inwieweit Elisabeth Selbert als Repräsentantin sozialdemokratischer Frauenpolitik der Nachkriegszeit zu werten ist. Entsprechend gilt es zu klären, auf welcher Quellengrundlage Antworten auf die obengenannten Fragen gegeben werden können. Was also repräsentiert die Positionen der Sozialdemokratinnen? Reichen programmatische Parteitagsbeschlüsse aus, um sich ein Bild von frauenpolitischen Positionen der SPD zu machen, oder bedarf es nicht vielmehr der Einsicht in interne Diskussionen? Und woran läßt sich erkennen, ob es sich dabei um Nebenschauplätze von Einzelnen bevorzugter Themen und Spezialinteressen handelt oder um zentrale Forderungen, die in der Arbeit der Partei von großer Bedeutung sind? Vor diesem Hintergrund ist das Problem der Repräsentativität als eine Frage der Quellenwahl und Quellenkritik zu begreifen, die insbesondere hinsichtlich des Kontextes der zu untersuchenden Äußerungen besondere Aufmerksamkeit erfordert.

Die Quellenwahl und das Verfahren der Kontextualisierung

Für diese Arbeit wurden zwei Quellengattungen gewählt: Zum einen wurde der Aktenbestand des Frauenbüros beim Parteivorstand der SPD systematisch gesichtet. Dieser weitgehend unbearbeitete Quellenbestand liegt im Archiv der sozialen Demokratie in Bonn vor und dokumentiert den Aufbau der Frauenarbeit der Partei auf der zentralen Ebene des Frauenbüros beim Parteivorstand. Zum anderen wurden lebensgeschichtliche Interviews mit älteren Sozialdemokratinnen geführt, die auch themenzentrierte Interviewpassagen enthalten. Die Bearbeitung dieser Quellengattungen stellt zwar unterschiedliche methodische Herausforderungen, aus ihrer Zusammenführung aber lassen sich in besonderer Weise Rückschlüsse hinsichtlich des obengenannten Problems der Repräsentativität ziehen.

In Abgrenzung zum bisherigen Forschungsstand wird dies insbesondere daran deutlich, dass das Interesse an biographischen Verläufen mit themenzentrierten Analysen sozialdemokratischer Frauenpolitik verknüpft wird. Statt Einzelbiographien von Politikerinnen der Nachkriegszeit vorzustellen, soll hier u.a. den Verbindungslinien von Biographie und inhaltlich politischer Orientierung nachgegangen werden. Entsprechend dem auf die Gruppe der Sozialdemokratinnen ausgerichteten Erkenntnisinteresse steht die Einbindung frauenpolitischer Positionen in den Kontext der Zeit, der Partei und der lebensgeschichtlichen Erfahrung im Vordergrund.

Quellensichtung und Interviewführung erfolgten dabei über lange Phasen parallel. Die besondere Qualität dieses Vorgehens liegt jedoch nicht nur in dem „Versuch, bekanntes Quellenmaterial unter erfahrungsgeschichtlichem Blickwinkel neu zu verstehen und zu interpretieren, wie auch umgekehrt die erfahrungsgeschichtlichen Ergebnisse der Prüfung durch traditionelle historische Quellenkritik und Analyse auszusetzen"[72], sondern in der Kombination und Konfrontation von Quellenanalyse und Interviewerfahrungen während des Forschungsprozesses. Dieses Vorgehen trug wesentlich zur Sensibilisierung gegenüber den bereits genannten Wahrnehmungsunterschieden zwischen „heutiger" und „zeitgenössischer" Sicht bei und führte zu einem Verfahren, das hier als Verfahren der Kontextualisierung bezeichnet wird. Von zentraler Bedeutung für dieses Verfahren ist das Bemühen, die Ergebnisse jedes Untersuchungsabschnitts in einem weiteren Kontext zu betrachten. Analog der Frage nach der Einbettung Selberts in die Frauenarbeit der Partei folgt der Aufbau der Arbeit der Überlegung, in welchem Verhältnis zueinander biographische Verläufe von Sozialdemokratinnen, zentrale Themen sozialdemokratischer Frauenpolitik, die allgemeine soziale und politische Situation der Nachkriegszeit und aus dieser Situation abgeleitete konkrete Forderungen von Sozialdemokratinnen stehen. Die Forderung der Gleichberechtigung ist entsprechend mit der sozialdemokratischen Frauenpolitik bzw. der Frauenarbeit im engeren Sinne zu kontextualisieren.

---

[72] Alexander von Plato: Nachkriegsgesellschaft. Erfahrungsstrukturen und „Große Politik". In: Deutsches Institut für Fernstudien an der Universität Tübingen (Hg.): Deutsche Geschichte nach 1945. Teil 1: Nachkriegsjahre und Bundesrepublik Deutschland. Studienbrief 3, Tübingen 1987, S. 7.

Interviews mit älteren Sozialdemokratinnen

Zentral für den Ansatz dieser Arbeit sind mit zehn älteren Sozialdemokratinnen
geführte Zeitzeuginnengespräche und die Feststellung, dass sich die Einschätzungen der Zeitzeuginnen mitunter nur bedingt mit dem über schriftliche Quellen auszumachenden Befund decken. Das heißt nicht, dass Zeitzeuginnenaussagen nicht
ebenfalls als Quellen für die Zeit dienen können. Es bedarf jedoch einer sorgfälti-
gen quellenkritischen Analyse, um über Interviews Zugänge zu zurückliegenden
Erfahrungsschichten zu gewinnen. Dabei greift der im Kontext dieser Untersuchung bedeutsame, an der Diskussion des Forschungsstandes aufgezeigte Genera-
tionenkonflikt in besonderer Weise. Wahrnehmungen und Wertungen frauenpolitischer Entscheidungen haben sich in der Geschichte der Bundesrepublik unter dem
Eindruck der neuen Frauenbewegung entscheidend verändert und insbesondere
auch parteipolitische Verlautbarungen maßgeblich beeinflusst. Interviews mit älteren, parteipolitisch gebundenen Frauen – in diesem Falle Sozialdemokratinnen –
unterliegen vor diesem Hintergrund besonderen Problemen, denn der Aufbruch der
neuen Generation verlief, wie Anke Martiny konstatiert, nicht ohne Verletzungen
vieler älterer Frauen, die sich oft jahrzehntelange Verdienste erworben hatten.[73]
Gleichwohl greifen insbesondere bei älteren Genossinnen, deren Leben maßgeblich
von der Zugehörigkeit zur Sozialdemokratie geprägt wurde, Fragen der Parteidiszi-
plin und des innerparteilichen Konsenses. Parteigeschichtliche Umwertungen und
Umdeutungen sind entsprechend ebenso in die eigene Wahrnehmung zu integrieren
wie persönliche Erfolgs- und Mißerfolgserlebnisse und von früheren Einschätzungen abweichende Entwicklungen. Gerade solche feststellbaren Abweichungen aber
geben besonders interessante Hinweise auf verschiedene Möglichkeiten der Wahrnehmung, Gewichtung und Interpretation.

Um Zugänge zu zurückliegenden Erfahrungsschichten zu gewinnen, bedarf es
einerseits aus Sicht der Forschung einer besonderen Nähe, um eine Erzählung zu
ermöglichen, die sich, statt gängige Topoi sozialdemokratischer Geschichte zu reproduzieren, aus dem persönlichen Erleben speist, und andererseits bedarf es aus
Sicht der befragten Person der Gewißheit eines vertrauenswürdigen Gegenübers,
das einen angemessenen Umgang mit dem Erzählten erwarten lässt. Diese Nähe
aber konnte im Rahmen dieser Untersuchung insofern nicht vorausgesetzt werden,
sondern mußte vielmehr im Interview selbst hergestellt oder erarbeitet werden, als

---

[73] Vgl. Anke Martiny a.a.O. in Forschungsstand: Sozialdemokratische Frauenpolitik nach 1945.

sich Interviewerinnen und Zeitzeuginnen als Fremde[74] und Repräsentantinnen des „Generationenkonflikts" begegneten. Wenngleich einige Interviews mit finanzieller Unterstützung der Friedrich-Ebert-Stiftung und alle Interviewkontakte über Vermittlung parteinaher Personen entstanden, ging allen Interviews die Feststellung voraus, dass es sich bei den Interviewerinnen nicht um Genossinnen, sondern eher der neuen Frauenbewegung zuzurechnende Personen handelte. Diese Konstellation hatte jedoch den Vorteil, dass entsprechende Konfliktlinien direkt thematisiert und schließlich selbst Untersuchungsgegenstand wurden. Aufgrund der besonderen Bedeutung der Interviewerfahrung im Forschungsprozess nimmt die Entstehung und Bearbeitung der Interviews eine exponierte Stellung im Aufbau der Arbeit ein.[75]

Die Akten des Frauenbüros beim Parteivorstand

Als Leiterin des Frauenbüros beim Parteivorstand, zentrale Frauensekretärin der SPD und Redakteurin der GENOSSIN, SPD-Informationsblatt für Funktionärinnen (ab 1950 Gleichheit, Blatt der arbeitenden Frau) ist Herta Gotthelf die zentrale Person der Frauenarbeit der Partei und des Frauenbüros. Im Juli 1946 kehrte sie aus dem Londoner Exil zurück, um den Aufbau der Frauenarbeit zu übernehmen. Für die Rekonstruktion der Frauenarbeit der Partei der Nachkriegszeit ist insbesondere ihr Wirken in den Akten des Frauenbüros dokumentiert. Neben Sitzungs- und Konferenzprotokollen, Werbematerial, Ausgaben der GENOSSIN, Rundschreiben an die Bezirke und Auslandsrundschreiben an Funktionärinnen anderer Länder umfaßt der Aktenbestand die äußerst umfangreiche Korrespondenz Herta Gotthelfs mit Genossen und Genossinnen, Institutionen und Verbänden, der Militärregierung der Besatzungsmächte und diversen Einzelpersonen.

Die zentrale Funktion Herta Gotthelfs für den Aufbau der Frauenarbeit spiegelt sich deutlich in der Struktur des Aktenbestandes des Frauenbüros. Sie versorgt die Bezirke und Genossinnen im In- und Ausland mit Informationen und Werbematerial zur Frauenarbeit. Sie fordert Artikel für die GENOSSIN an und wählt in allei-

---

[74] Die Gespräche mit zwei Frauen, die den Interviewerinnen näher bekannt waren, werden in dieser Arbeit nicht ausgewertet. Vgl. Kapitel 1: Das Sample. Gespräch mit Helga Grebing und Lucinde Sternberg.

[75] Eingehendere methodische Ausführungen zur oral history und der Bearbeitung der Interviews im Rahmen dieser Arbeit erfolgen entsprechend in Kapitel 1 unter der Überschrift „Fragestellung und Methode".

niger Zuständigkeit aus, welche Berichte wann erscheinen.[76] Konferenzplanungen werden im zentralen Ausschuss für Frauenfragen[77] besprochen, genauere inhaltliche Absprachen und organisatorische Vorbereitungen aber liegen in der Hand Herta Gotthelfs. Zur Unterstützung ihrer Arbeit stehen ihr zwei Bürokräfte zur Verfügung, die hauptsächlich mit Schreib- und Organisationsaufgaben beschäftigt sind. Der allgemeine Versorgungsmangel, insbesondere die Papierknappheit, findet seinen Niederschlag in diversen Schreiben, in denen um Unterstützung gebeten oder für erhaltene Hilfen gedankt wird. Darüber hinaus werden Care-Pakete an das Frauenbüro geschickt und über Herta Gotthelf an bedürftige Genossen und Genossinnen versandt. Die über die systematische Sichtung des weitgehend unbearbeiteten Aktenbestandes auszumachende Struktur der vorliegenden Quellen des Frauenbüros beim Parteivorstand wird in der folgenden Abbildung dargestellt.

---

[76] Dies wurde im Interview sowohl von Prof. Dr. Susanne Miller, die selbst Artikel für die GENOSSIN schrieb, als auch von Marga Tylinski, die eine der Mitarbeiterinnen von Herta Gotthelf im Frauenbüro war, bestätigt.

[77] Auf der Parteivorstandssitzung am 16. und 17. September 1947 wird der zentrale Ausschuss für Frauenfragen beim Parteivorstand gegründet und mit 16 gewählten Mitgliedern (zwölf Frauen und vier Männer) besetzt. „Mit der Gründung des Ausschusses für Frauenfragen und der Einbeziehung von 4 Genossen in diesen Ausschuss, will die Partei dokumentieren, dass die Frauenarbeit eine Angelegenheit der Gesamtpartei ist, und dass im Interesse der Arbeit Genossinnen und Genossen in einem solchen Ausschuss vertreten sein müssen." Herta Gotthelf, Rundschreiben Nr. 23, 26.9.1947, AdsD, PV 0126A. Der zentrale Ausschuss für Frauenfragen tagt erstmals im November 1947.

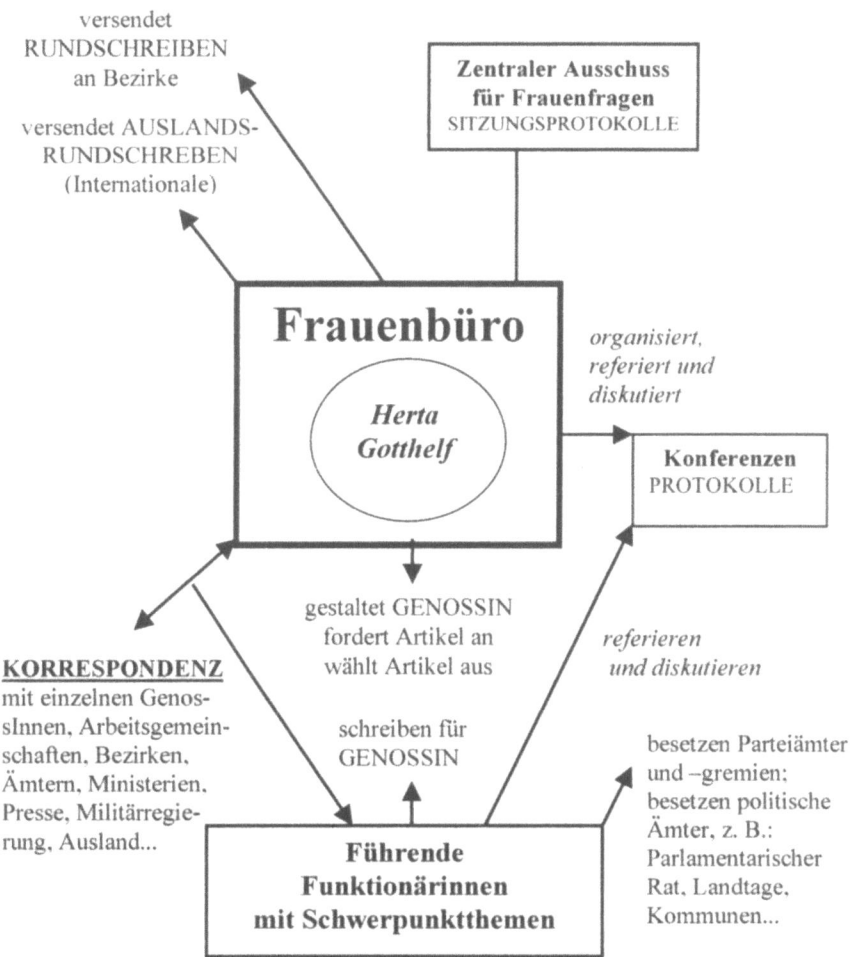

Die Organisationsstruktur
des Frauenbüros beim Parteivorstand (zentrale Ebene)

versendet
RUNDSCHREIBEN
an Bezirke

versendet AUSLANDS-
RUNDSCHREBEN
(Internationale)

**Zentraler Ausschuss
für Frauenfragen**
SITZUNGSPROTOKOLLE

Frauenbüro

*Herta
Gotthelf*

*organisiert,
referiert und
diskutiert*

Konferenzen
PROTOKOLLE

gestaltet GENOSSIN
fordert Artikel an
wählt Artikel aus

*referieren
und diskutieren*

KORRESPONDENZ
mit einzelnen Genos-
sInnen, Arbeitsgemein-
schaften, Bezirken,
Ämtern, Ministerien,
Presse, Militärregie-
rung, Ausland...

schreiben für
GENOSSIN

besetzen Parteiämter
und –gremien;
besetzen politische
Ämter, z. B.:
Parlamentarischer
Rat, Landtage,
Kommunen...

**Führende
Funktionärinnen
mit Schwerpunktthemen**

Der über die Organisationsstruktur des Frauenbüros auszumachenden Dominanz Herta Gotthelfs beim Aufbau der Frauenarbeit, die sich in den Quellen eindeutig niederschlägt, steht die weitgehende Nichtbeachtung ihrer Person in der bisherigen Forschung entgegen. Vereinzelt erfolgen zwar Hinweise darauf, dass es eine zentrale Frauensekretärin gab, umfassendere Ausführungen zu ihrer Person und ihrem Aufgabenfeld liegen bisher jedoch nicht vor.[78] Diese Diskrepanz zwischen der Bedeutung ihrer Funktion sowie ihrer bei erster Durchsicht der Quellen deutlich werdenden frauenpolitischen Schlüsselstellung in der Partei und ihrer untergeordneten Position in der Literatur verweist wiederum auf ein problematisches Verhältnis zwischen Rezeptions- und Wirkungsgeschichte sozialdemokratischer Frauenarbeit.

Der über die Sichtung des Aktenbestandes des Frauenbüros beim Parteivorstand gewonnene Eindruck, dass entgegen dem in der Literatur bisher vertretenen Standpunkt vom überparteilichen frauenpolitischen Aufbruch der Nachkriegszeit und dessen Bedeutung für die Durchsetzung von Art. 3 II GG der Erfolg Elisabeth Selberts auf die Zusammenarbeit mit Herta Gotthelf und das Netzwerk sozialdemokratischer Frauenarbeit zurückzuführen ist[79], wirft die Frage auf, was das Erinnern Elisabeth Selberts und das Vergessen Herta Gotthelfs begünstigte.[80]

---

[78] Von den wenigen, bisher vorliegenden Veröffentlichungen zum Wirken Herta Gotthelfs ist besonders hervorzuheben ein Aufsatz von Antje Dertinger, der sich explizit mit ihrer Person und Funktion beschäftigt. Siehe: Antje Dertinger: Herta Gotthelf (1902-1963). Als die Frauen ihre Chance verpaßten. Das Wirken der SPD-Frauensekretärin für einen demokratischen Wiederaufbau. In: Dies. (Hg.): Die bessere Hälfte kämpft um ihr Recht: der Anspruch der Frauen auf Erwerb und andere Selbstverständlichkeiten. Köln 1980, S. 203-227. Erwähnung fand Herta Gotthelf zuvor bereits bei Susanne Miller. Siehe: Dies.: Frauenrecht ist Menschenrecht. Zur Frauenprogrammatik der Sozialdemokratie von den Anfängen bis Godesberg. In: Willy Brandt (Hg.): Frauen heute. Jahrhundertthema Gleichberechtigung, Köln/Frankfurt a.M. 1978, S. 52-72. Die Rolle Herta Gotthelfs im Kontext der Entsendung Elisabeth Selberts in den Parlamentarischen Rat behandeln erstmals Heike Drummer und Jutta Zwilling. Siehe dies.: Elisabeth Selbert. Eine Biographie. In: Die Hessische Landesregierung (Hg.): Ein Glücksfall für die Demokratie. Elisabeth Selbert (1896-1986). Die große Anwältin der Gleichberechtigung. Frankfurt a.M. 1999, S. 9-186. Ein kurzes Portrait gestaltet von Jutta Steckeweh enthält der historische Wochenkalender 2000: Politeia. Frauenportraits aus 50 Jahren deutscher Geschichte. Herausgegeben vom Lehrgebiet Frauengeschichte der Universität Bonn, Dortmund 1999. Dieses Portrait basiert weitestgehend auf der Selbstbeschreibung Herta Gotthelfs im Jahre 1958 und trägt den gleichnamigen Titel. Vgl. Herta Gotthelf: Politik „hauptamtlich". In: Vorstand der Sozialdemokratischen Partei Deutschlands (Hg.): Frauen machen Politik. Was sie sind, wie sie es wurden. Lebensschicksale politischer Frauen. (Schriftenreihe für Frauenfragen), Bonn 1958, S. 38-41.

[79] Entsprechende Forschungsergebnisse sind folgendem Aufsatz zu entnehmen: Karin Gille und Heike Meyer-Schoppa: „Frauenrechtlerei" und Sozialismus. Elisabeth Selbert und die sozialdemo-

Im Rahmen dieser Arbeit können in stärkerem Maße an der Person Herta Gotthelfs orientierte Fragestellungen, wie z.b. die Frage, welche Bedeutung dem Umstand zukommt, dass Herta Gotthelf als jüdische Remigrantin in führender Position tätig war, nicht untersucht werden. Die bereits genannten Hinweise auf ein problematisches Verhältnis zwischen den Generationen verdichten sich jedoch bei eingehenderem Vergleich von Quellenlage und Forschungsstand und verweisen, wie noch zu zeigen sein wird, auf die eminente Bedeutung der Erfahrung des Nationalsozialismus für das Verständnis sozialdemokratischer Frauenarbeit der Nachkriegszeit.

Weiteres Material

Von welchen Themen die Diskussion der Sozialdemokratinnen bestimmt wurde, welche Positionen dabei vertreten wurden und welche Argumentationslinien dabei dominierten, lässt sich über die systematische Durchsicht des archivierten Aktenbestandes des Frauenbüros aus Teilen der Korrespondenz Herta Gotthelfs, der GENOSSIN und Protokollen ersehen. Insbesondere anhand der Korrespondenz werden darüber hinaus persönliche Sympathien, Konflikte und strategische Erwägungen ersichtlich, die deutlichen Einfluß auf die politische Arbeit haben. Die Kenntnis persönlicher Beziehungen und Hintergründe ist zum einen deshalb von Bedeutung, zum anderen erklären sich Positionen mitunter auch aus persönlichem Erleben bzw. Lebenszusammenhängen. Aus frauengeschichtlicher Perspektive hat die Auseinandersetzung mit biographischen Verläufen zudem den Vorteil, Muster des komplizierten Wechselspiels zwischen kollektiven Diskriminierungsstrukturen gegen Frauen einerseits und individuell erfolgreichen Konfliktvermeidungs- und Aufstiegserfahrungen andererseits am Einzelfall verfolgen zu können. Biographisches Material zu einzelnen Sozialdemokratinnen ist vor diesem Hintergrund eine wichtige Ergänzung zum Aktenbestand des Frauenbüros.

---

kratische Frauenpolitik in den westlichen Besatzungszonen. In: metis. Zeitschrift für historische Frauenforschung und feministische Praxis, 8. Jg (1999), Heft 16: Politeia. Frauenpolitik in Deutschland 1945-2000, S. 22-42.

[80] Vgl. dazu auch den gleichnamigen Vortrag: Karin Gille und Heike Meyer-Schoppa: Elisabeth Selbert und Herta Gotthelf - Erinnern und Vergessen. Vortrag auf dem Workshop der Historischen Kommission beim Parteivorstand der SPD: Biographische Ansätze in der Geschichtsschreibung über die Sozialdemokratie in der Nachkriegsepoche. Abgedruckt in AvS-Informationsdienst Nr. 2/3 Dezember 2000, S. 11-14.

Eine ebenso wichtige Ergänzung sind die umfangreichen bisher geleisteten Forschungsarbeiten zur Lebenssituation und Politik von Frauen in der Nachkriegszeit,
die zum einen die Einordnung von Diskussionen unter den Sozialdemokratinnen in
breitere Diskussionszusammenhänge ermöglichen und zum anderen auf weitere
Quellen verweisen oder explizit als Quellen- und Materialsammlung zur Anregung
und Unterstützung weiterer Forschungsarbeiten dienen.[81]
    Häufig sind es gerade Regionalstudien zur Lebenssituation und Nachkriegspoli-
tik (von Frauen) in einer Stadt, die wichtige Aufschlüsse über die Beteiligung einzelner Sozialdemokratinnen an Frauenausschüssen ermöglichen und nähere biographische Hinweise enthalten.[82] Im Vordergrund entsprechender Untersuchungen
stehen jedoch die Bewältigung der allgemeinen Versorgungsnot und überparteiliche Bündnisse von Frauen bzw. politisches Engagement jenseits parteipolitischer
Bindungen. Doch obwohl sich diese Arbeit aufgrund ihrer von bisher vorliegenden
Arbeiten abweichenden Fragestellung in erster Linie auf eigene Quellenrecherche
stützt bzw. stützen muss, sind entsprechende Arbeiten ebenso hilfreich für die Einordnung der Untersuchungsergebnisse wie frühe Erhebungen allgemeiner Daten
zur Lage der Frauen[83], zur Einstellung der Bevölkerung[84] und insbesondere zur Si-

---

[81] So z.B. der von Annette Kuhn herausgegebene, von Doris Schubert bearbeitete Band 1: Frauen in
der deutschen Nachkriegszeit. Frauenarbeit 1945-1949. Quellen und Materialien. Düsseldorf 1984;
Friedrich Prinz und Marita Krauss (Hg.): Trümmerleben. Texte, Dokumente, Bilder aus den Nachkriegsjahren. München 1985; Klaus-Jörg Ruhl: Frauen in der Nachkriegszeit 1945-1963. München
1988.

[82] So z.B. Beate Hoecker und Renate Meyer-Braun: Bremerinnen bewältigen die Nachkriegszeit.
Frauen.Alltag.Arbeit.Politik. Bremen 1988; Landeszentrale für politische Bildung Schleswig-
Holstein (Hg.): „Alle Mann an Deck!"–„Und die Frauen in die Kombüse?" Frauen in der schles-
wig-holsteinischen Politik 1945-1958. Kiel 1993; Martina Jung und Martina Scheitenberger: ... den
Kopf noch fest auf dem Hals. Frauen in Hannover 1945-1948. Ausstellungskatalog Hannover 1991;
Volkshochschule der Stadt Bielefeld (Hg.): „Wir haben uns so durchgeschlagen..." Frauen im Biele-
felder Nachkriegsalltag 1945-1950. Bielefeld 1992; Brigitte Denecke: „Wir hatten eine Kraft, das
glaubt man nicht" Frauenalltag und Frauenpolitik der Nachkriegsjahre in Dortmund und Hamm.
Dortmund 1997; Susanne Fuchs: Frauen bewältigen den Neuaufbau. Pfaffenweiler 1993; Michael
Schröder (Hg.): Auf gehts! Rama dama! Frauen und Männer aus der Arbeiterbewegung berichten
über Wiederaufbau und Neubeginn 1945 bis 1949. Köln 1984.

[83] Vgl. z.B.: Büro für Frauenfragen in der Gesellschaft zur Gestaltung öffentlichen Lebens (Hg.):
Die Frau in der Wirtschaft. Entwicklung der deutschen Frauenarbeit von 1946-1951. Eine statistische Übersicht von Dr. rer. pol. Elsbeth Weichmann, Wiesbaden ca. 1951; Statistisches Bundesamt
Wiesbaden (Hg.): Statistische Berichte. Die Frau im wirtschaftlichen und sozialen Leben der Bundesrepublik. Wiesbaden 1951.

tuation der Familien[85]. Dieses Datenmaterial wird wiederum ergänzt durch neuere themenzentrierte - häufig auf die Methode der oral history gestützte – Untersuchungen, wie beispielsweise zum Thema sexueller Gewalt oder zum Familienleben in der Nachkriegszeit.[86]

Aufbau der Arbeit

Die Arbeit gliedert sich analog den methodischen Überlegungen zum Verhältnis von „heutiger" und „zeitgenössischer" Sicht auf die Verankerung der Gleichberechtigung im Grundgesetz und der vor diesem Hintergrund besonderen Bedeutung der mit älteren Sozialdemokratinnen geführten Interviewreihe für die Wahrnehmung der „heutigen" Sicht in drei Kapitel. Wenngleich sich diese Kapitel in methodischer Hinsicht deutlich unterscheiden, bauen sie inhaltlich aufeinander auf, indem die Ergebnisse des jeweils vorausgehenden Kapitels den Ausgangspunkt des folgenden bilden. Der Aufbau der Arbeit folgt dabei spiralförmig der Logik des Forschungsprozesses, indem er sich ausgehend von einer aus der Außensicht konzipierten Befragung über die Analyse eines an die Öffentlichkeit gerichteten Konferenzereignisses schließlich der intern geführten Diskussion zuwendet:

Im ersten Kapitel „Biographische Zugänge zur Sozialdemokratie der Nachkriegszeit - `Die da heute tätig sind, werden sicher darüber lachen...`" wird zunächst die Entstehung und Konzeption einer Interviewreihe mit zehn älteren Sozialdemokra-

---

[84] Vgl. z.B.: Elisabeth Noelle und Erich Peter Neumann (Hg.): Jahrbuch der öffentlichen Meinung 1947-1955, Allensbach 1956.

[85] Vgl. z.B.: Hilde Thurnwald: Gegenwartsprobleme Berliner Familien. Eine soziologische Untersuchung an 498 Familien. Berlin 1948; Helmut Schelsky: Wandlungen der deutschen Familie in der Gegenwart. Darstellung und Deutung einer empirisch-soziologischen Tatbestandsaufnahme. Dortmund 1953; Gerhard Baumert: Deutsche Familien nach dem Kriege. Darmstadt 1954; Gerhard Wurzbacher: Leitbilder gegenwärtigen deutschen Familienlebens. Methoden, Ergebnisse und sozialpädagogische Folgerungen einer soziologischen Analyse von 164 Familienmongraphien. Stuttgart 1954.

[86] So z.B. Helke Sander und Barbara Johr: BeFreier und Befreite. Krieg, Vergewaltigungen, Kinder. München 1992 oder die Arbeiten von Sibylle Meyer und Eva Schulze: „Von Liebe sprach damals keiner." Familienalltag in der Nachkriegszeit. München 1985; sowie dies.: „Wie wir das alles geschafft haben." Alleinstehende Frauen berichten über ihr Leben nach 1945. München 1988.

tinnen sowie die Entwicklung eines Verfahrens zur Auswertung der biographisch
orientierten Interviewpassagen dargestellt. Im Zentrum steht dabei die Verarbeitung der in Anlehnung an Niethammer als „Enttypisierungsschock" bezeichneten
Erfahrung, dass die Arbeit mit oral history in einen Prozess zahlloser Rückkoppe-
lungen und neuformulierter Fragen führt, der sich nicht nur als Falsifizierung und
Reformulierung einer Hypothese beschreiben läßt, sondern vielmehr auch als Ver-
änderungsprozess eines Stücks der eigenen Identität und Weltsicht begriffen werden kann.[87] Grundlegend für diesen Verarbeitungsprozess des „Enttypisierungsschocks" ist die Bereitschaft, im Interview auftretende Wahrnehmungsunterschiede
zu reflektieren und die bestehende Diskrepanz zwischen forschungsleitenden Fragestellungen und den Relevanzsystemen der Befragten zu nutzen, um zu einem
vertiefenden Verständnis des Untersuchungsgegenstandes zu gelangen.

Im Kontext dieser Arbeit liegt die besondere Bedeutung der Erfahrung von
Wahrnehmungsunterschieden im Interview darin, dass im direkten Kontakt mit den
Zeitzeuginnen Probleme sichtbar wurden, die den bisherigen Forschungsstand
kennzeichnen. Das Verhältnis zwischen den verschiedenen Frauengenerationen der
bundesdeutschen Nachkriegsgeschichte wurde entweder über die Geschichte der
AsF oder über Anmerkungen zur neuen Frauenbewegung problematisiert, um
schließlich auf eine von der „heutigen" Sicht abweichende „damalige" Haltung zu
verweisen. Mehrere Interviewpartnerinnen thematisierten in diesem Kontext die
Diskrepanz zwischen der Sicht der Interviewerinnen auf die Ereignisse und ihrer
„heutigen" persönlichen Einschätzung bzw. das Problem, dass sich die Fragen der
Interviewerinnen von der Wahrnehmung politischer Probleme in ihrer Erinnerung
unterschieden. Das erste Kapitel dieser Arbeit konzentriert sich über die Bearbeitung des Interviewmaterials hinaus zunächst auf die Frage, welchen Einfluß die
Interviews auf die Wahrnehmung des Untersuchungsgegenstandes im Forschungsprozess ausübten bzw. was den im Rahmen dieser Arbeit aufgetretenen „Enttypisierungsschock" ausmacht.

Die über die Eingangsfrage nach dem Zugang zur Sozialdemokratie biographisch orientierte Konzeption der Interviews ermöglichte ein Auswertungsverfah-
ren, aus dem sich erste Anhaltspunkte zur Erklärung des „Enttypisierungsschocks"
ergeben. Die Ergebnisse der Auswertung des biographischen Zugangs von acht
Gesprächspartnerinnen zur Sozialdemokratie der Nachkriegszeit werden abschlie-

---

[87] Vgl. Lutz Niethammer: Fragen – Antworten – Fragen. Methodische Erfahrungen und Erwägungen zur Oral History. In: Lutz Niethammer und Alexander von Plato (Hg.): „Wir kriegen jetzt andere Zeiten". Auf der Suche nach der Volkserfahrung in nachfaschistischen Ländern, Berlin/Bonn
1985, S. 411.

ßend mit Beiträgen zu einem Preisausschreiben der GENOSSIN „Wie bist du zum Sozialismus gekommen?" des Jahres 1948 verglichen. Die kritische Erörterung des Verhältnisses von Biographie und Wahrnehmung der Nachkriegssituation in den Beiträgen des Preisausschreibens leitet zum zweiten Kapitel und der Frage nach der Bedeutung von Frauenrechten in der Demokratievorstellung von Sozialdemokratinnen über.

Im zweiten Kapitel „Zielbestimmungen der Wuppertaler Reichsfrauenkonferenz der SPD 1948 – `[...] im Hinblick auf eine kommende Verfassung, in der bestimmte Grundrechte der Frau verankert sein müssen.`" steht die Konzeption sozialdemokratischer Frauenarbeit und -politik im Vordergrund. Um zentrale Themenfelder zu ermitteln und eine Einordnung frauenpolitischer Forderungen vornehmen zu können, wird für diesen Untersuchungsteil das stenographische Protokoll der zweiten Reichsfrauenkonferenz der SPD nach 1945 eingehend analysiert. Vor dem Hintergrund der Ergebnisse der Interviewauswertung, über die die Lebens- und Sozialisationsbedingungen von Sozialdemokratinnen in der Weimarer Republik und im Nationalsozialismus sowie das Erleben des Kriegsendes deutlich werden, bietet das Protokoll der Konferenz die Möglichkeit, die Wahrnehmung und Verarbeitung der unmittelbaren Nachkriegszeit im Rahmen sozialdemokratischer Frauenarbeit und damit in einem explizit frauenpolitischen Kontext vertiefend zu betrachten. Als an die Öffentlichkeit gerichtetes Ereignis ist die Konferenz auf jene frauenpolitischen Themen konzentriert, denen im Kontext der Weststaatsgründung seitens der sozialdemokratischen Frauenarbeit und -politik besondere Bedeutung beigemessen wird.

Im Zentrum der Analyse des Protokolls stehen die als Hauptreferate bezeichneten Ausführungen von Elisabeth Selbert zur Rechtsstellung der Frau und von Irmgard Enderle zur Frauenerwerbstätigkeit. Beide Vorträge werden im Plenum ausführlich diskutiert, über Schlußworte der Referentinnen werden diese Diskussionen kommentiert und schließlich werden Anträge zu den entsprechenden Themen abgestimmt. So ermöglicht das Protokoll Einblicke in Zielbestimmungen sozialdemokratischer Frauenarbeit und -politik. Des Weiteren werden im Vorfeld der Konferenz erfolgte Briefwechsel zwischen Herta Gotthelf und führenden Funktionärinnen hinzugezogen, die organisatorische und strategische Absprachen deutlich machen.

Auf dieser Grundlage kann abschließend das Diskussionsergebnis der Konferenz mit den angenommenen Anträgen und der Darstellung der Konferenz in der parteinahen Presse verglichen werden. Die Frage, welche Konfliktlinien anhand

des Konferenzprotokolls deutlich werden bzw. inwiefern die Diskussion auf Ansätze und Probleme einer Neugestaltung des Geschlechterverhältnisses verweist,
bildet wiederum den Ausgangspunkt des nächsten Kapitels.

Im dritten Kapitel „Die Perspektive der Genossin - `Die Ordnung des kleinen Krei-
ses auf das Ganze übertragen`" werden schließlich ausgewählte konkrete Forde-
rungen der Sozialdemokratinnen unter dem Fokus eines möglicherweise frauenspezifischen Politikansatzes der Nachkriegszeit betrachtet. Anhand des Konferenzprotokolls ermittelte Schwerpunktthemen sozialdemokratischer Frauenpolitik sollen unter Berücksichtigung bisheriger Forschungsergebnisse zur Frauenpolitik der
Nachkriegszeit hinsichtlich des staatspolitischen Entwurfs der Sozialdemokratinnen überprüft werden. Als Hauptquelle dient hierbei die GENOSSIN – SPD-
Informationsblatt für Funktionärinnen der Jahre 1947 bis 1949. In dieser unter der
alleinigen Verantwortung von Herta Gotthelf herausgegebenen Zeitschrift erscheinen Artikel und Diskussionsbeiträge diverser Genossen und Genossinnen zu aktuellen Themen.

Im Regelfall handelt es sich um Themenbereiche, mit denen die Autoren und
Autorinnen in ihrer beruflichen und/oder politischen Arbeit näher befaßt sind. Insofern erfüllen die Beiträge den von Herta Gotthelf formulierten Eigenanspruch an
die GENOSSIN, Spiegelbild der (politischen) Arbeit zu sein.[88] Damit erlauben sie
im Gegensatz zur Momentaufnahme des auch an die Öffentlichkeit gerichteten Er-
eignisses der zweiten Reichsfrauenkonferenz Einblick in interne, über einen längeren Zeitraum geführte Diskussionen, an denen sich nicht nur herausragende Funktionärinnen beteiligen. Vielmehr bietet die GENOSSIN auch einfachen Parteimit-
gliedern die Möglichkeit zur Stellungnahme.

Die in der GENOSSIN vertretenen Positionen werden dabei durch Hinzunahme
weiterer Quellen des Aktenbestandes und unter Berücksichtigung themenzentrierter
Passagen aus der für diese Arbeit geführten Interviewreihe ergänzt. Auf dieser

---

[88] Herta Gotthelf formuliert diesen Anspruch anläßlich des Erhalts einer vorläufigen Lizenz für die
Herausgabe der GENOSSIN von der Britischen Militärregierung und verbindet ihn mit der Aufforderung, durch Diskussionsbeiträge, Berichte, Vorschläge etc. dazu beizutragen, „daß unser Blatt
wirklich ein Spiegelbild unserer Arbeit und unserer Probleme wird." Herta Gotthelf: In eigener
Sache. In: GENOSSIN Nr. 1 Feb./März 1948, S. 12. Der Begriff der „Arbeit" bezieht sich in dieser
Verwendung im Kontext der von Herta Gotthelf gestalteten GENOSSIN durchgängig auf die politische Arbeit im Allgemeinen bzw. die Frauenarbeit der Partei im Speziellen. So berichten auch Beiträge unter der Rubrik: „Aus der Arbeit – für die Arbeit" generell von politischen Veranstaltungen.

Grundlage kann abschließend eine Annäherung an den möglicherweise „revolutionären Entwurf" sozialdemokratischer Frauenpolitik der Nachkriegszeit erfolgen.

Der Frage, inwieweit frauenspezifische Erfahrungszusammenhänge der Nachkriegszeit im Rahmen der Sozialdemokratie politisch verarbeitet wurden und analog der Frage nach dem Verhältnis von Überlebensarbeit und Überlebenspolitik auf nachkriegsspezifische Alternativen zu geschlechtshierarchisch, arbeitsteiligen Ordnungssystemen verweisen, gilt schließlich die Schlußbetrachtung dieser Arbeit. Denn es besteht der begründete Verdacht, dass emanzipatorische Potenziale sozialdemokratischer Frauenpolitik der Nachkriegszeit - analog der These vom Fortleben der Nachkriegserfahrung im Privaten – dem „Verfassungsbruch in Permanenz" widerstanden, im Politischen überlebten und schließlich in neuer Form erschienen, um „das alte-neue Thema in der Geschichte der Arbeiterbewegung – Gleichstellung verwirklichen"[89] – wieder zu beleben.

Die Kenntnis sozialdemokratischer Frauenpolitik der Nachkriegszeit ist ein entsprechend entscheidender Schritt zum besseren Verständnis des bis heute fortbestehenden Spannungsverhältnisses zwischen dem Verfassungsauftrag der Gleichberechtigung von Männern und Frauen und der gesellschaftlichen Wirklichkeit der Bundesrepublik Deutschland.

---

[89] Vgl. den analogen Titel: Helga Grebing: Gleichstellung verwirklichen – das alte-neue Thema in der Geschichte der Arbeiterbewegung. In: Inge Wettig-Danielmeier: Greift die Quote? Köln 1997, S. 39-61.

1. Biographische Zugänge zur Sozialdemokratie der Nachkriegszeit

„Die da heute tätig sind, die werden darüber sicher lachen...“[90]

In zehn Erinnerungsinterviews mit älteren Sozialdemokratinnen wurde die grundsätzliche Herausforderung dieser Arbeit ersichtlich: Zwischen heutigen Wahrnehmungen und Wertungen und der zeitgenössischen Perspektive besteht ein Übersetzungsproblem, das die frauengeschichtliche Forschung zur Nachkriegszeit paradigmatisch begleitet. Während einerseits die Verankerung der Gleichberechtigung im Grundgesetz als Höhepunkt des frauenpolitischen Aufbruchs nach 1945 betrachtet wird, ist es andererseits bisher nicht gelungen, die in zeitgenössischen Dokumenten durchgängig vertretene Abgrenzung Selberts gegenüber frauenrechtlerischen Tendenzen in das Bild der „großen Anwältin der Gleichberechtigung“[91] zu integrieren. Stattdessen besteht auch in frauengeschichtlichen Untersuchungen die Gefahr, die vermeintliche Geschichtslosigkeit weiblicher Lebensbezüge zu reproduzieren, indem davon ausgegangen wird, dass Frauen qua Geschlecht eine zeitübergreifende Schicksalsgemeinschaft bilden, für die es nur zwei Optionen geben kann: Feminismus oder Anpassung. Frauen und ihre Politik ernst zu nehmen, erfordert jedoch auch nach den historischen Gründen für ihre politische Positionierung und möglichen Bedeutungswandel frauenpolitischer Begrifflichkeiten zu fragen.

Die im Titelzitat zum Ausdruck gebrachte Gewissheit der ehemaligen Sekretärin des Frauenbüros beim Parteivorstand der SPD – *„Die da heute tätig sind, die werden darüber sicher (Hervorhebung durch die Verfasserin) lachen...“*[92] - verweist auf ihr Wissen um veränderte Werthaltungen oder zumindest veränderte Sprachre-

---

[90] Marga Tylinski, Interview I, S. 14. Die Seitenangaben zu den für diese Arbeit geführten Interviews beziehen sich immer auf die Fassung des jeweiligen Interviewtranskripts, die nach Abschluss der Forschungsarbeiten dem Archiv der sozialen Demokratie übergeben und dort einsehbar sein wird.

[91] Vgl. die Bezeichnung Selberts in: Die Hessische Landesregierung (Hg.): „Ein Glücksfall für die Demokratie“ Elisabeth Selbert (1896-1986). Die große Anwältin der Gleichberechtigung. Frankfurt a.M. 1999.

[92] Bereits zitierte Interview- oder Quellenpassagen, die, weil sie besonders prägnant erscheinen, im weiteren Text verwendet werden, sind kursiv gesetzt.

gelungen. Die Annahme, dass die „Heutigen" über das Gesagte sicher lachen werden, fußt zudem auf der Erwartung, dass die Haltung der „Damaligen" bei den
„Heutigen" wenig Verständnis finden wird. Distanz zur „heutigen" Sicht wird in
verschiedenen Versionen bei mehreren Interviews thematisiert: „Ja, wissen Sie, heute
sind gerade junge Frauen geneigt, diese Frage der Gleichberechtigung sozusagen für den Nabel der
Welt zu halten, für uns spielte die Frage der Gleichberechtigung gar keine so große Rolle."[93] oder:
„Aber es ist interessant, ihr seht die Dinge heute ganz anders, und auch euer Blick auf die andere
Zeit ist anders, ihr stellt ganz andere Fragen, als ich euch beantworten kann. Weil ich sage, das war
einfach nicht. Da haben wir nicht dran gedacht, das war in unseren Köpfen nicht drin."[94] Die
Wahrnehmung von Distanz wird hier aus verschiedenen Perspektiven und auf verschiedene Adressatinnen bezogen vorgetragen: in der Erwartung, dass die Nachfolgerinnen darüber lachen werden; mit der Überzeugung, eine andere politische Position vertreten zu haben als die jungen Frauen heute und als aus Sicht der Zeitzeugin interessante Feststellung divergierender Fragestellungen im Interview gegenüber den Interviewerinnen. Gemeinsam aber ist diesen Stellungnahmen, von einer
veränderten Sicht der „Jungen" gegenüber der Sicht der „Alten" auszugehen.

Für die historische Erforschung von Erfahrungs- und Verarbeitungsmustern der
Nachkriegszeit, auf die die Frage nach den Gleichberechtigungsvorstellungen im
Kontext der sozialdemokratischen Frauenarbeit und -politik zielt, ergeben sich aus
dieser Interviewerfahrung methodologisch wichtige Fragen nach Möglichkeiten
und Grenzen von Erinnerungsinterviews. „Es sind Interviews aus der Sicht von heute, mit
Verdrängungen und Legitimationswünschen, späteren Umwertungen und Erinnerungslücken, und es
kann keine ˋrepräsentative Auswahlˋ mehr geben."[95] Dennoch beinhaltet die Arbeit mit
Erinnerungsinterviews die Chance, „das Widerspruchspotential der Interviews gegenüber
verkürzten Generalisierungen (...) zur Geltung zu bringen."[96] Im vorliegenden Fall führten
die Interviews über die von den Forscherinnen mitgebrachten Fragen und Begriffe

---

[93] Susie Miller, Interview I, S. 15. Da Frau Prof. Dr. Susanne Miller im für diese Untersuchung
zentralen Zeitraum nicht nur in der GENOSSIN unter dem Namen Susie Miller publizierte, sondern
auch in weiteren Quellen, wie beispielsweise der Korrespondenz mit dem Frauenbüro, den Namen
Susie Miller führte, wird im Rahmen dieser Arbeit ebenfalls vorzugsweise die Kurzform des Vor-
namens verwandt.

[94] Lore Henkel, Interview, S. 6.3

[95] Alexander von Plato: Nachkriegsgesellschaft. Erfahrungsstrukturen der Besatzungszeit. In: Deutsches Institut für Fernstudien an der Universität Tübingen (Hg.): Deutsche Geschichte nach 1945.
Teil 1: Nachkriegsjahre und Bundesrepublik Deutschland. Studienbrief 3, Tübingen 1987, S. 7.

[96] Lutz Niethammer: Fragen – Antworten – Fragen. Methodische Erfahrungen und Erwägungen zur
Oral History. In: Lutz Niethammer, Alexander von Plato (Hg.): „Wir kriegen jetzt andere Zeiten".
Auf der Suche nach der Volkserfahrung in nachfaschistischen Ländern, Berlin/Bonn 1985, S. 395.

hinaus, indem sie auf eine Alternative zwischen Anpassung und Feminismus verwiesen, die bisherigen Interpretationen entgegensteht. Dieses von Niethammer als
„Enttypisierungsschock" bezeichnete Phänomen[97] lässt sich nur bedingt in der Er-
gebnispräsentation wiedergeben. Aufgrund der elementaren Bedeutung des „Enttypisierungsschocks" für die Wahrnehmung historischen Wandels in frauenpolitischen Kontexten wird hier jedoch besonderer Wert auf die Prozesshaftigkeit des
Erkenntnisgewinns gelegt. Entsprechend erfolgt in diesem Kapitel zunächst eine
Darstellung der Konzeption der Befragung, eine anschließende Vorstellung des
Samples und schließlich die Erläuterung des Auswertungsverfahrens, bevor erste
Ergebnisse vorgestellt und deren Bedeutung für die weitere Arbeit diskutiert wer-
den.

1.1. Fragestellung und Methode

Da die Ermittlung der Gleichberechtigungsvorstellungen und emanzipatorischen
Potenziale sozialdemokratischer Frauenpolitik in den westlichen Besatzungszonen
das zentrale Thema dieser Untersuchung ist, steht hier nicht die Protagonistin der
Durchsetzung der Gleichberechtigungsnorm, Elisabeth Selbert, als Person im Zentrum des Interesses. Wichtiger ist vielmehr zu klären, ob sie, wie die Literatur na-
helegt, als Einzelkämpferin den Genossen und Genossinnen in ihren frauenpolitischen Positionen weit voraus agierte oder ob sie parteiinternen Diskussionen folgend für ein Gleichberechtigungsmodell stritt, das der Positionierung sozialdemokratischer Frauenpolitik entsprach. Unter dieser Fragestellung tritt die Person Herta
Gotthelfs als zentrale Frauensekretärin der SPD und Leiterin des Frauenbüros beim
Parteivorstand sowie ihre Beziehung zu Elisabeth Selbert in den Vordergrund.
Vom Parteivorstand, dem sie als besoldetes Mitglied ebenfalls angehörte, mit dem
Aufbau der Frauenarbeit seit ihrer Rückkehr aus dem Exil im Juli 1946 betraut, war
sie maßgeblich auch an der Positionierung von Personen und Inhalten der Frauenarbeit beteiligt. Diese Tätigkeit, die sich anhand des Aktenbestandes des Frauenbüros beim Parteivorstand im Archiv der sozialen Demokratie rekonstruieren lässt,
belegt u.a. eine enge Zusammenarbeit zwischen Selbert und Gotthelf. Außerdem
zählte Selbert ebenfalls zu den Mitgliedern des (unbesoldeten) Parteivorstands.
    Die dritte für die Gleichberechtigungsdiskussion der SPD bedeutsame Frau war
Friederike (Frieda) Nadig, die wie Selbert Mitglied des Parlamentarischen Rates

---

[97] Vgl.: Ebd., S. 411.

war und die Gleichberechtigungsformulierung in der später angenommenen Fassung erstmalig im Grundsatzausschuss[98] des Parlamentarischen Rates vortrug. Da Selbert und Nadig die einzigen weiblichen Mitglieder der SPD-Fraktion im Parlamentarischen Rat waren, nehmen sie eine Schlüsselposition für die Beantwortung der Frage nach der Verknüpfung von sozialdemokratischer Frauenarbeit und - politik und der Verankerung von Art. 3 II GG ein. Bezüglich der Gleichberechtigungsvorstellungen sozialdemokratischer Frauenpolitik sind also Selbert und Nadig als Mitglieder des Parlamentarischen Rates und Gotthelf als zentrale Frauensekretärin die entscheidend positionierten Frauen.

Für die weitere Frage nach den Erfahrungs- und Verarbeitungsmustern der Nachkriegszeit von Sozialdemokratinnen stellt sich grundsätzlich das Problem, inwieweit die zur Verfügung stehenden schriftlichen Quellen[99] ausreichen, um ein angemessenes Bild sozialdemokratischer Frauenpolitik der Nachkriegszeit zu zeichnen. So ist dem Aktenbestand beispielsweise nicht zu entnehmen, unter welchen Bedingungen die GENOSSIN, das SPD-Informationsblatt für Funktionärinnen der Jahre 1947-49, redigiert wurde, und inwieweit sie die Diskussionszusammenhänge sozialdemokratischer Frauenarbeit der Zeit repräsentiert. Deshalb wurde über Mitarbeiter des Archivs der sozialen Demokratie (AdsD) ein Gesprächstermin mit Susanne Miller verabredet, die als eine der Autorinnen der GENOSSIN der Nachkriegszeit wichtige Hinweise gab. Sie konnte sowohl über die Redaktionsbedingungen in der alleinigen Verantwortung Gotthelfs berichten als auch Anregungen zur Weiterarbeit liefern. Über die Vermittlung durch Frau Miller wurde ein Gespräch mit Marga Tylinski, der ehemaligen Sekretärin Herta Gotthelfs, im Frauenbüro verabredet. Dieser Schritt erforderte eine Erweiterung des methodischen Vorgehens. Denn durch den Anstoß von Susanne Miller bot es sich an, gemäß dem in der Literatur zur oral history häufig als Schneeballsystem gekennzeichneten Verfahren[100] weitere Interviewkontakte zu verfolgen.

Für die Befragung von Zeitzeugen und Zeitzeuginnen wird zumeist die Methode des narrativen Interviews empfohlen. Grundsätzlich lässt sich die Entscheidung für offene Vorgehensweisen sowohl intuitiv als auch methodisch begründen. Da es

---

[98] Im Grundsatzausschuss des Parlamentarischen Rates, der die Vorschläge für den Grundrechtskatalog erarbeitete und zur Abstimmung im Hauptausschuss vorbereitete, war Elisabeth Selbert nicht vertreten.

[99] Vgl. den Quellenüberblick in der Einleitung.

[100] Vgl. zum Schneeballsystem z.B.: Franz-Josef Brüggemeier und Dorothee Wierling: Einführung in die Oral History. Kurseinheit 2: Das Interview. Fernuniversität Hagen, 1986, S. 10.

sich bei Zeitzeugen und Zeitzeuginnen im Regelfall um ältere Menschen handelt, ergibt sich die Forderung nach einer besonderen Rücksichtnahme schon allein aus Gründen sozialer Sensibilität. Erinnerungsinterviews fordern von den Befragten, sich auf eine Reise in ihre Vergangenheit einzulassen, die sie nur bedingt kontrollieren können. „Erinnerungen sind für sie nicht Informationen, die abgerufen werden. Sie sind Teil ihres Lebens, gerade im Alter ein wichtiger Teil; es handelt sich um Versuche, Bilanz zu ziehen und Rechenschaft zu geben, Kindheit und Jugend zurückzuholen, wieder gesund und nicht mehr allein zu sein, sondern sich – zumindest in Gedanken – erneut im Kreise der Familie, von Freunden und Verwandten aufzuhalten, die verzogen, verschollen oder bereits verstorben sind."[101]

Der Prozess des Erinnerns ist somit kein Vorgang bloßer Faktenreproduktion, sondern vielmehr ein Akt selektiv-konstruktiver Gedächtnisarbeit bei dem Assoziationsketten freigesetzt werden, die mit Gefühlen verbunden sind und vorrangig gerade an jene Ereignisse rühren, die für die erzählende Person von herausragender Bedeutung sind. Die Form des narrativen Interviews kommt dieser Form des Erinnerns entgegen, da sie den Erzählfluß der Befragten nicht durch dem Erinnerungsvorgang äußerliche Fragen zu unterbrechen sucht, sondern durch Zurückhaltung bemüht ist, den Befragten Raum für eigene Schwerpunktsetzungen zu geben.

Im Rahmen dieser Arbeit handelte es sich bei der Konzeption der Befragung um eine Gratwanderung zwischen ethischem Vorverständnis, Erkenntnisinteresse und den Bedürfnissen der Befragten. Die Absicht, keines der Interviews zu anonymisieren, da es sich um Personen handelt, deren Politik und Motive sichtbar zu machen gerade das Anliegen dieser Arbeit ist, verlangt, den befragten Frauen die grundsätzliche Kontrolle darüber zu lassen, was sie über die Interviewsituation hinaus zur weiteren Bearbeitung freizugeben bereit sind. Zur Bearbeitung wurden von allen Gesprächen vollständige Transkripte der Tonprotokolle angefertigt. Diese wurden auf Wunsch der Befragten im sprachlichen Stil überarbeitet und Passagen gestrichen, die nicht an Dritte weitergegeben werden sollten.[102] Trotz dieser Überarbeitung hat sich der geschriebene Text nur geringfügig vom gesprochenen Wort entfernt.

---

[101] Ebd., S. 22. Dieser Aspekt wurde im Rahmen der hier geführten Interviewreihe besonders deutlich, als die Tochter einer Interviewpartnerin um ein weiteres Gespräch zwischen ihrer Mutter und den Interviewerinnen bat. Ihre Mutter sei nach dem Lesen des Transkripts völlig verwirrt und glaube, dass es sich bei den Interviewerinnen um bereits verstorbene Genossinnen handele. Durch einen weiteren Besuch war es möglich, die Situation zu klären.

[102] Die Gespräche dauerten im Regelfall drei bis vier Stunden. Die redigierten Transkripte umfassen durchschnittlich etwa 80 Seiten.

Ferner trafen in der Interviewsituation die Erwartungen der Interviewerinnen, (Sach-) Informationen zu erhalten, die dem Aktenmaterial nicht zu entnehmen sind, auf die Erwartungen der befragten Frauen an ein Interview, an die Kompetenz der Forscherinnen und an sich selbst. Jedes Interview ist vor diesem Hintergrund eine soziale Situation, in der der gegenseitigen Wahrnehmung und Einschätzung besondere Bedeutung zukommt.[103] In diesem Sinne liefert jedes Gespräch einen für sich einzigartigen Versuch der Rekonstruktion aus dem Blickwinkel der jeweils befragten Person zu einem bestimmten Zeitpunkt gegenüber bestimmten Personen. Dieser Aspekt wird am unterschiedlichen Verlauf der Interviews, insbesondere am Narrativitätsgrad deutlich. Während nach bisher vorliegenden Erfahrungen Menschen bürgerlicher Herkunft stärker als Unterschichtsangehörige dazu tendieren, sich des Umstands der halböffentlichen Situation eines Interviews bewußt zu bleiben und entsprechend zu vermeiden suchen, in einen Erzählzwang zu geraten[104], kann hier davon ausgegangen werden, dass die Gesprächspartnerinnen aufgrund ihrer politischen Erfahrungen sich des Problems der Halböffentlichkeit generell bewußt waren. Durch den erklärten Verzicht auf Anonymisierung zu Beginn der Gespräche dürfte dieser Umstand zusätzlich betont worden sein.

Alle Gespräche enthalten dennoch in unterschiedlichen Anteilen narrative Elemente, Reflexionen der befragten Frauen zur Frauenpolitik der Nachkriegszeit und Diskussionen zwischen den Interviewerinnen und den Befragten. Diese Wechsel im Stil der Interviewführung spiegeln das Bemühen wider, den Gesprächspartnerinnen in ihrer Erwartungshaltung an das Interview und den mitunter im Gespräch wechselnden Bedürfnissen entgegen zu kommen. Dabei ist besonders hervorzuheben, dass sich alle Frauen vor Gesprächbeginn nach den genaueren Untersuchungsabsichten und -motiven sowie den Zukunftsplänen der Interviewerinnen erkundigten. Diese Nachfragen verweisen erneut darauf, dass sich die Gesprächspartnerinnen des Umstands der Halböffentlichkeit bewusst waren. Generell kann für Zeitzeuginnengespräche ein Impuls des Vertrauens als Vorbedingung zur Gesprächsbereitschaft vorausgesetzt werden. Für das Sample dieser Untersuchung erwiesen sich vermittelnde Dritte jedoch nicht nur als hilfreich, sondern im Regelfall als notwen-

[103] Vgl. zum Setting der oral history im Gegensatz zu sozialwissenschaftlichen, juristischen oder psychologischen Erkennnisinteressen auch Lutz Niethammer: Fragen – Antworten – Fragen. Methodische Erfahrungen und Erwägungen zur Oral History. In: Lutz Niethammer und Alexander von Plato (Hg.): „Wir kriegen jetzt andere Zeiten". Auf der Suche nach der Volkserfahrung in nachfaschistischen Ländern, Berlin/Bonn 1985, S. 397-404.

[104] Vgl. Dorothee Wierling und Franz-Josef Brüggemeier: Einführung in die Oral History. Kurseinheit 3: Auswertung und Interpretation. Fernuniversität Hagen, 1986, S. 19.

dig. Dieser Umstand läßt wiederum darauf schließen, dass neben dem zu erübrigenden Zeitaufwand auch die Frage der Vertrauenswürdigkeit der Interviewerinnen eine Rolle gespielt hat.

Erinnerungsinterviews mit älteren Sozialdemokratinnen sind vor diesem Hintergrund nicht nur soziale, sondern in einem gewissen Maße politische Situationen, bei denen es nicht nur um die Weitergabe persönlicher Erfahrungen, sondern auch um die Vermittlung politischer Positionen geht. Deshalb war für die Konzeption der Befragung von entscheidender Bedeutung, auf welchem Wege die divergierenden Erfahrungshintergründe von Interviewerinnen und Befragten bezüglich der Wahrnehmung und Wertung der Nachkriegssituation in Deutschland zumindest insoweit ausgeklammert werden könnten, als dass sich die Gespräche nicht auf Diskussionen „feministischer" versus „sozialdemokratischer" Positionen reduzierten. Die bereits im ersten Gespräch mit Susie Miller auftretenden Verunsicherungen bezüglich der Erwartungshaltung der Interviewerinnen und Susie Millers Einschätzung[105] führte zu der Entscheidung, grundsätzlich nach jedem Gespräch die unmittelbaren Eindrücke der Interviewerinnen von der Interviewsituation und den vermittelten Informationen ebenfalls tonprotokollarisch festzuhalten. Dadurch war es möglich, die im Interview wirkenden Faktoren persönlicher Befindlichkeit, wie z.B. Verunsicherung oder Betroffenheit, mit dem Gesprächstranskript zu vergleichen und Diskrepanzen zwischen dem Ersteindruck und dem gesprochenen Wort ausfindig zu machen. Auf diese Weise konnte das Interview sowohl in seiner sozialen als auch in seiner politischen Dimension ergänzend zum Transkript reflektiert werden.

Das Erstgespräch mit Susie Miller, für das sie als Autorin der GENOSSIN im Untersuchungszeitraum ausgewählt wurde und das als Expertinnengespräch zur Gewinnung von Hintergrundinformationen angelegt war, führte über die Vermittlung des Kontaktes zu Marga Tylinski, wie bereits erwähnt, zur Entscheidung, den Quellenkorpus durch Interviews zu erweitern. Darüber hinaus erforderte diese Entscheidung methodische Überlegungen zur Konzeption einer entsprechenden Befragung. Wenngleich das Gleichberechtigungsmodell sozialdemokratischer Frauenpolitik in den westlichen Besatzungszonen das zentrale Erkenntnisinteresse dieser Arbeit ist, zeigte sich bereits im Erstgespräch mit Susie Miller, dass direkte Fragen nach einzelnen Personen, Ereignissen oder politischen Positionen des entsprechenden Zeitraums wenig gesprächsstimulierend wirkten. Ihre Ausführungen wurden

---

[105] Der bereits zitierte Hinweis von Susie Miller, dass für Sozialdemokratinnen der Nachkriegszeit die Forderung der Gleichberechtigung keine so große Rolle gespielt habe, widersprach dem im Aktenstudium gewonnenen Eindruck der Interviewerinnnen.

jedoch umfassender, wenn sie sich an persönliche Erlebnisse oder besondere Vorkommnisse erinnerte, die sie mit dem entsprechenden Ereignis verband. Darüber hinaus ist davon auszugehen, dass die Befragung von Zeitzeuginnen keine unmittelbare Auskunft über die zeitgenössische Sicht auf ein Ereignis liefert. Vielmehr kommt hierbei erschwerend die Überlagerung früheren Erlebens durch spätere Ereignisse, die Aufnahme allgemeiner Sinndeutungen und die individuelle Verarbeitung von Erfahrung im biographischen Kontext zum Tragen. Deshalb bedarf es sorgfältiger quellenkritischer Überlegungen, um Interviews für die historische Forschung nutzbar zu machen.

Die im Erstgespräch mit Susie Miller deutlich gewordene Diskrepanz zwischen der über Literaturrecherche und Aktenstudium entwickelten Perspektive der Interviewerinnen und der von Frau Miller im Interview vorgetragenen Einschätzung der Gleichberechtigungsdiskussion der Nachkriegszeit lässt sich vielfältig deuten: Denkbar wäre, dass sie eben nicht jenen Flügel der Frauenarbeit repräsentiert, dem die Gleichberechtigung am Herzen lag. Ebenfalls denkbar wäre, dass es sich um einen Umwertungsprozess handelte, um Verdrängung oder die Legitimation späterer Entwicklungen. Grundsätzlich bestünde jedoch auch die Möglichkeit, die von Susie Miller vorgetragene Sicht im Kontext ihres persönlichen Werdegangs zu betrachten, um auf dieser Grundlage Möglichkeiten zur Einordnung der von ihr vorgetragenen Einschätzung zu überprüfen.

In der vorliegenden Untersuchung wurde dieser methodische Ansatz gewählt, da die Interviewerfahrung eben jenem Widerspruch entsprach, der nahezu paradigmatisch die Forschungsarbeit seit ihrem Beginn begleitete: Während Elisabeth Selbert einerseits als Repräsentantin des frauenpolitischen Aufbruchs nach 1945 und herausragende Frauenrechtskämpferin beschrieben wurde, belegte der Aktenbestand durchgängig ihre zeitgenössische Ablehnung überparteilicher Frauenarbeit. Während den Sozialdemokratinnen der Nachkriegszeit allgemein geringes frauenpolitisches Potenzial bescheinigt wurde[106], ließ sich ebenfalls anhand des Aktenbestandes

---

[106] Vgl. z.B. Barbara Böttger, die zu dem Schluß kommt, die proletarische Frauenarbeit sei im eigentlichen Sinne keine Frauenbewegung mehr gewesen, „da sie ihre Ziele in guter Zetkinscher Tradition den primären Interessen der Partei, die Männer in ihr definierten, unterordnete – mit Ausnahme der Forderung nach Gleichberechtigung." Böttger: Das Recht auf Gleichheit, S. 116. Neben dem logischen Problem dieses Satzes wäre zu prüfen, inwieweit „Zetkinsche Traditionen" für die sozialdemokratische Frauenpolitik der Nachkriegszeit richtungsweisend gewesen sein könnten.

nachweisen, dass die sogenannte Mobilisierungskampagne für die Verankerung von Art. 3 II GG wesentlich über sozialdemokratische Frauennetzwerke erfolgte.[107]

Vor dem Hintergrund der mit Susie Miller im Erstgespräch gemachten Erfahrung schien es also nicht sinnvoll, weitere Gesprächspartnerinnen um Stellungnahmen zur politischen Bedeutung bestimmter Ereignisse zu bitten. Stattdessen wurde gemäß der oben ausgeführten Überlegungen ein Interviewsetting gewählt, in dessen Mittelpunkt zunächst der persönliche Werdegang der Gesprächspartnerinnen stand. Für diesen lebensgeschichtlich orientierten Gesprächsbeginn wurde vor dem Interviewbesuch auf der Grundlage von für die jeweilige Gesprächspartnerin zur Verfügung stehenden Materialien, wie Aufsätze von der und/oder über die Person, dem Aktenbestand zu entnehmende Lebensläufe etc., ein an biographischen Stationen orientierter Leitfaden erstellt. Als Stimulus zu Gesprächsbeginn wurde das Gespräch eingeleitet mit dem Satz: „Uns würde interessieren, wie Sie zur Sozialdemokratie kamen." bzw. der Frage: „Wie sind Sie eigentlich zur Sozialdemokratie gekommen?"

Denn gemäß den bereits dargelegten Überlegungen zur Bedeutung des persönlichen Werdegangs für die im Interview vorgetragene Einschätzung der sozialdemokratischen Frauenpolitik der Nachkriegszeit galt es einerseits einen Gesprächseinstieg zu finden, der erzählgenerierend wirkte und zugleich dem historischen Erkenntnisinteresse entsprechend eine Fokussierung auf den Untersuchungszeitraum zuließ, ohne andererseits den Erzählfluß durch thematische Vorgaben von persönlichen Schwerpunktsetzungen der Gesprächspartnerinnen abzulenken. Die Frage nach dem Zugang zur Sozialdemokratie wird diesen Anforderungen insofern gerecht, als sie eine vergleichbare Ausgangssituation der Interviews gewährt, auf das zentrale Thema des politischen Engagements im Rahmen der Sozialdemokratie fokussiert und der Auswahl älterer Gesprächspartnerinnen entsprechend die Gelegenheit zu vertiefenden Nachfragen bezüglich des Erlebens der Kriegs- und Nachkriegssituation bietet.

Die Interviews wurden entsprechend als offene Leitfadeninterviews mit einem lebensgeschichtlich orientierten Einstieg und einem themenzentrierten Nachfrageteil zur Nachkriegssituation geführt. Dabei diente der Leitfaden im Wesentlichen zur Orientierung der Interviewerinnen, um Nachfragen stellen zu können bzw. bei

---

[107] Vgl. Karin Gille und Heike Meyer-Schoppa: „Frauenrechtlerei" und Sozialismus. Elisabeth Selbert und die sozialdemokratische Frauenpolitik in den westlichen Besatzungszonen. In: metis. Zeitschrift für historische Frauenforschung und feministische Praxis, 8. Jg. (1999), Heft 16: Politeia. Frauenpolitik in Deutschland 1945-2000, S. 22-42.

Bedarf der befragten Frauen am Lebenslauf orientierte Fragen als neuerlichen Gesprächsimpuls geben zu können. In diesem Kontext muss betont werden, dass die Gesprächspartnerinnen häufig über Blickkontakt oder direkte Aufforderung nach Fragen der Interviewerinnen verlangten. Die hier befragten Frauen nutzten die Aufforderung, eine neue Frage zu stellen mitunter, um die bereits angesprochene Kontrolle über das Gespräch zu behalten, um sich des Interesses der Interviewerinnen am Thema zu versichern oder um (hierbei spielt das zum Teil beträchtliche Alter der Gesprächspartnerinnen eine große Rolle) sich selbst zu orientieren, welchen Erzählstrang sie aus welchen Gründen gewählt hatten. Im Gegensatz zum narrativen Interview gemäß der Methodik qualitativer Forschung in den Sozialwissenschaften sind hier die bereits angesprochenen Momente des Interviews als sozialer und politischer Situation im Feld der oral history von besonderer Bedeutung.[108] Denn vor dem Hintergrund des bewussten Verzichts auf Anonymisierung hat jedes Interview insofern eine explizit politische Dimension, als die jeweilige Zeitzeugin nicht nur als individuelle Persönlichkeit, sondern darüber hinaus als Vertreterin und Expertin sozialdemokratischer Frauenpolitik der Nachkriegszeit angesprochen wurde. Daraus ergeben sich im Gegenzug Kompetenzerwartungen an die Forscherinnen, die entsprechend über Rück- und Gegenfragen überprüft werden können und deren befriedigende Beantwortung eine wesentliche Bedingung für eine vertrauensvolle Gesprächssituation darstellen.

Für die Gesprächssituation sehr förderlich war ferner, dass trotz der bereits angesprochenen Notwendigkeit einer Gesprächsvermittlung über vertrauenswürdige Dritte die Begrüßung der Interviewerinnen durch die Gesprächspartnerinnen durchgehend ausgesprochen freundlich war. Alle Interviews wurden in der Wohnung der Interviewten gemeinsam von Karin Gille und Heike Meyer-Schoppa geführt. Bei längeren Anreisen hatten die Gesprächspartnerinnen im Regelfall ein zweites Frühstück vorbereitet und häufig wurde auch für ein Mittagessen gesorgt. Nachdem sich die Gesprächspartnerinnen über die genaueren Untersuchungsabsichten erkundigt hatten, erfolgte die Bitte der Interviewerinnen um Erlaubnis eines Tonprotokolls und die Besprechung der weiteren Bearbeitungsschritte, wie Transkription und Redaktion. Nach Einschalten des Aufnahmegerätes setzten sich die Eingangsgespräche meist noch kurze Zeit fort. Häufig handelte es sich dabei um

---

[108] Vgl. Lutz Niethammer: Fragen – Antworten – Fragen. Methodische Erfahrungen und Erwägungen zur Oral History. In: Lutz Niethammer und Alexander von Plato (Hg.): „Wir kriegen jetzt andere Zeiten". Auf der Suche nach der Volkserfahrung in nachfaschistischen Ländern, Berlin/Bonn 1985, S. 397-404.

die Sichtung des von den Interviewten bereitgelegten Materials und an dieses Material anknüpfende Gesprächsinhalte. Den ʻeigentlichenʻ Gesprächsbeginn kennzeichnen Passagen, wie: „So jetzt bin ich bereit." oder „Dann fragen Sie ʻmal."

1.1.1. Das Sample

Die Beschreibung der Interviewreihe gehört einerseits zur Erläuterung des methodischen Vorgehens und läßt sich andererseits bereits als eines ihrer Ergebnisse begreifen, da sowohl die Bezüge der Frauen untereinander als auch Angaben zu ihren Lebensläufen erste Schritte der Auswertung darstellen. Denn das sich im Schneeballverfahren ausbreitende Beziehungsnetz von aufeinander verweisenden Gesprächspartnerinnen hat ebenso explorativen Charakter wie die Sichtung des durch die Interviews entstandenen Materials. In den folgenden Abbildungen wird das Beziehungsnetz der Interviewkontakte deutlich, deren Ausgangssituation hier zunächst noch einmal kurz skizziert ist.

Die bezüglich der Verankerung der Gleichberechtigung im Grundgesetz zentralen Personen der sozialdemokratischen Frauenpolitik der Nachkriegszeit sind Elisabeth Selbert und Frieda Nadig aufgrund ihres bereits genannten Einsatzes im Parlamentarischen Rat. Neben diesen ist Herta Gotthelf als zentrale Frauensekretärin und Leiterin des Frauenbüros beim Parteivorstand die Person, in deren Händen die Hauptverantwortung für die Frauenarbeit der Partei liegt. In ihrer Funktion ist sie zugleich eines der besoldeten Mitglieder des Parteivorstands, dem auch Selbert unbesoldet angehört. Aufgrund dieser Funktionen besteht im Untersuchungszeitraum naheliegenderweise eine Zusammenarbeit aller drei Frauen. Da sie bei Untersuchungsbeginn bereits verstorben waren, stand jedoch keine von ihnen als Gesprächspartnerin zur Verfügung.

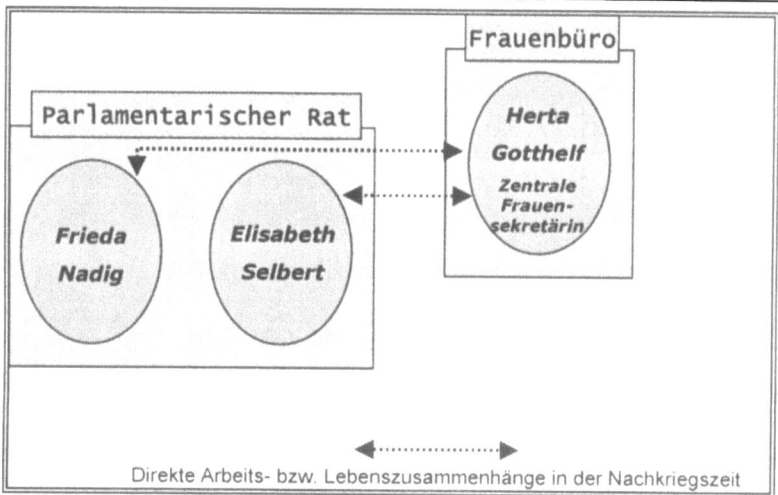

Abb. 1: Das Schneeballsystem zur Auswahl von Interviewpartnerinnen - Ausgangssituation.

Über die Sichtung des Aktenbestandes des Frauenbüros beim Parteivorstand richtet sich das Interesse auf Susie Miller, die zu den meistschreibenden Autorinnen der GENOSSIN in den Jahren 1947-49 zählt. Sie stand in engem Kontakt mit Herta Gotthelf und berichtet, wie diese im Exil in London gewesen zu sein, allerdings ohne dort bereits engeren Kontakt zu ihr gehabt zu haben. Im Untersuchungszeitraum war Susie Miller Bezirksfrauensekretärin Mittelrhein und Mitglied des zentralen Frauenausschusses beim Parteivorstand. Susie Miller ist selbst Historikerin, Mitglied der Historischen Kommission beim Parteivorstand und eine der wenigen, die zum damaligen Zeitpunkt bereits Herta Gotthelf in einem Aufsatz erwähnt hatte.[109] Für weitere Informationen zur Arbeit des Frauenbüros vermittelt sie den Kontakt zu Marga Tylinski, der ehemaligen Sekretärin Herta Gotthelfs, und gibt damit den entscheidenden Anstoß zur Aufnahme der Interviewreihe.

---

[109]Vgl. Susie Miller: Frauenrecht ist Menschenrecht. Zur Frauenprogrammatik der Sozialdemokratie von den Anfängen bis Godesberg. In: Willy Brandt (Hg.): Frauen heute. Jahrhundertthema Gleichberechtigung. Köln/Frankfurt a.M. 1978, S. 52-72.

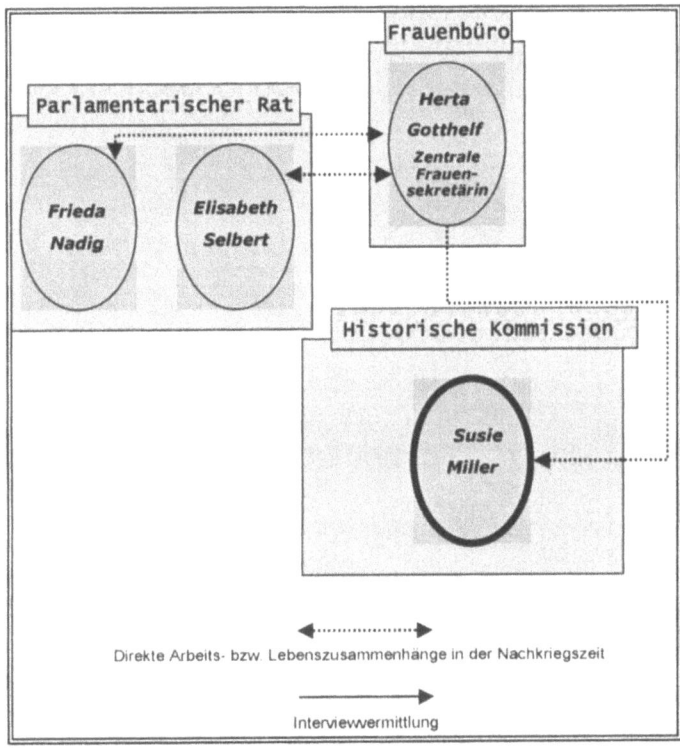

Abb. 2: Das Schneeballsystem zur Auswahl von Interviewpartnerinnen – Susie Miller.

Mit Marga Tylinski werden zwei Gespräche geführt, von denen das erste neben Auskünften zum Frauenbüro eine Erzählung über ihren Zugang zur Sozialdemokratie enthält. Das zweite Gespräch diente dagegen dem Austausch weiterer von Marga Tylinski recherchierter Informationen.

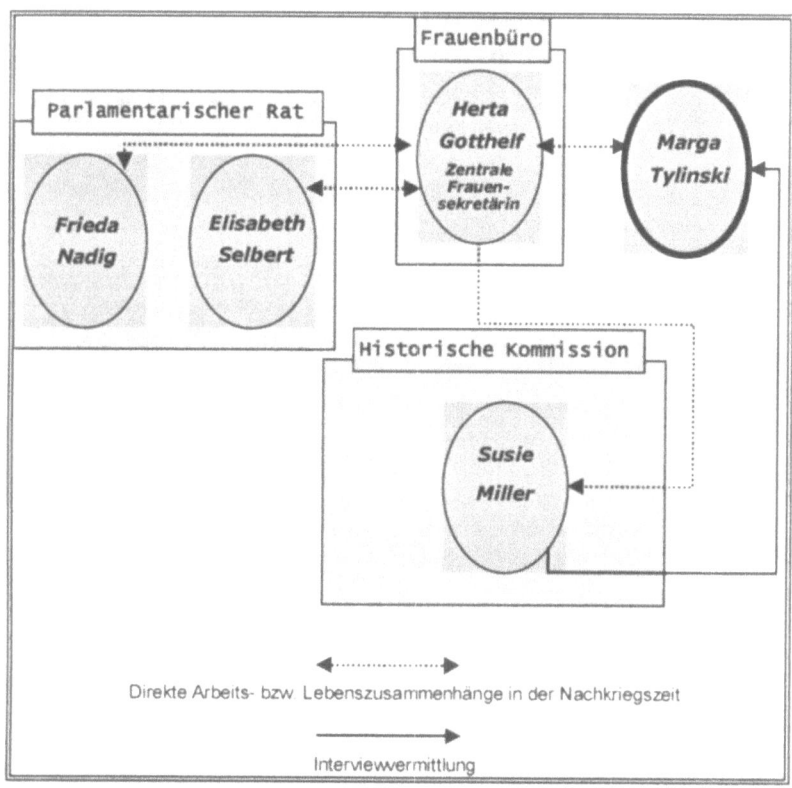

Abb. 3: Das Schneeballsystem zur Auswahl von Interviewpartnerinnen - Marga Tylinski.

Erst von Marga Tylinski erfahren die Interviewerinnen, dass Herta Gotthelf jüdischer Abstammung war und sich in den 50er Jahren ein Armband mit Davidsternen anfertigen ließ. Marga Tylinski nimmt an, sie habe es zur Erinnerung an ihre Familie getragen, da kein Familienmitglied außer Herta Gotthelf den Holocaust überlebte. Die Zusammenarbeit mit Herta Gotthelf beschreibt Marga Tylinski als sehr positiv. Insbesondere betont sie die fürsorgliche Zuwendung Gotthelfs gegenüber ihren Mitarbeiterinnen und bedürftigen Genossen und Genossinnen in der Nachkriegszeit. Der Lebenslauf von Marga Tylinski stellt sich nach ihren Angaben im Gespräch[110] folgendermaßen dar:

Kurzvorstellung Marga Tylinski, geb. Bothmann
Nach Auskünften im Gespräch am 11.03.1995 in Hannover

Am 29.09.1928 wird Marga Tylinski in Hannover geboren. Sie wächst mit einer jüngeren Schwester auf. Der Vater ist Schriftsetzermeister, die Mutter Putzmacherin. Beide Elternteile erlebt sie als überzeugte SozialdemokratInnen.

Nach dem Schulbesuch absolviert sie eine kaufmännische Lehre, die sie im Oktober 1945 beendet. Noch vor ihrem 18. Geburtstag wird sie SPD-Mitglied. 1946 bewirbt sie sich auf Anraten älterer Genossen als Stenotypistin beim Parteivorstand der SPD in der Hannoverschen Odeonstr. 15/16. Dort wird sie im November 1946 eingestellt. Ihr erster Chef ist der Kulturreferent Arno Hennig, der später Kultusminister in Hessen wird. Herta Gotthelf wird in der Odeonstraße auf die junge Mitarbeiterin aufmerksam und holt sie 1947 als zweite Kraft neben der Sekretärin Marja Meyer in das Frauenbüro. Zu diesem Zeitpunkt lebt Marga Tylinski mit der jüngeren Schwester und ihrer geschiedenen Mutter in den damaligen Umständen entsprechender Armut. Von ihrem Einkommen unterstützt sie auch Mutter und Schwester. Sie erwähnt, von Herta Gotthelf häufiger Kleidungs- und Lebensmittelgaben bekommen zu haben.

1951 übersiedelt der Parteivorstand von Hannover nach Bonn. Marga Tylinski entscheidet sich für einen Umzug nach Bonn und setzt ihre Tätigkeit im Frauenbüro fort. Die Zusammenarbeit mit Herta Gotthelf dauert bis kurze Zeit nach dem Parteitag 1958, auf dem Herta Gotthelf als Mitglied des Parteivorstandes nicht wieder gewählt wird. Marga Tylinski arbeitet noch etwa anderthalb Jahre für die Nachfolgerin Herta Gotthelfs, Hety Schmitt-Maass, die aber nicht dem Parteivorstand angehört. Dann lässt sie sich in das Vorzimmer von Willi Eichler versetzen.

Im Dezember 1961 geht sie nach Hannover zurück und wird Sekretärin des damaligen Ministers für Ernährung, Landwirtschaft und Forsten, Alfred Kubel. 1962/63 besucht sie die Verwaltungsschule des Landes Niedersachsen in Bad Münder und wechselt 1965 mit Alfred Kubel, der Finanzminister wird, in das Finanzministerium. Dort arbeitet sie von 1966 bis zum Regierungswechsel 1976 als Pressesprecherin. Danach wird sie Sachbearbeiterin in der Haushaltsabteilung des

---

[110] Ergänzende Angaben aus anderem Material wurden hier und bei den folgenden Vorstellungen nur eingefügt, sofern dies zum Verständnis notwendig schien.

Ministeriums. 1988 geht sie in Rente. Als Rentnerin engagiert sie sich im Ortsverein ihres Wohnortes.

Marga Tylinski hat nach dem ersten Gespräch verschiedene Materialien recher-
chiert und für diese Arbeit zur Verfügung gestellt. Auf die Frage nach weiteren
Gesprächspartnerinnen wird ihr berichtet, dass Lore Henkel als ehemalige Autorin
angeschrieben worden sei, sich jedoch nicht gemeldet habe. Daraufhin lässt sie
über ihre Parteikontakte bei Lore Henkel um ein Gespräch bitten, die sich umgehend meldet.

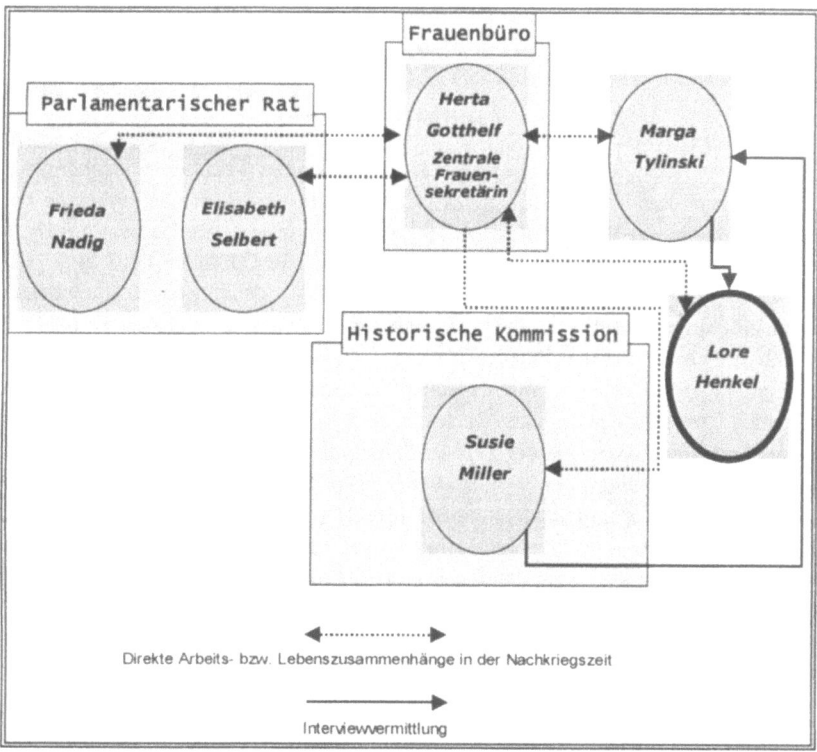

Abb. 4: Das Schneeballsystem zur Auswahl von Interviewpartnerinnen - Lore Henkel.

Lore Henkel ist die meistschreibende Autorin der GENOSSIN der unmittelbaren Nachkriegszeit. Bereits Marga Tylinski und Susie Miller erinnerten sich im Interview an die nach ihrer Aussage immer sehr interessanten und lehrreichen Artikel von Lore Henkel. Im Interview stellt sich heraus, dass sie außerdem unter einem Pseudonym schrieb, damit nicht immer die gleichen Namen erschienen. Ihr Ehemann Willi Henkel – auch dies eine Information aus dem Interview – zählt zu den meistschreibenden Genossen in der GENOSSIN. Auch Lore Henkel hatte nach ihrer Darstellung im Interview ein sehr herzliches Verhältnis zu Herta Gotthelf.

Kurzvorstellung Dr. Lore Henkel, geb. Frank

Nach Auskünften im Gespräch am 22.06.1995 in Hannover

Am 28.07.1914 wird Lore Henkel in Gleiwitz, Oberschlesien, geboren, wo sie mit drei Geschwistern in einer gutsituierten und liberalen Familienatmosphäre aufwächst. Ihr Vater besitzt ein eigenes Geschäft, das er jedoch nach Aussage von Lore Henkel in der Wirtschaftskrise habe aufgeben müssen. Sie besucht das Lyzeum und schließt es mit dem Abitur ab. Aus finanziellen Gründen bewirbt sie sich um einen kostenlosen Lehrerinnenstudiengang, erhält jedoch keinen Studienplatz. Nach einem sozialen Praktikum absolviert sie deshalb eine kaufmännische Lehre.

Ab 1937 ist sie bei den Junkers-Werken in Dessau tätig. Dort lernt sie den Sozialdemokraten Willi Henkel, ihren späteren Ehemann, kennen. Da er aus politischen Gründen 'untertauchen` mußte, wechseln sie über Chemnitz nach Dresden. Frau Henkel arbeitet während dieser Zeit als Stenotypistin bzw. Sachbearbeiterin. 1940 nimmt sie das Studium der Wirtschaftswissenschaften an der Technischen Hochschule Dresden auf und ist dort gleichzeitig als wissenschaftliche Hilfsassistentin tätig. 1942 heiraten Willi und Lore Henkel. 1943 schließt sie als Diplom-Volkswirtin ihr Studium ab. Nach den großen Bombenangriffen verlässt das Ehepaar Henkel 1945 Dresden und geht über Säckingen nach Baden-Baden. Dort sind beide beim Südwestfunk beschäftigt. Sie arbeitet beim Frauenfunk, er als politischer Redakteur. Mit Wiedergründung der SPD wird Lore Henkel SPD-Mitglied. 1946 geht sie gemeinsam mit ihrem Ehemann in dessen Heimatstadt Hannover, wo sie sich fortan im Ortsverein, in der Kommunalpolitik und in der Bildungsarbeit von Partei und Gewerkschaft engagiert. Parallel verfaßt sie ihre Dissertation über Naturallöhne in der Landwirtschaft und promoviert 1949 zur Dr. rer. pol. in Göttingen. Parteiinterna verhindern ihres Erachtens ihren politischen Aufstieg über die Partei und zwingen sie, so ihre Aussage, auf Nebengleisen zu fahren. Aus der Vielfalt ihres Engagements kann, wie bei den anderen Gesprächspartnerinnen, nur eine Auswahl vorgestellt werden:

22 Jahre ist sie als Ratsherrin in Hannover tätig. Das Godesberger Programm entsteht unter Mitwirkung von Willi und Lore Henkel. Sie engagiert sich im Deutschen Hausfrauenverband und erreicht über dieses Engagement 1961 als erste Frau ihre Wahl in den Aufsichtsrat der Preussag AG, dem sie 17 Jahre lang angehört. Außerdem ist sie Mitbegründerin der Verbraucherzentrale Niedersachsen, die sie 10 Jahre als Vorsitzende führt. 1971 wird sie in den Verbraucherbeirat der Bundesregierung und 1974 in den Fernsehrat des ZDF berufen. Seit den 60er Jahren organisiert sie zudem über den „Freundeskreis Zentral- und Ostafrika e.V." die Unterstützung von Entwicklungshilfeprojekten.

Lore Henkel erkundigt sich ebenfalls nach weiteren Gesprächspartnerinnen und ruft spontan während des Gesprächs bei Margarete Hofmann an, mit der sie lange Jahre im Rat der Stadt Hannover zusammen arbeitete. Da Margarete Hofmann den Krieg in Hannover erlebt habe und maßgeblich am Aufbau der Stadt beteiligt gewesen sei, könne diese sicher viel über die Kriegs- und Nachkriegszeit erzählen. Außerdem sei sie vor allem sozialpolitisch tätig gewesen. Dies sei ein wichtiger Aspekt der Nachkriegszeit. Am Telefon wird umgehend ein Gesprächstermin verabredet. Weitere Telefonate zur Vorbesprechung des Termins folgen.

Kurzvorstellung Margarete Hofmann, geb. Zimmermann
Nach Auskünften im Gespräch am 27.6.1995 in Hannover

Margarete Hofmann wird am 16.7.1906 in Hildesheim geboren und zieht noch als Kleinkind mit ihren Eltern nach Westfalen. Sie wächst mit einem Bruder und einer Schwester auf. Obwohl sie keine gute Schulbildung bekommen konnte, haben, so Margarete Hofmann, sie und ihre Geschwister insofern ein gutes Zuhause gehabt, als ihr Vater auch Sozialist gewesen sei und immer daran interessiert, mit den Kindern zu diskutieren. Sie erwähnt, dass ihr Vater von Beruf Schneider gewesen sei und ihre Mutter als Waisenkind ein schweres Schicksal gehabt habe. Früh gehen Margarete Hofmann und ihre Geschwister in die Arbeiterjugend.

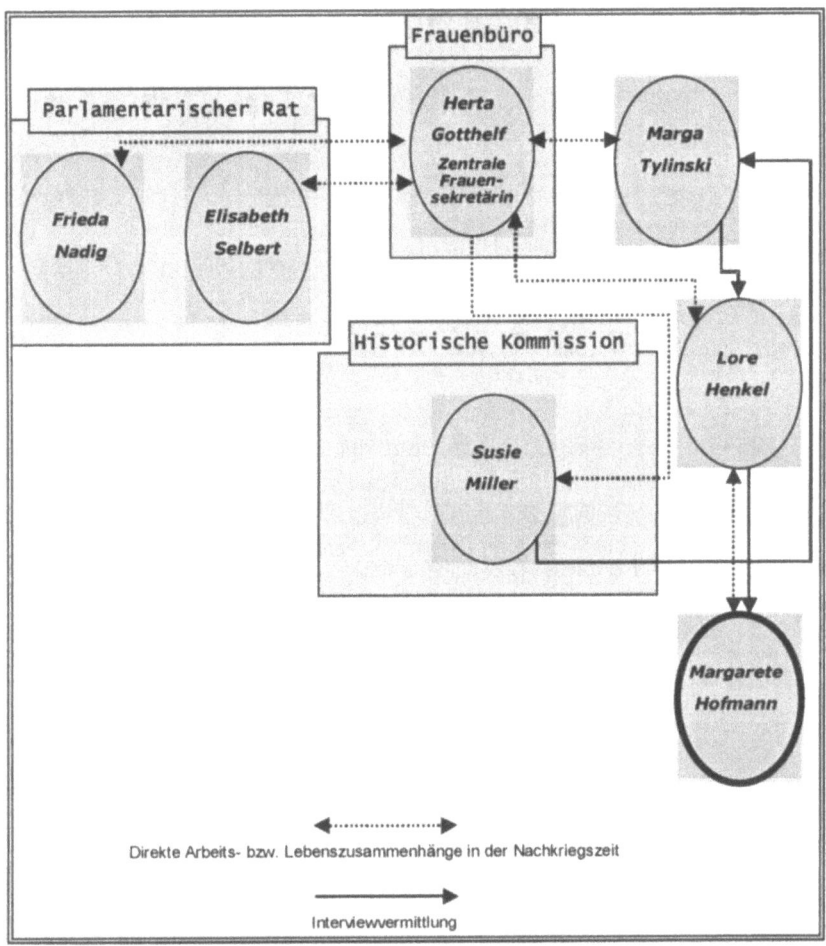

Abb. 5: Das Schneeballsystem zur Auswahl von Interviewpartnerinnen - Margarete Hofmann.

Auf einer Veranstaltung der Naturfreunde lernt Margarete Hofmann ihren späteren Mann kennen, der zu den Gründungsmitgliedern des Internationalen Sozialistischen Kampfbundes[111] (kurz ISK) gehört. Sie sei an diesen Diskussionen sehr interessiert gewesen und heiratet 1927. Im selben Jahr bekommt sie ihr erstes Kind. Frau Hofmann wird selbst ISK-Mitglied. Sie und ihr Mann beteiligen sich an Widerstandsaktionen wie Flugblätter verteilen und Plakate kleben. Margarete Hofmann besucht inhaftierte Genossen im Gefängnis, um Nachrichten zu übermitteln, und hilft Verfolgten bei der Flucht. Sie übernimmt die Betreuung der Tochter ihrer Schwägerin, die sich als KPD-Aktivistin 1933 durch Flucht der Verhaftung zu entziehen sucht, schließlich gefaßt, verurteilt und nach Verbüßung der Strafe noch bis 1940 in einem Arbeitslager inhaftiert wird. Mit Kriegsausbruch wird ihr Mann als Buchhalter der Continental-Werke in Hannover entlassen und bleibt arbeitslos. Margarete Hofmann, die gelernte Schneiderin ist, absolviert die Meisterprüfung und eröffnet eine Schneiderei. Ihre zweite Tochter wird 1940 geboren. 1943 verliert die Familie bei einem Bombenangriff auf Hannover die Wohnung. Ihr Mann erleidet eine Raucherblindung, von deren Folgen er sich nie ganz erholt.

Margarete Hofmann baut selbst das in einem Waldstück gelegene Wochenendhaus der Familie aus und lebt dort mit ihrer Familie, bis sie nach Kriegsende eine Wohnung in Hannover findet. Neben Familie Hofmann wohnen auf diesem Grundstück weitere Familien, die Margarete Hofmann als Genossen bezeichnet. Gemeinsam verstecken sie hier eine Jüdin aus der Nachbarschaft, die so die NS-Zeit überlebt. Sie beteiligen sich an sogenannten „Fünfergruppen", die den demokratischen Neuanfang nach Kriegsende vorbereiten. Mit dem Einmarsch der Amerikaner kehren Genossen zurück, denen sie bei der Flucht behilflich war. Ihr Mann geht sofort nach Hannover, um den Neuanfang zu organisieren. Margarete Hofmann muß zunächst eine Wohnung für sich und die Familie finden. Ihren Wunsch, nun in die Frauenarbeit einzusteigen, stellt sie hinter die Aufforderung zurück, bei der Bewältigung der sozialen Notlagen mitzuhelfen. Sie beginnt mit der Betreuung von Flüchtlingszügen und steigt in immer stärkerem Maß in die soziale Arbeit der Arbeiterwohlfahrt ein.

Als Ratsherrin der Stadt Hannover ist sie lange Jahre sowohl im Sozialausschuss der Stadt als auch im Vorstand der Arbeiterwohlfahrt tätig. Sie ergreift u.a. die Initiative zum Bau von Altersheimen, der Einrichtung von Kindertagesstätten und eines Wohnheimes für ledige Mütter. Aufgrund der Arbeitsbelastung im Rahmen all dieser ehrenamtlich ausgeführten Tätigkeiten entscheidet sie gemeinsam mit

---

[111] Der Internationale Sozialistische Kampfbund (ISK) wurde 1926 als selbständige politische Organisation gegründet, nachdem Konflikte zwischen dem Vorstand der SPD und dem Internationalen Jugendbund (IJB) 1925 zum Ausschluß der IJB-Mitglieder aus der SPD geführt hatten. Nach Kriegsende trat die Mehrzahl der ISK-Mitglieder der SPD bei.

ihrem Mann, die jüngere Tochter in einem Internat erziehen zu lassen. Für ihr Engagement wird sie schließlich zur Ehrenbürgerin der Stadt Hannover ernannt. Bis ins hohe Alter sucht sie zudem als Zeitzeugin Schulen auf, um über ihre Erfahrungen im Nationalsozialismus zu berichten. Frau Hofmann stirbt am 2.4.1998.

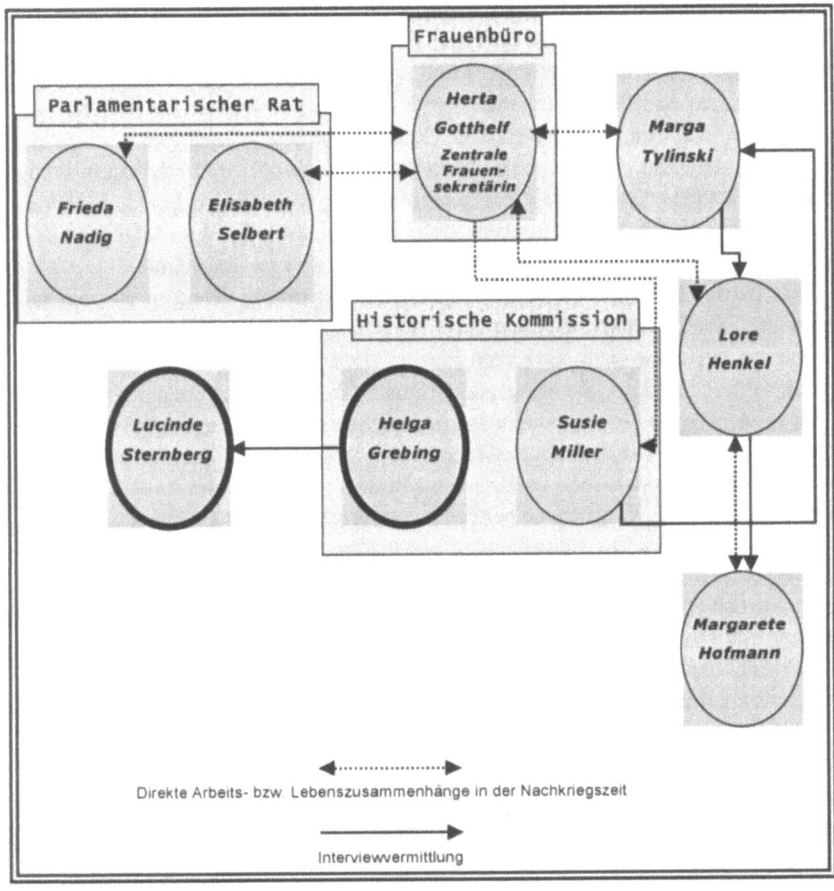

Abb. 6: Das Schneeballsystem zur Auswahl von Interviewpartnerinnen - Lucinde Sternberg und Helga Grebing.

Die Interviewreihe wurde aus arbeitstechnischen Gründen nach dem Gespräch mit Margarete Hofmann unterbrochen. Zwischenzeitlich erklärten sich jedoch Lucinde Sternberg und Prof. Dr. Helga Grebing, die die Entstehung der Arbeit aufgrund persönlicher Kontakte mitverfolgten, zu einem ergänzenden Gespräch über ihre eigene Biographie und Sicht auf die Ereignisse der Nachkriegszeit bereit.

Als Mitglied des Seniorenbeirates bzw. Mitglied der Historischen Kommission beim Parteivorstand der SPD begleiteten Lucinde Sternberg und Helga Grebing die weitere Entwicklung des Projektes, indem sie bei weiteren Kontaktaufnahmen behilflich waren. Durch ihre Unterstützung konnte die Interviewreihe finanziell gefördert durch einen Reisekostenzuschuß der Friedrich-Ebert-Stiftung fortgesetzt werden. Über den Kontakt zu Lucinde Sternberg und Helga Grebing erfolgt eine Brechung des zuvor durch Susie Miller angestoßenen Schneeballsystems. Der zunächst dominierende Aspekt einer Vermittlung von Personen, die im Kontakt zu Herta Gotthelf standen, und die sich wiederum anschließend ergebende Dominanz des Vermittlungskontextes Hannover als Sitz des Parteivorstandes in der Nachkriegszeit wird nun zugunsten des Vermittlungskontextes Bundestag zurückgedrängt.

Zum Wiedereinstieg greifen die Interviewerinnen jedoch zunächst den Gesprächsvorschlag von Lore Henkel auf, mit Nora Walter zu sprechen, die wie Susie Miller und Herta Gotthelf die letzten Kriegsjahre in London verbrachte.

Kurzvorstellung Nora Walter
Nach Auskünften im Gespräch am 10.10.1996 in Hannover

Nora Walter wird 1923 in München geboren. Ihr Vater besitzt ein Geschäft für Getreide und Futtermittel. Die Mutter hilft im Geschäft und führt den Haushalt. Ihre Eltern sind jüdischer Abstammung, aber nach Aussage von Frau Walter nicht konfessionell jüdisch. Mit ihrer drei Jahre jüngeren Schwester Lisa erlebt sie eine behütete Kindheit. Mit zunehmendem Antisemitismus gerät der Vater in geschäftliche Schwierigkeiten und gibt schließlich das Geschäft auf. Die Familie geht für ein Jahr nach Berlin und zieht anschließend nach Hamm in Westfalen.

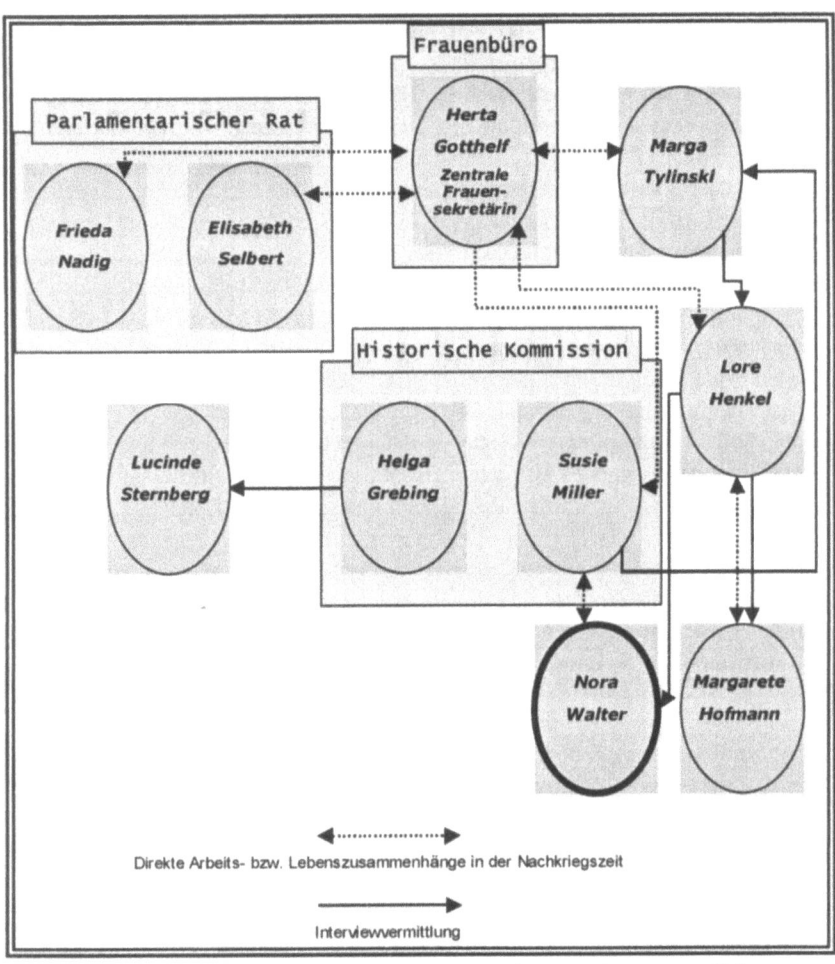

Abb. 7: Das Schneeballsystem zur Auswahl von Interviewpartnerinnen - Nora Walter.

Nora Walter verbringt ein Jahr in Hamm und wird am 9. April 1932 von ihrer Tante Nora[112] in die Walkemühle[113], die Schule des ISK, gebracht. Am 17. März 1933 wird die Schule von den Nationalsozialisten geschlossen und sie kehrt zu ihren Eltern nach Hamm zurück. 1934 versteigert die Familie ihren Hausrat und geht im Mai nach Paris. Die Kinder Nora und Lisa kommen in ein von deutschen Emigrantinnen geleitetes Kinderheim und bald darauf in die Exilschule des ISK in Dänemark. Verschiedene Versuche der Eltern in Paris eine Existenz aufzubauen – unter anderem nach dem erfolgreichen Vorbild des Ehepaars Lewinski ein vegetarisches Restaurant – scheitern. Der Vater kehrt nach Deutschland in die seines Erachtens liberale Stadt Hamburg zurück. Nach demütigenden Erfahrungen stürzt er sich im August 1935 von einem hohen Gebäude in den Tod. Die Mutter findet in Paris Arbeit als Sekretärin.

Nora Walter und ihre Schwester wachsen in der Exilschule auf und gehen mit dieser, als Dänemark nicht mehr sicher scheint, nach England in eine von Arbeitslosigkeit gekennzeichnete Bergarbeitergegend. Nach einem Jahr in England verlässt Nora Walter im April 1939 die Schule, um in London in der Vega[114] Köchin zu lernen. Sie lebt zunächst bei den Besitzern der Vega und zieht dann in ein von ISK-Mitgliedern bewohntes Haus. Hier erhält sie nach eigenen Aussagen ihre grundlegende politische Bildung, insbesondere durch Willi Eichler.[115] 1942 an ihrem 19. Geburtstag wird sie Mitglied des ISK. Sie engagiert sich in der Union sozialistischer Organisationen, in der federal union für die Föderation Europas und in der deutschen Gewerkschaftsgruppe.

---

[112] Bei der Tante Nora Walters handelt es sich um Nora Platiel, die Mitglied des ISK war. Zur Biographie von Nora Platiel siehe: Helga Haas-Rietschel und Sabine Hering: Nora Platiel. Sozialistin, Emigrantin, Politikerin. Eine Biographie. Köln 1990.

[113] Das Landerziehungsheim Walkemühle bei Melsungen (Hessen) diente der Bildung von Kindern und Erwachsenen im Sinne der politischen Pädagogik Leonard Nelsons, dem Begründer des IJB, später ISK. Nach Schließung der Schule durch das nationalsozialistische Regime wurde eine Exilschule zunächst in Dänemark, später in England aufgebaut. Zur Walkemühle siehe: Rudolf Giesselmann: Geschichten von der Walkemühle. Wirkungsfeld von Minna Specht, Leonard Nelson, IJB und ISK. Bad Homburg 1997. Zur Exilschule siehe: Birgit S. Nielsen: Erziehung zum Selbstvertrauen. Ein sozialistischer Schulversuch im dänischen Exil 1933-1938. Wuppertal 1985.

[114] Die Vega war ein von Mitgliedern des ISK geführtes vegetarisches Restaurant in London. Vegetarismus gehörte zu den verbindlichen Prinzipien des ISK, denen sich ISK-Mitglieder verpflichteten.

[115] Willi Eichler übernahm nach dem Tod Leonard Nelsons 1927 die Leitung des ISK. Zur Biographie siehe: Sabine Lemke-Müller: Ethischer Sozialismus und soziale Demokratie. Der politische Weg Willi Eichlers vom ISK zur SPD. Bonn 1988.

Mit Ende des Krieges bereitet die Mehrheit der ISK-Mitglieder die Rückkehr nach Deutschland vor. Auch Nora Walter brannte, nach ihrer Aussage, darauf, zurückzugehen. 1947 geht Nora Walter nach Hamburg, wo sie bei den Eltern einer Freundin leben kann, und arbeitet in der Europäischen Verlagsanstalt. Sie engagiert sich in der Gewerkschaftsjugend und baut eine Jungsozialistengruppe in ihrem Ortsteil Poppenbüttel auf. 1948 nimmt sie als Delegierte an der Jahreskonferenz der Jungsozialisten in Hof in Bayern teil und wird als einzige Frau neben zehn Männern in den Zentralen Arbeitsausschuss gewählt. Aufgrund inhaltlicher Auseinandersetzungen zieht sie sich ab 1950 stärker aus der politischen Arbeit zurück und konzentriert sich mehr auf ihre berufliche Entwicklung. Sie wechselt von der Europäischen Verlagsanstalt zur Büchergilde in Frankfurt und schließt eine Ausbildung zur Verlagsbuchhändlerin ab. 1953 besucht sie ihre inzwischen in den USA lebende Mutter. Überredungsversuche jüdischer Verwandter ebenfalls in den USA zu bleiben lehnt Nora Walter ab.

1955 kommt die Mutter schließlich zu ihr nach Frankfurt. Von diesem Zeitpunkt an lebt sie mit der Muter bis zu deren Tod 1988 gemeinsam in einer Wohnung. Ca. 1960 beginnt Nora Walter für die Friedrich-Ebert-Stiftung in Bonn zu arbeiten. Ihre Aufgabe besteht in der Betreuung ausländischer StipendiatInnen. Berufliche Unzufriedenheit nach einem Wechsel des Aufgabenbereichs innerhalb der Friedrich-Ebert-Stiftung und die zunehmende Betreuungsbedürftigkeit der Mutter veranlassen sie schließlich, nur noch halbtags und zu Hause zu arbeiten.

Sie beginnt nun wieder sokratische Gespräche[116] zu besuchen, eine von Leonard Nelson entwickelte und im ISK praktizierte Lehrmethode, nach der sie in der Schule unterrichtet wurde. 1971 wird sie in die Philosophisch-Politische Akademie[117] aufgenommen und übernimmt ab Mitte der 70er Jahre organisatorische Aufgaben, die nach ihrer Verrentung zu einer Halbtagsbeschäftigung werden. Auch

---

[116] Die Methode des sokratischen Gesprächs wurde von Leonard Nelson entwickelt und von Gustav Heckmann, der als Lehrer in der Walkemühle und der späteren Exilschule tätig war, ergänzt und tradiert. Im sokratischen Gespräch werden ethische, erkenntnistheoretische oder mathematische Fragestellungen im gleichberechtigten Gruppengespräch erörtert. Ziel ist es, sich mittels eigener Vernunfteinsicht der Lösung eines Problems zu nähern.

[117] Die Philosophisch-Politische Akademie (PPA) wurde 1922 von Leonard Nelson gegründet und durch das nationalsozialistische Regime zerschlagen. Nach Kriegsende fanden sich MitarbeiterInnen, SchülerInnen und WeggefährtInnen Nelsons mit dem Ziel der Wiedergründung zusammen. Seit 1949 existiert sie als eingetragener Verein. Sie führt philosophisch-politische Tagungen und sokratische Seminare durch und unterstützt die Veröffentlichung von Büchern und Schriften, die sich mit der Kritischen Philosophie beschäftigen.

wird sie bald in den Vorstand der Akademie gewählt und bleibt bis zu ihrem Tode zweite Vorsitzende. Nora Walter stirbt im März 2001 an einem Krebsleiden.

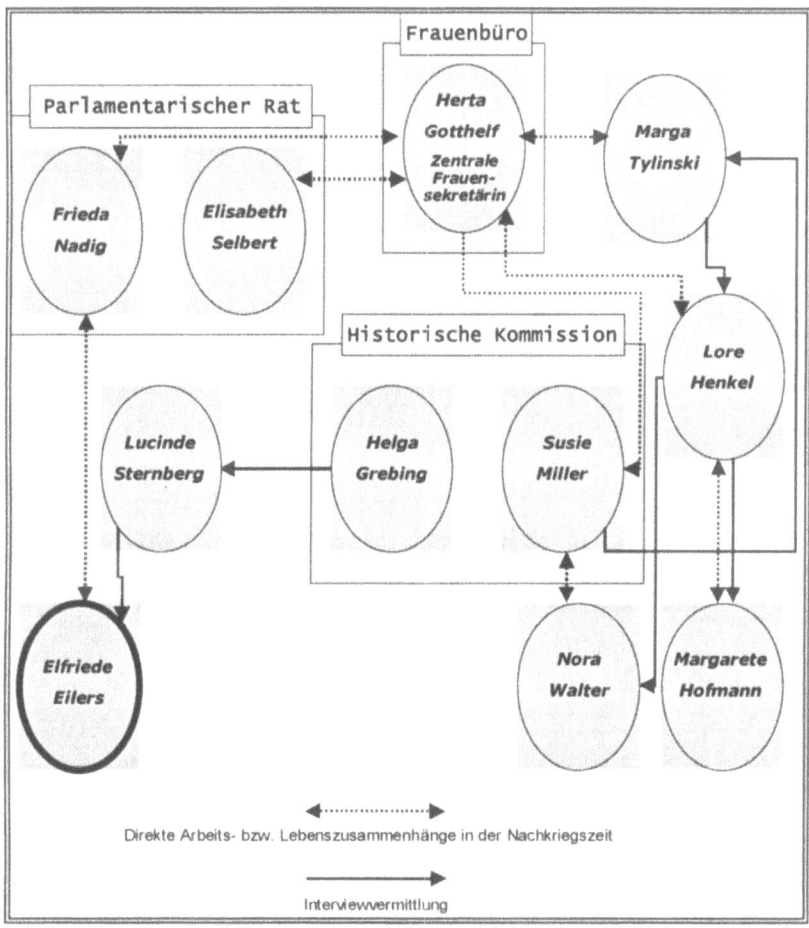

Abb. 8: Das Schneeballsystem zur Auswahl von Interviewpartnerinnen - Elfriede Eilers.

Über die Vermittlung von Lucinde Sternberg und Prof. Dr. Helga Grebing gelingt schließlich die Kontaktaufnahme zu den nachfolgenden Gesprächspartnerinnen. Wie bereits erwähnt tritt damit der Vermittlungskontext Bundestag in den Vordergrund. So wird eine Annäherung an die Ebene möglich, die dem Betätigungsfeld von Elisabeth Selbert und Frederike Nadig entspricht bzw. nahe kommt.

Als Mitglied des Bundestages kommt Elfriede Eilers nicht nur formal der Ebene Nadigs nahe, sondern sie erlebt anlässlich der Bundestagswahl 1961 eine unmittelbare Konfliktsituation im Ringen um die Plätze auf der Landesliste, bei der Frieda Nadig unterliegt. Vor dem Hintergrund ihrer früheren Förderung durch Nadig im Rahmen der gemeinsamen Arbeit für die Arbeiterwohlfahrt zählt sie diese Konkurrenzsituation zu den bitteren Erlebnissen ihrer politischen Arbeit.

Kurzvorstellung Elfriede Eilers
Nach Auskünften im Gespräch am 15.10.1996 in Bielefeld

Elfriede Eilers wird im Januar 1921 in Bielefeld geboren. Sie wächst in einem sozialdemokratisch geprägten Elternhaus auf. Ihr Großvater war der erste Sozialdemokrat im Rat der Stadt und die Familie wohnt im Haus der sozialdemokratischen Presse. Dadurch hat sie schon früh Kontakte zu berühmten Sozialdemokraten. Achtjährig kommt das Einzelkind Elfriede zu den Kinderfreunden. Auch ihre Eltern sind politisch aktiv. Die Mutter, von Beruf Weberin, ist lange als Betriebsrätin tätig. Der Vater arbeitet als Schriftsetzer. Die Familie beruft sich auf eine Knochenmarkvereiterung, die sie als Kind hatte, damit sie nicht in den Bund deutscher Mädchen (BDM) eintreten muss.

Sie besucht die Realschule und anschließend eine Frauenfachschule. Im April 1938 beginnt sie eine kaufmännische Lehre in einem jüdischem Kaufhaus und ist schließlich als Bilanzbuchhalterin tätig. Um eine Stelle bei den Stadtwerken zu bekommen, tritt sie 1941 der NS-Frauenschaft bei.

Mit der Wiedergründung der SPD in Bielefeld wird sie SPD-Mitglied und übernimmt ab 1946 Funktionen in der Jugendarbeit der Falken, wie Zeltlagerleitung der sogenannten Kinderrepubliken. Außerdem ist sie im Ortsverein tätig und Mitbegründerin einer Frauengruppe. Über die Arbeiterwohlfahrt ist sie an der Verteilung von Hilfsgütern aus den USA beteiligt und erfährt persönliche Förderung durch Frieda Nadig. 1950-1952 besucht sie die Wohlfahrtsschule, um Fürsorgerin zu werden.

1957 gelangt sie durch Wahlkreisverluste der SPD über Listenplatz 42 in den deutschen Bundestag. Bei der nächsten Wahl 1961 entsteht eine Konkurrenzsituation zu
Nadig, der der Einzug in den Bundestag nicht wieder gelingt. Nach dem 1966 erfolgten Rücktritt von Martha Schanzenbach aus dem Parteivorstand wird sie von
1966 bis 1977 PV-Mitglied und ist von 1972 bis 1977 im Präsidium. Neben zahlreichen anderen Ämtern und Funktionen ist sie von 1966 bis 1977 in der Arbeitsgemeinschaft sozialdemokratischer Frauen aktiv und von 1973 bis 1977 deren Vorsitzende. 1980 scheidet sie aus dem Bundestag aus. Von 1978 bis 1991 bleibt sie
Bundesbeauftragte für Seniorenarbeit beim Parteivorstand.

Das höchste politische Amt unter den hier vertretenen Frauen erwirbt Antje Huber
im Laufe ihres politischen Werdegangs. Sie ist die 3. Sozialdemokratin, die das
Amt einer Bundesministerin bekleidet, und die 5. Frau in der Geschichte der Bundesrepublik in entsprechender Position überhaupt.[118]

Kurzvorstellung Antje Huber, geb. Pust
Nach Auskünften im Gespräch am 31.10.1996 in Essen

Antje Huber wird im Mai 1924 in Stettin/Pommern geboren. Ihr Vater ist Lehrer.
Ihre Mutter stirbt sehr früh. Nach der Wiederverheiratung des Vaters wachsen sie
und ihr Bruder mit einer Stiefmutter auf. Frau Huber hat ihre Familie als unpolitisch erlebt. 1942 besteht sie in Berlin das Abitur. Ein Studium ist aufgrund der
allgemeinen Kriegswirren nicht möglich. Sie wird Sportredakteurin, erlebt 20jährig
den Einmarsch der roten Armee in Berlin und beginnt eine Lehrerinnenausbildung
in der sowjetischen Besatzungszone. Die Entdeckung von Spitzeln im Ausbil-
dungsseminar veranlasst sie zur Flucht in den Westen.

---

[118] Dr. Elisabeth Schwarzhaupt (CDU/CSU), Käthe Strobel (SPD), Änne Brauksiepe (CDU/CSU),
Dr. Katharina Focke (SPD) sind die ersten Bundesministerinnen. In der 8. Wahlperiode wird außer
Frau Huber auch Marie Schlei (SPD) Bundesministerin. Vgl. Wissenschaftliche Dienste des Deut-
schen Bundestages: Parlamentarierinnen im Deutschen Bundestag 1949-1993, Bonn 1993, S. 83f.

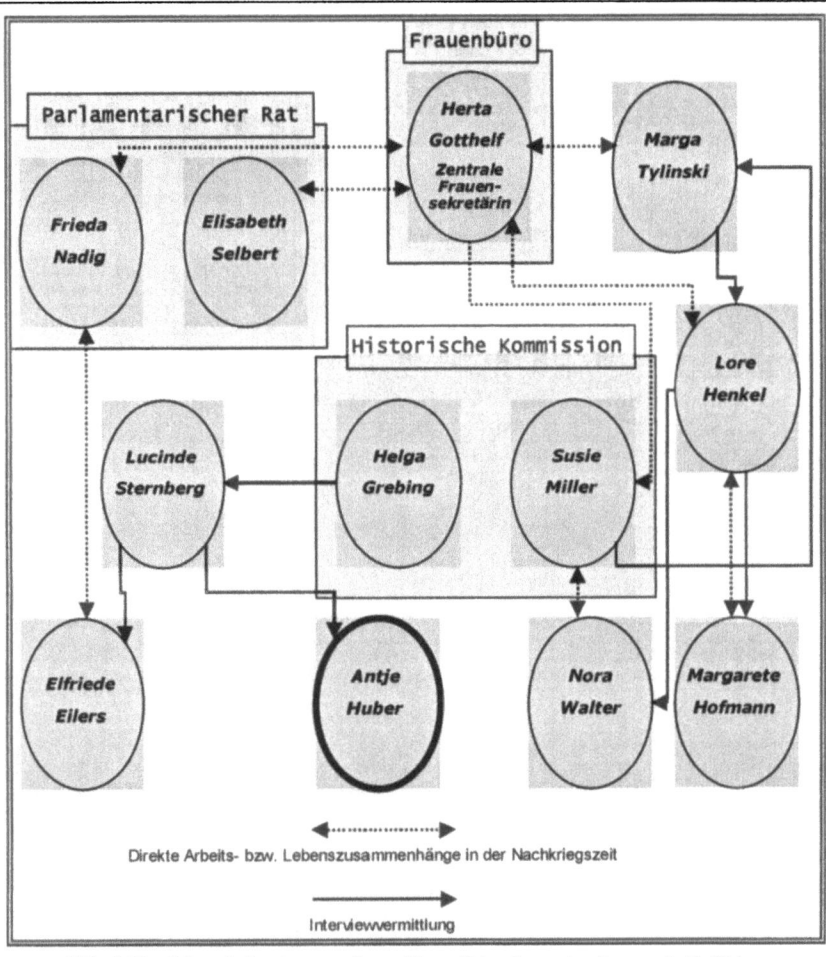

Abb. 9: Das Schneeballsystem zur Auswahl von Interviewpartnerinnen - Antje Huber.

1946 gelangt Antje Huber über den Harz nach Essen. Dort wird sie Redakteurin bei der Neuen Ruhrzeitung. Sie gibt an, durch die Erfahrung des Kriegsendes politisiert worden zu sein und sich über den Besuch von Parteiveranstaltungen politisch orientiert zu haben. 1948 tritt sie in Essen-Steele der SPD bei und übernimmt sehr bald Funktionen im Ortsverein. 1950 heiratet sie einen Redakteurskollegen, der aus einer sozialdemokratisch engagierten Familie stammt. Nach der Heirat führt sie den Haushalt und betreut den aus erster Ehe ihres Mannes stammenden Sohn. Ihre Parteitätigkeit setzt sie fort. Nach dem Unfalltod des Sohnes beginnt sie 1961/62 ein Studium auf der Sozialakademie in Dortmund. Anschließend arbeitet sie dort als Studienleiterin.

Von 1969 bis 1987 ist sie Mitglied des deutschen Bundestages. Von 1976 bis 1982 ist sie Bundesministerin für Jugend, Familie und Gesundheit. Vor ihrem Ausscheiden aus dem Bundestag 1987 ist sie zuletzt Sprecherin der Fraktion.

Als letzte Gesprächspartnerin dieser Interviewreihe erklärt sich Lucie Kurlbaum-Beyer zu einem Gespräch bereit. Sie ist die Frau, deren Kandidatur zur Bundestagswahl 1953 Hessen die erste sozialdemokratische Bundestagsabgeordnete beschert. Während Elisabeth Selbert nach einem persönlich enttäuschenden Wahlausgang bei der ersten Bundestagswahl sowie aus persönlichen Gründen auf eine zweite Kandidatur verzichtet, erringt Lucie Kurlbaum-Beyer ein Mandat für die zweite Legislaturperiode.

Kurzvorstellung Lucie Kurlbaum-Beyer, geb. Fuchs
Nach Auskünften aus dem Gespräch am 26.10.1999 in Schwaig bei Nürnberg

Lucie Kurlbaum-Beyer wird am 17.06.1914 in Herdorf im Siegerland geboren. Ihr Vater, zum Zeitpunkt ihrer Geburt Frontsoldat, ursprünglich Grubenarbeiter, sei nach ihrer Erinnerung überwiegend arbeitslos gewesen, da er nach einem Streikaufruf 1921 entlassen wurde und erst 1928 eine Anstellung beim Bergarbeiterverband fand, aus der er 1933 wieder entlassen wurde. Der Vater engagiert sich in starkem Maße für Partei- und Gewerkschaftsarbeit. Sie und ihr jüngerer Bruder wachsen früh in die Parteiarbeit hinein.

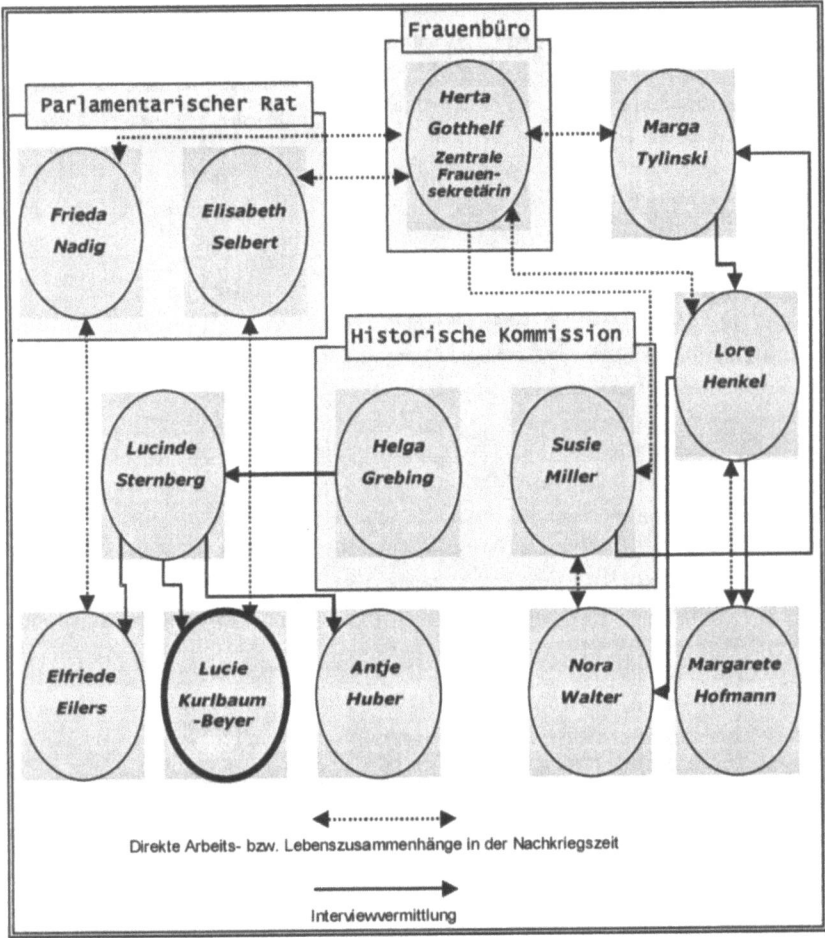

Abb. 10: Das Schneeballsystem zur Auswahl von Interviewpartnerinnen - Lucie Kurlbaum-Beyer.

Frau Kurlbaum-Beyer besucht nach der Volksschule ein Realgymnasium und anschließend die Handelsschule. Schließlich absolviert sie eine kaufmännische Lehre. Die Anstellung des Vaters beim Bergarbeiterverband führt die Familie nach Köln.

Hier tritt Frau Kurlbaum-Beyer der Sozialistischen Arbeiterjugend (SAJ) bei und übernimmt bald den Vorsitz der SAJ im Ortsteil Zollstock. 1930 wird sie Volontärin beim Bergarbeiterverband. 1932 tritt sie der SPD bei.

Als 1933 der Großteil der Mitarbeiter des Bergarbeiterverbandes - darunter ihr Vater - entlassen wird, kann sie zunächst ihre Stelle behalten und übernimmt die Nachrichtenvermittlung, indem sie sich in Gefängnissen als Verlobte Inhaftierter ausgibt. Um Frauen von inhaftierten Genossen unterstützen zu können, nimmt sie die verbotene Kassierung von Mitgliedsbeiträgen wieder auf. Denunziation führt zur Hausdurchsuchung und vorübergehenden Verhaftung. Das Versteck des Belastungsmaterials wird jedoch nicht gefunden.

Im Mai 1933 wird schließlich auch sie beim Bergarbeiterverband aus politischen Gründen und ohne Zeugnis entlassen. Mit Heimarbeit versucht sie das Einkommen der Eltern aufzubessern. Nach kurzer, schlecht bezahlter Tätigkeit mit Büro- und Hausarbeiten in einem Hotel findet sie schließlich eine Anstellung, in der sie bis zur Buchhalterin aufsteigt.

Im Zuge ihrer Verheiratung 1939 folgt sie ihrem Ehemann nach Berlin, der dort in einem Wehrkommando dient. Sie bildet sich zur Helferin in Steuersachen fort, erhält jedoch keine Zulassung, da sie den Beitritt zur NS-Frauenschaft verweigert. 1942 wird ihr Sohn Uwe geboren. Eine von ihr als Trost gedachte Aussage über das baldige Ende des Krieges gegenüber ihrem Ehemann gibt dieser an seinen Vorgesetzten weiter. Lucie Kurlbaum-Beyer wird erneut verhaftet. Nach der Haftentlassung begibt sie sich mit ihrem Kind auf Wanderschaft, um der drohenden KZ-Inhaftierung zu entgehen. Schließlich gelangt sie nach Dobberzin an der Oder. Dort erlebt sie die ersten Flüchtlingstrecks und hilft mit bei deren Versorgung. Als sich die Front nähert, sucht sie in Hannoversch-Münden ihre Eltern auf. Zu diesem Zeitpunkt ist sie mit dem zweiten Kind schwanger. Auf Anraten ihres Vaters versucht sie zur Kaserne ihres Mannes zu gelangen. Auf diesem Weg erlebt sie mehrfach Bombardierungen und Tieffliegerangriffe. Ihr Sohn erleidet hierbei ein Trauma, dessen Folgen nach ihrer Aussage noch heute spürbar sind. Kurz nach Kriegsende erfährt sie, dass ihr Vater in den letzten Kriegstagen vermutlich von Nationalsozialisten erschossen wurde.

Mit Mutter, Mann und Kind begibt sie sich auf Anraten eines Freundes ihres Vaters nach Wetzlar. Im September wird ihr zweiter Sohn Knud geboren. Im November übernimmt sie in der Sozialabteilung des Landratsamtes die Betreuung von Flüchtlingen. Außerdem engagiert sie sich in der SPD und wird 1946 Stadtverordnete in Wetzlar. Auf Bitten von Parteigenossen wechselt sie 1947 von der Sozialabteilung zur Spruchkammer, deren Vorsitz sie übernimmt. Die Abmilderung der

Bestimmungen zur Entnazifizierung ohne Amnestie für vorausgegangene Urteile veranlaßt sie 1948 zu ihrem Rücktritt. Auf Bitten des Vorsitzenden des Deutschen Gewerkschaftsbundes (DGB) in Hessen, Willi Richter, geht sie 1948/49 nach Frankfurt, um als Frauensekretärin die Frauenarbeit im DGB Landesbezirk Hessen aufzubauen. 1953 kandidiert sie erstmals für den Bundestag, dem sie schließlich bis 1969 angehört. Persönliche Gründe bewegen sie, aus dem Bundestag auszuscheiden. Ihr zweiter Mann, den sie nach längerer Beziehung aus Rücksicht auf ihr Mandat erst 1965 heiratete, war 1967 schwer erkrankt. Außerdem starb 1967 ihre Mutter, die seit dem Tod des Vaters bei ihr lebte. Ehrenamtlich setzt sie ihr Engagement in der Verbraucher- und Kommunalpolitik sowie in Parteigremien fort.

Die Interviewreihe schließt sich jedoch erst durch ein weiteres Gespräch mit Susie Miller, das gemäß den aus dem Erstgespräch resultierenden Überlegungen als lebensgeschichtliches Interview konzipiert ist.

Kurzvorstellung Prof. Dr. Susanne Miller, geb. Strasser

Nach Auskünften aus Gesprächen am 24.01.1995 und am 18.02.1998 in Bonn

Susie Miller wird am 14. Mai 1915 in Sofia/Bulgarien geboren. Ihr Vater arbeitet als Bankier wechselweise in Sofia und Wien. Schon früh verlieren sie und ihre jüngere Schwester die Mutter. Nach der Wiederverheiratung des Vaters werden zwei Halbgeschwister geboren. Im großbürgerlich konservativen Elternhaus wird auf gutes Benehmen und Bildung Wert gelegt.

Tiefen Eindruck hat in der Erinnerung von Susie Miller die Armenspeisung des Ursulinenklosters in Wien hinterlassen, die sie als Kind auf ihrem Schulweg beobachtete. In der Familie aber werden soziale Probleme nicht thematisiert. Sie beschreibt die Familienatmosphäre als eher kalt und verweist auf die Aussage ihrer Schwester, dass nur das Kindermädchen und sie in ihrer Kindheit gut zu ihr gewesen seien.

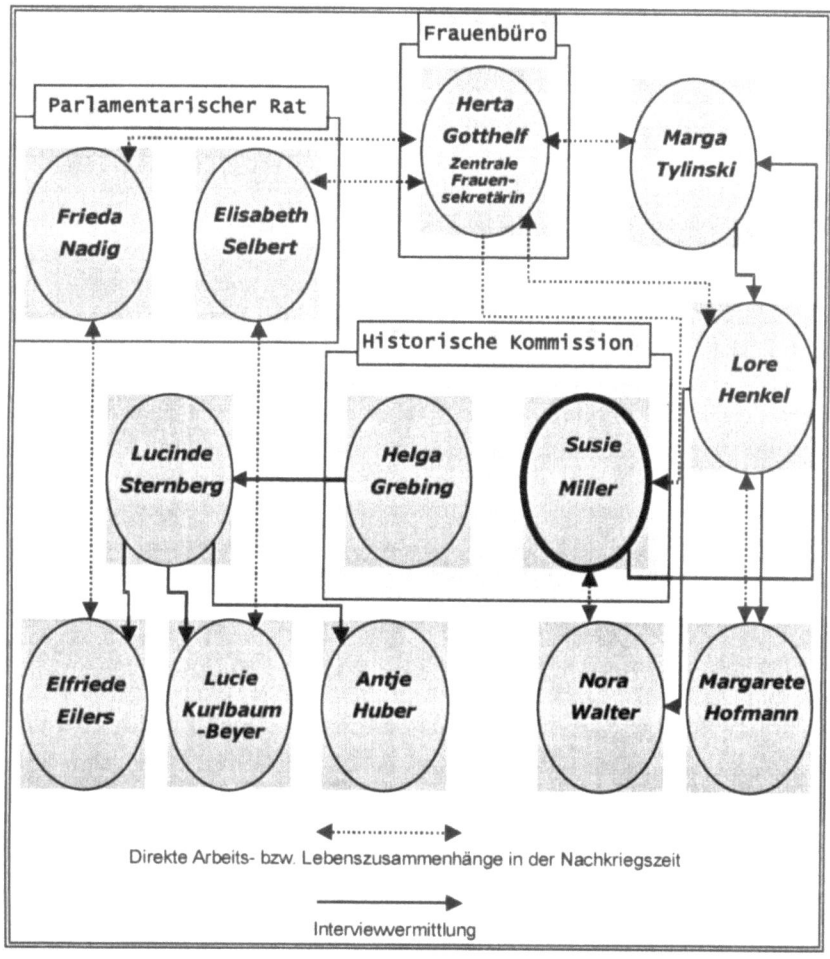

Abb. 11: Das Schneeballsystem zur Auswahl von Interviewpartnerinnen - Susie Miller.

Susie Miller besucht ein Gymnasium in Wien und vom Herbst 1930 bis zum Sommer 1932 das deutsche Reformgymnasium in Sofia. Dort erhält sie erste politische Impulse durch einen ihrer Lehrer, Zeko Torbov, der Anhänger Leonard Nelsons[119] ist. Sie nutzt ihre Matura-Reise, um in Berlin einen Kurs des ISK zu besuchen. 1932 beginnt sie in Wien, Englisch und Geschichte zu studieren, und tritt dem sozialistischen Studentenbund bei. Die Universität, die schon sehr nationalsozialistisch orientiert gewesen sei, habe ihr jedoch nichts bedeutet.

Nach dem gescheiterten Februar-Aufstand der Wiener Arbeiter 1934 beteiligt sie sich an der Unterstützung der Opfer des Aufstandes und erlebt erstmalig aus nächster Nähe die Not der Arbeiter. Auf Vermittlung ihrer Tante reist sie mehrmals nach England, um in einer von den Methodisten betriebenen Sozialstation zu arbeiten. Von dort aus nimmt sie Kontakt zu ISK-Mitgliedern auf, die in England leben. Schließlich kehrt sie nicht nach Wien zurück, sondern lebt mit anderen ISK-Mitgliedern und Emigranten in der Vega, dem vegetarischen Restaurant von Walter und Jenny Fließ. 1936 wird sie selbst ISK-Mitglied und geht zur Absicherung ihres Aufenthaltes in England eine Scheinehe mit dem englischen Genossen Horace Miller ein.

In England beginnt sie für Willi Eichler zu arbeiten, mit dem sie schließlich eine Lebenspartnerschaft führt. Im April 1946 gehen sie gemeinsam nach Köln. Wie viele ISK-Mitglieder tritt sie der SPD bei. Frau Miller wird erst Mitglied des Kölner Parteivorstandes, dann des Bezirksvorstandes und übernimmt die Frauenarbeit der Partei im Bezirk Mittelrhein. Diese Arbeit führt sie bis 1960 fort. Außerdem ist sie seit 1948 Mitglied des zentralen Frauenausschusses beim Parteivorstand und beteiligt sich gemeinsam mit Willi Eichler an den Vorbereitungen zum Godesberger Programm.

1960 nimmt sie ihr Geschichtsstudium wieder auf und wird als Stipendiatin der Friedrich-Ebert-Stiftung gefördert. Mit ihrer Arbeit „Das Problem der Freiheit im Sozialismus. Freiheit, Staat und Revolution in der Programmatik der Sozialdemokratie von Lassalle bis zum Revisionismusstreit." promoviert sie 1963. Von 1964 bis zu ihrer Pensionierung 1978 ist sie als wissenschaftliche Referentin in der „Kommission für die Geschichte des Parlamentarismus und der politischen Parteien" in Bonn tätig. Ab 1965 ist sie Vertrauensdozentin der Friedrich-Ebert-Stiftung und Mitglied des Auswahlausschusses. 1982 wird sie Vorsitzende der neu eingerichteten Historischen Kommission beim Parteivorstand. Außerdem ist sie u.a. tätig als Mitglied der Grundwertekommission, Vorstandsmitglied der Arbeitsgemein-

---

[119] Leonard Nelson ist der Gründer des ISK. Siehe Kurzvorstellung Nora Walter.

schaft ehemals verfolgter SozialdemokratInnen, Vorstandsmitglied der „Sozialistischen Bildungsgemeinschaft" Nordrhein-Westfalen und im Beirat der Bundeszentrale für politische Bildung. 1985 wird ihr vom Minister für Wissenschaft und Forschung Nordrhein-Westfalen der Professorinnentitel verliehen.

Das Sample im Überblick

Aus Abbildung 12 wird ersichtlich, dass Susie Miller und Lucinde Sternberg als Vermittlerinnen von Kontakten im Zentrum des Schneeballsystems dieser Interviewreihe stehen. Während über Susie Miller der Vermittlungskontext Hannover hergestellt wird und dabei zunächst das Frauenbüro und Herta Gotthelf den Ausgangspunkt bilden, erfolgt ergänzend über Lore Henkel der Kontakt zu zwei Frauen des ISK und damit eine Rückbindung an den politischen Hintergrund von Susie Miller. Es entstehen Untergruppen unterschiedlicher Verflechtung: Susie Miller, Marga Tylinski und Lore Henkel standen in engem Kontakt zu Herta Gotthelf, mit der sie lange Zeit als Sekretärin (Marga Tylinski) bzw. als Autorin der GENOSSIN (Susie Miller und Lore Henkel) sowie im Zentralen Frauenausschuß (Susie Miller) zusammenarbeiteten. Nora Walter, Susie Miller und Herta Gotthelf sind zudem über den Exilort London verbunden, wobei Nora Walter und Susie Miller in engem Kontakt standen und beide Herta Gotthelf zu diesem Zeitpunkt nur flüchtig kannten. Margarete Hofmann, Nora Walter und Susie Miller waren Mitglieder des ISK und traten nach 1945 der SPD bei. Lore Henkel und Margarete Hofmann standen als Ratsfrauen der SPD-Fraktion der Stadt Hannover über viele Jahre in engem Arbeitskontakt.

Die über Lucinde Sternberg hergestellten Kontakte weisen demgegenüber weniger Verbindungslinien untereinander auf. Von besonderer Bedeutung aber ist, dass über diese Vermittlungsebene Kontakte zu den indirekten Nachfolgerinnen Selberts und Nadigs möglich waren. Elfriede Eilers erfuhr direkte Förderung durch Frieda Nadig und arbeitete über lange Zeit mit ihr zusammen. Lucie Kurlbaum-Beyer hatte über Parteigremien zwar nur losen Kontakt zu Elisabeth Selbert, dennoch erwähnt sie im Interview, sich telefonisch mit Selbert verständigt zu haben, bevor sie bereit war, für ein Bundestagsmandat zu kandidieren. Erst Selberts persönliche Versicherung, nicht kandidieren zu wollen, habe sie davon überzeugt, dass sie selbst antreten müsse, damit Hessen eine weibliche, sozialdemokratische Bundestagsabgeordnete bekomme.

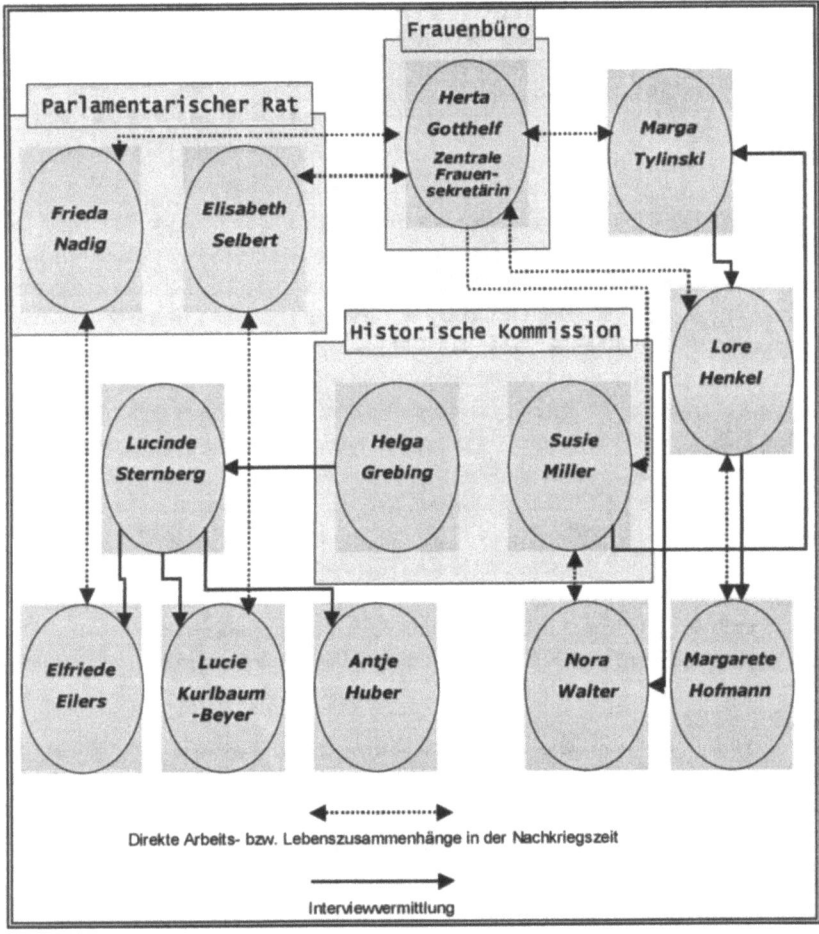

Abb. 12: Das Schneeballsystem zur Auswahl von Interviewpartnerinnen – Überblick.

Das Sample kreist somit um die eingangs als zentral beschriebenen Frauen: Selbert, Nadig, Gotthelf. Die Kontaktaufnahme zu Antje Huber war demgegenüber wesentlich dadurch motiviert, dass sie in einem biographischen Aufsatz[120] die Bedeutung der Nachkriegszeit für ihren politischen Werdegang ausdrücklich betonte und als eine der ersten Ministerinnen der Bundesrepublik eine für Frauen ähnlich ungewöhnliche Position erreichte wie die „Mütter des Grundgesetzes".

1.1.2. Das Auswertungsverfahren

Wie aus den vorhergehenden Kurzvorstellungen der Interviewpartnerinnen ersichtlich ist, haben sie folgende Gemeinsamkeiten:

- Sie waren 1945 alt genug, sich politisch zu engagieren, und taten dies im Rahmen der Sozialdemokratie.
- Ihr Leben blieb seit 1945 in sozialdemokratische oder der Sozialdemokratie nahestehende Bezüge eingebettet.
- Sie engagier(t)en sich bis ins hohe Alter.

Dennoch unterscheiden sich ihre Lebenswege bezüglich

- der sozialen Herkunft und politischen Orientierung im Elternhaus.
- der Bildungswege und –chancen.
- der gewählten Lebensform.
- des Berufsfeldes und –verlaufs.
- der in der Politik erreichten Positionen und gewählten Themenfelder.
- ihres öffentlichen Bekanntheitsgrades.

Ebenso unterscheiden sie sich hinsichtlich ihrer persönlichen Auskunftsbereitschaft und Erzählweise sowie ihrer Betroffenheit von rassistischer und/oder politischer Verfolgung im Nationalsozialismus. Angesichts dieser Vielfalt stellt sich die Frage nach Vergleichsmöglichkeiten der Interviews untereinander und dem Stellenwert der Aussagen der befragten Frauen für die Einschätzung sozialdemokratischer Frauenpolitik der Nachkriegszeit, die sie aus entsprechend unterschiedlichen Positionen erlebten und an die sie sich aus ebenso unterschiedlichen Positionen erinnern. Doch so schwierig diese Vielfalt für die weitere Auswertung der Interviews einerseits ist, so anregend war sie andererseits für den Fortgang der Forschungsarbeit. Hier berichteten nicht nur Frauen, die sich erfolgreich durchgesetzt hatten, sondern auch Frauen, die sich enttäuscht zurückzogen, andere Schwerpunkte

---

[120] Antje Huber: Nie aufhören, an eine bessere Welt zu glauben. In: Antje Huber (Hg.): Verdient die Nachtigall Lob, wenn sie singt? Stuttgart/Herford 1984, S. 131-140.

wählten oder ihre Parteikarriere blockiert sahen. Umso beeindruckender war häufig das Engagement, mit dem sie berichteten und offensichtlich auch aktuelle politische Ereignisse verfolgten.

Dabei konfrontierten die Interviews trotz ihrer Unterschiedlichkeit und den Unterschieden der Gesprächspartnerinnen die Interviewerinnen immer wieder mit jenem Widerspruch, der die Forschungsarbeit seit ihrem Beginn paradigmatisch begleitete. Diese Frauen waren frauenpolitisch interessiert und informiert, manche hatten sich entsprechend engagiert, aber immer wieder überraschten sie mit Abgrenzungen gegenüber der „heutigen" Sicht. „Ein wesentliches Merkmal qualitativer Sozialforschung ist der heuristische Charakter des Forschungsprozesses. Deswegen ist es nicht nur möglich, sondern sogar wünschbar, daß der Forscherin oder dem Forscher im Untersuchungsfeld ungewöhnliche Dinge zustoßen, daß sie Zeugen nicht erwarteter Ereignisse werden, und daß ihnen ihre Informanten und InterviewpartnerInnen überraschende Mitteilungen machen."[121]

Was hier für die qualitative Sozialforschung konstatiert wird, gilt analog für die oral history, deren besondere Qualität in diesem Fall in der Konfrontation zwischen jungen Frauen als Repräsentantinnen der „heutigen" Sicht auf die Frauenpolitik der Nachkriegszeit und älteren Sozialdemokratinnen als Zeitzeuginnen besteht. Wie einleitend dargestellt thematisierten die Gesprächspartnerinnen selbst die bestehende Distanz zwischen „heutigen" Wahrnehmungen und Wertungen und ihrer „damaligen" Haltung. Unter der Prämisse, dass es sich bei den im Interview vorgetragenen Lebensläufen und Stellungnahmen zu einzelnen Themenfeldern um im Kontext der weiteren Lebenserfahrung geprägte Erinnungsbilder handelt, die „nicht einfach ein Abbild vergangener Wirklichkeit darstellen, sondern perspektivische Erinnerung repräsentieren"[122], bedarf es eines entsprechend quellenkritischen Vorgehens. Die Auswertung der Interviews konzentrierte sich deshalb zunächst auf die Perspektive der befragten Frauen. Dabei galt es zu ergründen, inwiefern sich die Dinge heute anders darstellen, worin sich der Blick unterscheidet, weshalb ganz andere Fragen gestellt werden und wie die Wahrnehmung der bestehenden Distanz zu einem Instrument der Verständigung gemacht werden könnte.

Zu diesem Zweck wurden von allen Interviews Inhaltsangaben und Strukturanalysen erstellt, die die Fragen: „Was wird erzählt?" und „Wie wird erzählt?" miteinander verknüpften. Dazu wurde der Transkripttext in Segmente zerlegt. Jedes Seg-

---

[121] Udo Kelle, Susann Kluge: Vom Einzelfall zum Typus. Fallvergleich und Fallkontrastierung in der qualitativen Sozialforschung, Opladen 1999, S. 29.
[122] Dorothee Wierling, Franz-Josef Brüggemeier: Oral History. Kurseinheit 3: Auswertung und Interpretation. Fernuniversität Hagen, 1986, S. 82.

ment stellt eine eigenständige Erzähleinheit dar, mit der ein Thema und/oder eine Begebenheit behandelt wird. Die Segmente wurden entsprechend in einer tabellarischen Inhaltsübersicht vermerkt und bezüglich ihres Narrativitätsgrades markiert. Als Anzeichen sinkenden Narrativitätsgrades galten dabei „... der Verzicht auf Hinweise, die konkrete Personen-, Raum- und Zeitbezüge betreffen, das Ausweichen auf allgemeine Betrachtungen, das Einlegen größerer Sprechpausen und Versuche, den Interviewer stärker zum Sprechen zu bringen."[123] Gesondert vermerkt wurden „Geschichten", die das Erlebte „auf den Punkt bringen" bzw. der Sinn- und Gestaltgebung im Rahmen der Einzelbiographie dienen. Sie bieten die Möglichkeit, prägende Emotionen und entscheidende Erlebnisse zu verdichten und mitteilbar zu machen. Ihnen kommt bei der Auswertung deshalb besondere Bedeutung zu. Anhand der erzählten Geschichten lassen sich Schwerpunktsetzungen der einzelnen Frauen erkennen. Zusätzlich haben sie den Vorteil, dass ihre narrative Struktur sowohl eine Einleitung und Einordnung des angesprochenen Themas als auch einen Interpretationsansatz als quasi sinngebendes Erlebnisextrakt enthält.[124] Anhand dieser tabellarischen Übersichten läßt sich der jeweilige Interviewverlauf überblicken.

Auf dieser Grundlage konnte für jedes Interview die Reihenfolge des Erzählens und entsprechend die Durchbrechung chronologischer Abläufe im Erzählen nachvollzogen werden. Dabei ist von besonderem Interesse, welche Assoziationsketten gebildet wurden. Sie verweisen auf für die befragte Person bedeutungsvolle Zusammenhänge, die sich nicht unmittelbar auf den ersten Blick erschließen lassen, bei näherer Betrachtung aber Verkettungsmuster erkennen lassen. So kann der Assoziationskette ein Thema zugrunde liegen, dass sich erst bei näherer Betrachtung erschließt, da die erwähnten Ereignisse vordergründig wenig miteinander zu tun haben. Ziel dieses Auswertungsschrittes war, die Relevanzsysteme der Befragten zu ermitteln und Hypothesen bezüglich der Verbindung von Sachinformation und Biographie erstellen zu können.

Ergänzend zu dieser Auswertung der Interviews durch die Verfasserin dieser Arbeit wurden Interviewausschnitte im Rahmen der „Mikro-AG zur Auswertung qualitativ erhobener Daten"[125] in Anlehnung an das Verfahren einer objektiven Hermeneutik von vier Personen interpretiert. Ohne weitere Angaben zur Person der Interviewten und Bedeutung des gewählten Textstückes wurde der Textauszug von

---

[123] Ebd., S. 20.
[124] Vgl.: Ebd., S. 19-26.
[125] Die Mikro-AG wurde finanziell gefördert von der Hans-Böckler-Stiftung und fand unter Beteiligung von Sylke Bartmann, Sandra Tiefel, Karin Gille-Linne und Heike Meyer-Schoppa statt.

Wort zu Wort fortschreitend in der Gruppe gedeutet. Durch das Abdecken des Textes und nur wortweises Aufdecken konnten mögliche Deutungsweisen und Mutmaßungen über die Fortsetzung eingehend diskutiert werden. Obwohl dieses Vorgehen in Anbetracht der Materialfülle zu aufwendig wäre, um es für alle Quellen und Interviews zu verwenden, eignet es sich in besonderer Weise zum vertiefenden Verständnis ausgewählter Textstellen. Im Kontext der Interviewauswertung half die Gruppe, aus der Interviewsituation resultierende, auf die Interpretation wirkende Einflußfaktoren bewusster wahrzunehmen und angemessen zu berücksichtigen.

Nach entsprechender Bearbeitung der Interviewtranskripte wurden schließlich für alle dieser Arbeit zugrundeliegenden Interviews Einzelfallanalysen erstellt. Dabei ging es zunächst um eine ergebnisoffene Rekonstruktion der Einzelbiographie, die rekapituliert, welche Ereignisse in welcher Reihenfolge bzw. Verknüpfung erzählt werden und welche Sinndeutungen der Erzählung zu entnehmen sind. Ferner wurde anhand der objektiven Daten der einzelnen Personen, soweit diese bekannt oder in Erfahrung zu bringen waren, der Lebenslauf betrachtet und mit der Erzählung verglichen. Auf diese Weise treten Unterschiede zwischen der Dauer verschiedener Lebensphasen und ihrer Gewichtung in der biographischen Erzählung besonders deutlich hervor. So kann beispielsweise ein mehrjähriger Arbeitsplatz lediglich in einem Nebensatz Erwähnung finden, während ein sehr kurzfristiges, für die Biographie jedoch subjektiv prägendes Beschäftigungsverhältnis über mehrere Transkriptseiten beschrieben wird.

Indem auf dieser Grundlage Einzelfallanalysen möglich waren, die zunächst unabhängig von der Fragestellung dieser Arbeit Aufschluß darüber gaben, was den jeweiligen Frauen in der entsprechenden Interviewsituation erzählenswert schien, war es möglich, für jede Frau ein Leitthema des Interviews zu erkennen. Es sind dies Kernsätze, in denen sich der über die Eingangsfrage gewählte Erzählstrang spiegelt. Ferner wurde deutlich, dass auch das Erleben des Nationalsozialismus, des Kriegsendes und der Nachkriegszeit häufig unter eben jener Perspektive erinnert wird, die für den politischen Zugang von zentraler Bedeutung war.

Während zuvor der Vergleich der objektiven Daten der Frauen, wie Geburtsjahr, Schulbildung etc., weder eindeutige Lebenslaufmuster noch Anhaltspunkte zur Erklärung des Einflusses der Interviews auf die Forschungsperspektive lieferte, ergab eine Kontrastierung der lebensgeschichtlichen Erzählungen verschiedene Leitbilder, die nicht nur den Zugang zur Sozialdemokratie, sondern insbesondere den Zugang zur Sozialdemokratie der Nachkriegszeit prägen. Welche Bedeutung diesem Befund bei der Interpretation „zeitgenössischer" Aussagen zukommt, wird zum Abschluss dieses Kapitels im Vergleich mit autobiographischen Schilderungen von Sozialdemokratinnen aus dem Jahr 1948 erörtert.

Zunächst erfolgt hier eine Darstellung der Auswertungsergebnisse der biographisch orientierten Interviewabschnitte[126] unter dem das jeweilige Interview prägenden Leitthema. Die hierbei vorgenommene Reihenfolge der Darstellung orientiert sich an den über die Kontrastierung der Einzelfälle ermittelten Zugängen zur Sozialdemokratie der Nachkriegszeit, deren Beschreibungen die Darstellung begleiten.

1.2. Perspektiven auf die Nachkriegszeit

1.2.1. Leitbilder lebensgeschichtlicher Verläufe

Margarete Hofmann * 1906
„Aber wir waren dann als Familie natürlich auch ganz gut."

Im Gespräch mit Margarete Hofmann tritt das Leitthema Familie im Kontext ihrer politischen Sozialisation sehr deutlich hervor. In sieben Erweiterungen ihrer Antwort auf die Frage, wie sie zum ISK gekommen sei, zeigt sich, welche Bedeutung der Verbindung von Familie und Politik im Leben von Margarete Hofmann zukommt. Zunächst antwortet sie kurz:

Mein Mann gehörte zu den Mitbegründern. Und ich lernte meinen Mann kennen hier in Mellendorf, in einem Naturfreundehaus, und kam aus Bielefeld und wir haben Freundschaft geschlossen, und das interessierte mich furchtbar. Ich war bei den Jungsozialisten, und wir haben furchtbar viel diskutiert, und dann fuhr mein Mann weg, weil ihm das zu gefährlich wurde. Dann kam er aber wieder, und das hatte also Bestand, und wir haben dann später geheiratet. Und dann bin ich natürlich auch ISK-Mitglied geworden, ne. [S. 6.][127]

Wir haben geheiratet und dann bin ich natürlich ISK-Mitglied geworden, ist die Kurz-Variante, in der sie von ihrer Heirat auf gemeinsame politische Orientierung

---

[126] Themenzentrierte Interviewpassagen werden erst in den folgenden Kapiteln herangezogen.

[127] Bei den folgenden Darstellungen der lebensgeschichtlichen Verläufe der Interviewpartnerinnen sind Zitate aus den jeweiligen Interviews durch geringere Schriftgröße kenntlich gemacht. Aus Gründen der Lesbarkeit wird lediglich bei Äußerungen der Interviewerinnen der Name der Sprecherin vorangestellt. Die Seitenangaben beziehen sich auf das jeweilige Interviewtranskript und sind in eckigen Klammern angegeben.

schließt. In dieser Kürze bleiben ihre Schlüsse den Interviewerinnen unverständlich. Auf die entsprechende Nachfrage, was ihrem Mann zu gefährlich geworden sei, führt sie aus, dass es im ISK nicht üblich war zu heiraten:

Ja, - also die meisten haben gar nicht geheiratet vom ISK. Einfach weil sie gesagt haben, die Belastung ist sehr groß, wenn man Familie hat. Dann ist man ja sehr gebunden, das kann man nicht verhindern. Deshalb haben die meisten gar nicht geheiratet.

Karin Gille: Und dann war ihm das zu brenzlig mit der Freundschaft?

Ja und habe ich gedacht, also ich wollte ganz gerne heiraten, und mein Mann gefiel mir auch gut, und dann habe ich gedacht: „Ne, och nur dann so ohne heiraten..." Das war auch nicht nach meinem Geschmack. Dadurch waren wir dann so ein bißchen außer der Reihe, weil wir dann nachher auch ein Kind kriegten, und man sagte bei uns auch: „Es ist 'ne Schwierigkeit, wenn man Kinder hat." Ist es ja auch. Man ist belastet. Man ist nicht so frei als wenn man selbständig alleine steht und nur für sich sorgen muß. Aber wir waren dann als Familie natürlich auch ganz gut. [S. 6f.]

In dieser Erweiterung wird deutlich, auf welche Vorbehalte ihre Heirat stieß. Gebundenheit schmälert die politische Einsatzfähigkeit und führt gesteigert durch die Geburt eines Kindes dazu, etwas außer der Reihe zu sein. Wie Margarete Hofmann später ausführt, habe es einige Zeit gedauert, bis sie akzeptiert wurde. Doch auch an dieser Stelle führt zunächst das Unverständnis der Interviewerinnen zu einer Erweiterung, in der wiederum Politik und Familie ein Thema bilden. Die Frage, hinsichtlich welcher politischen Aufgaben Familie als Belastung galt, beantwortet Margarete Hofmann mit dem Hinweis, es sei darum gegangen, die Gesellschaft zum Guten zu entwickeln. Auch junge Menschen müssten die Chance erhalten, sich an dieser Aufgabe zu beteiligen. Dafür benötigten sie Gelegenheit zum Lernen. Sie selbst habe zwar keine gute Schulbildung bekommen können.

Aber wir haben insofern ein gutes Zuhause gehabt: Mein Vater war auch Sozialist, und bei uns wurde auch viel diskutiert, und ich bin als ganz junges Mädchen damals in die Arbeiterjugend gegangen. Wir waren immer so in der Jugendbewegung. Auch mein Bruder und auch meine Schwester, meine Schwester am wenigsten. Wir beiden Großen mehr, und wir haben immer versucht mitzuhelfen, die Verhältnisse zu verändern. [S. 7.]

Hieran wird deutlich, wie eng für Frau Hofmann Familie und Politik verknüpft waren. Ihr eigener Zugang ist von der politischen Orientierung des Vaters – die Mutter wird in diesem Kontext nicht explizit erwähnt - geprägt. Der Weg in die Arbeiterjugend scheint für sie und ihre Geschwister vorgezeichnet.

Auf diese Erzählung folgen Ausführungen zum Internatsbesuch ihrer zweiten Tochter. Aufgrund der Arbeitsbelastung im Rahmen ihres politischen Engagements nach 1945 entschied sie gemeinsam mit ihrem Mann, die Tochter in ein Internat zu geben. Als vierte Erweiterungsvariante spiegelt diese Thematik, die sie offenbar belastet, denn bereits in der telefonischen Terminverabredung wurde sie von ihr problematisiert, den für sie elementaren Zusammenhang von Familie und Politik wider. Über die Schilderung des Schicksals ihrer eigenen Mutter, die als Waisenkind eine schwere Kindheit gehabt habe, gelangt ihre Erzählung fünftens zur Schilderung des Schicksals der Schwägerin, deren Tochter sie und ihre Mutter während der Haftzeit der Schwägerin betreuten. Als sechste Erweiterung verbindet sie nun die Darstellung ihres Engagements für Altenheime im Rahmen ihrer Tätigkeit in der Arbeiterwohlfahrt mit der Pflege ihrer Schwägerin in einem dieser Heime, die wiederum auf das bereits genannte Motiv, die Gesellschaft zum Guten zu entwickeln, zurückführt:

> Das Haus ist wohl mit das beste Altersheim inzwischen, das wir hier in Hannover haben. Gut eingerichtet, gut geführt, große Pflegeabteilung. Ich gehöre immer noch zum Ausschuß. Jetzt will ich allerdings, jetzt wird es Zeit, daß ich sage: „Nun ist genug." Aber ich war neulich noch wieder auf der Jahresversammlung, habe immer noch die Chance, kann auch 'n Wort sagen. Und gepflegt, also meine Schwägerin ist seit Jahren bettlägerig, geistig ganz durcheinander, aber gepflegt, wie man es wirklich nicht besser machen kann. Ja, ich sage: „Es gibt tausend Dinge, man muß sie nur sehen und versuchen, es zu verändern." Und da gibt's heute noch immer so viel Dinge. [S. 10.]

Der Kreis dieser Ausführungen schließt sich aufgrund der Nachfrage, ob die Schwägerin die Schwester ihres Mannes gewesen sei, siebtens mit der eingehenderen Darstellung des familiären Zusammenhalts:

> Nein, die Frau von meinem Bruder. Wir waren drei Geschwister und im Anfang waren wir drei verschiedene Sorten. Mein Schwager und seine Frau waren SPD, wir waren ISK, mein Mann und ich, und mein Bruder und seine Frau waren KPD. Also bei uns wurde heftig diskutiert. Aber wir waren immer gute Freunde. Und wir haben uns immer gegenseitig geholfen. Und tun's heute noch bis zum letzten Augenblick. [S. 12.]

Die gegenseitige Hilfe bis zum letzten Augenblick verweist auf die am Tag nach dem Interview stattfindende Beerdigung der Schwägerin.

Die der Eingangsfrage folgende Interviewabfolge mit Frau Hofmann zeigt in sieben Erweiterungsvarianten die Bedeutung des Themas: „*Aber wir waren dann als Familie natürlich auch ganz gut.*" Ihre eigene politische Orientierung ist sehr eng mit ihrer Herkunftsfamilie verbunden. Obwohl sie und ihre Geschwister „*drei verschiedene Sorten*" sind[128], bewährt sich der familiäre Zusammenhalt: Frau Hofmann hilft ihrer Schwägerin bei der Flucht. Sie und ihre Mutter versorgen die Tochter der Schwägerin während ihrer Haftzeit und auch später besteht offenbar eine enge

---

[128] Nach 1945 finden sie in der SPD auch politisch wieder zusammen. Bei der Schwägerin handelt es sich um Else Zimmermann, später Mitglied des Bundestages (MdB).

Verbindung. Dabei lebt sie die Vereinbarkeit von Familie und politischem Engagement – im ISK umstritten – konsequent. Das Motto, aber dann als Familie natürlich auch ganz gut gewesen zu sein, steht der Skepsis, die sie anfangs seitens des ISK erfuhr, entgegen. Darüber hinaus verbinden sich in ihrer Darstellung familiäre Erfahrungen mit Teilen ihres politischen Engagements.

Doch nicht nur der familiäre, sondern darüber hinaus der Zusammenhalt des politisch-sozialen Umfeldes findet immer wieder Erwähnung. Das sich Aufeinander-verlassen-können hilft bei der Bewältigung schwieriger Situationen und ist insbesondere in der Zeit des Nationalsozialismus eine notwendige Bedingung politischer Aktivität. Besondere Belastungen, wie die Flucht und Verhaftung der Schwägerin, die Entlassung ihres Mannes oder die Zerstörung des gesamten Hausstandes durch Bomben, bei der ihr Mann eine Raucherblindung erleidet, bewältigt Frau Hofmann in pragmatisch zupackender Weise. Dennoch wird in ihrer Schilderung vielfach deutlich, wie belastend die NS-Zeit für sie gewesen sein muß. Redewendungen wie „Das war schlimm." oder „Schrecklich, schrecklich ist das gewesen." stehen mehrfach am Beginn oder Ende ihrer Erzählung. Trotz dieser Belastung beteiligt sie sich an Widerstandsaktionen, leistet aktive Fluchthilfe und übernimmt die Übermittlung von Nachrichten.

Aus der Schilderung von Margarete Hofmann geht deutlich hervor, dass das Ende des Krieges für sie den Aufbruch aus der für sie sehr schweren Zeit des Nationalsozialismus markiert. Mit der Machtergreifung der Nationalsozialisten begann für sie eine *furchtbar gefährliche Zeit*, in der sie ihre politische Überzeugung nicht mehr leben konnte. Statt die eigenen Kinder *zur Wahrhaftigkeit zu erziehen*, sieht sie sich gezwungen, sie zum Lügen anzuhalten, um sich und ihr Umfeld zu schützen. Mit dem Satz: *Ich meine, das ist nicht nur die Angst, es ist nicht nur die Belastung. Es ist auch das Gefühl, man weiß, mit sehenden Augen macht man was falsch*, der die „Geschichte vom Kaninchen" einleitet, bringt sie ihre Zwangslage zum Ausdruck. Diese Geschichte soll hier eingehender betrachtet werden:

> Ich meine, das ist nicht nur die Angst, es ist nicht nur die Belastung. Es ist auch das Gefühl, man weiß, mit sehenden Augen macht man was falsch. Oder mit dem Beschaffen von Essen. Wir hatten also, wir waren ja Vegetarier, und nachher haben wir Kaninchen gehabt und Hühner gehabt, um uns über die Runden zu bringen, und dann vergeß' ich nicht, dann war meine kleine Nichte bei uns, und wir hatten ein Kaninchen, und ich hatte ein Ferkel dazu gekriegt von einem Bauern, und dann habe ich natürlich Wurst und Wurstebraten und was nicht alles gekocht und meine kleine Nichte war da, und die sagt: „Oh, Tante Grete, du kannst aber viel aus einem Kaninchen machen." *Lachen* Aber das sind solche Dinge. Nun lassen Sie das mal einen anderen hören. Denn sagt man doch: „Mensch,

da ist doch irgendwas..." Dies' einfach wissen, du mußt dein Kind zum Lügen erziehen und kannst nicht anders. Es war nicht einfach. [S.18f.]

Die Aussage, *mit sehenden Augen etwas falsch zu machen*, stellt Frau Hofmann in eine gedankliche Folge mit der Angst und Belastung, die vor dem Hintergrund ihrer politischen Aktivitäten und dem Schicksal ihrer Schwägerin als recht hoch einzustufen ist, und zugleich weist sie daraufhin, dass es eben nicht nur die Angst und Belastung dieser Aktivitäten gewesen sei. Statt dieser greift sie die eher banal scheinende Frage der Essensbeschaffung auf: *Oder mit dem Beschaffen von Essen. Wir hatten also, wir waren ja Vegetarier, und nachher haben wir Kaninchen gehabt und Hühner gehabt, um uns über die Runden zu bringen.* Vegetarier zu sein war eine der Grundregeln des ISK, nach denen die konsequente Umsetzung der als moralisch richtig erkannten Prinzipien gefordert wurde. Die NS-Zeit aber zwingt zur Aussetzung dieser grundsätzlichen Verhaltensregel, um sich über die Runden zu bringen. An dieser Stelle fällt ihr die kleine Nichte ein, deren Mutter seit ihrem dritten Lebensjahr zunächst auf der Flucht und dann in Haft war. Wie schwierig es später für Margarete Hofmann und ihre Schwägerin war, dass diese Nichte mit Problemen eher zu *Tante Grete* als zu ihrer leiblichen Mutter ging, die sieben Jahre von ihrem Kind getrennt war, erzählt Margarete Hofmann an anderer Stelle.

Das Kind beobachtet Frau Hofmanns Tun. Ihr Kommentar: *Oh, Tante Grete, du kannst aber viel aus einem Kaninchen machen*, bringt die Situation auf den Punkt. Denn es gibt immer - wie am Beispiel mit dem Ferkel – deutlich wird, den Teil, den die Kinder nicht wissen dürfen und den sie aus bloßer Beobachtung mit kindlicher Naivität dennoch verraten könnten. *Aber das sind solche Dinge. Nun lassen Sie das mal einen anderen hören. Denn sagt man doch: „Mensch, da ist doch irgendwas...".* Die Vermutung, dass bei Hofmanns irgendetwas sein könnte, weist über das Ferkel hinaus, denn aus vielen Stellen des Interviews geht hervor, dass da etwas war: Verbotene Bücher in jenem Keller, der als einziger Teil des Hauses nach der Bombardierung stehen blieb; verabredete Zeichen über die Stellung der Gardinen; Kunden, die Nachrichten überbrachten; eine im Wochenendhaus versteckte jüdische Nachbarin ...

Dies' einfach wissen, du mußt dein Kind zum Lügen erziehen und kannst nicht anders. Es war nicht einfach. Die Umstände zwingen Margarete Hofmann zu Maßnahmen, die sie aus Überzeugung ablehnt und dennoch tun muß, da sie nicht anders kann. Und dieser Zwang greift in ihren Alltag ein. Vor diesem Hintergund wird verständlich, dass es gerade als Familie nicht einfach war, und wie stolz Frau Hofmann darauf ist, aber dann als Familie natürlich auch ganz gut gewesen zu sein.

In der Schilderung von Margarete Hofmann findet das Kriegsende im Gegensatz zu der Belastung, die die NS-Zeit für sie bedeutete, nur wenig Erwähnung. Es scheint hauptsächlich den Anfang des langersehnten Neubeginns zu markieren: Freunde kehren zurück, ihr Mann steigt sofort in die politische Arbeit ein und als sie endlich eine Wohnung für die Familie gefunden hat, übernimmt sie trotz anderer Pläne die notwendige Aufgabe, *mit der Not in Hannover fertig zu werden.*

Dann hatte ich mir so vorgestellt: „Jetzt steigst du so in die Frauenarbeit, in die Bildungsarbeit ein, ne." Und da hat unser Oberbürgermeister Holweg, der hat zu mir gesagt: „Du, ich find' das wunderschön, aber vorläufig brauchen wir dich, um hier erst mal mit der Not in Hannover fertig zu werden. Nech, wir wissen nicht ein noch aus. Wir wissen nicht, was wir machen sollen. Und dich könnten wir eigentlich gerade ganz gut gebrauchen." Und dann habe ich angefangen, und das wurde natürlich immer mehr und ich hatte Angst, daß unsere Tochter benachteiligt wurde. Die Große war schon fertig mit der Lehre, und die Kleine fing gerade an, in die Schule zu gehen. Und dann haben wir sie in einem sehr guten Internat untergebracht. [S. 8.]

Wie eng Familie und Politik miteinander verknüpft sind, zeigt sich wiederum bei der Darstellung des Aufbruchs nach 1945. Die Übernahme politischer Verantwortung führt zum Konflikt, die jüngere Tochter zu benachteiligen. Während sich Frau Hofmann der sozialen Not in Hannover annimmt, um, wie sie an anderer Stelle ausführt, die politische Situation zu stabilisieren, bleibt das Dilemma im Umgang mit ihrem Kind bestehen. Im Unterschied zur Belastungszeit des Nationalsozialismus steht ihr nun allerdings die Möglichkeit offen, sich für ein *sehr gutes Internat* und die politische Arbeit zu entscheiden. Sie zieht sich nicht aus der Arbeit zurück, die häufige Problematisierung zeigt jedoch, wie schwierig diese Entscheidung für sie blieb. Ihr weitreichendes soziales Engagement bleibt mit familiären Fragen verknüpft. Mit Stolz verweist sie auf die Errichtung von Altenheimen, ihr Engagement für Kindertagesstätten und die Einrichtung eines Heims für ledige Mütter. Auch für dieses Engagement gilt weiterhin das Motto: „Aber wir waren dann als Familie natürlich auch ganz gut."

*Lucie Kurlbaum-Beyer *1914*
„Du musst in die Partei. Das sind wir dem Papa schuldig."

Einen tiefen Einschnitt markiert das Ende des Krieges im Gegensatz zur Schilderung von Frau Hofmann im Leben von Frau Kurlbaum-Beyer. Bereits in der Erzählung ihres Zugangs zur Politik, den sie mit Ausführungen über Aktivitäten ihres Vaters beginnt und mit ihren ersten durch ihn vermittelten Erfahrungen in Partei und Arbeiterjugend fortsetzt, macht sie einen Sprung von ihrem Parteieintritt 1932 zur Situation 1945:

> Aber ich habe Ihnen eben die Sache von meinem Vater nicht weitererzählt. Lassen Sie mich da dann nicht weiter erzählen. Das ist immer bei mir so... *sehr bewegt, räuspert sich* Gut. Nun stand ich nun da '45, und mein Vater wurde von allen Stellen gesucht. Das ist ja noch am 6. April passiert.[129] Von allen Stellen kam das alles nach Herdorf, da war ich hin mit meiner Mutter. Mein Mann, mein erster Mann kam auch aus Herdorf, und da kamen denn die Briefe. Das war ja nach dem Krieg furchtbar schwierig. Und jedenfalls ist es dann immer an die Heimatadresse weitergeleitet worden. Wie, weiß ich nicht. Jedenfalls wurde ich von der Gemeinde mit meiner Mutter zwei-, dreimal gebeten, dort hinzukommen. Dann lag ein Brief da. So war auch einer da, sollte er Regierungspräsident werden. Und das war der Brief vom Onkel Konrad, der hatte keine Kinder, und wir sagten zu dem Onkel, und der war wieder Landrat in Wetzlar, wo er auch vor '33, ich glaube, zwei Jahre gewesen war. Und der schrieb - damals war ich mit dem Jüngsten schwanger - mir dann sofort: „Komm mit Mama und deinen Kindern nach Wetzlar." Und da war es selbstverständlich. Also meine Mutter sagte immer: „Du musst. Ich bin ja da. Du musst in die Partei. Das sind wir dem Papa schuldig." Und also schon sofort habe ich angefangen. [S. 8.]

Frau Kurlbaum-Beyer tritt 1945 entschlossen das Erbe ihres Vaters an. Am 18. September wird ihr zweiter Sohn geboren. Am 1. November übernimmt sie in der Sozialabteilung des Landratsamtes die Betreuung von Flüchtlingszügen. 1946 wird sie Stadtverordnete in Wetzlar und 1947 übernimmt sie auf Bitten von Parteigenossen den Vorsitz der Spruchkammer für Entnazifizierungsverfahren.

Die Beschreibung ihres Werdegangs bis zum Einstieg in die Arbeit nach 1945 ist immer wieder an Erzählungen über ihren Vater gekoppelt. Schon als kleines Kind habe sie für die Partei kassieren dürfen und bei Parteiveranstaltungen Gedichte aufgesagt. Ihr Vater, an den sie sich überwiegend arbeitslos erinnert, habe die Gewerkschafts- und Parteiarbeit in ihrem Heimatort aufgebaut. Geld sei zwar immer knapp gewesen, aber der Vater habe sich immer weitergebildet. Und er besprach auch alles mit mir, und so bin ich im Grunde auch sehr bald in die Arbeiterjugend gekommen. [S. 7.]

Frau Kurlbaum-Beyer übernimmt schon früh Führungspositionen in der Arbeiterjugend und erklärt auf Nachfrage, ob das für ein Mädchen außergewöhnlich war:

---

[129] Der Vater wurde am 6. April 1945 - vermutlich von Nationalsozialisten - erschossen. Aufgrund der Kenntnis eines biographischen Aufsatzes setzt Frau Kurlbaum-Beyer dieses Wissen im Gespräch voraus. Siehe: Lucie Kurlbaum-Beyer: Erinnerungen. In: Deutscher Bundestag. Wissenschaftliche Dienste. Abteilung Wissenschaftliche Dokumentation (Hg.): Abgeordnete des Deutschen Bundestages. Aufzeichnungen und Erinnerungen. Bd. 4, Boppard am Rhein 1988, S. 139-215.

Nein. Nein, ich weiß es nicht. Nein, ich denke, das hängt damit zusammen, wenn Sie mir die Frage so stellen, durch dieses Heranziehen durch meinen Vater, der mich in alles einweihte, hatte ich wahrscheinlich ein freches Mundwerk.

Karin Gille und Heike Meyer-Schoppa lachen.

Und dadurch, na ja, wenn man so aus einer Familie kommt, wo die Mädchen unterdrückt werden, die haben doch gar nicht die Schnau... den Mund aufgemacht. Ich nahm Stellung. Ich konnte ja mit meinem Vater über alles sprechen. Und ich habe ja gerade gesagt, der war nur beschäftigt, also wie ich geboren wurde. [S. 26.]

Die enge Verbundenheit mit dem Vater, das grundlegende Vertrauen zu ihm, der Stolz auf seine Positionen prägen, neben Zeichen tiefen Respekts gegenüber seiner Lebenshaltung, das gesamte Interview. Selbst spätere frauenpolitische Erfahrungen verbindet sie mit der Prägung durch ihren Vater:

Ja, ja, und wie ich natürlich so in die Betriebe kam und die Frauen sah. Das war schon sehr deprimierend. So hatte ich mir das nicht vorgestellt. Das waren ja damals wirklich noch Betriebe, wo schwer gearbeitet wurde. Da war es dreckig... Und diese Unterwürfigkeit der Frauen, die hat mich natürlich überrascht. Durch meinen Vater, der alles tat und mich immer zu allem zugezogen hatte, hatte ich mir das nie vorgestellt. [S. 13.]

Die Frage nach der Beteiligung ihrer Mutter führt dagegen zu Irritation und schließlich wieder auf den Vater zurück.

Heike Meyer-Schoppa: ...wie war denn die Beteiligung Ihrer Mutter? Also wenn Sie als Kind schon kassiert haben und Ihr Vater Sie zu Rate gezogen hat...

Ja, ja. Ich war auch für ihn die... Nein, Mama... *Pause überlegt* Die würde nie etwas dagegen... Sie war überall dabei, aber ob sie je Mitglied der Partei war? Na, vielleicht haben wir auch kein Geld dazu gehabt. Aber meine Mutter... *überlegt* Nein, die hat sich nicht... Die hat... Ja, jetzt muss ich aber sagen, bitte, mein Vater der bekam ja furchtbar viel Besuch. Da kamen viele Leute, die Hilfe brauchten. Nicht wahr, Frauen eine ganze Menge oder wenn wieder was passiert war. Das spielte sich ja alles bei uns zu Hause ab.[130] Also meine Mutter hat die betreut, soweit sie das konnte oder so, also die war dabei, aber, nein, aktiv war sie nie, nein.

Heike Meyer-Schoppa: Aber sie muss es ja doch inhaltlich mitgetragen haben (...) die Arbeitslosigkeit des Mannes, das hat sie doch sicher auch belastet, oder?

Pause

Mama belastet? *nachdenklich* Meine Mutter hat eigentlich nie viel Geld in der Hand gehabt, nie. Und die hat sich auch nie beschwert, nein. (...) Und ich denke: Nein und das... Aber die würde nie,

---

[130] Diese Aussage bezieht sich auf die beratende Tätigkeit des Vaters im Fall von häufiger auftretenden Grubenunglücken. Er half den hinterbliebenen Frauen bei der Beantragung von Versorgungsausgleichen oder bemühte sich im Notfall auch um die Organisation spontaner Hilfsleistungen.

also bitte, ich habe sie ja nun seit '45 bis zu ihrem Tod bei mir gehabt, und sie war doch diejenige, die dann '45 sagte: „Du musst, dem Papa zuliebe musst du, ich bin ja da." Nicht. (...) Ja, aber mit meiner Mama? Was soll ich sagen? Ich glaube auch, das war... Die Frauen waren dabei, aber nein, aber keine von denen hätte sich politisch engagiert. Wir haben die Marie Juchacz - mein Vater holte Frauen - und die Kirschmann-Röhl, die hat mein Vater alle nach Herdorf geholt.

Karin Gille: Aha.

Der war da sehr aufgeschlossen. Und zwar weil da ja auch viele Witwen waren. Ich weiß, die Marie Juchacz, das war ein großes Ereignis und auch die Kirschmann-Röhl. Also, ich will mal sagen, das hat er schon gemacht, weil er sagte: „Ich will die Frauen ansprechen." Aber aktiv könnte ich mir keine vorstellen. Da habe ich keine im Kopf. Keine. [S. 13 ff.]

Diese Interviewpassage macht deutlich, in welch starkem Maße die politische Prägung auf den Vater zurückgeführt wird. Trotz späterem frauenpolitischen Engagement und dem langjährigen Zusammenleben von Mutter und Tochter weiß Frau Kurlbaum-Beyer nicht einmal, ob ihre Mutter überhaupt jemals Mitglied der SPD war. Die Mutter aber ist es, die Frau Kurlbaum-Beyer nicht nur auffordert, sondern ihr den Auftrag erteilt, in die Partei zu gehen und von einer gemeinsamen Schuldigkeit gegenüber dem Vater spricht. Sie selbst übernimmt die Versorgung des Haushalts und der Kinder und ermöglicht damit analog zu der Ehe mit dem Vater das politische Engagement der Tochter.

Die erste Ehe von Frau Kurlbaum-Beyer tritt hinter das Arrangement von Mutter und Tochter zurück. Wie im Interview an mehreren Stellen deutlich wird, ist diese Ehe politisch problematisch[131] und wesentlich durch den Kinderwunsch von Frau Kurlbaum-Beyer motiviert. Ihre Orientierung bleibt eindeutig auf die Herkunftsfamilie, insbesondere ihren Vater, konzentriert. Gemäß dessen Haltung gehen sie und ihr Bruder in die Arbeiterjugend und nehmen eine oppositionelle Haltung zum Nationalsozialismus ein. Da der Bruder als Soldat im Krieg stirbt und der Vater kurz vor Kriegsende erschossen wird, übernehmen Mutter und Tochter das politische Erbe. Die ungebrochene Übereinstimmung mit dem Vater und das Vertrauen in die vom Vater vertretenen Positionen überdauern schlimme Erlebnisse im Nationalsozialismus.

Auf einschneidende Weise wird sie Zeugin des Todes eines in der Haft gefolterten Nachbarn: Der Willy Sieke war für den Konrad Miß als Parteisekretär in Köln eingestellt. Die hatten keine Kinder, und die wohnten da in so einer Genossenschaftsgeschichte, wo wir da in Zollstock wohnten. Und den Willy hatten sie auch geholt, und die Trautchen litt sehr. Das war also

---

[131] Vgl. dazu die in der Kurzvorstellung bereits angesprochene 2. Verhaftung von Lucie Kurlbaum-Beyer, die aufgrund der Weitergabe einer Äußerung von ihr über das baldige Ende des Krieges erfolgte. Ihr Ehemann hatte diese Äußerung seinem Vorgesetzten mitgeteilt.

alles jetzt nach '33. Und dann eines Tages sagt mein Vater: „Weißt du was, schlaf du nachts bei der Trautchen, damit die nachts nicht alleine ist." Und - wieviel Tage weiß ich nicht - plötzlich abends klingelt's, und da wurde der Willy gebracht von der Gestapo, und der war völlig verändert. *belegte Stimme* Und ich habe dann gedacht: „Jetzt muss das Ehepaar alleine sein." Bin nach Hause und morgens früh klopft es bei uns an der Tür. Da war der gestorben. Die hatten den so geschlagen, und dann haben sie ihn bloß zu seiner Frau gebracht, und deshalb war der so verändert. *Pause* [S. 35.]

Kurz darauf erlebt sie selbst die Verhaftung der eigenen Familie. Doch so selbstverständlich wie ihr Weg in die Partei, so selbstverständlich scheint auch ihre Widerstandsfähigkeit gegen die nationalsozialistische Herrschaft. Sie nimmt die verbotene Kassierung wieder auf, übermittelt Nachrichten, indem sie sich als Verlobte von Inhaftierten ausgibt, und verweigert unter Verzicht auf persönliche Vorteile selbst geringe Anpassungsgesten.[132] Nach einer neuerlichen Verhaftung muß sie gemeinsam mit ihrem Kind untertauchen, um der drohenden KZ-Inhaftierung zu entgehen. Sie erlebt die ersten Flüchtlingstrecks in Dobberzien an der Oder und begibt sich schließlich auch auf den schwierigen Weg nach Westen. Selbst an Tieffliegerangriffe, unter denen sie und ihr Kind schwer zu leiden haben, erinnert sie sich in Gedanken an die Worte ihres Vaters:

Und jetzt kam... Das hatten wir ja nicht geglaubt, dass doch noch Front wird. Wir haben alle geglaubt, der Krieg geht also östlich der Oder zu Ende. Über die Oder kommen die Russen nie. Das war - trotzdem mein Vater viele Dinge vorhergesehen hat und mir auch erklärte, weshalb zum Beispiel die Amerikaner ausgerechnet die Städte bombardieren, wo die Menschen zu Grunde kamen. Warum? Da hat er gesagt: „Lucie, wenn die das nicht tun, wird der Hitler noch diesen furchtbaren Krieg gewinnen." Hat mir immer wieder mein Vater gesagt, und ich habe dann noch viele böse Dinge erlebt und immer wieder: „Denk dran, auf alle Fälle die Nazis müssen weg." Das war immer die Rede meines Vaters. So, und nun kam ich nun da rüber, (...) Wir haben dann furchtbare Tieffliegerangriffe wieder mitgemacht. Da wurden wir immer... Da wurden die Züge... Na, Sie können sich ja vorstellen. Also die Züge wurden bombardiert. Da waren ja nicht nur Zivilisten, sondern da waren auch Soldaten und alles. Und ich hörte immer wieder meinen Vater, der sagte: „Ohne das kriegen wir die Nazis nicht weg." Aber ich war damals sehr empört. [S. 42.]

Bei einem Tieffliegerangriff wird ihr Sohn schwer traumatisiert. Sie erreicht die Kaserne ihres Mannes und beschreibt, wie sie das Kriegsende dort wahrgenommen hat:

...und da habe ich dann das Ende des Krieges erlebt. Ich weiß noch, das vergesse ich in meinem Leben nicht: Ich saß mit meinem Kind, und der Uwe lief damals furchtbar viel, und Geräusche waren schlimm, da spielte ich mit ihm auf der Wiese. Es war der 8. Mai. Und plötzlich kommt eine

---

[132] Vgl. dazu die Kurzvorstellung. Lucie Kurlbaum-Beyer erhält keine Zulassung zur Helferin in Steuersachen, da sie u.a. den Eintritt in die NS-Frauenschaft verweigert.

Frau, der Mann war auch im Krieg, die kam raus und sagt: „Frau Beyer, der Krieg ist aus." Und dann habe ich das Kind genommen *belegte Stimme* und habe bitterlich geweint. Also keine Freude. Ich habe geheult wie ein Schlosshund und habe gesagt: „Ei, nochmal machste das nicht mit. Dann nehmen wir uns das Leben." *reißt sich zusammen, sehr betont:* So, das ist das Ende des Krieges. *Karin Gille und Heike Meyer-Schoppa:* Tja.
Pause
Und nun versuchte ich natürlich, zu meinem Vater zu kommen, das habe ich aber vorhin gesagt...
Karin Gille: Hmm.
... und dann war der erschossen worden. [S. 45.]

Zusammen mit ihrem Mann und ihrem Sohn macht sie sich hochschwanger auf den Weg nach Hannoversch Münden zu ihren Eltern. Und dann kam ich natürlich nach Hannoversch Münden. Da waren ja die Brücken alle gesprengt. Da hatten die so Stege gebaut, und dann bin ich da sitzengeblieben mit dem Jungen, und mein Mann ist dann zu meinen Eltern gegangen, dahin wo die wohnten. Und plötzlich kommt meine Mutter in Schwarz mit einem Leiterwagen und meinem Mann. Nun sage ich: „Wo ist denn der Papa?" „Ach", sagt sie, „es ist doch Sonntag. Du weißt doch, dass der Papa, dass der Papa sonntags so gerne schläft." Da habe ich mich einen Augenblick beruhigt. Und dann haben wir aufgeladen - mein Mann und meine Mutter waren vorne, und dass die Schwarz anhatte - mein Bruder war doch gefallen, und damals gab's doch nichts, das war für mich in dem Augenblick kein Aspekt.
Heike Meyer-Schoppa: Hmm.
Und ich bin immer hinter diesem Leiterwagen hergegangen, und wie wir dann so dahin in die Stadt gingen, dachte ich immer: „Das kann nicht sein. Der Papa wäre bis Hannover zu Fuß gelaufen." Weil der mich doch so liebte, das fiel mir so ein. Und da sage ich: „Mama, da stimmt doch was nicht. Ist der Papa krank?" In dem Moment drehte die sich um, und da liefen der die Tränen los. Und da hat die mir auf der Straße dann mitten in Hannoversch Münden gestanden, was passiert war. Und da muss ich sagen, das war im Juli drei Monate vor der Entbindung, und da haben Blutungen begonnen. Eigentlich bin ich erst wieder zu mir gekommen oder habe überhaupt mich damit abgefunden, als ich an dem Grab stand. Und das war der Friedhof, da ging mein Vater furchtbar viel spazieren, den liebte er, und der war wunderschön, wo er da begraben wurde. Das hat mir dann erst wieder meine Kraft zurückgegeben. [S. 46.]

Trotz oder gerade wegen dieser dramatischen Erlebnisse tritt sie entschlossen das Erbe des Vaters an, indem sie kurze Zeit nach der Geburt des zweiten Kindes dem Ruf ihres Onkels folgt und in die politische Arbeit einsteigt.

Politische Bedrohung in Deutschland: Margarete Hofmann und Lucie Kurlbaum-Beyer

Margarete Hofmann und Lucie Kurlbaum-Beyer kommen beide aus eindeutig sozialistisch bzw. sozialdemokratisch geprägten Familien. Ihr Weg in die Arbeiterjugend scheint ebenso vorgezeichnet wie ihre Widerstandsfähigkeit gegen den Nationalsozialismus. Beide erleben 1933 als einen tiefen Einbruch, der mit der Verhaftung und Bedrohung ihnen nahestehender Personen einhergeht. Dennoch setzen sie ihre politischen Aktivitäten fort, indem sie z. B. Nachrichten übermitteln, Inhaftierte in Gefängnissen aufsuchen, die verbotene Kassierung der Parteimitgliedsbeiträge wieder aufnehmen oder Fluchthilfe leisten.

Sie haben beide schon während des Nationalsozialismus Kinder und durchleiden auf verschiedene Weise die Folgen des Krieges für die Zivilbevölkerung. Jede von ihnen hat einen sehr nahestehenden Angehörigen, der an Kriegsfolgeschäden sein Leben lang leidet.[133] Lucie Kurlbaum-Beyer verliert zudem ihren Bruder, der als Soldat fällt, und ihren Vater, der kurz vor Kriegsende erschossen wird.

Trotz der extremen Belastungen erfährt ihre politische Haltung jedoch keine Änderung, sondern eher eine Festigung. Das Kriegsende wurde herbeigesehnt, um mit dem Aufbau beginnen zu können. Obgleich die privaten Pläne vom Schicksal (Verlust des Vaters) bzw. von den Notwendigkeiten (Beseitigung der sozialen Not) durchkreuzt wurden, steigen sie entschlossen in die Arbeit ein.

Überleben im Exil: Susie Miller und Nora Walter

Im Unterschied zu Margarete Hofmann und Lucie Kurlbaum-Beyer kommen Susie Miller und Nora Walter nicht aus Arbeiterfamilien. Die Darstellungen ihrer Lebenswege sind auf den ersten Blick sehr gegensätzlich. Die erste Gemeinsamkeit von Susie Miller und Nora Walter besteht im Kontext dieser Untersuchung jedoch darin, dass sie die einzigen Frauen dieses Samples sind, die die NS-Zeit im Ausland verbrachten. Darüber hinaus bewegen sie sich sogar im selben Kreis, leben über mehrere Jahre zusammen in einem Haus und arbeiten beide in der Vega. Dennoch sind ihre Perspektiven grundsätzlich verschieden.

---

[133] Der Ehemann von Margarete Hofmann leidet zeitlebens an den Folgen der Raucherblindung, die er bei der Zerstörung ihrer Wohnung durch Bomben erlitt. Der jüngere Sohn von Lucie Kurlbaum-Beyer wurde bei einem Tieffliegerangriff schwer traumatisiert. Nach ihrer Aussage leidet er noch heute unter den Folgen dieses Traumas.

Während Nora Walter als Kind und Jugendliche in den ISK hineinwächst, grenzt sich Susie Miller schon zu Beginn des Gesprächs gegen den „typischen Zugang" des „Hineinwachsens" ab. Als Erklärungsmuster für ihren Zugang zur Politik führt sie an, wohl eine natürliche Veranlagung gehabt zu haben, sich für soziale Probleme zu interessieren.

Am auffälligsten aber ist der unterschiedliche Umgang mit Antisemitismus, obwohl auch hier gemeinsam ist, dass es sich beim Merkmal „jüdisch" um eine Außenzuschreibung durch den Nationalsozialismus handeln muß, da in beiden Elternhäusern Religion bzw. konfessionelle Bindungen keine Rolle spielten. Doch so eindeutig Nora Walter Rassismus als prägende Erfahrung ihrer Jugend benennt, so ausgespart bleibt dieser Bereich im Gespräch mit Susie Miller.

Ihr Zugang zur Sozialdemokratie der Nachkriegszeit gleicht sich jedoch insofern, als sie beide nach Kriegsende schnellstmöglich England verlassen, um in Deutschland politisch tätig zu sein. Beide knüpfen dabei unmittelbar an ihre Lebens- und Politikbezüge in England an. Am demokratischen Aufbau Deutschlands beteiligen sie sich im Rahmen der Sozialdemokratie.

*Prof. Dr. Susanne Miller *1915*
„Eine ganz, ganz untypische Person."

Aber ich will Ihnen sagen, durch mich erfahren Sie gar nichts. Denn wie einer sagte: „Du bist total untypisch und du bist auch untypisch für dich selber." Also wenn Sie was über den Zugang von Frauen zur Politik erfahren wollen, dann bin ich eine ganz, ganz untypische Person, ein ganz untypisches Sample, wenn man das so sagen kann. [S. 2.] Mit diesen Worten leitet Susie Miller das Gespräch über ihre Biographie ein und verweist auf den ihres Erachtens typischen Zugang zur Sozialdemokratie anderer Gesprächspartnerinnen: Nur wenn Sie sagen, daß Sie zum Beispiel mit Elfriede Eilers gesprochen haben... Ich glaube, Elfriede Eilers hatte einen ganz typischen Zugang zur Politik. Sie kam aus dem Arbeitermilieu, und sie kam aus einem sozialdemokratischen Elternhaus. Außerdem hat die Familie in einem Haus gewohnt mit dem späteren sozialdemokratischen OB von Bielefeld. Also das war alles ganz typisch. Bei mir ist es eben ganz untypisch. [S. 3f.]

Obwohl die Frage des Zugangs zur Politik wichtig sei, sei sie doch schwierig zu beantworten. Frau Dr. Miller nennt ihre Schwester, die unter den gleichen Bedingungen wie sie selbst aufgewachsen sei, aber dennoch kein originäres Interesse an Politik habe, als Beleg für die Schwierigkeit dieser Frage.

Dennoch berichtete Frau Miller trotz ihres Vorbehalts, ganz untypisch zu sein, und ihrer erklärten Abneigung gegen biographische Gespräche von einigen Ereignissen, die ihren Zugang zur Politik geprägt haben könnten. Offensichtlich ist zunächst die Distanz zum als konservativ und wohlhabend beschriebenen Elternhaus. Sie erinnert sich, schon früh die Diskrepanz zwischen ihrer und der Situation des Dienstmädchens als ungerecht empfunden zu haben:

> Ich erinnere mich daran, daß ich morgens im Bett gewesen bin und gelesen habe. Was ich eigentlich nicht durfte, aber ich tat es. Und nebenan hat das eine Dienstmädchen das Zimmer saubergemacht. Da gab es Parkettböden, die mußten jeden Tag gewichst werden. Und da dachte ich: „Das ist doch eigentlich sehr ungerecht, daß ich hier im Bett liegen kann und daß dieses Mädchen das Zimmer aufräumt." Das hat mich schon gestört. Das hat mich irgendwie angesprochen. Ich dachte: „Das ist doch ungerecht." [S. 7.]

Ferner erinnert sie sich an den Eindruck, den die klösterliche Armenspeisung auf sie gemacht hat: Und dann bin ich, als ich noch in die Volksschule gegangen bin, auch immer an einem Kloster vorbeigegangen und - da war ich so sechs, sieben oder acht Jahre - da standen vor dem Kloster alte Männer und Frauen mit einem Blechtopf und kriegten von der Pforte aus einen Schlag Suppe in diesen Blechtopf. Das war auch furchtbar traurig. Das hat mich enorm, enorm beeindruckt. [S. 8.]

Über soziale Probleme sei in ihrem Elternhaus jedoch nicht gesprochen worden und Susie Miller nimmt an, dass man sich eher darüber belustigt hätte, wenn sie ihr Interesse an sozialen Problemen angesprochen hätte. Für ihre Interessen habe sie zu Hause gar keine Unterstützung erfahren. Auf die Frage nach der Vermittlung von vielleicht auch konservativen Werten antwortet sie: Nein, also Werte... Natürlich gutes Benehmen - das war alles sehr äußerlich. (...) Na, aber ich meine, was ich meinem Elternhaus verdanke, ist, daß ich ganz gute Schulen besucht habe und Sprachen gelernt habe. So eine gewisse Bildung. Eine bildungsbürgerliche Atmosphäre war da in meinem Elternhaus. [S. 9.] Außerdem erwähnt sie im Kontext familiärer Vorbilder ihren Großvater: ... das war so der Mythos in unserer Familie, daß mein Großvater, der Rechtsanwalt war, daß der ein sehr gerechter Mann war und sehr wahrheitsliebend und so. Das war so ein Mythos. Aber hinterher, als ich dann älter war und die Sache kritischer betrachten konnte, merkte ich, er war ein richtiger Familientyrann. Aber ich war sehr jung, ich war vier oder fünf Jahre alt, als er gestorben ist. Und dieser Mythos hat mich wohl etwas begleitet: Ich muß also gerecht und wahrheitsliebend sein... [S. 10.]

Befragt nach Kontakten zum Personal gibt Susie Miller zunächst an: Wie Kinder eben zum Personal sind. [S. 11.] und setzt dann fort: Ach ja, wir hatten eine Kinderfrau, die stammte aus einer Bergarbeitergegend in der Steiermark, und also als auch meine Mutter gestorben war, hat die wohl irgendwie - Einfluß kann man nicht sagen, aber die war so eine Bezugsperson für uns. Ja, also meine Schwester behauptet jetzt noch, wo sie an die achtzig ist, nur diese Kinderfrau

und ich wären zu ihr gut gewesen als wir Kinder waren. Wir hatten also eine etwas kalte Jugend
oder Kindheit.

Karin Gille: Und diese Kinderfrau war wahrscheinlich länger in der Familie...

Die war da länger, ja. Und an Ihr habe ich wahrscheinlich auch, wenn ich mir das so überlege, so
ein Proletarierschicksal kennengelernt. (...) Sie war nachher Kinderfräulein in den bürgerlichen
Familien, aber sie hatte eben einfach ein trauriges Leben. [S. 11.]

Trotz der über den *Mythos* des Großvaters vermittelten Aufforderung *gerecht und
wahrheitsliebend* zu sein gab es im Elternhaus offenbar keine Möglichkeit, Eindrücke sozialer Ungerechtigkeit, wie das Schicksal des Personals oder die Begegnung mit Armut auf dem Schulweg, zu verarbeiten und mit der eigenen Lebenssituation in Einklang zu bringen. Mit der inneren Einsamkeit des Kindes korrespondiert die als äußerlich empfundene Wertevermittlung des Elternhauses, die sich auf
gutes Benehmen und gute Bildung beschränkt.

Im Gegenzug zur Wohlhabenheit ihrer Herkunftsfamilie konfrontiert sich Frau
Miller in ihrer Jugendzeit in auffallender Weise mit extremer Armut. So erinnert
sie sich an die große Arbeitslosigkeit in Wien: Das hat man auch gesehen - ein großes
Elend. Es gab gerade in den Außenbezirken die jungen Männer ohne Arbeit, die an den Ecken rum-
gelungert haben. Fand ich furchtbar. Da war für mich ein ganz großer Eindruck, der Februaraufstand in Wien 1934. Wissen Sie, was das war? Da müßten Sie etwas österreichische Geschichte
kennen. Das ist der Angriff des Klerikofaschismus auf die Rechte der Arbeiter und auf die Institutionen der Arbeiter. (...)

Die Partei war verboten und schon vorher war sie außerordentlich eingeschränkt. Das war natürlich furchtbar, daß eine faschistische Regierung gesiegt hatte in dieser Sache. Und dann habe ich...
Es gab dann so eine große Aktion zur Unterstützung der Opfer des Februaraufstands, da habe ich
dann mitgemacht. Das waren in der Hauptsache die Kinderfreunde, organisiert mit Geld von den
Quäkern. Da kam Geld von den Quäkern aus England und Amerika. Das war eine große Unterstüt-
zungsaktion. Da bin ich also in viele, viele Arbeiterwohnungen gekommen, das war eine entsetzli-
che Arbeitslosigkeit in Wien damals. Ich war zum erstenmal so direkt, so direkt konfrontiert. Und
das hat natürlich auch einen großen Eindruck auf mich gemacht. Also das hat... Aber ich glaube,
wenn Sie fragen: „Wie kamen Sie überhaupt dazu?" - daß das bei mir eine natürliche Veranlagung
war, daß ich mich für soziale Probleme interessiert habe. [S. 8.]

Die Abkehr von der Familie, in der sie und eine kommunistische Kusine die
schwarzen Schafe gewesen seien, wird manifest, indem sie eigenständig Kontakt
zu linken Kreisen aufnimmt: Sie besucht einen Kurs des ISK und wird Mitglied des
sozialistischen Studentenbundes. Schließlich gibt sie selbst die durch das Elternhaus bestehenden Bildungschancen auf, indem sie ihr Studium abbricht. Ich war,

glaube ich, sechs Semester inskribiert. Aber ich bin dann nach England gegangen. Ich habe da in einer Sozialstation in England gearbeitet. Dadurch war ich dann auch unabhängig von meinem Elternhaus. Ich habe auch ihr Geld nicht mehr in Anspruch genommen. (...) Ich war froh, daß ich nicht mehr auf die Universität zu gehen brauchte. Das Studium war für mich zu dieser Zeit frustrierend. Nicht, das waren einzelne Vorlesungen, die ich gut fand, aber sonst hat mir das Studium nichts bedeutet. Ich war vielmehr an politischen Dingen und sozialen Fragen, menschlichen Fragen interessiert. Die Universität Wien hat mir nichts bedeutet. (...) Im Gegenteil. Ich habe mehr Ablehnung empfunden. Das war ein Nazinest geworden. [S. 14.]

Während des Studiums, das sie 1932 begann – studieren sei zu dieser Zeit für Frauen nichts Ungewöhnliches und für sie selbstverständlich gewesen – , trat Susie Miller dem sozialistischen Studentenbund bei. Dadurch und durch ihre Arbeit für die Opfer des Februaraufstandes sei sie auch an Auseinandersetzungen mit Nationalsozialisten beteiligt gewesen. Unklar bleibt jedoch, was sie an Auseinandersetzungen erlebte und welche Bedeutung antisemitische Strömungen dabei gehabt haben könnten. Dass ihre Familie jüdischer Abstammung war, erwähnt sie nicht. Auf die Frage, welche Rolle Religion im Elternhaus gespielt habe, antwortet sie lediglich: Gar keine. Die Emigration der Eltern 1938 wird nur kurz ohne Angabe von Gründen erwähnt.

In England, das sie zunächst als Ergänzung ihres Englisch-Studiums besuchte, vertiefte sie die Kontakte zum ISK: Ja, passen Sie auf. Ich kam zuerst nach England. Ich habe ja Englisch als Fach gehabt, und dann wollte ich natürlich nach England, und das paßte auch in das Studium, die Sprache zu üben und zu lernen und so. Das hat eine Tante von mir vermittelt. Dort war ich in einer von den Methodisten betriebenen Sozialstation im Eastend von London, also in einer Slum-Gegend. Und dort habe ich zwei- oder dreimal, ich glaube, es war zweimal hintereinander, zwei/drei Monate im Sommer gearbeitet. So kam ich zunächst nach England, weil es damals furchtbar teuer war, von Österreich aus nach England zu gehen. Die Visa und... Das war also sehr teuer. Da hatte ich eine Au-pair-Stelle in einer Sozialstation, und so habe ich dann in den Slums Sozialarbeit machen können. Nicht, das war also eine besondere Organisation für Kinderlandverschickung. (...) Und dort habe ich, glaube ich, zwei Monate gearbeitet. Und von dort aus habe ich dann auch den Kontakt zu den ISK-Leuten gesucht, die da waren. Und so bin ich dann da hängengeblieben. Ich hatte auch keine Lust mehr, in Wien zu leben, wo ja die politischen Parteien, also die linken Parteien verboten waren, die Gewerkschaften waren verboten, das war also der Klerikofaschismus, und ich hatte keine Lust mehr, da zu leben. [S. 17.]

Auf die Frage, warum sie 1946 nach Deutschland gegangen sei, antwortet sie: Na, also erst mal war ich in dieser Gruppe, im ISK, und da haben wir also beschlossen, wir wollen alle zurück. (...) Also jeder hat sich einzeln entschieden. Es sind ja auch nicht alle zurück. Es sind ja auch welche geblieben, und dann haben wir gesagt: „Ja, was können wir tun?" Und ich war mit

Willi Eichler liiert. Ich hatte schon in England für ihn gearbeitet, er hatte eine Zeitschrift herausgegeben und dann eine Art Pressedienst herausgegeben NEWS FROM GERMANY, und die hatte ich ins Englische übersetzt und habe sie geschrieben. Also ich wollte etwas Politisches tun, und dann bin ich nach Deutschland zurück. Zu Österreich hatte ich sowieso keine Verbindungen mehr, und nach Österreich wäre ich auch nicht zurückgegangen.

Heike Meyer-Schoppa: Aber Sie hätten doch auch in England politisch arbeiten können nach der Ehe.

Ja, aber es ist doch ein großer Unterschied. Ich habe ja in Deutschland auch gleich ganz andere Arbeitsmöglichkeiten gehabt als in England. [S. 22.]

Auf der Grundlage des mit Susie Miller geführten Gesprächs lassen sich nur vage Angaben dazu machen, was für ihre politische Haltung prägend gewesen sein mag. Zu nennen wäre hier die Kälte des Elternhauses, der Widerspruch zwischen eigener Wohlhabenheit, dem Schicksal des Personals sowie des weiteren Umfeldes und dem Anspruch gerecht und wahrheitsliebend zu sein und die zu vermutende Infragestellung der Wiener Universität als Bildungsinstitution, die von Susie Miller als „Nazinest" beschrieben wird. Die grundsätzliche Ablehnung biographischer Gespräche konnte jedoch nur an wenigen Punkten durchbrochen werden.

Obwohl Susie Miller ihre jüdische Abstammung nicht thematisiert, kann davon ausgegangen werden, dass ihr die Entscheidung, nach Österreich zurückzugehen zwischen 1938 und 1945 nicht mehr offenstand. Der Eindruck, dass sie es ablehnt, die nationalsozialistische Zuschreibung „jüdisch" im Kontext ihrer Biographie zu thematisieren, wird durch die Kürze des Hinweises auf die Emigration der Eltern (und Geschwister) nach Amerika bestärkt.

Für ihren Weg nach England führt sie die Ablehnung des Klerikofaschismus in Österreich an. Um nach 1945 politisch arbeiten zu können, geht sie nach Deutschland. Persönliche Bezüge scheinen hierbei ausschlaggebend: Und dann waren die Menschen willkommen, die bereit waren mitzuarbeiten. Es waren furchtbar viele im Krieg umgekommen oder waren in andere Gegenden gezogen. Willi Eichler war gleich ein sehr, sehr angesehener Mensch in der SPD, und da hatte ich nun dadurch... Wissen Sie, ich habe gehört, bei dieser Tagung, bei dieser Frauentagung, da sagte einer, ich hätte es leichter gehabt, denn ich hätte ja immer Willi Eichler im Rücken gehabt. Und da dachte ich zuerst: „Das ist ungerecht." Denn meine politische Arbeit, die habe ich mir wirklich selber erarbeitet. (...) Aber es ist schon richtig, daß ich Willi Eichler im Rücken hatte. Das habe ich mir nachher überlegt. Eigentlich ist das wahr. Erst mal war er angesehen. Er hatte auch eine herausragende Position. Er war ja der Vorsitzende der SPD Mittelrhein, war auch persönlich angesehen, und das hat natürlich auf mich irgendwie abgefärbt. [S. 23.]

Nora Walter *1923
„Der entscheidendste Tag in meinem Leben."

Im Gegensatz zur Aussparung der eigenen Betroffenheit vom Antisemitismus bei Susie Miller beginnt Nora Walter die Darstellung ihres Werdegangs mit der Bemerkung, dass ihr Vater selbständiger Kaufmann in München gewesen sei und ergänzt dies unmittelbar mit dem Hinweis: Und wir sind jüdischer Abstammung, aber nicht konfessionell jüdisch. [S. 2.]

Im Leben von Nora Walter, das wird in ihrer Darstellung bereits in der Einleitung deutlich, war die Verfolgung durch den Nationalsozialismus mit seiner antisemitischen Rassenpolitik und nationalistischen Aggression gegenüber anderen Nationen eine prägende Erfahrung. Der zunehmende Antisemitismus beendet nach ihrer Darstellung eine behütete Kindheit. Ohne die Zusammenhänge damals durchschauen zu können, erleben sie und ihre Schwester zahlreiche Wechsel der familiären Situation, die, neben häufigeren Wohnortswechseln einschließlich eines Umzugs nach Paris, von zunehmender beruflicher Verunsicherung des Vaters gekennzeichnet sind. Unter der Belastung, die Familie nicht mehr versorgen zu können, und nach einer Reihe von Demütigungen nimmt sich der Vater schließlich das Leben. In der Walkemühle[134] und der späteren Exil-Schule des ISK erfährt sie im Gegenzug zur Ausgrenzung in Deutschland Fürsorge und Verbundenheit nicht nur in der eigenen Gruppe, sondern auch auf vielfältige Weise durch Angehörige anderer Nationen.

Im Interview hebt sie Kontakte zur dänischen Bevölkerung und deren Gastfreundlichkeit ausdrücklich hervor. Außerdem berichtet sie von Erfahrungen bei späteren Besuchen[135]: Der Bauer Hansen war also ein guter Freund. Und bei dem Besuch hat er uns erzählt, was ihm unsere Anwesenheit bedeutet hat. Er war auch im Widerstand während des Krieges. Er hat da wohl eine Widerstandsgruppe geleitet und hat denen gesagt, die Nazis, die müßte man bekämpfen, aber nicht alle Deutschen wären schlecht. Und er hätte welche gekannt, die wären seine Freunde gewesen. Das hat mich damals sehr berührt, wie dieser Bauer und sicher nicht nur er, aber er besonders, das auch geschätzt hat, daß wir da waren. Das war eine Anregung für ihn, die er sonst nicht gehabt hätte. Und von Deutschenfeindlichkeit war damals überhaupt keine Rede. Die waren wirklich sehr, sehr gastfreundlich. [S. 13.]

Auch im Kontext der aufgrund der deutschen Eroberungspolitik erfolgten Überlegungen der Lehrer, die Schule nach England zu verlegen, verweist Frau

---

[134] Vgl. Kurzvorstellung Anmerkung zur Walkemühle.

[135] 1959 besucht Nora Walter erstmals mit Mutter, Schwester und Schwager die früheren Nachbarn der Exilschule in Dänemark. Es folgen später nahezu jährliche Reisen nach Dänemark.

Walter auf die Verbundenheit dänischer Freunde mit der Schule: Ich kann mich erinnern, im September '38, glaube ich, war das, da machten wir mit unserer Gruppe mit Gustav Heckmann eine Jütland-Tour, also so'ne Art Geographie-Unterricht. Die mußten wir abbrechen und ganz
schnell zurück, weil Hitler die Tschechoslowakei überfallen hatte. Das war ein unbehagliches Gefühl. Da mußten wir sehen, daß wir unseren Weg alleine zurückmachten. Immerhin waren wir schon
14/15, und Gustav Heckmann mußte schnell zurück, denn für den Fall, daß es zum Krieg kam, daß
man das also alles arrangieren konnte. Ich habe nachträglich von Karen Busk[136], mit der ich bis zu
ihrem Tode befreundet gewesen bin, gehört, daß wohl zu jener Zeit unsere Lehrer mit Busks verein-
bart haben, daß, wenn die Nazis Dänemark überfallen sollten, wir Kinder Busks an einer bestimmten Kreuzung treffen sollten, wo wir also selber hinfinden würden, damals waren wir ja schon etwas
älter, und sie würden uns aufnehmen. Und die Lehrer würden untertauchen. Zum Glück ist es dazu
nie gekommen, aber das zeigt, wie sehr Busks uns verbunden waren. Ich meine, Kinder aufzuneh-
men, zum Teil jüdische Kinder, das war ja nicht so ganz einfach. Wir sprachen zwar inzwischen
fließend Dänisch, aber trotzdem, das war schon ... die waren uns sehr verbunden. [S. 15.]

Wiederum thematisiert Nora Walter die jüdische Abstammung. In idealtypisch
scheinender Gegensätzlichkeit erlebt sie in ihrer Jugend rassistische Verfolgung
und nationalistische Zerstörung sowie sozialistische Verbundenheit und internationale Solidarität. Ressentiments gegenüber Deutschland oder Deutschen finden sich
in ihrer Darstellung nicht. Nationalistische Erwägungen liegen ihr fern. Die Erfahrung von Rassismus ist jedoch eindeutig die prägende Erfahrung ihrer Jugend: Und
ich glaube, man empfindet am stärksten das, was mit der eigenen Erfahrung zu tun hat.[137] Wenn ich
also von Rassendiskriminierung höre, berührt mich das innerlich viel stärker als andere Diskrimini-
erungen zum Beispiel Frauendiskriminierung, weil die Rassendiskriminierung mein eigenes Leben
geprägt hat. Wie man auf englisch sagt: „I feel strongly about it." [S. 57.]

Vor diesem Hintergrund hält Frau Walter ihre Einschulung in der Walkemühle für
den entscheidensten Tag ihres Lebens. Auf Anraten Nora Platiels kommt sie als
Neunjährige in die Walkemühle: Und sie hat mich auch hingebracht. Am 9. April 1932, das
ist, glaube ich, der entscheidenste Tag in meinem Leben. [S.3.]

Ihre Tante Nora Platiel, die früh Kontakt zu Leonard Nelson hatte, war, wie
später eine Reihe anderer namhafter Mitglieder des ISK, Vorbild und Vertrauens-
person. Die Auflösung der Familie durch den Verlust des Vaters und die langjährige Trennung von der Mutter wurden aufgefangen vom Gemeinschaftsleben im

---

[136] Die Mitglieder der Familie Busk waren Nachbarn der Exilschule in Dänemark.
[137] Nachtrag von *Nora Walter:* „Im ISK und in der Akademie spielte das Frausein gar keine Rolle.
In der Ebert-Stiftung ja, da ist zu meiner Zeit nie eine Frau in eine führende Position gekommen,
wie Abteilungsleitung oder Geschäftsführung. Aber solchen Ehrgeiz hatte ich auch nicht."

ISK, zunächst in der Schule und später in den gemeinsamen Arbeits-, Politik- und Lebensbezügen in London rund um die Vega. An ihrem 16. Geburtstag verläßt Frau Walter die Schule. Sie erinnert sich noch an ein Gedicht ihres Lehrers Gustav Heckmann von ihrer Abschiedsfeier, das sie im Interview vorträgt:

> Wir gingen durch die Jahre, wir teilten Freud und Leid,
> wir wurden eng verbunden in Ernst und Heiterkeit.
> Die alte Mühle grüßte: „Du bist ein Gast wie ich."
> Wir Gäste mußten wandern, wir grüßen heute dich.
> Wir wurden wieder Gäste, doch fanden Freunde dort.
> Bei Hansen, Busk und Madsen erklang manch warmes Wort.
> Doch weiter ging das Wandern nach West in Bergmannsland,
> hart war der letzte Winter, mit ihm die Schulzeit schwand.
> Wir haben unter Freunden erprobt, was Freiheit schafft,
> sie zeigte oft uns selber die Schwäche und die Kraft.
> Die Kraft wird weiter wachsen, wenn ihr sie nicht vergeßt.
> Der Freunde guter Wille euch nimmermehr verläßt.
> Das Werk ist unvollendet, das ihr mit uns begann,
> drum bleiben wir verbunden auch über Meer und Land.
> Mag auch der Gegner rasen und Tod und Unheil säen,
> das Gute in den Herzen, es darf nicht untergehn. [S. 19.]

Nach der Schulentlassung geht Frau Walter nach London, um in der Vega Köchin zu lernen. Zuvor hatte sie bereits berichtet, dass dies ihre Wunschausbildung war: Und bei der Gelegenheit haben wir auch die Vega, das vegetarische Restaurant von Walter und Jenny Fließ in London kennengelernt. Und das war mein Traum. Ich wollte schon vom sechsten Lebensjahr an Köchin werden. Und es war auch klar, als wir nach England kamen, war völlig klar, ich wollte in der Vega arbeiten. Und dann durften wir mal an einem Sonntagvormittag die Vega angucken. Und ich war ganz selig. Ich hab' ja auch Glück gehabt. Ich konnte das machen, was ich wollte. [S. 16.]

Während der Ausbildungszeit lebte Nora Walter zunächst bei den Besitzern der Vega. Als nächsten Einschnitt in ihrem Leben erwähnt sie den Beginn des Krieges: ... und dann fing der Krieg an, September '39. (...) Und zunächst war es ja ruhig in England, es passierte nicht viel. Ein Schock war der Überfall auf Skandinavien, auf Dänemark und Norwegen, April '40. Das nächste im Mai: Holland, Belgien, Frankreich. Ich kann mich erinnern, als Paris fiel, habe ich geweint. *atmet tief* Ich wußte ja nicht, wo meine Mutter war. Da konnte man ja nicht... *Karin Gille:* Sie hatten keinen Kontakt in der Zeit?

Da hatte man damals keinen Kontakt. Sie war ja auch interniert (...) Das hat also ziemlich lange gedauert, bis ich wieder was von meiner Mutter gehört habe. [S. 20f.]
Nora Walters Mutter gelang schließlich die Flucht in die Schweiz, wo Frau Walter sie erst 1947 wiedersah.

Bis zu ihrer Rückkehr nach Deutschland 1947 arbeitete Frau Walter in der Vega und wohnte schließlich mit anderen Mitgliedern des ISK in einem Haus in Welwyn-Garden City. Dort wurden auch politische Veranstaltungen abgehalten. An ihrem 19. Geburtstag wurde Frau Walter selbst Mitglied des ISK, nachdem Willi Eichler, der nach ihrer Aussage ihre weitere, auch politische Erziehung übernommen hatte, ihr zunächst abgeraten hatte, um die Ernsthaftigkeit ihres Wunsches zu prüfen. Zu ihren politischen Aktivitäten dieser Zeit gehört unter anderem die Beteiligung an einer Jugendgruppe der Union sozialistischer Organisationen.

Das Kriegsende beschreibt Frau Walter als langersehnten Neubeginn: Und als der Krieg zu Ende war, hatte ich immer das Gefühl: „Jetzt wird's erst richtig ernst." Irgendwie hatte ich schon länger das Gefühl, also die Alliierten gewinnen ja, ne. (...) Und als er zu Ende war, war allgemeiner Jubel, Triumph. Ich konnte das gar nicht so mitvollziehen. Ich hatte das Gefühl: „Natürlich, Gott sei Dank, hört das Schießen auf und das Bombardieren, aber jetzt wird es schwer. Jetzt müssen wir das Land wieder vernünftig aufbauen. Und wie soll das gehen nach den zwölf Jahren?" Dieses Gefühl hatte ich damals schon. Aber nicht etwa verzagt, sondern: „Endlich will ich da mithelfen, was Praktisches machen!" Und nach und nach gingen also die politischen Freunde von England nach Deutschland zurück. Ich brannte darauf, auch zurückzugehen. Aber sie sagten: „Nun warte man noch." Außerdem wurde ich in der Vega gebraucht. Da war ich ja nun inzwischen eine der tragenden Kräfte. Ich hatte ja nun acht Jahre was gelernt, und in Deutschland wäre ich nur ein völlig ahnungsloses kleines Mädchen gewesen, jedenfalls zunächst, und das stimmt auch sicher. Endlich, Anfang 1947, war es dann soweit. [S. 25.]

Frau Walter, die Deutschland 1934 verlassen hatte, ging 1947 nach Hamburg, arbeitete dort in der Europäischen Verlagsanstalt und *brannte darauf,* sozialistische Jugendarbeit zu machen. Ihr Hauptinteresse sei internationale Verständigung gewesen. Dafür habe sie sich prädestiniert gefühlt.

Das Erleben des Nationalsozialismus als Einbruch im persönlichen Umfeld

Die Schilderungen von Margarete Hofmann, Lucie Kurlbaum-Beyer, Susie Miller und Nora Walter werden hier als eine Form des Zugangs zur Sozialdemokratie der Nachkriegszeit zusammengefasst, so unterschiedlich ihre Lebenswege auch verliefen. Ihr persönliches Verhältnis zum Nachkriegsdeutschland stimmt jedoch darin überein, dass sie gleichermaßen zur persönlichen Beteiligung am demokratischen Wiederaufbau entschlossen sind. Sie knüpfen dabei in ungebrochener Weise an ihre zuvor erworbenen politischen Vorstellungen an, die durch unmittelbare Erfahrungen politischer Verfolgung nicht erschüttert, sondern eher verfestigt wurden.

In ihrem privaten Leben stellt der Nationalsozialismus jeweils eine Erschütterung bzw. Krise dar, die ihr Leben maßgeblich geprägt hat: Margarete Hofmann leidet unter der Belastung ständiger Bedrohung ihres persönlichen Umfeldes, Lucie Kurlbaum-Beyer erleidet neben persönlicher Verfolgung den Verlust ihres Vaters, für Nora Walter markiert der aufkommende Antisemitismus das Ende einer behüteten Kindheit und Susie Miller verlässt das ihr durch den Klerikofaschismus und aufkommenden Nazismus verleidete Österreich.

Wenngleich das Exil bei den Frauen jüdischer Abstammung einen anderen Erfahrungshintergrund liefert, haben alle vier Frauen (im Gegensatz zu den weiteren Frauen des Samples) gemein, sich vor 1945 verortet und entsprechend politisch betätigt zu haben.

Elfriede Eilers *1921
„Ich hätte mich aufgrund meiner Erziehung gar nicht anders entscheiden können."

In der Darstellung des politischen Werdegangs von Elfriede Eilers deutet wenig auf einen krisenhaften Verlauf ihrer Entwicklung bis 1945 hin. Sie beschreibt zwar die Ambivalenz, die die Nicht-Teilnahme an BDM-Veranstaltungen auch bedeutete: Und man hat sich auch hin und wieder verdammt allein gefühlt, wenn alle anderen losgingen und man nicht mitmachen konnte. [S. 6.] Sie verweist jedoch zugleich auf die durch das Elternhaus erfahrene Stärkung. Sie hebt hervor, dass sie bereits mit zwölf Jahren Nachrichten ausländischer Sender mitanhören und diese mit den Erwachsenen besprechen durfte.

Der Einstieg in die Jugendarbeit der Partei nach 1945 wird schließlich zum Anknüpfungspunkt an eigene Kindheitserfahrungen: Und es war bei uns allen vielleicht auch ein Stückchen Anknüpfen an die eigene Kindheit, die wir bei den Kinderfreunden, ich z.B. bei den Falken, erlebt hatten. [S. 7.]

Ihren Einstieg in die Politik fasst sie mit den Worten zusammen: Ich hätte mich aufgrund meiner Erziehung gar nicht anders entscheiden können. [S. 3.] Sie sei in die Sozial-demokratie hineingeboren worden. Sowohl Großeltern als auch die Eltern seien schon politisch aktiv gewesen. Mein Großvater war 1898 einer der beiden ersten Sozialdemo-kraten, die in den Rat der Stadt kamen. [S. 4.] Ihre Mutter, die sich vom Elternhaus her für eine andere Politik interessiert habe, sei von ihrem Vater schon sehr früh vor die Alternative gestellt worden: „Du, wenn das mit uns was werden soll, dann mußt du dich ent-scheiden: Du mußt in die SPD eintreten und aus der Kirche austreten." [S. 4.]

Durch dieses Umfeld sei sie im Dritten Reich immunisiert gewesen und habe es leichter gehabt, den Verlockungen nicht so nachzugeben wie andere Jugendliche. Die Erkrankung an einer Knochenmarkvereiterung mit elf/zwölf Jahren habe der Familie als Entschuldigung für ihre Nichtteilnahme an BDM-Veranstaltungen ge-dient. Aber z.B. neunzehnhundertdrei/vier/fünfunddreißig, als es losging, da gab's den sogenann-ten freien Samstag für den Dienst in HJ und BDM. Und man hat dann diejenigen zusammengewür-felt, die nicht dabei waren - das waren ein paar strenge Katholikinnen, einige Sozialdemokratinnen vielleicht auch noch, d.h. Mädchen aus sozialdemokratischem Elternhaus, vielleicht auch noch eine Kommunistin und zwei/drei Jüdinnen, das war dann ein Häuflein von 15 oder sogar 25 Leuten, die aus zwei-drei Klassen zusammengesucht wurden, und dann hatten wir Handarbeit! Sonnabends morgens von 8 bis 12 Handarbeit! Das ist für'n Mädchen auch damals schon 'ne Pille gewesen. *Schmunzeln.* Und manche haben gesagt: „Dann gehe ich doch lieber mit dem Verein mit auf Wan-derfahrt, als dazusitzen..." Also das waren ambivalente Gefühle. [S. 6.] Der Diskussionsbereich Elternhaus habe sie aber bestärkt. Die Erlaubnis, ausländische Nachrichten mitzu-hören, und deren gemeinsame Besprechung im Elternhaus habe ihr das Rüstzeug für die spätere Politik mitgegeben.

Sehr genau erinnere sie sich daran, wie es nach ´45 wieder losgegangen sei mit der Arbeit: Wir waren gerade auf dem Kartoffelacker - es war ja eine sehr armselige Zeit nach '45 - da kam unser Parteisekretär, um seine Schäfchen wieder zu sammeln, und sprach mit meinem Vater. Ich habe da natürlich nur dabeigestanden und habe gedacht: „Mensch, der hat gesagt: Du machst jetzt bei der Frauenarbeit mit." Und da hab' ich das Lachen gekriegt und hab' gesagt: „Ich werde Jugendarbeit machen und nicht Frauenarbeit." Als er dann weg war, habe ich zu meinem Vater gesagt: „Da freu' ich mich eigentlich drauf, wenn das jetzt wieder losgeht, mitzumachen." Und mein Vater war kein Mann von großartigen Gefühlen, aber das ist mir sehr eingegangen, er sagte: „Du, das überlegst du dir. Mitmachen gibt's nicht. Entweder sich ganz einsetzen oder die Finger davonlassen." Und ich muß sagen, das hat mich damals sehr beeindruckt und hat mich auch mitgeprägt. Na, wahrscheinlich lag die Aktivität eben in der Familie. [S. 4.]

Wie bei Elfriede Eilers entsteht auch in den Erinnerungen von Marga Tylinski das Bild eines nahezu bruchlosen Hineinwachsens in die Sozialdemokratie.

Marga Tylinski *1928
„Ich hab' das als Ehre aufgefaßt."

Marga Tylinski erinnert sich, bereits als Dreijährige mit den anderen Kindern Umzüge auf dem Hof veranstaltet zu haben, bei denen die Internationale gesungen wurde: Da hat ich einen kleinen Wimpel, da waren drei Pfeile drauf. Und da hab' ich dann Umzug gespielt mit den Kindern, die da im Hof waren. Ich war die Jüngste, aber ich bin vorne weg marschiert und hab' die Internationale gesungen: „Die Internationale erkämpft das Menschenrechts." *Lachen* Rechts von rechts, nich', das hab' ich dann gesungen, ja, ja. Die anderen Kinder alle hinter mir her. Und da mußten meine Eltern natürlich sehr aufpassen. [S. 49.]

Ein Schlüsselerlebnis sei für sie eine morgendliche Hausdurchsuchung gewesen. Sie sei aufgewacht und dann haben ein Polizist und ein SA-Mann in der Wohnung gestanden, weil ein Nachbar den Vater denunziert habe. Da er als Schriftsetzer jedoch Spiegelschrift lesen konnte bzw. in der Lage war, die Anklageschrift, die der vernehmende Beamte vor sich liegen hatte, zu lesen, habe er gewußt, wer ihn denunziert habe, und dass man ihm vorwarf, in seiner Wohnung würden sich Leute treffen. Dadurch habe er sich herausreden können. Marga Tylinski erwähnt eine Erzählung ihrer Mutter, nach der sie als Kind seit diesem Erlebnis Angst vor SA-Leuten gehabt habe.

Aus ihrer Schulzeit berichtet sie den Zwiespalt zwischen sozialdemokratischem Elternhaus, die Eltern waren sowohl vor 1933 als auch nach 1945 SPD-Mitglieder, und schulischer Erziehung: Und dann bin ich eines Tages mal nach Hause gekommen und hab' zu meiner Mutter gesagt: „Also ich weiß nich', ich versteh' das nich'. Zu Hause erzählt ihr mir das, und in der Schule da hören wir das. Was ist denn nu' eigentlich richtig?" Na ja, und dann haben sie gesagt: „Das, was wir hier zu Hause sagen, das is' richtig. Das andere, das stimmt nich'." Sie haben mir das auch erläutert. „Aber du darfst darüber kein Wort verlieren!" Das wußte ich also, nich', und das hab' ich auch durchgehalten. [S. 47.]

Trotzdem sei sie im BDM gewesen, allerdings ohne große Begeisterung, dazu sei man praktisch gezwungen worden. Marga Tylinski erinnert sich an folgende Begebenheit am Ende ihrer BDM-Zeit: Und dann weiß ich noch, das war so drei, vier oder fünf Wochen vor Kriegsende, da mußten wir jeden Sonntagmorgen zum Dienst, jeden Sonntagmorgen. Da sagte dann die Führerin: „Wer jetzt die nächsten Male viermal hintereinander sonntags morgens zum Dienst kommt, wird zum Dank dafür in die Partei aufgenommen." Und da bin ich nach Hause gegangen und hab' zu meiner Mutter gesagt: „So, heute morgen war ich das letzte Mal

da. Das fehlt mir gerade noch, daß ich kurz vor Toresschluß noch in die Partei aufgenommen werde." In dem Alter, das war nun '45, nich', 17 Jahre war ich damals, das ist eben das Elternhaus
gewesen, was da den Einfluß ausgeübt hatte. Ich meine, ich weiß nicht, was sonst aus mir geworden
wäre. [S. 48.]

Als die Eltern nach Ende des Krieges wieder SPD-Parteimitglieder werden,
wünscht sie, ebenfalls in die Partei einzutreten. Noch vor ihrem 18. Geburtstag
erwirkt sie die Aufnahme: *Und dann bin ich zu dem Vorsitzenden gegangen. Nun kannte der
mich auch schon, als ich noch klein war, dann sagt er: „Na ja, du bist ja noch keine 18." „Nee," hab'
ich gesagt, „bin ich noch nich'." „Aber, is' egal," sagt er, „wir kennen dich, wir kennen deine Eltern. Machen wir 'ne Ausnahme. Darfste schon eintreten." Dann wurde ich am 1. April oder am 10.
April schon Mitglied, obwohl ich noch keine 18 war. Nich', damals mußte man sich noch auswei-
sen, damit man das durfte, daß die Eltern in Ordnung waren. Und, ich mein', ich war da schon bei
den Falken, nich'. Aber man mußte eigentlich 18 sein, wenn man in die SPD eintreten wollte. Das
war damals eine Ausnahme. Heute fragt da keiner mehr nach. Und dann bin ich nächstes Jahr 50
Jahre drin.* [S. 46f.]

Auf die Idee, sich schließlich beim Parteivorstand zu bewerben, sei sie über einen Freund ihres Vaters gekommen: *Ich hatte meine Lehre beendet und ging eines Morgens
zu meiner Firma, nachdem ich schon ausgelernt hatte. War noch gar nicht weit von zu Hause weg,
und da treff' ich einen alten Freund meines Vaters, einen alten Sozialdemokraten, der auch politisch
verfolgt war, und da sagt er: „Hast du denn nicht Lust, bei der SPD zu arbeiten?" Na ja, hab' ich
gesagt: „Die nehmen mich doch gar nicht." „Warum denn nicht?" sagt er. „Natürlich nehmen die
dich, bewirb dich doch mal. Du kannst dich auf mich berufen." Na ja, und dann war ich auch bei
den Falken zu der Zeit und kannte da den Otto Barche. Otto Barche war später hier in Hannover 2.
Bürgermeister geworden, aber zu der Zeit war er noch der Vorsitzende der Falken. Und da erzähl'
ich ihm das, und da sagt er: „Das kannst du machen, das würd' ich sogar tun an deiner Stelle. Und
auf mich kannst du dich auch berufen." Und dann hab' ich also meine Bewerbung losgelassen, an
die SPD, und hab' geschrieben: „Unter Berufung auf Willi Wendt und Otto Barche bewerbe ich
mich." Und dann wurde ich dann irgendwann genommen.* [S. 8.]

Im November 1946 habe sie angefangen als Schreibkraft in der Odeonstraße,
dem damaligen Sitz des Parteivorstandes in Hannover, zu arbeiten. Ihren Einstieg
in die Frauenarbeit führt sie auf Herta Gotthelf zurück: *Ja, also Kurt Schumacher und
Ollenhauer und Fritz Heine als hauptamtliches Vorstandsmitglied, Herta Gotthelf, also alle, die
hauptamtlich tätig waren, Egon Franke damals, als Organisationsreferent, die saßen alle in der
Odeonstraße. Und sämtliche Mitarbeiter und Mitarbeiterinnen eben auch. Ich weiß nicht, wieviel
wir damals waren. Wenn wir überhaupt 100 waren, wahrscheinlich noch gar nicht mal. Der Kreis
war nicht sehr groß. Und dann hat Herta Gotthelf mich gesehen. Vor allem war sie sehr mitleidig,*

sie sah ja, daß wir jungen Mädchen fast verhungert aussahen. Na ja, und dann hat sie irgendwann gesagt: „Ich möchte dich gerne ins Frauenbüro holen." Und dann bin ich bei ihr gelandet. [S. 14.]

Der hier nahezu bruchlos erscheinende Weg vom dreijährigen, die Internationale singenden Kind zur Mitarbeiterin beim Parteivorstand der SPD verweist auf eine tiefe Verwurzelung im sozialdemokratischen Milieu. Die langjährige Mitgliedschaft der Eltern in der SPD und die Bekanntschaft mit lokalen Funktionären erweist sich sowohl bei der Aufnahme in die Partei als auch bei der Arbeitsfindung als sehr vorteilhaft. Die politische Haltung der Eltern kann Marga Tylinski nach ihrer Darstellung schon sehr früh als die „*richtige*" annehmen. Außerdem ist ihr offenbar auch schon zu einem sehr frühen Zeitpunkt eindrücklich vermittelt worden, dass sie diese nicht äußern dürfe. Trotz BDM-Mitgliedschaft kann sie dieses Gebot durchhalten. Der vor dem 18. Geburtstag erwirkte SPD Beitritt scheint lang ersehnt und eine Beschäftigung bei der Partei – egal an welcher Stelle – eine Auszeichnung, denn auf die Frage, ob Frau Tylinski auch von sich aus Interesse an der Frauenarbeit gehabt habe, antwortet sie: Wir hatten eigentlich damals Interesse an allem, es war ja alles neu, war ja alles im Aufbau. Es war ja nichts da, nichts fertig. War ja alles noch im Werden. Das war mir eigentlich egal, darüber hab' ich nicht nachgedacht, ob ich daran Interesse habe. Mir machte die Arbeit Spaß, bei der SPD sowieso. Das war ja was, ich hab' das als Ehre aufgefaßt, muß ich sagen. Die da heute tätig sind, die werden darüber sicher lachen, die haben ein ganz anderes Verhältnis wahrscheinlich dazu. Aber bei uns war das eben so, daß wir alles noch mit aufgebaut haben. War ja nichts fertig. Und dann bin ich da eben so reingewachsen, in die Frauenarbeit... [S. 14.]

Vermittelte Bedrohung: Elfriede Eilers und Marga Tylinski

Sowohl Marga Tylinski als auch Elfriede Eilers wachsen nahezu bruchlos in die Parteiarbeit nach 1945 hinein. Sie übernehmen offensichtlicher Weise die Haltung ihres Elternhauses, die sich als die „*richtige*" erweist und als solche an die Kinder weitergegeben wird. Mit dieser Weitergabe setzen die Eltern zugleich Vertrauen in ihre Kinder, das sich bestätigt. Vermittelt über die Eltern erleben sie den Nationalsozialismus als Unrechtsregime und damit als Bedrohung, denn als „Recht" im Gegensatz zu „Unrecht" bzw. *richtig* gelingt den Eltern die Weitergabe ihrer sozialdemokratischen Orientierung, obwohl sie der staatlichen Autorität, mit der sie beispielsweise in der Schule konfrontiert werden, entgegensteht.

„Als es 1945 wieder losgeht", ist es für beide keine Frage, *„nun auch mitmachen zu wollen"*. Für diese Entscheidung führt im Gespräch weder Elfriede Eilers noch Marga Tylinski eine einschneidende persönliche Erfahrung an. Dennoch stellt sich für sie die Situation der Nachkriegszeit, vermittelt über die Eltern, als Folge des nationalsozialistischen Unrechtsregimes dar.

Einen Sonderfall dieser Form des Zugangs zur Sozialdemokratie der Nachkriegszeit stellt der Zugang von Lore Henkel dar. Im Gegensatz zu Elfriede Eilers und Marga Tylinski entstammt Lore Henkel keinem sozialdemokratischen Elternhaus. Jedoch übernimmt auch sie die Haltung, die sich ihr als die *„richtige"* über eine sehr nahestehende Person vermittelt hat. Wie bei Elfriede Eilers und bei Marga Tylinski ist es für sie keine Frage, *„endlich auch mitmachen zu wollen, als es 1945 wieder losgeht"*.

Dr. Lore Henkel *1914
„... und der hat mir dann das Gehirn gelüftet."

Bei der Darstellung ihres Zugangs zur Sozialdemokratie führt Frau Dr. Henkel zunächst ihr liberales Elternhaus als prägend an. Dieses sei „ganz hochgeistig" gewesen, man habe nicht gesprochen über Religion, Krankheit und Essen. Ihren Vater nennt sie einen großen Idealisten, im Gedanken an die Menschheit, die Welt und die Menschheit, die Gleichheit der Menschen, die französische Revolution. [S. 5.] Dadurch sei sie vorgeprägt gewesen. Aus ihrer Schulzeit berichtet sie, immer Sprecherin und immer empört gewesen zu sein. In der Abiturrede habe sie ein bisschen die wilde Frau gespielt, allerdings ohne dass ihr dies geschadet habe.

Aus wirtschaftlichen Gründen habe sie jedoch nichts studieren können, was Geld gekostet hätte. In der Wirtschaftskrise mußten wir das Geschäft meines Vaters verkaufen, da konnte ich dann nichts studieren, was man hätte bezahlen müssen. Denn es war ja Nazi-Zeit, und da bekamen zum Abitur nur 3 von 15 die Hochschulreife. Die habe ich natürlich bekommen, aber dann war es aus. (...) Ich konnte also nichts studieren, was Geld gekostet hätte, und wollte dann Lehrerin werden, auf der Pädagogischen Akademie, die war umsonst. Da waren auch vielleicht 100 Bewerberinnen, da in Oberschlesien. Ich habe natürlich wieder gut abgeschnitten, weil ich ja immer mit Auszeichnung benotet wurde. Ich wurde aber nicht genommen, sondern eine andere. Und viel später erst, als mein Mann mir das erklärt hat, habe ich das verstanden. Sagt er: „Mensch, du warst doch nicht BDM-Führerin, die andere war doch BDM-Führerin." Es war doch ganz klar, daß die Abiturzeugnisse nicht mehr galten, bei der Auswahl galten die politischen Kriterien. Naja, dann

habe ich also eine kaufmännische Lehre gemacht, und dann bin ich Tippse geworden bei Junkers.
[S. 6.]

Während ihrer Anstellung bei Junkers in Dessau lernt sie 1938 ihren späteren Ehemann Willi Henkel kennen. Da habe ich meinen Mann kennengelernt, und der hat mir dann das Gehirn gelüftet. Der war wegen Landeshochverrat Nazi-Verfolgter und in der inneren Emigration. Und dieser Sozialdemokrat, der ist aus dem Ersten Weltkrieg noch gekommen als junger Leutnant mit den Worten: „Nie, nie wollen wir Waffen tragen. Nie, nie wollen wir wieder Krieg. Laßt die großen Herren selber ihre Schlachten schlagen, wir machen einfach nicht mehr mit!" So waren die aus dem Ersten Weltkrieg zurückgekommen, ganz pazifistisch und sozialistisch. Und der hat mich also dann politisiert. *lacht* [S. 8.]

Mit Willi Henkel, den sie 1942 heiratet, geht sie offenbar von Dessau über die Zwischenstation Chemnitz (Angabe aus schriftlichem Lebenslauf) nach Dresden und studiert dort Wirtschaftswissenschaften. In Dresden habe ich dann zusammengewohnt mit Studenten von der Technischen Hochschule, und die haben gesagt: „Mensch, Lore, was schreibst du denn den Schit, den die dir diktieren, das könntest du doch selber. Was mußt du den anderen hinterherlaufen. Studiere doch!" Naja, aber wie gesagt, ich hatte kein Geld und nüscht. Aber damals wurden die ganzen jungen Männer ja eingezogen, das war dann 1938, 1940, da waren die jungen Assistenten weg, und da brauchten sie also Schreibkräfte. Da hat mich ein Professor geschnappt und als Hilfsassistentin angestellt. Ich bekam 250 Mark im Monat, und dann war ich frei, dann konnte ich also studieren. [S. 6.]

1943 besteht sie in Dresden die Prüfung zur Diplom-Volkswirtin. 1945 wird sie Zeugin der schweren Bombenangriffe auf Dresden. Im späteren Gesprächsverlauf berichtet sie, damals schwanger gewesen zu sein und vermutlich aufgrund der Löscharbeiten eine Fehlgeburt erlitten zu haben, die dazu führte, dass sie später keine Kinder bekommen konnte.

Nach der Ausbombung in Dresden geht sie mit ihrem Ehemann nach Säckingen: und dann sind wir in Dresden ausgebombt, da ging mein Mann zu der Pillenfirma, die damals unten in Säckingen ausgelagert war. Dort haben wir den Einmarsch der Franzosen mitgemacht und haben dann am 1. Januar 1946 die Partei dort wiedergegründet - mit den dortigen Leuten. Da ist dann auch mein Eintritt in die Partei. Jetzt im Januar bin ich 50 Jahre SPD-Mitglied. [S. 10.]

Mit der Rückkehr Willi Henkels nach Hannover beginnt Frau Henkel ihre Bildungstätigkeit in Partei und Gewerkschaft: Naja, als ich mit Willi zurückkam, sind wir hinmarschiert und haben unsere Parteibücher angemeldet. Damals habe ich ja noch keinen Doktortitel gehabt, aber Diplom-Volkswirt, da haben sie natürlich zugegriffen. Damals waren sie schlau. Da haben sie gesagt: „Mensch, mit der können wir doch was aufstecken." Dann bin ich auch gleich in der Gewerkschaft gewesen und dann als Lehrerin an den Gewerkschaftsschulen. [S. 32.] Die politische Schulung, das Nachholen des Loches von '33 bis '45 [S. 38.], sei ihre und ihres Mannes Hauptaufgabe gewesen.

In der Erzählung von Lore Henkel wird deutlich, dass sie der Umstand, nach dem Abitur trotz, wie sie betont, bester Noten nicht studieren zu können, sehr belastet hat. Während ihr der durch die in der Wirtschaftskrise erfolgten Geschäftsaufgabe des Vaters entstandene Geldmangel noch die Möglichkeit eines Lehrerinnenexamens gelassen hätte, stand sie der Nichtzulassung zum Lehrerinnenstudium offenbar ratlos gegenüber. Erst als ihr Mann ihr das später erklärt habe, habe sie begriffen, dass die Abiturzeugnisse nicht mehr galten, sondern politische Kriterien.

Mit dem Kennenlernen ihres späteren Ehemannes scheint eine Kehrtwende ihres Lebens verbunden. Ihre vorherige und im Gespräch offenbar erklärungsbedürftige Ahnungslosigkeit bezüglich der NS-Verbrechen[138], die sich in ihrem Unverständnis, keinen Studienplatz bekommen zu haben, widerspiegelt, fand durch ihren Mann ein jähes Ende, das sie entsprechend in dramatischen Bildern schildert. *„Er habe ihr das Gehirn gelüftet"* – eine Darstellungsform, die vor dem Hintergrund des zuvor geschilderten *„hochgeistigen"* Klimas im Elternhaus und ihres Engagements während der Schulzeit verblüfft.

Ihre Politisierung führt sie jedoch eindeutig auf ihren Mann zurück. Bereits im Eingangsgespräch stellt sie sich mit den Worten vor: Ja. Hier, paßt mal auf, seht mal. Ich bin ja nun eine alte Gleichberechtigungskämpferin und zwar von meinem Mann her. Im alten Reichstag waren ja nur die Männer zur Abstimmung da. Und mein Mann ist einer der großen Gleichberechtigungskämpfer gewesen, deswegen bin ich da also voll drin, bis heute! [S. 3.] In der Geschichte über das Kennenlernen ihres Mannes bringt sie deutlich zum Ausdruck, welche Bedeutung und welchen Einfluß die Begegnung mit ihrem Mann hatte: Da habe ich ihn kennengelernt. Einfach so im Café. Liebe, also Kinder, das muß ich euch sagen, da kommt der tollste Roman nicht mit, mit dieser Liebe auf den ersten Blick. Ich saß da, und er kam rein. Wir guckten uns an, er ging wieder raus. Da sagte ich noch zu meiner Kollegin, der anderen

---

[138] Lore Henkel: Und während meiner ganzen Studienzeit, ehe ich meinen Mann kennenlernte, habe ich wirklich nichts gewußt von den Verbrechen. Ihr glaubt das immer nicht. Ich mein', ich kann das sagen, weil ich derart radikal heute bin, auch durch meinen Mann geworden bin. Das einzige, was ich vom Nazismus damals noch in Gleiwitz zuhaus' erfahren habe, war der Witz: „Der Antek und der Franzek treffen sich. Sagt der Antek: „Mensch, Franzek, bist du raus aus dem Konzentrationslager?" „Ja," sagt der Franzek, „ja, bin ich jetzt raus." Sagt der Antek: „Mensch, Franzek, erzähl, wie war denn das? Wie war denn das?" „Ha!" sagt der Franzek, „Wunderbar. Jeden Tag Knoblauchwurscht, so groß, Kaffee, echten Bohnenkaffee, frische Brötchen und so." Sagt der Antek: „Aber Franzek, da hat doch der Dura mir was ganz anderes erzählt!" „Ja, der ist auch schon wieder drin!" [S. 7.]

Tippse: „Guck mal, solche interessanten Männer, die haben für uns nichts übrig." Und wir gingen dann nach Haus', ich wohnte um die Ecke, und „tipptipptipp", hinter uns ein Herr. „Ach," sagt er, „verzeihen Sie meine Damen, wo ist denn hier die soundso Straße?" Und dann war's geschehen. *Lachen* Ja, also sowas von Liebe! Wenn ich dann bei Junkers oben arbeitete und wußte, er stand unten, dann habe ich so gezittert. Ihr könnt euch das nicht vorstellen, wie im tollsten Roman. *lacht* Und das war natürlich klar, daß ich dann alles aufgenommen habe, was er mir erzählt hat. Da war ich dann also voll drin. [S. 9.]

Wie im *„tollsten Roman"* erlebt sie eine Liebe, die ihr bisheriges Leben erschüttert. Sie nimmt alles auf, was er ihr erzählt und beginnt ein neues Leben mit *„gelüftetem Gehirn"*.

Deutschland nach 1945 – Aufbruch zum demokratischen Aufbau

Lore Henkel, Elfriede Eilers und Marga Tylinski ist gemein, erst nach 1945 in der Sozialdemokratie aktiv zu werden. Keine von ihnen befindet sich persönlich in direkter Opposition zum Nationalsozialismus. Lore Henkel scheint es vielmehr erklärungsbedürftig, wirklich nichts gewußt zu haben. Marga Tylinski nimmt, wenn auch mit einer gewissen Distanz, am BDM teil und Elfriede Eilers tritt in pragmatischer Absicht, eine Stelle zu bekommen, der NS-Frauenschaft bei. Diese Optionen bestehen für Margarete Hofmann, Lucie Kurlbaum-Beyer, Susie Miller und Nora Walter nicht. Aufgrund ihrer bereits gefestigten politischen Haltung bzw. und/oder ihres Lebensumfeldes stehen sie in direkter Opposition zum Nationalsozialismus.

Allen Frauen ist dennoch gemein, nach 1945 sicher zu wissen, wo sie politisch stehen, und alle drängt es, sich im Rahmen der Sozialdemokratie am demokratischen Wiederaufbau zu beteiligen. Sie sind in ein Beziehungsgeflecht eingebunden, durch das sie in ihrer politischen Haltung bestärkt werden. Eine Ausnahme dieses Zugangs zur Sozialdemokratie der Nachkriegszeit stellt lediglich Antje Huber dar.

Antje Huber *1924
„... wie man lebte, als es gar keine staatliche Ordnung mehr gab."

Antje Huber gibt an, immer geglaubt zu haben, dass ihre Familie unpolitisch im Sinne irgendeines Engagements gewesen sei, bis sie später erfuhr, daß ihre Großmutter väterlicherseits in der Weimarer Zeit im örtlichen Vorstand der Liberalen gewesen sei. Von dieser Großmutter abgesehen treffe ihre Einschätzung jedoch zu. Ihr Vater sei Sportlehrer gewesen und als solcher nicht gerade prädestiniert für Politik. Mein Vater sprach nicht über Politik. Manchmal machte er irgendeine Bemerkung, was ihm nicht paßte. Er wurde auch mehrfach aufgefordert, in die Partei einzutreten. Das ist er aber nicht. Manchmal ließ er auch seinen Ärger ab. Aber er hat uns nicht in Diskussionen verwickelt, auch dann nicht, als wir schon ein bißchen größer waren. Ja, ich weiß nicht, ob es der Gedanke war, daß er besser nichts sagt. Jedenfalls erfuhr ich über die Weimarer Zeit und das, was vorher gewesen war, eigentlich gar nichts. [S. 2.]

Nach dem frühen Tod ihrer Mutter wuchsen Frau Huber und ihr jüngerer Bruder mit einer Stiefmutter in Berlin auf. Dass sie als Mädchen Abitur machen konnte, führt Frau Huber auf die Einstellung ihres Vaters zurück: Na ja, ich hatte eine Stiefmutter, die war nicht dafür, aber mein Vater hat das durchgesetzt. Dafür war er sehr. Nachher, als sich die Frage stellte, Studium oder nicht, da hat er gesagt: „Der Junge studiert, für das Mädchen habe ich kein Geld." Aber das erübrigte sich natürlich alles, weil nach dem Zusammenbruch das Geld, was er gespart hatte, eh weg war. Und mein Bruder war in Kriegsgefangenschaft. [S. 3.]

Als sie sich an der Berliner Universität einschreiben wollte, sei niemand mehr angenommen wurden. Es lag ja alles in Trümmern. [S. 3.] Sie schlug zunächst die journalistische Laufbahn ein. Dann habe sie aber ihre Zelte abgebrochen: Wir hatten ja keine Presse mehr damals. Ich war bei der Sportkorrespondenz tätig, das kam alles durch meinen Vater und seine Freunde. Das war aber alles vorbei. Ich war danach kurze Zeit an einer Schule als Hilfslehrerin tätig. Dort sollte auch Russisch erteilt werden, so habe ich mich mit anderen nach Werder begeben, um dort eine Ausbildung zu machen. Das war eine sehr gute Schule - aber es endete sehr unerfreulich, weil plötzlich rauskam, daß da Spitzel unter uns waren, die haben eine Lehrerin unglaublich in die Bredouille geritten. Und dann mischten sich plötzlich die Russen ein. Als das geschah, bin ich abgehauen. Vor der Prüfung leider, aber ich fand das alles unerträglich. Na, und dann war ich weg. Nur mit 'nem selbstgenähten Rucksack. [S. 4.] Mit Hilfe bezahlter Führer gelang ihr 1946 die Flucht nach Essen: Schwarz über die Grenze. Durch den Harz. Morgens um drei. [S. 4.]

Auf die Frage, ob ihre Familie das akzeptiert habe, antwortete Frau Huber: Ach, die Familie wurde doch gar nicht gefragt. Mein Vater war gerade aus der Gefangenschaft gekommen und hatte ja auch zunächst kein Einkommen, zu Anfang gab es nichts zu essen, es gab doch keine Läden, gar nichts. Das war eine schwere Zeit. Und dann normalisierte es sich ganz peu á peu. Ich war inzwischen weg von zu Hause, wohnte woanders, und dann habe ich entschieden, was ich machen wollte. Die Familie war ja froh. Meine Eltern hatten gar kein Interesse, daß ich wieder nach Hause zurückkehrte. [S. 4f.]

Bereits bei der (auch im Gespräch) sehr kurzen Schilderung des Lebenslaufs von Antje Huber bis zur Ankunft in Essen 1946 wird deutlich, dass das Kriegsende eine massive Krise und Wende in Frau Hubers Leben markiert. Alle bisherigen Lebenspläne erscheinen blockiert: Es gibt keine Presse mehr, die Universität nimmt niemanden mehr an, alles liegt in Trümmern...

Frau Huber ist die einzige Frau des Samples, die ihren Weg in die Politik unabhängig von persönlichen Beziehungen beschreibt: Aus diesem ganzen Erleben und weil man ja wußte, wodurch es gekommen war, dachte ich also: „Ich will mich engagieren." Ich habe natürlich nicht gedacht, daß ich mich so sehr engagieren würde. Das habe ich damals nicht gedacht. Ich habe einfach gedacht: „Du mußt da mitmachen."

Ich bin dann in verschiedene Parteiversammlungen gegangen und habe mir das angehört, meist war das sonntagmorgens. Da habe ich zugehört, was die Leute so sagten. (...)

Heike Meyer-Schoppa: Haben Sie das allein gemacht oder war das ein Freundeskreis?

Ich war ja bei der Zeitung tätig, und die war auch sozialdemokratisch ausgerichtet, wenn auch nicht alle Leute in der SPD waren. Man hatte natürlich auch einen Freundeskreis, und die waren mehrheitlich schon so orientiert. Aber ich bin rumgelaufen und habe mich allein orientiert, nicht mit anderen. [S. 7.]

Anders als die anderen Frauen, die das Ende des Krieges in der Hoffnung auf den Neuanfang erwarten, um endlich im Rahmen der Sozialdemokratie „selbst-mitmachen-zu-können" oder „wieder-tätig-werden-zu-können" ist es für Frau Huber das Kriegsende selbst, was sie politisiert hat: *Heike Meyer-Schoppa:* Sie haben in dem Buch „Sozialdemokratinnen" geschrieben, daß die Nachkriegszeit eigentlich die Zeit war, die Sie politisiert hat.

Eigentlich war es nicht die Nachkriegszeit, das ist nicht richtig. Es war das Kriegsende. Wir haben gestern hier eine Feier gehabt, 50 Jahre Rat der Stadt Essen, da wurden die alten Fotos gezeigt von 1945/46: diese furchtbaren Trümmer, und die Menschen huschten da halbverhungert, abgerissen, drin herum. Und dieses war es natürlich, das schreckliche Ende und die vielen Toten und was man plötzlich an Grauenhaftem erfuhr und wie die Leute auf einmal Hitler verfluchten und dann, wie man lebte, als es gar keine staatliche Ordnung mehr gab. [...] Und dieses, sagen wir mal, dieses Chaotische, dieser totale Niedergang - das hat mich eigentlich dazu gebracht, daß ich nachher dachte: „Wenn wir jetzt neu aufbauen, dann geht das nur, indem Leute sich engagieren und mitmachen. Und man muß jetzt einen neuen Staat aufbauen." [S. 6.]

Der Aufbau des Staates ist das zentrale Thema im Gespräch mit Frau Huber. Mehrfach beschreibt sie ihre Positionen, indem sie die Frage aufgreift: Was machen wir mit diesem Staat? Bei ihrer Entscheidung für die SPD räumt sie dem Allgemeinwohl Vorrang ein: Ich hatte das Gefühl, die SPD ist für das Wohl der meisten Bürger die richtige Partei. 1948 im Sommer bin ich in die SPD eingetreten. [S. 7.]

Wie wichtig die Erfahrung des Kriegsendes für den Einstieg von Frau Huber in die Politik ist, geht aus ihrer Schilderung deutlich hervor. Sehr eindrücklich beschreibt sie die Bedeutung des Fehlens staatlicher Ordnung für jeden einzelnen und für die Gesamtheit: ...und dann, wie man lebte, als es gar keine staatliche Ordnung mehr gab. Sie müssen sich vorstellen: Sie haben ein Problem, oder Sie haben mehrere Probleme (und alle Leute hatten Probleme), und es gibt keine einzige Stelle, wo Sie hingehen können. *Mit Nachdruck:* Gibt nichts. Keine Behörde, gar nichts, kein Laden... Sie können auch keinen anrufen, Sie können auch nicht weglaufen, Sie können gar nichts. [S. 6.]

Das Gefühl der Ohnmacht und Schutzlosigkeit dominiert ihre Beschreibung und basiert auf unmittelbaren Bedrohungserfahrungen beim Einmarsch der roten Armee in Berlin. Denn gefragt, wie sie selbst das Ende des Krieges erlebt habe, antwortet Frau Huber:

Na ja, ganz schlimm, möchte ich eigentlich nicht viel drüber reden. Das war der Einmarsch der Russen, chaotisch, die trieben gleich die noch dagebliebenen Männer in ein Grundstück und haben sie alle erschossen. Viele Familien in unserer Nähe begingen Selbstmord. Und die Russen kamen in die Keller und durchsuchten alles, und wo die Leute sich versteckt haben, da haben sie reingestochen, in die Betten und worunter sich die jungen Mädchen versteckten. Ich wurde auch versteckt, einige Wochen lang. Sie fanden natürlich noch Schnaps in den leeren Häusern, die die Parteigenossen verlassen hatten, sie waren betrunken und schossen um sich, taten alles, was Sie sich denken können. Das war eine ganz schwere Zeit. Hinter den Blumentöpfen im Gewächshaus habe ich gelegen und oben auf dem Dachboden eines kaputten Hauses hintern Schornstein. Das waren schlimme Tage. Man kam nicht aus den Kleidern, konnte sich nicht waschen, und dann kam mal irgendwer und sagte, daß die Luft rein sei, und brachte was zu essen. Nachher war es besser, aber die erste, die allererste Zeit war schlimm. (...) Ich glaube, junge Leute von heute können sich nicht vorstellen, was Krieg ist. Weder den Bombenterror noch, daß jede Woche in der Nachbarschaft ein Trauerbrief, eine Todesnachricht ankommt, noch was man erlebt, wenn eine fremde Siegermacht über einen herfällt. Hat man erlebt, möchte man nicht gern beschreiben. [S. 5.]

Obwohl Frau Huber zu Beginn und am Ende ihrer Antwort betont, nicht darüber reden zu mögen, zeigen ihre kurzen Ausführungen doch sehr deutlich, welcher Form der Bedrohung sie als 20jährige bei Kriegsende in Berlin ausgesetzt war. Die Formulierung, *„wenn eine fremde Siegermacht über einen herfällt"*, ist ein eindeutiges Bild für die Phase der Massenvergewaltigungen durch Angehörige der roten Armee in Berlin. Ihre Beschreibung des Fehlens staatlicher Ordnung mit den Worten, nicht weglaufen können und keine Stelle zu haben, an die man sich wenden kann, macht die Aussichtslosigkeit der Situation deutlich. Auch wenn Frau Huber sich auf Umschreibungen, wie *„taten alles, was Sie sich denken können"*, beschränkt, wird deutlich, auf welche Ereignisse sich ihre Schilderung bezieht. Trotz der langjährigen Tabuisierung von Kriegsvergewaltigungen sind diese inzwischen mehrfach belegt.[139]

Frau Huber ist die einzige Frau dieser Interviewreihe, deren Schilderung über ihren Zugang zur Politik frauenspezifische Bedrohungserfahrungen zu entnehmen sind. Diese werden jedoch nicht explizit ausgeführt, sondern als ein Teil des totalen Niedergangs angedeutet, zu dem weitere Teile wie Todesnachrichten, Erschießung noch anwesender Männer, grauenhafte Berichte über NS-Verbrechen und die Not in den Trümmern gehören. Obwohl sich ihr Zugang zur Sozialdemokratie der Nachkriegszeit deutlich von dem der anderen Gesprächspartnerinnen unterscheidet, geht auch aus ihrer Schilderung eine Aufbruchsstimmung hervor, die sich auf das Thema des Aufbaus eines demokratischen Staates konzentriert und aus der unmittelbaren Erfahrung der Bedrohung menschlicher Grundrechte resultiert. Diese Erfahrung führt Frau Huber, wie aus der Bemerkung „...*weil man ja wußte, wodurch es gekommen war.*" ersichtlich wird, ebenfalls auf das nationalsozialistische Unrechtsregime zurück.

So stellt Frau Huber zwar einen Sonderfall dar, insofern sie ihren Weg der Politisierung unabhängig von Personen eines sozialdemokratischen Umfeldes beschreibt. Dennoch stimmen die den Interviews zu entnehmenden Perspektiven auf die Nachkriegszeit in der zentralen Thematik überein: Wie bei den anderen Interviewpartnerinnen ist auch in der Schilderung von Frau Huber der Aufbau einer Demokratie das zentrale Thema des Aufbruchs nach 1945, denn die im Nationalsozialismus oder als dessen Folge direkt oder vermittelt erfahrene Bedrohung menschlicher Grundrechte ist die prägende Erfahrung aller befragten Frauen für den Zugang zur Sozialdemokratie der Nachkriegszeit.

1.2.2. Politische Prägung und demokratischer Aufbruch nach 1945

Von den hier befragten Frauen berichtete lediglich Antje Huber, nach Ende des Krieges eine Phase politischer Orientierung durchlaufen zu haben. Aus allen übrigen Gesprächen dieser Interviewreihe wird eine allgemeine Aufbruchsstimmung ersichtlich, sich 1945 unmittelbar im Rahmen der Sozialdemokratie am demokratischen Aufbau beteiligen zu wollen. Dieser Befund zeigt deutlich, dass die politi-

---

[139] So u.a. in dem Buch und gleichnamigen Film von Helke Sander und Barbara Johr: BeFreier und Befreite. Krieg, Vergewaltigungen, Kinder. München 1992.

sche Prägung der hier befragten Frauen nicht in der Nachkriegszeit erfolgte. Auch Antje Huber korrigiert auf Nachfrage, nicht die Nachkriegszeit, sondern das Kriegsende sei es gewesen, was sie politisiert habe.

Während Antje Huber das Kriegsende als totalen Niedergang beschreibt und angibt, über die Erfahrung des Fehlens staatlicher Ordnung zur Einsicht in deren Notwendigkeit und Bedeutung eigenen politischen Engagements gelangt zu sein, erleben vier Frauen nicht das Kriegsende, sondern den Nationalsozialismus als unmittelbare Bedrohung. Ihre auf anderen Wegen erlangte politische Haltung erfährt durch diese Erfahrung eine Festigung. Doch nicht nur für sie, sondern auch für die Frauen, die den Nationalsozialismus als vermittelte Bedrohung erfahren, hat sich die Sozialdemokratie in ihrer oppositionellen Haltung zum Nationalsozialismus bewährt. Diese Frauen übernehmen jene politische Haltung, die ihnen über nahestehende Personen als die *„richtige"* vermittelt wurde. Der im Verhältnis zur Mitgliederstruktur der SPD nach 1945 im Sample dieser Untersuchung überproportionale Anteil von Frauen, die vor 1945 Mitglieder des ISK waren, kann hier insofern vernachlässigt werden, als keine von ihnen den Beitritt zur SPD nach 1945 problematisiert.

Als prägende Erfahrung des politischen Zugangs nach 1945 ist allen Gesprächspartnerinnen die Bedrohung demokratischer Grundrechte gemein. Während Frau Hofmann und Frau Kurlbaum-Beyer unmittelbar von Verhaftungen in ihrem Umfeld betroffen sind, gehören Frau Dr. Miller und Frau Walter zur Zielgruppe rassistischer und politischer Verfolgung. Frau Eilers, Frau Tylinski und Frau Dr. Henkel erfahren diese Formen der Bedrohung lediglich vermittelt über ihre Eltern bzw. über den späteren Ehemann, dennoch sind sie entschlossen nach 1945 auch mitmachen zu wollen.

Dabei entstammen vier Frauen dem von Susie Miller als typisch bezeichneten Milieu sozialdemokratisch orientierter Arbeiterfamilien. Doch auch Frau Walter wächst durch den Besuch der Exilschule des ISK in ein entsprechendes Umfeld hinein. Lediglich Frau Miller und Frau Henkel erweisen sich, wie Frau Huber, als untypisch insofern, als sie den Kontakt zu einem entsprechenden Umfeld selbst herstellen müssen. Bezüglich des Zugangs zur Sozialdemokratie der Nachkriegszeit ist jedoch gerade bei Frau Miller und bei Frau Henkel die enge Bindung zu Willi Eichler bzw. zu Willi Henkel ein wesentlicher Anknüpfungspunkt des eigenen Engagements.[140]

---

[140] Auch Frau Huber bewegt sich seit ihrer Ankunft in Essen in einem überwiegend sozialdemokratisch orientierten Umfeld. Schließlich heiratet sie einen Redakteurskollegen, der selbst aus einer sozialdemokratischen Familie stammt. Bei der Schilderung ihrer später extremen Inanspruchnahme

Ein stark personalisierter Politikzugang ist eines der auffälligsten Kennzeichen der Lebensschilderungen der befragten Frauen. Neben der grundsätzlich über familiäre Bindungen erfolgten Vermittlung politischer Einstellungen in sozialdemokratischen Elternhäusern betont Frau Henkel, durch die idealistische Haltung ihres Vaters vorgeprägt gewesen zu sein und Frau Walter bezeichnet ihre Tante Nora als ihr großes Vorbild. Distanz zum Elternhaus wird dagegen bei Frau Huber und in starken Maße bei Frau Miller deutlich.

Außer der generellen Prägung durch die Herkunftsfamilien finden Väter und Ehemänner bzw. Lebenspartner auffallend häufig Erwähnung. Vielfach wird die eigene politische Entwicklung in unmittelbarem Zusammenhang mit dem Vater, Ehemann oder Lebenspartner thematisiert: Frau Hofmann verknüpft ihren Zugang zum ISK mit der Begegnung ihres späteren Ehemanns und verweist darauf, dass ihr Vater auch Sozialist gewesen sei. In der Schilderung von Frau Kurlbaum-Beyer ist der Vater die Leitfigur für ihre politische Entwicklung. Für die Entscheidung, nach Deutschland zu gehen, führt Frau Miller die Beziehung zu Willi Eichler an. Nora Walter hebt ebenfalls Willi Eichler als politischen Lehrer hervor. Auch Frau Eilers thematisiert die Haltung des Vaters im Kontext ihrer Entscheidung, sich in der SPD zu engagieren. Während Frau Tylinski Vater und Mutter gleichermaßen erwähnt, bezeichnet sich Frau Henkel zwar als vorgeprägt durch den Vater, der Rolle ihres späteren Ehemannes aber weist sie eine herausragende Bedeutung zu.

Mitunter nehmen die Beschreibungen dieser Männer idealisierende Formen an. Sie erscheinen als *„großer Gleichberechtigungskämpfer"*[141] oder „wunderbarer Mann"[141] bzw. als Vater, der alles mit einem bespricht oder als Ansporn fungiert. Zweifelsohne sind diese Männer prägend gewesen und haben den Weg in die Politik entscheidend beeinflußt. Sie dienen sowohl als Vorbilder als auch als Partner im politischen Widerstehen gegen den Nationalsozialismus und beim Aufbau eines demokratischen Staates.

---

durch ihre politischen Ämter wird die Unterstützung durch ihren Ehemann deutlich. Im Rahmen dieser Arbeit kann dieser Aspekt nicht vertiefend betrachtet werden. Die Bedeutung der die politische Aktivität ihrer Frauen unterstützenden Ehemänner bzw. Lebenspartner ist jedoch ein auffallender Befund dieser Interviewreihe. Vgl. dazu auch die Kurzvorstellungen in diesem Kapitel.

[141] Margarete Hofmann über ihren Ehemann: Er war gütig, aber sehr konsequent, nech. War ein wunderbarer Mann, aber das sag' ich nicht nur - da hängt ein Bild von ihm, das hat eine Jüdin gemalt, noch ehe sie emigriert ist. Später dann habe ich ihr geschrieben, und da hat sie mir wieder geschrieben: „Wer könnte Ihren Mann vergessen und seine schönen blauen Augen."
Lachen (...) Aber Sie müssen sich die Bilder angucken, und der hat nun die ganze Entnazifizierung gemacht, nech. [S. 34.]

1.3. Biographische Erinnerung in der oral history und die Wahrnehmung der Nachkriegszeit – Ein Vergleich mit dem Preisausschreiben „Wie bist du zum Sozialismus gekommen?" des Jahres 1948

Der im Interview von den für diese Arbeit befragten Frauen beschriebene Weg in die Politik ist in starkem Maße von persönlichem Erleben und nahestehenden Personen geprägt. Ihre Erzählungen orientieren sich an konkreten Ereignissen. Sie erinnern sich an einzelne Szenen oder bewegende Momente, die sie ihrem Temperament und persönlichen Stil entsprechend wiedergeben. Obwohl sie sich der Halböffentlichkeit des Interviews bewußt waren, denn die Interviews sollten erklärterweise nicht anonymisiert werden und die Transkripte wurden den Befragten entsprechend für eine nachträgliche Redaktion überlassen, erlauben die befragten Frauen einen Einblick in ihre persönlichen Lebensumstände. Persönliche Empfehlungen erwiesen sich dabei als notwendige Bedingung für die Bereitschaft zum Interview. Als politisch erfahrene Frauen wissen sie sowohl um die Gefahren des Mißbrauchs von Informationen als auch um das Interesse am Privaten öffentlicher Personen. Für ihre Bereitschaft, sich diesem Projekt zur Verfügung zu stellen, gebührt ihnen deshalb ausdrücklicher Dank, denn das Erkenntnisinteresse richtet sich über die Frage nach dem Zugang zur Sozialdemokratie auch auf Bereiche, die sehr persönliche Erfahrungen betreffen.

Vor diesem Hintergrund sind ethische Fragen im Umgang mit dem Interviewmaterial in stärkerem Maße relevant als in Projekten, die mit anonymisierten Interviews arbeiten. Zugleich eröffnet die Nicht-Anonymisierung der Interviews jedoch auch Perspektiven der Selbstkontrolle. Im Wissen um aufeinander verweisende Gesprächspartnerinnen, finanzielle Unterstützung seitens der Friedrich-Ebert-Stiftung, Übergabe der Interviewtranskripte an das Archiv der sozialen Demokratie und schließlich der zu erwartenden Veröffentlichung der Forschungsergebnisse drängt sich die Vermutung auf, dass Selbststilisierungen und von der Partei erwünschte Formen der Außendarstellung eine Rolle gespielt haben könnten. Der Annahme, die Aussagen der Interviewten könnten sich eher an ein fiktives Parteiforum als an die Interviewerinnen gerichtet haben, gebührt entsprechende Beachtung. Die Frage, welche Bedeutung den Interviewergebnissen zukommt und wie diese einzuordnen sind, bildet deshalb den Abschluß dieses Kapitels.

Als Zwischenergebnis bleibt jedoch zunächst festzuhalten, dass die aus den persönlichen Schilderungen der befragten Frauen gewonnenen Ergebnisse der Interviewauswertung sichtbar machen, welche zentrale Bedeutung den Erfahrungen im Nationalsozialismus und bei Kriegsende - insbesondere im Kontext von Bedrohungserfahrungen im persönlichen Umfeld – für die politische Orientierung von Sozialdemokratinnen in der Nachkriegszeit zukommt. Aus mitunter dramatischen persönlichen Erlebnissen resultiert der entschlossene Wille zum Aufbau einer stabilen Demokratie und die Bereitschaft sich an diesem Aufbau zu beteiligen. Der Befund eines in starkem Masse personenorientierten Politikzugangs steht mit diesem Ergebnis in unmittelbarer Verbindung, denn es sind zumeist gerade jene nahestehenden Personen, an denen sich die eigene Politisierung orientiert, die besonderen Bedrohungen ausgesetzt sind, die als stabilisierend erlebt werden und deren Haltung sich schließlich vor dem Hintergrund des „*totalen Niedergangs*" als die „*richtige*" bewährt hat.

Für die weitere Einordnung dieses Ergebnisses besonders aufschlußreich sind autobiographische Schilderungen von Sozialdemokratinnen, die als Beiträge zu einem Preisausschreiben des Frauenbüros im Jahr 1948 geschrieben wurden. In der GENOSSIN Nr. 4 Juni 1948 ist eine Rundfunkrede von Edith Summerskill abgedruckt, in der sie beschreibt, warum sie Sozialistin wurde. Als Ärztin habe man sie in die ärmliche Behausung eines arbeitslosen Arbeiterpaares zur Geburt eines Kindes gerufen. In dieser Nacht am Bett der jungen Mutter sei sie Sozialistin geworden. Herta Gotthelf verknüpft den Abdruck der Rede Summerskills mit dem Aufruf zu einem Preisausssschreiben:

„Die vorstehenden Ausführungen zeigen, wie eine Frau, die heute an führender Stelle der englischen Arbeiterpartei steht, Sozialistin geworden ist.

Wie bist Du zum Sozialismus gekommen? (Hervorhebung im Original)

Wir bitten alle unsere Leserinnen, sich an diesem Preisausschreiben zu beteiligen „Wie ich Sozialistin wurde". Die Beiträge müssen einseitig und leserlich geschrieben sein und nicht länger als vier Seiten handschriftlich oder zwei Seiten Maschinenschrift. Die fünf besten Beiträge werden in der 'Genossin' abgedruckt und werden außerdem mit einem Buchpreis bedacht.

Glaube nicht, daß Dein Weg zum Sozialismus uninteressant ist. Ob Du aus einer sozialistischen Familie kommst und sozusagen in die Partei 'hineingewachsen' bist, ob Du als junger oder reifer Mensch zur Bewegung gekommen bist, ob Du bereits vor 1933 bei uns warst, oder erst 1945 den Weg zu uns gefunden hast, all das ist von Interesse und Bedeutung für uns alle.

Wir hoffen, daß recht viele Genossinnen sich an diesem Preisausschreiben beteiligen werden, und bitten, die Beiträge bis zum 30. August an die Redaktion der 'Genossin, SPD-Frauenbüro, Hannover, Odeonstraße 15/16, zu schicken."[142]

---

[142] Herta Gotthelf: Preisausschreiben. In: GENOSSIN Nr. 4 Juni 1948, S. 49.

Der Ausschreibungstext von Herta Gotthelf verwendet explizit den Topos des `Hineinwachsens` in die Sozialdemokratie, doch erwähnt sie auch die Möglichkeit, erst als `reifer` Mensch zur Sozialdemokratie zu kommen. Ausdrücklich betont sie das Interesse aller Sozialdemokraten und Sozialdemokratinnen am Weg von Genossinnen in die Partei. Die von Herta Gotthelf formulierte Fragestellung des Preisausschreibens von 1948 ist bemerkenswerterweise nahezu identisch mit der Eingangsfrage der Interviews, die für diese Arbeit geführt wurden, da Sozialismus und Sozialdemokratie im Rahmen parteiinterner Diskussionen der Nachkriegszeit synonym benutzt werden. Dieser Umstand ermöglicht einen direkten Vergleich zwischen den Ergebnissen der Interviewauswertung und den Beiträgen zum Preisausschreiben, dessen besondere Qualität darin besteht, zeitgenössische Aussagen über den Zugang zur Sozialdemokratie in Form 1948 schriftlich fixierter Selbstdarstellungen mit biographischen Erinnerungen konfrontieren zu können, die nahezu 50 Jahre später in mündlicher Form vorgetragen wurden.

Doch bevor die Beiträge selbst vorgestellt werden und ein entsprechender Vergleich erfolgt, ist zunächst noch bemerkenswert, dass Herta Gotthelf diese Initiative ergreift. Als zentrale Frauensekretärin ist die Werbung von Frauen für die Partei ihr besonderes Ressort und steigende Zahlen weiblicher Mitglieder sind der Gradmesser ihres Arbeitserfolges. Aus diesem Umstand erklärt sich zunächst ihr explizites Interesse am Weg von Frauen zum Sozialismus. Darüber hinaus betont sie die Bedeutung dieser Frage für alle Parteimitglieder. Hierfür greift analog die Erklärung, dass wachsende Mitgliederzahlen im Interesse jedes Parteimitgliedes stünden. Allerdings wäre es verkürzt das damalige Interesse von Herta Gotthelf - und im entsprechend erweiterten Sinne der Partei – nicht im frauenpolitischen Kontext zu betrachten. Wie einleitend am gegenwärtigen Forschungsstand erläutert, erschließt sich das Interesse an biographischen Verläufen parteipolitisch engagierter Frauen u.a. aus der Unterrepräsentanz von Frauen in der Geschichte der Parteien. Vor diesem Hintergrund verweist die Initiative von Herta Gotthelf zum obengenannten Preisausschreiben auf einen hohen Sensibilisierungsgrad gegenüber der besonderen Problematik frauenspezifischer Politikzugänge. Die Veröffentlichung von Beiträgen zum Preisausschreiben stellt somit ein entsprechend frühes Zeugnis des bewußten Umgangs mit der Problematik des Auseinanderklaffens von Programmatik und weiblicher Repräsentanz in der Sozialdemokratie dar.

In der GENOSSIN werden schließlich sechs statt der angekündigten fünf Beiträge zum Thema „Wie ich Sozialistin wurde" veröffentlicht. Es erfolgt jedoch keine weitere Prämierung oder Erläuterung, weshalb gerade diese Beiträge abgedruckt werden. Wieviele Beiträge schließlich eingingen, lässt sich nicht rekonstruieren. Abgedruckt werden in entsprechender Reihenfolge die nachfolgenden Beiträge.

In der Juli/August Ausgabe der GENOSSIN 1948 schreibt Lotte Gehwitz aus Schweinfurt: „Ich bin sozusagen in den Sozialismus hinein geboren worden (...) An der Hand des besten aller Väter ging mir in den heranwachsenden Jahren das Verständnis für soziale Probleme auf. (...) Ich besuchte schon in jungen Jahren gemeinsam mit Vater alle politischen Versammlungen und wurde schon frühzeitig mit der Idee des Sozialismus vertraut. Als ich mit 24 Jahren einen aufrechten und wackeren Sozialdemokraten heiratete, da blickten wir beide froh und hoffnungsvoll in eine bessere Zukunft. Streiks und Arbeitslosigkeit konnten das Zukunftsbild nicht trüben. Hatten doch unsere jungen Ehejahre Bewährung im ersten Weltkrieg gefunden. **Ich stand in all den Jahren als Sozialistin an der Seite meines Mannes,** (Hervorhebung im Original. A.d.V.) und als im Jahre 1933 Deutschlands dunkelste Zeit hereinbrach, als das Licht der Freiheit erlosch, als brutale Hitler-Willkür alles von uns Geschaffene zerbrach, der irrsinige Hitler-Krieg alles zertrümmerte, Millionen Menschen gewissenlos hinschlachten ließ, half mir der felsenfeste Glaube, daß einmal der Tag kommt, wo Machtgier und brutale Gewalt zertrümmert am Boden lag, wo sozialistische Weltauffassung über Herrscherwillkür den Sieg erringt, alles Schwere ertragen. **Wir sozialistischen Mütter und Frauen aber sind berufen, mitzuarbeiten an dem großen Ziel für soziale Gerechtigkeit, Freiheit und Frieden."**[143] (Hervorhebung im Original. A.d.V.)

In diesem Beitrag wird der Topos des „Hineinwachsens in die Sozialdemokratie" zum „Hineingeboren-Sein" gesteigert. Von herausragender Bedeutung erscheint der Vater, „an dessen Hand" die Tochter bereits in jungen Jahren politische Versammlungen besucht und soziale Probleme ebenso wie die Idee des Sozialismus verstehen lernt. Als Ehemann wählt sie entsprechend einen „aufrechten und wackeren Sozialdemokraten", an dessen Seite sie Streiks, Arbeitslosigkeit, den ersten Weltkrieg, Nationalsozialismus und Krieg im Glauben an die sozialistische Weltauffassung und deren Sieg übersteht. Der Nationalsozialismus wird als Deutschlands dunkelste Zeit bezeichnet, da „das Licht der Freiheit" erlosch. Die Berufung sozialistischer Mütter und Frauen, an dem „großen Ziel" für soziale Gerechtigkeit, Freiheit und Frieden mitzuarbeiten, hebt die Autorin ausdrücklich hervor.

In der Septemberausgabe der GENOSSIN 1948 beginnt auch die Schilderung von Anneliese Reuning aus Friedberg in Hessen mit der Beschreibung des Vaters. Ihr Vater sei Sozialdemokrat gewesen und habe seine Kinder davor bewahrt, dem trügerischen Glanz des Dritten Reiches allzusehr zu trauen. Seinem wiederholten

---

[143] Lotte Gehwitz: Wie ich Sozialistin wurde. GENOSSIN Nr. 5/6 Juli/August 1948, S. 71-72.

Hinweis aber „Hitler bedeutet Krieg!" habe sie anfangs mißtraut und die Gespräche mit ihm und sein Leiden unter der Zeit seien für sie quälend gewesen. 1939 habe sie ihm innerlich Abbitte getan. Im Januar 1941 heiratete sie: „In den 11 Monaten meiner Ehe verging kein Tag, an dem mein Mann nicht mit mir bis in die sinkende Nacht hinein von politischen Dingen gesprochen hätte. Er haßte Hitler und seinen Klüngel, um so mehr, als er als höherer Beamter eines Ministeriums Einblick in viele Dinge hatte, von denen ich bisher kaum etwas geahnt hatte. Bald teilte ich seine Sehnsucht nach dem Umsturz und einen Neuanfang ohne Hitler und seine Getreuen. Aber die Armeen marschierten auch in Rußland von Sieg zu Sieg. Jede Siegesmeldung brachte meinen Mann in verzweifelte Stimmung. Fern, fern war das Ziel eines einigen Europa. So fern, daß er den Glauben daran verlor und in tiefer Verzweiflung aus dem Leben ging. Mir blieb das Kind, das nun sechs Wochen alt war, und als Erbe und Aufgabe der Glaube an die Idee des Sozialismus.

Was nun folgt, ist eine ganz alltägliche Geschichte:

Die Evakuierung in die pommersche Heimat aus dem bombenbedrohten Berlin. - Verfolgung durch den Ortsgruppenleiter, der mich an den Ostwall brachte, und schließlich das Warten auf die russische Armee. – Wir warteten heißen Herzens auf die Befreiung. Was konnte uns geschehen? Niemand von uns hatte der Hitlerpartei angehört, 12 Jahre lang war die ganze Familie als „rot" verschrien gewesen. Alles was ein schlechtes Gewissen hatte, machte sich aus dem Staube in jenem denkwürdigen März 1945. Aber die Straßen waren voller Trecks und im Ernst glaubte niemand mehr an die Möglichkeit, vor den Russen über die Oder zu kommen. Sie kamen, und mit ihnen bisher unbekannte Bitternisse und Entwürdigungen, die allen Frauen, über die die Ostfront hingerollt, in fürchterlicher Erinnerung bleiben werden.

Unsere Väter wurden verschleppt – ohne Ansehen der Person und der politischen Vergangenheit. Von meinem Vater fehlt jede Spur. (...)

Als ich aus der polnisch gewordenen Heimat 1946 nach Hessen kam, war einer meiner ersten Wege in das Büro der SPD. Seither stehe ich unausgesetzt in der Arbeit, die mich im April bei den Gemeindewahlen in das Friedberger Stadtparlament brachte. (...)"[144]

Auch in diesem Beitrag erscheint vom sozialdemokratischen Vater vorgeprägt die Wahl des Ehemannes folgerichtig auf einen erklärten Gegner des Nationalsozialismus zu fallen. Doch das bereits unter dem Vater als quälend erlebte politische Leiden an der Zeit erfährt eine Steigerung durch den offenbaren Selbstmord des Mannes, der so verzweifelt ist, dass er trotz eines erst sechs Wochen alten Kindes aus dem Leben geht. Dennoch bleibt der Autorin „als Erbe und Aufgabe" der Glaube an die Idee des Sozialismus, der trotz oder gerade wegen weiterer bitterer

---

[144] Anneliese Reuning: Wie ich Sozialistin wurde. In: GENOSSIN Nr. 7 September 1948, S. 112-113.

Erlebnisse zur unausgesetzten Arbeit in der SPD seit der Ankunft in Hessen 1946 führt. In derselben Ausgabe beschreibt Else Paymann den Einfluß ihres Vaters, der 1933 verhaftet wurde und dann zur Flucht in die Emigration gezwungen war, auf ihre Entwicklung: „... auf Grund seiner Lebenshaltung und seiner ganzen Persönlichkeit war er mir das Vorbild eines Sozialisten. (...) Weil ich meinem Vater so viel an Anregungen verdanke (...) deshalb ist es jetzt eine Verpflichtung und ein Bedürfnis für mich, da weiter zu arbeiten, wo er (...) gestanden wäre, wenn er den Zusammenbruch des Naziregimes noch erlebt hätte."[145] Wiederum handelt es sich um das Motiv eines vorbildlichen, sozialistischen Vaters, dessen Erbe es fortzusetzen gilt.

In der nächsten Ausgabe im Oktober 1948 erscheint von Hedwig Daur die Beschreibung eines ihres Erachtens ziemlich anderen Weges als dem der meisten Genossinnen. „Aufgewachsen in einem kinderreichen Pfarrhaus in einer Arbeitergemeinde in Süddeutschland war ich schon von Kind auf mit den Problemen der Arbeiterkreise vertraut und mit diesen Häusern verbunden. Der Vater als ein weitblickender und weltoffener Mann war der rechte Pfarrer für die als „rot" bekannte Industrie-Gemeinde. Ihm, dem Naumann-Anhänger, verdanke ich es, daß ich früh den Kreis der „Religiösen Sozialisten" kennenlernte, und ich fand bei ihm volles Verständnis für mein in dieser Richtung gehendes Interesse."[146] Das Wissen um die Verantwortung am Nebenmenschen sei es, was sie zur Sozialdemokratin machte und was sie auf diesem Weg halte. So anders, wie von der Autorin vermutet, erscheint ihr Weg jedoch nicht. Auch sie erfährt ihre politische Prägung über einen weitblickenden und weltoffenen Vater.

In derselben Ausgabe schreibt Mimmi Temme aus Hamm: „Meine Eltern waren Sozialisten. Ihre acht Kinder wuchsen sozialistisch erzogen auf, jedoch war es selbstverständlich, daß wir über unsere politische Orientierung frei entscheiden durften. (...) Mein Vater wurde seiner politischen Einstellung wegen des öfteren in seinem Beruf als Bergmann gemaßregelt. Ich litt darunter, denn dieser gütige Mensch, der so hoch vom Menschentum und von der Freiheit des Menschen sprach, wurde beschimpft und bestraft! (...) Heute stehe ich arbeitend in unseren Reihen und bin stolz, niemals meine Idee aufgegeben zu haben."[147] Wenngleich in diesem Beitrag erstmals beide Eltern Erwähnung finden, wird bald wieder der Vater als prägende Person beschrieben und „die Treue zur Idee" mit Stolz betont.

Ebenfalls in der Oktoberausgabe der GENOSSIN 1948 gibt Friedel Schlichtinger aus Regensburg an, nicht den Zeitpunkt benennen zu können, zu dem sie So-

---

[145] Else Paymann: Wie ich Sozialistin wurde. In: GENOSSIN Nr. 7 September 1948, S. 113-114.
[146] Hedwig Daur: Wie ich Sozialistin wurde. In: GENOSSIN Nr. 8 Oktober 1948, S. 145.
[147] Mimmi Temme: Wie ich Sozialistin wurde. In: GENOSSIN Nr. 8 Oktober 1948, S. 145-146.

zialistin wurde. Dies hängt nach ihrer Vermutung damit zusammen, dass sie seit früher Kindheit durch ihren Vater mit sozialistischem Gedankengut vertraut gemacht wurde. Als ihr schwerkranker Vater 70jährig von der Gestapo wegen Vorbereitung zum Hochverrat verhaftet worden sei, habe sie der Mutter auf deren Drängen erklärt, sich nie mit Politik zu beschäftigen. „Aber der Idealismus und die innere Berufung war 1945 stärker als der Vorsatz (...) Ich baute die Arbeiterwohlfahrt in unserem Bezirk wieder auf, widmete mich neben meinem Beruf der Frauenarbeit in der Partei und wurde 1946 als Nachfolgerin meines inzwischen verstorbenen Vaters als Mitglied in den Stadtrat gewählt. Meine Mutter (...) erklärte 1945 einem besonders rührigen Genossen, daß sie wegen der Politik keinen Mann mehr gehabt hätte und daß sie nun auch keine Tochter mehr hätte. Aber das innere Gefühl, welches mich bei meinen Versammlungen beseelt, ist so übermächtig und die Freude am Helfen so groß, daß alle persönlichen Bedenken verschwinden. (...) Ich bin auch der festen Ueberzeugung, daß ich durch diesen rückhaltlosen Einsatz meiner Person für die sozialistische Weltanschauung das Andenken an meinen lieben Vater am besten wahren kann.“[148]

Auch Friedel Schlichtinger übernimmt das Erbe des Vaters. Sie bezeichnet ihre Wahl in den Stadtrat sogar als direkte Nachfolge, mit der sie trotz gegenteiliger, früherer Beteuerungen gegenüber der Mutter die familiäre Tradition fortsetzt: Mit der Erwähnung des „Verzichten-müssens der Mutter auf Mann und Tochter" unterstreicht sie das väterliche und eigene Engagement, das sie entgegen aller persönlichen Bedenken mit der Freude am Helfen rechtfertigt. Rückhaltloser Einsatz für die sozialistische Weltanschauung gilt ihr als das Vermächtnis des Vaters.

In den Beiträgen des Preisausschreibens wiederholen sich die Bekenntnisse zur „Idee des Sozialismus" und die erklärte Selbstverpflichtung, am „großen Ziel" mitzuarbeiten. Eine idealisierende Darstellung des eigenen Vaters, wie *an der Hand des besten aller Väter*, findet sich in diesen Beiträgen zum Preisausschreiben ebenso, wie das Motiv, sein Erbe anzutreten oder sein Andenken zu wahren. (Sozialistische) Väter erscheinen als zentrale Vermittler sozialistischen Gedankenguts und als besonders glaubwürdige und gütige Menschen, denen großes Unrecht geschieht. Ihre Töchter aber stehen 1945 dort, wo die Väter stehen oder stünden, wenn sie das Naziregime überlebt haben bzw. hätten.

Auch bei Anneliese Reuning werden, wie bei Antje Huber, Kriegsvergewaltigungen angedeutet. Neben den *bisher unbekannten Bitternissen und Entwürdigungen, die allen Frauen in Erinnerung bleiben werden*, stehen jedoch, ebenfalls wie bei Antje Huber, die Erschießungen der Männer und die Verschleppungen der Vä-

---

[148] Friedel Schlichtinger: Wie ich Sozialistin wurde. In: GENOSSIN Nr. 8 Oktober 1948, S. 146-147.

ter. Eine Thematisierung des Geschehens bei Kriegsende aus frauenspezifischer Sicht bleibt ebenso aus, wie Hinweise darauf fehlen, dass weibliche Diskriminierungserfahrungen zur eigenen Politisierung beigetragen haben könnten.

Alle Beiträge sind von Frauen verfasst, denen das Engagement des Vaters zum Vorbild wurde und die es nach 1945 drängt, sich selbst im Rahmen der Sozialdemokratie zu engagieren. Die von den Teilnehmerinnen des Preisausschreibens beschriebenen Zugänge zur Sozialdemokratie der Nachkriegszeit entsprechen den Schilderungen von Margarete Hofmann und Lucie Kurlbaum-Beyer, die den Nationalsozialismus als tiefen Einschnitt im persönlichen Umfeld erleben bzw. wie Elfriede Eilers und Marga Tylinski vermittelt über ein sozialdemokratisches Elternhaus als Bedrohung erfahren. Wie Lucie Kurlbaum-Beyer erwähnen drei Frauen explizit das Motiv des politischen, väterlichen Erbes, während die übrigen drei Autorinnen mit Stolz auf die Treue zur Idee verweisen. Die Erfahrung des Nationalsozialismus scheint ihre über den Vater erworbene politische Orientierung ungebrochen überlebt und sogar gefestigt zu haben. Inwiefern sie sich bereits vor 1933 politisch betätigten, geht aus den Beiträgen nicht hervor, dass sie es nach 1945 tun, wird jedoch explizit ausgeführt.

Der Hinweis von Susie Miller, selbst ganz untypisch zu sein, scheint von den Beiträgen des Preisausschreibens zunächst insofern bestätigt, als sich alle Autorinnen als durch einen sozialistischen Vater in die Sozialdemokratie hineingewachsen beschreiben. Im Sample der Interviewreihe trifft dieser Topos des Hineinwachsens direkt lediglich auf die Hälfte der Frauen zu. Indirekt ließen sich jedoch Nora Walter und Lore Henkel über die Bezüge zum ISK bzw. über den späteren Ehemann ebenfalls einem an Personen orientierten Politikzugang zuordnen. Wenig an Personen orientiert beschreiben demnach nur Susie Miller und Antje Huber ihren Weg in die Politik. Doch auch Susie Miller erlebt den demokratischen Aufbruch nach 1945 aus einem über Jahre gefestigten politischen Umfeld heraus und der spätere politische Werdegang von Antje Huber erfolgt vor dem Hintergrund ihrer engen, auch privaten Einbindung in sozialdemokratisch geprägte Lebensbezüge.

Die im Sommer 1948 geschriebenen Beiträge zum Preisausschreiben unterscheiden sich jedoch, wie im Folgenden ausgeführt wird, hinsichtlich ihrer Entstehungsbedingungen und grundsätzlich in Bezug auf den Erkenntnisgewinn für diese Arbeit von den Ergebnissen der Interviewauswertung. Die Autorinnen des Preisausschreibens präsentieren sich mit einem zeitgebundenen Pathos einem erklärten sozialdemokratischen Publikum als treue, dem sozialistischen Vater oder Elternhaus verbundene Genossinnen. Sie fühlen sich offenbar persönlich angesprochen und berufen, ihren Weg zum Sozialismus parteiöffentlich zu schildern und tun dies, indem sie dem Aufruf Herta Gotthelfs folgen und einen entsprechenden Beitrag schreiben. Ihre Beiträge stellen die Treue zur Idee heraus und bezeugen ihr Bekenntnis, sich im Rahmen der Sozialdemokratie zu engagieren.

Die Ausgangssituation der Interviews bestand demgegenüber in der Ansprache der Interviewpartnerinnen als Zeitzeuginnen, die in mehr oder weniger direkter Verbindung zur Frauenarbeit nach 1945 bzw. zu Herta Gotthelf, Elisabeth Selbert oder Frieda Nadig standen und diesbezügliche Auskünfte geben könnten. Das erklärte Thema des Interviewprojektes war dementsprechend die sozialdemokratische Frauenpolitik der Nachkriegszeit. Insofern kam für die befragten Frauen die Frage nach ihrem Zugang zur Sozialdemokratie im Regelfall eher überraschend, wenngleich die Interviewanfrage das erklärte Interesse an der Frauenpolitik der Nachkriegszeit mit der Frage nach persönlichen Erlebnissen und Erfahrungen verband. In der Interviewsituation trafen schließlich, wie einleitend erwähnt, die Forscherinnen als Repräsentantinnen einer Frauengeneration auf die jeweilige Gesprächspartnerin, deren Interesse an sozialdemokratischer Frauenpolitik der Nachkriegszeit wesentlich über das Ereignis der Verankerung der Gleichberechtigung im Grundgesetz als herausragendes frauenpolitisches Ereignis motiviert war. Wie einleitend erwähnt, wurden im Eingangsgespräch entsprechende Fragen nach Motivation und Interessen der Forscherinnen gestellt. Der Zugang der Forscherinnen zur Sozialdemokratie der Nachkriegszeit ergab sich in diesem Sinne aus der „heutigen" Sicht auf die damaligen Ereignisse und die entscheidenden Forschungsfragen wurden entsprechend aus dem Akt der Verankerung der Gleichberechtigung und der Kenntnis des diesbezüglichen Forschungsstandes entwickelt.

Über die Konzeption der Befragung und die Eingangsfrage nach dem Zugang zur Sozialdemokratie näherten sich die Zeitzeuginnen aber im Gegensatz zur Perspektive der Forscherinnen auf den Untersuchungsgegenstand aus einer Perspektive, die biographisch rückblickend von wesentlich früheren Ereignissen als der Schaffung des Grundgesetzes ihren Ausgang nimmt. Von einer Fokussierung der Zeitzeuginnen auf das Gegenüber der Forscherinnen oder ein imaginäres Parteipublikum kann dabei insofern nicht ausgegangen werden, als unter gelungenen Interviewbedingungen Zugzwänge des Erzählens greifen. „Denn wie der Erzählstrom segmentiert wird und wie seine Erfahrungsqualitäten hinsichtlich ihrer allgemeinen Merkmale prädiziert werden, hängt in den Kernverrichtungen bei jedem Stegreiferzählen eigenerlebter Erfahrungen (...) nicht von der Orientierung auf den Zuhörer, sondern von der Struktur der eigenen lebensgeschichtlichen Erfahrungsaufschichtung des Erzählers als Biographieträgers und seiner gegenwärtigen Haltung zu dieser ab."[149]

Als erzählgenerierende Eingangsfrage des Interviews führte die Frage „Wie sind Sie eigentlich zur Sozialdemokratie gekommen?" zu entsprechenden Stegreiferzählungen, die das erklärte Interesse der Interviewerinnen an der Nachkriegszeit zunächst zugunsten der biographischen Selbstdarstellung der Befragten in den Hintergrund treten ließ. Entscheidend für den Forschungsprozeß im Sinne des „Enttypisierungsschocks" war dabei, dass in den Selbstdarstellungen der befragten Frauen Erlebnisse während des Nationalsozialismus und bei Kriegsende deutlich stärkeres Gewicht besaßen als die Schilderung der Nachkriegsnot. Entgegen der These eines aus der Not der Nachkriegszeit erwachsenen frauenpolitischen Aufbruchs galt die vorrangige Sorge der hier befragten Frauen dem Aufbau einer stabilen Demokratie. Vor dem Hintergrund betont positiver Beschreibungen von Vätern, Ehemännern oder Lebensgefährten, die zum Teil besonderen Bedrohungen ausgesetzt waren und/oder sich als partnerschaftlich unterstützende Vorbilder und Weggefährten erwiesen hatten, erschien die These vom offenbaren „Scheitern der Männerpolitik", die in der Literatur neben der Nachkriegsnot zur Erklärung des frauenpolitischen Aufbruchs nach 1945 herangezogen wird, für Sozialdemokratinnen wenig überzeugend, wenn nicht gar anmaßend.

Doch auch das Bild sich unterordnender Parteifrauen erwies sich als unbrauchbar. Frauenpolitische Positionen schienen vielmehr insofern Bestandteil des demokratischen Selbstverständnisses, als sie sich ebenso wie die Genossen aufgerufen fühlten, politische Positionen zu übernehmen und sich aktiv am Aufbau der Demokratie zu beteiligen. Wie aus den Kurzvorstellungen bei Darstellung des Samples hervorgeht, beteiligten sich alle befragten Frauen am demokratischen Neubeginn und engagierten sich insbesondere in Politikfeldern, die in unmittelbarer Verbindung zu ihrem bisherigen Lebensumfeld standen, für die sie sich prädestiniert fühlten oder die sie ihrer Überzeugung gemäß für wichtig erachteten.

Was in den zeitgenössischen Darstellungen des Preisausschreibens zunächst als pathetischer Ausdruck sozialdemokratischer Selbststilisierung erscheint, erweist sich vor dem Hintergrund der biographischen Erzählungen der Interviews als ein wesentlicher Schlüssel zum Verständnis sozialdemokratischer Frauenpolitik der Nachkriegszeit: Der demokratische Aufbruch von Sozialdemokratinnen nach 1945

---

[149] Fritz Schütze: Kognitive Figuren des autobiographischen Stegreiferzählens. In: Martin Kohli, Günther Robert (Hg.): Biographie und soziale Wirklichkeit. Neue Beiträge und Forschungsperspektiven, Stuttgart 1984, S. 80.

galt der Schaffung einer stabilen Demokratie und bezog aus mitunter dramatischen persönlichen Erlebnissen seine Entschlossenheit. Diese Aufbruchstimmung ist sowohl aus den Beiträgen des Preisausschreibens als auch aus den Interviews ersichtlich. Bemerkenswert daran ist jedoch insbesondere, dass trotz der völlig unterschiedlichen Ausgangssituation des Preisausschreibens und der Interviews die auf die Perspektive der Gesprächspartnerinnen konzentrierte Auswertung analoge Schwerpunktsetzungen in den Beiträgen des Preisausschreibens und in den lebensgeschichtlichen Erzählungen ergab. Vor diesem Hintergrund eröffnete die Auswertung biographischer Zugänge zur Sozialdemokratie der Nachkriegszeit weiterführende Perspektiven zum Verständnis und zur Interpretation des „zeitgenössischen" schriftlichen Materials.

Die Ergebnisse der Interviewauswertung erklären zunächst, weshalb es für Sozialdemokratinnen nahelag, sich „an das Bewährte" zu halten. Im Rahmen der Sozialdemokratie für eine aus Demokratie und Sozialismus bestehende Zukunft einzutreten erwies sich für die Mehrheit der befragten Frauen als logische Konsequenz ihres Zugangs zur Politik und ihres Erlebens des Nationalsozialismus. Das Erleben von Männern als Partner und Vorbilder für den Aufbruch in die Demokratie lässt das Bild sich unterordnender Parteifrauen als verkürzte Generalisierung erscheinen. Denn gerade die in der Interviewauswertung deutlich werdende, ungebrochene Bedeutung von Erlebnissen im Nationalsozialismus weist die diffuse Perspektive einer aus der Not geborenen überparteilichen Frauensolidarität zurück.

Der Vorbehalt, dass es sich bei den Lebensschilderungen der befragten Frauen um parteikonforme Selbststilisierungen zur „treuen Parteisoldatin" oder „ungebrochenen Widerstandskämpferin" handeln könnte, ist insofern zurückzuweisen, als sich die Interpretation auf jene Interviewpassagen stützt, deren detailgenaue Schilderungen auf einen hohen Narrativitätsgrad und damit auf Zugzwänge des Erzählens verweisen, die eine Orientierung auf ein konkretes oder fiktives Gegenüber zugunsten der eigenen Erfahrungsaufschichtung in den Hintergrund treten läßt. Der Erkenntnisgewinn im Kontext dieser Arbeit besteht dabei gerade darin, dass sich die Zugänge der hier befragten Frauen zur Politik – ebenso wie in den Beiträgen des Preisausschreibens - unabhängig von der Thematisierung frauenspezifischer Diskriminierungserfahrungen erschließen. Vielmehr stellt gerade die erlebte Anerkennung politischer Gleichberechtigung im persönlich prägenden Erfahrungsumfeld eine wesentliche Zugangserfahrung von Sozialdemokratinnen zur Politik (der Nachkriegszeit) dar.

Insofern belegen die Ergebnisse der Interviewauswertung die Nähe zur zeitgenössischen Sicht des Preisausschreibens ebenso, wie sich die Bedeutung der stark emotionalen Prägung und Emphase der Beiträge des Preisausschreibens über die Interviewauswertung erschließt: Das Erleben des Nationalsozialismus ist die zentrale Zugangserfahrung zur Sozialdemokratie der Nachkriegszeit und ein wesentlicher Schlüssel zum Verständnis einer Frauenpolitik, die auf den partnerschaftlichen Kampf von Männern und Frauen um demokratische Grundrechte setzt. Elementar in diesem Kontext ist die Erfahrung vieler Frauen, Männer als Vorbilder und Förderer ihres Weges in die Politik erlebt zu haben.

Inwieweit Frauenrechte schließlich expliziter Bestandteil des partnerschaftlichen Kampfes in der Sozialdemokratie der Nachkriegszeit sind, wird eingehender zu prüfen sein. Zunächst bleibt jedoch festzuhalten, dass dieser Befund der bisherigen Interpretation politischen Handelns von Frauen der Nachkriegszeit entgegen steht, nach der Frauen ihre Politik aus dem „Scheitern der Männerpolitik" ableiteten: „Die Frage nach einem anderen Politikverständnis von Frauen wird nicht aus heutiger Sicht der Zeit übergestülpt. Frauen verstanden ihr damaliges Handeln und Leiden, ihre Forderungen, Wünsche und Utopien selbstverständlich als politisch. **Sie leiteten ihre Politik aus dem Scheitern der Männerpolitik ab** (Hervorhebung durch die Verfasserin) und vertraten ein ganzheitliches Politikverständnis quer zu institutionell definierten Sachbereichen und jenseits von Machterwerb und Machterhaltung."[150]

Die allgemeine These vom „Scheitern der Männerpolitik" bedarf vor dem Hintergrund der bisherigen Untersuchungsergebnisse dringender Differenzierung. Denn wenngleich im hier zitierten Text nachfolgend die Sozialdemokratin Anna Haag zitiert wird, weil sie das frauenspezifische Politikverständnis der Nachkriegszeit auf den Punkt brächte, findet sich im Zitat kein Hinweis auf „männliches" Scheitern: „Zwei Drittel Frauen! Ein Drittel Männer! Was für eine Verantwortung liegt in dieser Tatsache beschlossen! ... Es liegt an uns Frauen, zu beweisen, daß wir begriffen haben, um was es in der Politik geht! Da es um nichts Geringeres geht, als um die Gestaltung unseres irdischen Lebens, um Wohnen und Essen, um Arbeit und Lohn, um Schule und Erziehung, um Frau und Beruf, um Sicherung eines sorgenfreien Alters, um die Freiheit, unseren Gott suchen zu dürfen, wo wir ihn zu finden glauben, um Krieg und Frieden, werden wir Frauen in Zukunft den politischen Dingen den Ernst entgegenbringen müssen, der ihnen zukommt."[151]

---

[150] Uta C. Schmidt unter Mitarbeit von Cordelia Schäfer: Die Nachkriegszeit, 1945-1948. In: Annette Kuhn, Marianne Pitzen, Marianne Hochgeschurz: Politeia. Szenarien aus der deutschen Geschichte nach 1945 aus Frauensicht. Bonn 1998, S. 81.

[151] Anna Haag zitiert nach Uta C. Schmidt: Ebd.

Im Kontext des politischen Engagements von Sozialdemokratinnen muss vor dem Hintergrund der Interviewauswertung und der Beiträge zum Preisausschreiben dieses Plädoyer vor allem auch als Mahnung an Frauen interpretiert werden, zukünftig der Politik mit dem erforderlichen Ernst zu begegnen. Der indirekte Verweis auf mangelnden Ernst in der Vergangenheit enthält somit einen Vorwurf des Scheiterns auch an die Adresse der „Frauenpolitik". Aus der Tatsache: Zwei Drittel Frauen, ein Drittel Männer erwächst den Frauen, so Anna Haag, neue Verantwortung. In den folgenden Kapiteln wird eingehender zu klären sein, wie Sozialdemokratinnen nach 1945 glaubten, dieser Verantwortung gerecht werden zu können.

2. Zielbestimmungen der Wuppertaler Reichsfrauenkonferenz der SPD 1948

„[...] im Hinblick auf eine kommende Verfassung, in der bestimmte Grundrechte der Frau verankert sein müssen."[152]

Im ersten Kapitel erfolgte die Vorstellung einer Interviewreihe mit älteren Sozialdemokratinnen sowie die Problematisierung und Interpretation des aus der Interviewerfahrung resultierenden „Enttypisierungsschocks". Die Auswertung der biographischen Schilderungen der befragten Frauen über ihren Zugang zur Sozialdemokratie der Nachkriegszeit und ein Vergleich mit Beiträgen zum Preisausschreiben „Wie bist du zum Sozialismus gekommen?" des Jahres 1948 ergab, dass frauenspezifische Diskriminierungserfahrungen in den untersuchten Schilderungen kein explizites Motiv politischen Engagements darstellen. Von prägender Kraft erwiesen sich demgegenüber vor allem engere Bezüge zu politisch aktiven Vätern, Müttern und anderen Personen der Sozialdemokratie bzw. nach 1945 in die Sozialdemokratie integrierte Organisationen. Vor diesem Hintergrund ist das Erleben des Nationalsozialismus bzw. dessen Folgen als Bedrohung elementarer, demokratischer Grundrechte von zentraler Bedeutung. Die eindeutig in den biographischen Zeugnissen auszumachende Aufbruchsstimmung der Sozialdemokratinnen nach 1945 galt der Schaffung einer stabilen Demokratie und bezieht aus dem Erleben des Nationalsozialismus und des Kriegsendes ihre Entschlossenheit.

In Anbetracht der hier festgestellten, signifikanten Dominanz männlicher Vorbilder für den Weg von Sozialdemokratinnen in die Politik und der Nicht-Thematisierung weiblicher Diskriminierungserfahrung stellt sich jedoch die Frage, welche Bedeutung der Situation von Frauen und der Artikulation von Frauenrechten im Demokratiemodell der Sozialdemokratinnen in der Nachkriegszeit zukommt. Gemäß dem methodischen Ansatz dieser Arbeit gilt es, entsprechend dem Verfahren der Kontextualisierung diese Ergebnisse mit anderen Quellen des Frauenbüros beim Parteivorstand der SPD zu konfrontieren und eingehender zu überprüfen.

---

[152] Brief von Herta Gotthelf an Elisabeth Selbert vom 19.5.1948, AdsD PV 0117 A.

2.1. Fragestellung und Quellenwahl

Inwieweit der den biographischen Erzählungen zu entnehmende Aufbruch in die Demokratie nicht nur Aufgabe und Selbstverpflichtung von Frauen bedeutete, die den Nationalsozialismus persönlich oder vermittelt als elementare Bedrohung demokratischer Grundrechte erfahren hatten und in der Nachkriegsnot eine schwere Herausforderung sahen, sondern ob dieser Aufbruch auch von frauenspezifischen Hoffnungen begleitet wurde, ist eine zentrale Frage dieser Arbeit. Wenngleich sich Männer - insbesondere sozialistische Väter – als Vorbilder erwiesen und den Weg von Sozialdemokratinnen in die Politik maßgeblich beeinflussten, ergeben sich daraus noch keine Hinweise zur Beantwortung der Frage, welcher Stellenwert frauenspezifischen Problemlagen beim Aufbruch in die Demokratie zukam. Vielmehr unterstreichen die Ergebnisse der bisherigen Untersuchung, dass das partnerschaftliche Erleben sich zunächst aus einer gemeinsamen Bedrohungserfahrung von Sozialdemokraten und Sozialdemokratinnen speist.

In diesem Kapitel soll deshalb die grundsätzliche Konzeption sozialdemokratischer Frauenarbeit und -politik betrachtet und direkt nach der Einbettung von Frauenrechten in das Demokratiemodell von Sozialdemokratinnen gefragt werden. Dabei ist das aus „heutiger" Sicht zentrale frauenpolitische Ereignis beim Aufbruch in die Demokratie die Schaffung des Grundgesetzes für die aus den westlichen Besatzungszonen zu gründende Bundesrepublik Deutschland und die in diesem Kontext als Verfassungsnorm in Artikel 3 II GG gegebene Garantie „Männer und Frauen sind gleichberechtigt". Die herausragende Bedeutung der Sozialdemokratin Elisabeth Selbert steht in diesem Kontext außer Frage. Wie aber war deren Wirken im Parlamentarischen Rat eingebettet in die sozialdemokratische Frauenarbeit und -politik? Zur Beantwortung dieser und der vorher genannten Fragen soll im Folgenden die Wuppertaler Reichsfrauenkonferenz der SPD 1948 eingehender betrachtet werden.

Die Wuppertaler Reichsfrauenkonferenz vom 7. bis 9. September 1948 fand nur wenige Tage vor dem Parteitag der SPD in Düsseldorf und nur eine Woche nach der Aufnahme der Arbeit des Parlamentarischen Rates statt. Diese Terminierung verweist darauf, dass die Frauenkonferenz der Festlegung und öffentlichen Demonstration jener frauenpolitischen Positionen der SPD diente, die bei der Schaffung eines künftigen Staates von zentraler Bedeutung sein sollten. Als zweite Reichsfrauenkonferenz der SPD nach dem Ende des zweiten Weltkrieges ist die Wuppertaler Frauenkonferenz bereits sehr gut dokumentiert.[153] Von ihr existiert neben diversem Schriftverkehr zur Konferenzvorbereitung, Berichten in der GENOSSIN und anderen Zeitschriften ein Protokoll des gesamten Konferenzverlaufs, das 244 maschinengeschriebene Seiten umfasst. Es basiert auf der stenographischen Aufnahme durch Fritz Hilgendorf, der, wie dem Protokoll zu entnehmen ist, als Presse- und Parlamentsstenograph häufiger für die Partei tätig war. Im Gegensatz zu Parteitagsprotokollen ist jedoch keine Drucklegung bekannt.

Die Vorbereitung der Konferenz oblag Herta Gotthelf als zentraler Frauensekretärin und Leiterin des Frauenbüros beim Parteivorstand. Bereits am 19. Mai 1948 schrieb sie einen Brief an Elisabeth Selbert, in dem sie sie im Auftrag des Ausschusses für Frauenfragen beim Parteivorstand darum bat, auf der Frauenkonferenz 1948 zu referieren:

„Meine liebe Elisabeth,

wie wir Dir schon ganz kurz bei der Sitzung im Gästehaus sagten, wollten wir Dich bitten, auf der kommenden Frauenkonferenz eines der Hauptreferate zu übernehmen und zwar „Die Rechtsstellung der Frau". Wir hätten sehr gern, dass Du das nach zwei Gesichtspunkten hin ausführst.

Erstens im Hinblick auf eine kommende Verfassung, in der bestimmte Grundrechte der Frau verankert sein müssen, und zum anderen in Bezug auf die rückständigen Paragraphen im BGB, die wir versuchen müssen rauszukriegen."[154]

Herta Gotthelf nennt Elisabeth Selbert nicht nur das Thema, sondern sie umreißt auch, welche Fragen behandelt werden sollen bzw. aus welchem Anlaß das Thema gewählt wurde. Sie verweist auf eine *„kommende Verfassung, in der bestimmte Grundrechte der Frau verankert sein müssen,* und *auf die rückständigen Paragraphen im BGB, die wir versuchen müssen rauszukriegen".*

---

[153] Am 5. und 6. November 1946 fand eine Frauenarbeitstagung in Frankfurt am Main statt. Dort referierte Herta Gotthelf über Organisationsfragen, Elisabeth Selbert über die Frage der überparteilichen Organisationen, Lotte Lemke über die Arbeit der Arbeiterwohlfahrt und zwei weitere Genossinnen behandelten das Thema Frauenerwerbstätigkeit. Verabschiedete Anträge und Resolutionen finden sich im Rundschreiben Nr. 12/46 vom 11.11.1946 von Herta Gotthelf an die Bezirke und in den entsprechenden Anlagen zum Rundschreiben. Siehe AdsD PV 0126A. Die erste Reichsfrauenkonferenz der SPD nach dem zweiten Weltkrieg fand am 26. und 27. Juni in Fürth statt. Auch hier berichtete Herta Gotthelf über Organisationsfragen. Ferner sprach Erich Ollenhauer zum Thema „Die SPD und die Frauen" sowie Louise Schröder über „Die Stellung der Frau in Staat und Gesellschaft". Ein Konferenzbericht von Herta Gotthelf sowie die angenommenen Resolutionen sind nachzulesen in: Herta Gotthelf: Fürth. In: GENOSSIN Nr. 9/10, Juli 1947, S. 9-11 bzw. die Resolutionen in derselben Ausgabe S. 11-13.

[154] Brief von Herta Gotthelf an Elisabeth Selbert vom 19.5.1948, AdsD PV 0117 A.

Obgleich erst am 1.7.1948 die Frankfurter Dokumente bekannt gemacht wurden, in denen den Ministerpräsidenten der elf westdeutschen Länder die Vorgaben der westlichen Alliierten für die Ausarbeitung einer Verfassung der Westzonen mitgeteilt wurden, wurde, wie diese Referatsanfrage belegt, die Forderung, Grundrechte der Frau in einer kommenden Verfassung abzusichern und das BGB zu ändern, bereits im Mai 1948 von Gotthelf als zentrales Anliegen sozialdemokratischer Frauenpolitik formuliert. Das Referat über die Rechtsstellung der Frau soll wichtige Gesichtspunkte herausarbeiten, um Grundrechte der Frau in einer kommenden Verfassung zu verankern und das BGB da zu ändern, wo Frauenrechte verletzt werden. Es dient also der Vorbereitung sozialdemokratischer Initiativen zur Absicherung von Frauenrechten. Das Konferenzprotokoll eignet sich damit in besonderer Weise, um die Gleichberechtigungsvorstellungen sozialdemokratischer Frauenpolitik in den westlichen Besatzungszonen zu ermitteln.

Eine Analyse des Wuppertaler Konferenzprotokolls empfiehlt sich darüber hinaus, um jene Lücke zu schließen, die zwischen dem Erinnern Elisabeth Selberts und dem Vergessen Herta Gotthelfs besteht und als ein eindeutiger Beleg für das Fehlen einer systematischen Untersuchung sozialdemokratischer Frauenpolitik gewertet werden kann.[155] Denn das Protokoll der Wuppertaler Konferenz ermöglicht nicht nur, die Position Selberts eingehender zu untersuchen, sondern verweist, wie bereits aus der Referatsanfrage Gotthelfs an Selbert ersichtlich ist, gleichfalls auf das Wirken Herta Gotthelfs, deren Nichtbeachtung in der bisherigen Parteigeschichte angesichts ihrer exponierten Position als zentrale Frauensekretärin als eindeutiges Forschungsdesiderat zu kennzeichnen ist.

Aus den Ergebnissen der Interviewauswertung ergeben sich darüber hinaus Fragen, die in der bisherigen Forschung weniger Beachtung fanden: Herta Gotthelf formulierte bereits in ihrer Referatsanfrage bei Elisabeth Selbert eindeutig jenen Auftrag als Ziel sozialdemokratischer Frauenpolitik, der mit der Verankerung des Gleichheitsartikels Absatz 2 „Männer und Frauen sind gleichberechtigt" im Grundgesetz geltendes Verfassungsrecht[156] wurde. Die weiteren Ereignisse wären demnach als Erfolgsgeschichte sozialdemokratischer Frauenpolitik in den westlichen

---

[155] Vgl. Karin Gille/ Heike Meyer-Schoppa: Elisabeth Selbert und Herta Gotthelf - Erinnern und Vergessen. Vortrag auf dem Workshop der Historischen Kommission beim Parteivorstand der SPD: Biographische Ansätze in der Geschichtsschreibung über die Sozialdemokratie in der Nachkriegsepoche. Abgedruckt in: AvS-Informationsdienst Nr. 2/3 Dezember 2000, S. 11-14.

[156] Artikel 117 I GG räumte eine Derogationsfrist zur Anpassung des geltenden Rechts an Art. 3 II GG bis zum 31. März 1953 ein. Nach Ablauf dieser Frist galt Richterrecht, bis 1957 ein Gleichberechtigungsgesetz erlassen wurde.

Besatzungszonen zu interpretieren. Diese Interpretation findet sich in der bisherigen Forschung jedoch nicht. Stattdessen wird der sozialdemokratischen Frauenpolitik allgemein geringes frauenpolitisches Potenzial bescheinigt, während Elisabeth Selbert als Kämpferin für Fraueninteressen erscheint. Dieser Widerspruch schien sich, wie im ersten Kapitel bereits angesprochen, in der Ausssage von Susie Miller zu wiederholen, junge Frauen heute seien geneigt, die Frage der Gleichberechtigung für den Nabel der Welt zu halten, während diese Frage für Sozialdemokratinnen in der Nachkriegszeit keine so große Rolle gespielt habe.

Diese Aussage fand in der Interviewauswertung insofern Bestätigung, als explizit frauenpolitische Ziele von keiner Interviewpartnerin als zentrales Motiv ihres Politikzugangs thematisiert wurden. Daraus lässt sich offenbar jedoch nicht ableiten, dass sie keine Rolle spielten. Ableiten lässt sich lediglich, dass die Frage der Gleichberechtigung keine so große Rolle spielte, wie Susie Miller sie heute bei jungen Frauen meint ausmachen zu können. Naheliegender scheint vielmehr, dass die Frage der Gleichberechtigung in den Gesamtkontext der sozialdemokratischen Frauenpolitik eingebettet war.

Diese Interpretation deckt sich mit der über die Interviewauswertung gefundenen Erklärung des „Enttypisierungsschocks": In der unmittelbaren Konfrontation von Interviewerinnen und älteren Sozialdemokratinnen trafen unterschiedliche Sichtweisen auf die Nachkriegszeit zusammen. Dabei fanden sich keine explizit verbindenden Erklärungsmuster zwischen den dominanten frauenspezifischen Nachkriegserzählungen – über die Trümmerfrauen und den frauenpolitischen Aufbruch nach 1945 – und der sozialdemokratischen Orientierung von Frauen. Während in der frauengeschichtlichen Forschung die Durchsetzung des Gleichberechtigungspostulats als wesentliches Indiz des frauenpolitischen Aufbruchs im Zentrum der Betrachtung steht, zeigen die Interviewergebnisse eine stärkere Orientierung der Gesprächspartnerinnen auf das Thema Schaffung einer stabilen Demokratie ohne explizite Nennung frauenpolitischer Zielsetzungen. Deshalb stellt sich auch die Frage, welche Ereignisse für Sozialdemokratinnen im Vordergrund standen und inwieweit dem Protokoll der Wuppertaler Frauenkonferenz entsprechende Hinweise zu entnehmen sind.

Das Programm der Konferenz besteht aus einer Eröffnungsfeier, auf der unter anderem Erich Ollenhauer eine Ansprache hält, dem Referat Selberts zur Rechtsstellung der Frau, einem Referat Irmgard Enderles über Frauenerwerbstätigkeit, einem Bericht Nina Andersens aus Dänemark über die Lage der Frauen in anderen Ländern und einem Arbeitsbericht Herta Gotthelfs. Am Abend des zweiten Konferenztages findet zudem eine Kundgebung mit diversen Redebeiträgen statt. In Anbetracht dieser umfassenden Programmplanung eignet sich das Protokoll in besonderer Weise, um die Grundzüge sozialdemokratischer Frauenpolitik zu ermitteln und eine Kontextualisierung mit anderen politischen Fragen der Zeit zu ermöglichen, die neben der Frage der Gleichberechtigung eine Rolle spielten. Vor dem Hintergrund der Interviewauswertung erscheint gerade der letztgenannte Aspekt von besonderer Bedeutung.

Dabei muss betont werden, dass es sich um ein gut vorbereitetes Ereignis zur Demonstration sozialdemokratischer Frauenpolitik nach außen handelt. Herta Gotthelf versandte bereits am 19. Mai 1948 neben der Referatsanfrage an Selbert das Rundschreiben Nr. 12/1948 an die Bezirkssekretariate und die Genossinnen in den Bezirken, in dem sie von der Sitzung des Ausschusses für Frauenfragen am 12. Mai in Kassel berichtet:

„Obwohl das genaue Datum der diesjährigen Frauenkonferenz noch nicht ganz feststeht, wurde beschlossen, sie Anfang oder Mitte September vor dem Parteitag in Wuppertal stattfinden zu lassen. Als vorläufige Tagesordnung wurde festgesetzt:

„Die Rechtsstellung der Frau", Referentin Elisabeth Selbert, Kassel.

„Die Bedeutung der Frauenerwerbsarbeit für die deutsche Wirtschaft", Referentin Irmgard Enderle, Köln.

„Die Stellung der Frau in den anderen Ländern", Referentin eine ausländische Genossin (Der genaue Name wird noch bekanntgegeben. [sic!]

„Arbeitsbericht", Referentin Herta Gotthelf."[157]

Ebenfalls am 19. Mai 1948 verschickte sie eine Referatsanfrage an Irmgard Enderle. Sowohl Selbert als auch Enderle, deren Referate sie als Hauptreferate bezeichnet, bittet sie um Zusendung eines Exposees bis Ende Juni. Diese sollen nach der Rede an die Teilnehmer und an die Pressevertreter verteilt werden und der Vorbereitung von Anträgen dienen, die sich aus dem Referat ergeben oder dieses in irgendeiner Weise ergänzen können. Die in den Briefen angekündigte Absicht, auf der Grundlage der Exposees Anträge vorzubereiten, zeigt, dass diese Themen als besonders wichtig für die Außendarstellung der Partei erachtet werden. So schreibt Herta Gotthelf am 10. Juli 1948 an Susie Miller:

„Meine liebe Susie!

Da ich sehr für „gelenkte Demokratie" bin, will ich versuchen, die Anträge, die zur Frauenkonferenz kommen, nicht ganz und gar dem Zufall zu überlassen, so dass wir bestimmten einigen wichtigen Fragen Anträge [sic!] vorliegen haben. Vielleicht könntest Du Dir mal mit den Kölnern überle-

---

[157] Herta Gotthelf, Rundschreiben an die Bezirke Nr. 12/1948, AdsD PV 0127, S. 1. (Quellenzitate sind, wie bereits angemerkt wurde, grundsätzlich ohne orthographische Änderungen wiedergegeben. Nur wenn es zum Verständnis notwendig scheint, sind Angaben in [ ] eingefügt.)

gen, dass Ihr auf Grund von IrmgardsEnderles [sic!] Referat einen Antrag zur Frage der Frauenerwerbstätigkeit einbringt, den wir dann als Haltung der Partei zu diesem Thema nach aussen gebrauchen können."[158]

Aus der Korrespondenz des Frauenbüros lässt sich ersehen, dass Herta Gotthelf
auch mit anderen Genossinnen eingehendere Absprachen hinsichtlich der einzu-
bringenden Anträge trifft. So schreibt sie an Clara Döhring: „Ich beabsichtige, die Rededispositionen der beiden Hauptreferate abziehen und an die Bezirke schicken zu lassen, so dass
man bereits weiss, welche Punkte in den Referaten berührt werden und sich bei der Formulierung
der Anträge danach richten kann."[159]

Im weiteren Briefwechsel mit Clara Döhring werden beispielsweise die Forderungen nach Lehrstellen für Mädchen und nach Wohnraumbeschaffung für Alleinstehende eingehender diskutiert. Die enge Zusammenarbeit und die eingehenden
Absprachen Gotthelfs mit führenden Genossinnen werden unter anderem aus dem
vertraulichen Ton ersichtlich. So antwortet schließlich Clara Döhring: „Am kommenden Sonnabend haben wir Landesfrauenausschuss-Sitzung, in der auch zu der Delegation nach
Wuppertal und zu den einzureichenenden Anträgen Stellung genommen werden soll. Auf jeden Fall
werde ich mal den Antrag auf Wohnraumbeschaffung für alleinstehende Frauen und Mädchen (ein-
schliesslich alleinstehender Männer, obwohl ich ihnen manchmal sagen möchte, dass sie die Katastrophe der vielen Frauen, die nicht zum Heiraten kommen, nicht auch noch vergrössern sollten,
aber auch diesen 0-0-Männern müssen wir ja das Recht auf ihre Lebensgestaltung zugestehen und
dann sind ja die Frauen mit solchen Männern, die die Mark dann nur noch für 50 Pfg. ansehen,
zumeist schwer besch.....) am Samstag vorbereiten und zur Abstimmung vorlegen. Du wirst dann
weiteres hören bezw. den Antrag zugeleitet bekommen.
Inzwischen wünsche ich Dir volle Spannkraft für Deine Vorbereitungsarbeiten, die jetzt im Zeichen
der ans nackte Tageslicht gekommenen Armut um so schwieriger werden, und bin inzwischen mit
herzlichen Grüssen!
Deine Clara Döhring"[160]

Diese Schreiben zeigen, dass über das Frauenbüro im Vorfeld der Konferenz
auch inhaltlich intensive Vorbereitungsarbeit geleistet wurde und Herta Gotthelf
die Anträge zu wichtigen Themen nicht dem Zufall überlassen wollte. Während der
Konferenz finden zwar Diskussionen zwischen Vertretern und Vertreterinnen unterschiedlicher Positionen statt, die Anwesenheit der Presse unterstreicht jedoch
den Öffentlichkeitsgrad der Veranstaltung. In der Mehrzahl kommen erfahrene
Redner und Rednerinnen zu Wort, die es gewohnt sind, vor größerem Publikum auf

---

[158] Brief von Herta Gotthelf an Susie Miller vom 10. 7.1948, AdsD PV 0117 A.
[159] Brief von Herta Gotthelf an Clara Döhring vom 19. 6.1948, AdsD PV 0117 A, S. 2.
[160] Brief von Clara Döhring an Herta Gotthelf vom 29.6.1948, AdsD PV 0117 A, S. 2.

Parteiveranstaltungen zu sprechen. Die Spontanität der Redebeiträge ist von gelegentlichen Zwischenrufen abgesehen zudem durch das Verfahren, Redebeiträge beim Präsidium anmelden zu müssen, begrenzt.[161] Grundsätzlich handelt es sich also um ein gut vorbereitetes Ereignis zur Festlegung von Zielen sozialdemokratischer Frauenpolitik und deren Demonstration nach außen.

Die Auswertung des Konferenzprotokolls gibt deshalb nur bedingt Einsicht in parteiinterne Auseinandersetzungen. Zum einen ist davon auszugehen, dass, wie die vorherige Absprache von Anträgen bestätigt, ein derart öffentliches Ereignis eher der Demonstration von Geschlossenheit als parteiinterner Auseinandersetzung dient,[162] zum anderen lässt sich aus anderen Quellen, auf die später noch näher eingegangen werden soll, ersehen, dass manche Themenfelder im Interesse der Sache und der Partei nur bedingt öffentlich ausgetragen werden konnten.[163]

Das Konferenzprotokoll ist also in besonderem Maße geeignet, Informationen über die gewünschte Außendarstellung der Frauenarbeit und -politik der Partei und die zur Begründung frauenpolitischer Positionen verwendeten Argumentationsmuster zu erhalten, da sich die Planung der Konferenz als auch an die Öffentlichkeit gerichtetes Ereignis auf die im Zuge der Weststaatsgründung als zentral erachteten Themen und Positionen konzentriert. Entsprechend handelt es sich um ein wichti-

---

[161] DiskussionsrednerInnen wurde maximal 10 Minuten Redezeit gewährt. Wortmeldungen waren schriftlich mit Namen und Angabe des Tagesordnungspunktes, zu dem das Wort gewünscht wurde, einzureichen. Vgl. Merkblatt für Tagungsteilnehmer der SPD-Frauenkonferenz Wuppertal, AdsD PV 04040.

[162] Das besonders konfliktträchtige Themenfeld überparteilicher Frauenarbeit wird auf der Konferenz ausgespart. So schreibt Herta Gotthelf beispielsweise an Marie Wagenknecht:
„Liebe Genossin Wagenknecht!
(...) Ich bedaure es auch sehr, dass Du nicht auf Eurer Frauenarbeits-Gemeinschaft sein konntest, denn man hat dort die Delegation für Wuppertal festgesetzt (...), und dabei ist die Genossin Prejawa als `Bezirksdelegierte` von Martha Henkel vorgeschlagen und auch für Wuppertal gewählt, um die Richtung der überparteilichen Frauenorganisationen in Wuppertal zu `vertreten`. Ich habe es gleich sehr klar gemacht, dass es auf der Frauenkonferenz keine Diskussionen über die überparteilichen Frauengeschichten geben wird, da das in einer Sitzung des Ausschusses für Frauenfragen (der Gesamtpartei) besprochen wird, wenn es notwendig sein sollte, aber da(sic) wir auf dieser Frauenkonferenz etwas Wichtigeres zu tun haben, als uns damit zu belasten. Du kannst Dir denken, dass ich nicht sehr begeistert bin über diese Delegation, denn es wird auf diese Weise versucht werden, unter den Delegierten in Wuppertal für den Frauenring zu arbeiten." Brief von Herta Gotthelf an Marie Wagenknecht vom 12. Juli 1948, AdsD PV 0117 A.

[163] So erforderten beispielsweise Themen wie Geburtenkontrolle oder Schwangerschaftsabbruch besondere Rücksichtnahmen sowohl gegenüber der öffentlichen Meinung als auch angesichts divergierender Positionen in der Partei. Siehe Kapitel 3 „Die Perspektive der Genossin".

ges Dokument zur Ermittlung zentraler Positionen sozialdemokratischer Frauenpolitik und ihrer Verortung in der Partei.

Das Protokoll der Konferenz enthält sowohl den Wortlaut der Reden bzw. Referate als auch der Diskussionsbeiträge. Auf dieser Grundlage lässt sich der Verlauf der Konferenz gut nachvollziehen. Vermerkte Zurufe und unterschiedliche Kategorisierungen des Beifalls (wie: Beifall, starker Beifall, sehr starker Beifall...) erlauben einen annäherungsweisen Einblick in die Stimmung der Konferenz. Handschriftliche Überarbeitungen finden sich in der Ansprache Erich Ollenhauers zur Eröffnung der Konferenz und den Referaten der Genossinnen Selbert und Enderle. Von diesen Referaten wurden Rededispositionen an die Bezirkssekretariate vorab verteilt. Sie standen jedoch, wie aus dem Protokoll hervorgeht, nicht allen Delegierten der Konferenz zur Verfügung. Ihr Abdruck in der GENOSSIN wurde auf der Konferenz zugesagt und erfolgte in GENOSSIN Nr.8 Oktober 1948.[164] Während der Referate verweisen Selbert und Enderle in Detailfragen mehrfach auf diese Rededispositionen, da sie ihre Vorträge aus Zeitgründen kürzen müssen. Herta Gotthelf verkündet im Anschluß an das Referat Selberts die Herausgabe der Referate als Rednermaterial in einer Sonderausgabe der SPD-Redner-Drucke. Bei der handschriftlichen Überarbeitung handelt es sich um stilistische Verbesserungen durch die ReferentInnen für eine solche Herausgabe. Unterschiedliche Handschriften und ein Vergleich mit anderen handschriftlichen Dokumenten Selberts belegen diesen Schluss. Im Aktenbestand des Frauenbüros zur Wuppertaler Frauenkonferenz ist zudem ein Brief Selberts an Gotthelf vom 8. November 1948 erhalten, in dem sie schreibt:

„Liebe Herta !

Anbei das korrigierte Manuskript meiner Wuppertaler Rede. Ich habe vieles ändern müssen, sodass es vor Drucklegung vielleicht doch noch einmal abgeschrieben werden müsste. Bei der Eile, mit der die Absendung erfolgen musste, konnte dies nicht noch in meinem Büro geschehen. Hoffentlich hast Du jemanden, der meine hundsgemeine Schrift lesen kann. Die Korrekturen waren notwendig, weil ja, wie Du weißt, das gesprochene Wort doch niemals einem guten Schriftdeutsch entspricht. (...)“[165]

Da die handschriftlichen Überarbeitungen in den Hauptreferaten, wie Selberts Brief bestätigt, der Übertragung des gesprochenen Wortes in eine schriftliche Fassung dienen, wird hier davon ausgegangen, dass es sich beim Protokoll um die unmittelbare Mitschrift des Gesagten handelt. Diese Annahme wird durch mitunter auftretende Fehler im Satzbau, wie sie gerade bei mündlichen Aussagen typisch

---

[164] GENOSSIN Nr. 8 Oktober 1948, S. 122-130.
[165] Brief von Elisabeth Selbert an Herta Gotthelf vom 8. November 1948, AdsD PV 04039.

sind, den sprachlichen Stil der Redebeiträge, wie Verwendung umgangssprachlicher Ausdrücke, und die Protokollierung von Zwischenrufen sowie spontanen Eingriffen des Präsidiums bestätigt.

Neben den bereits angeführten inhaltlichen Gründen macht der doppelseitige Charakter des Protokolls der Konferenz - einerseits als Mitschrift des gesprochenen Wortes, andererseits als Dokument einer nach außen gerichteten Darstellung der Frauenarbeit der Partei - seine Untersuchung besonders interessant. Denn hier kommen offensichtlich führende Repräsentantinnen sozialdemokratischer Frauenpolitik zu Wort und stellen ihre Positionen zu zentralen Themen zur Diskussion. Die Frage nach der Einbettung Elisabeth Selberts kann insofern bereits positiv beantwortet werden. Inwieweit die Genossinnen ihr folgen, wird jedoch noch eingehender zu überprüfen sein.

2.2. Rahmenbedingungen der Konferenz

Welche Schwierigkeiten die Organisation einer Konferenz mit annähernd 200 TeilnehmerInnen 1948 bedeutete, zeigt sich am umfangreichen Schriftverkehr des Frauenbüros im Vorfeld der Konferenz. Im Rundschreiben Nr. 16 vom 5. Juli 1948 weist Herta Gotthelf ausdrücklich daraufhin, „dass die Bezirke ausser den Delegierten, diesmal keine Gastkarten bekommen werden, da nur für eine begrenzte Anzahl Teilnehmer Unterkunfts- und Verpflegungsmöglichkeiten bestehen."[166] Verpflegung, Transport, Unterbringung und schließlich die Kommunikation selbst erfolgte häufig unter widrigen Bedingungen. Mitunter fehlten in den einzelnen Bezirken schlicht die Mittel, um Delegierte zu entsenden. Die im Brief von Clara Döhring an Herta Gotthelf in Anspielung auf die kurz zuvor durchgeführte Währungsreform angesprochene Erschwernis der Tagungsvorbereitung, die im Zeichen der „ans nackte Tageslicht gekommenen Armut" umso schwieriger geworden sei, findet ebenfalls ihren Niederschlag in der Korrespondenz zur Konferenzvorbereitung. So schreibt die Frauensekretärin im Bezirk Schleswig-Holstein, Anni Krahnstöver: „An der Frauenkonferenz werden leider von uns nur sehr wenige Frauen teilnehmen können, da wir das Fahrgeld nicht aufbringen können."[167] Ihrem Schreiben fügt sie eine Resolution der Frauen ihres Bezirks bei, dass sie in den sozialpolitischen Ausschuss eingebracht haben, „weil wir der Meinung waren, daß es recht wirkungsvoll sein würde, wenn der Sozialpolitische Ausschuß zu

---

[166] Herta Gotthelf, Rundschreiben an die Bezirke Nr. 16, 5. Juli 1948, AdsD PV 0127
[167] Brief von Anni Krahnstöver an Herta Gotthelf vom 24.8.1948, AdsD PV 0117 A.

diesen Fragen Stellung nimmt."[168] In seiner Sitzung am 22. August 1948 nahm der Ausschuss die Resolution an, in der die durch die Währungsreform entstandenen Schwierigkeiten beklagt werden und mit Nachdruck verlangt wird, diese nicht auf die wirtschaftlich schwächsten Mitglieder der Gesellschaft abzuwälzen. Die Preisentwicklung infolge der plötzlichen Aufhebung der Bewirtschaftung belaste die Hausfrauen und Mütter so stark, dass Leben und Gesundheit der Familien gefährdet seien. Die Beschaffung lebensnotwendiger Verbrauchsgüter sei weiten Kreisen der Bevölkerung unmöglich gemacht worden, deshalb müsse ein wirkungsvolles Einschreiten gegen den Preiswucher erfolgen.[169] Ohne auf die Resolution einzugehen, antwortet Herta Gotthelf: „Ausserdem bin ich auch enttäuscht, dass Euer Bezirk gerade für die Frauen zur Frauenkonferenz das Fahrgeld nicht aufbringen kann, denn ich nehme an, dass für sämtliche Delegierten zum Parteitag selbstverständlich das Fahrgeld da sein wird!"[170]

Von entsprechenden Schwierigkeiten berichtet auch Friedel Schlichtinger, Frauensektion beim Kreisvorstand der SPD Regensburg: „Mit der Feststellung, daß ich das Paket[171] gut nach meiner Operation brauchen kann, wirst Du zweifellos recht haben, denn ich bin nach der Überarbeitung seit der Währungsreform so sehr am Ende meiner Kraft, daß ich ohnehin ausspannen müsste, um ein Zusammenklappen zu vermeiden. (...) Heute habe ich mit unserem Bezirkssekretär wieder gekämpft wie ein Wolf um die Delegation der Genossin Schultke zur Frauenkonferenz. Er wollte auf jede Delegation aus dem Bezirk verzichten, weil angeblich die Kassen leer sind und weil, wie er sich ausdrückte, `doch nichts dabei herauskommt`. Ich verwahrte mich gegen den Vorwurf und stellte die Gegenfrage, wo ich vielleicht mein Material für meine zahlreichen Versammlungen hergehabt hätte, wenn ich sie nicht vom Frauenbüro unmittelbar bekäme u. wenn ich mir dies nicht auf Konferenzen erarbeitet hätte. Er meinte, daß er gegen meine Delegation auch nichts einzuwenden gehabt hätte – weil ich Freifahrt[172] habe und die Auslagen bisher aus meiner Tasche bezahlt hatte."[173]

Die Korrespondenz Herta Gotthelfs mit führenden Funktionärinnen enthält wie dieser Brief von Friedel Schlichtinger immer wieder Hinweise auf die ungeheure Arbeitsbelastung und auf (drohende) Zusammenbrüche von Genossinnen bei

---

[168] Ebd.

[169] Vgl. Entschließung des sozialpolitischen Ausschusses der SPD in seiner Sitzung am 22. August 1948 in Bad Vilbel. AdsD PV 0117 A.

[170] Brief von Herta Gotthelf an Anni Krahnstöver vom 26.8.1948, AdsD PV 0117 A.

[171] Es handelt sich um die Zusendung eines halben Care-Paketes über das Frauenbüro. Herta Gotthelf organisierte neben den übrigen Aufgaben des Frauenbüros auch die Verteilung von Care-Paketen an bedürftige Genossen und Genossinnen.

[172] Aufgrund einer Anstellung bei der Reichsbahn hat Friedel Schlichtinger „Freifahrt", das heißt, die Möglichkeit Züge kostenlos zu benutzen.

[173] Brief von Friedel Schlichtinger an Herta Gotthelf vom 4.9.1948, AdsD BKS 181.

gleichzeitigem Ringen mit Genossen um die Anerkennung ihrer Arbeitsleistungen. Auch Elisabeth Selbert betont den hohen Grad ihrer Beanspruchung. Sie verweist jedoch statt auf Zurücksetzung der Frauenarbeit durch Genossen auf ihre generelle Sorge, wie die Parteiarbeit weiterhin zu finanzieren sei. So beginnt ihr Anschreiben, das sie ihrer Rededisposition beifügt, mit den Worten: „Liebe Hertha! Steinige mich bitte nicht, ich hätte es, glaube ich, nicht verdient. Du kennst meine Zeitnot. Von Wiesbaden soeben zurück und beinah noch mit einem Fuss in der Tür setze ich mich an die Maschine.“[174] Nach kurzen Erläuterungen ihres Redeentwurfs verbindet sie die Aufforderung, ihr zu schreiben, falls Ergänzungen gewünscht seien, mit ihrer Sorge um die weitere Parteiarbeit: „Brauchst Du Ergänzendes auf dem einen oder anderen Sachgebiet, dann schreib mir das, soweit das Deine Portokasse erlaubt. Im Ernst, liebe Hertha, ich mache mir grosse Sorge, wie unsere Parteiarbeit jetzt finanziert werden soll. Was wird aus Hamburg? Woher sollen wir mit den paar Mark Kopfgeld die Benzinkosten für solche Entfernungen hernehmen? Und gerade jetzt ist unsere Arbeit so nötig wie das tägliche Brot. In der Eisenbahn, auf der Strasse nichts als Nazige-schwätz und Quatsch der Dummen, die darauf reinfallen: `Spitzbuberei und Gaunerei der Alliierten und der Regierungen` u. dergl. Wie wollen wir schliesslich auch noch einen Wahlkampf führen? Ich bin nicht kleinmütig, eher Fatalist, aber vorläufig sieht es duster aus.“[175]

Der Hinweis Selberts: *„In der Eisenbahn, auf der Strasse nichts als Nazige-schwätz und Quatsch der Dummen, die darauf reinfallen: `Spitzbuberei und Gaunerei der Alliierten und der Regierungen` u. dergl."* ergibt in Verbindung mit den Hinweisen der anderen Funktionärinnen auf die Auswirkungen der Währungsreform auf die Bevölkerung, wie sie insbesondere in der von Anni Krahnstöver beigefügten Resolution angesprochen werden, ein problematisches Bild der aktuellen Situation. Die im Zuge der Währungsreform *„ans nackte Tageslicht gekommene Armut"*, die weiten Bevölkerungskreisen die Beschaffung lebensnotwendiger Güter unmögliche mache, scheint der Anfälligkeit für *„Nazigeschwätz"* fruchtbaren Boden zu bereiten. Sozialdemokratische Funktionärinnen aber stehen unter massiver Arbeitsbelastung, während sie wegen fehlender finanzieller Ressourcen auch innerhalb der Partei, der sie sich gerade aufgrund der Erfahrungen im Nationalsozialismus verbunden fühlen, gegen eine Zurücksetzung der Frauenarbeit anzukämpfen haben.

---

[174] Brief von Elisabeth Selbert an Herta Gotthelf vom 19.6.1948, AdsD PV 0117 A.
[175] Ebd.

2.2.1. Erinnerung an den Nationalsozialismus

Trotz der angeführten Erschwernisse waren von den 197 gemeldeten Delegierten schließlich 158 Personen anwesend. Der Verweis Selberts auf „*Nazigeschwätz*" bedarf besonderer Beachtung. Denn ein wichtiger Schlüssel zum Verständnis der sozialdemokratischen Frauenpolitik der Nachkriegszeit besteht, wie die Interviewauswertung ergab, nicht nur in der Vergegenwärtigung der Lebensbedingungen nach 1945, sondern auch während des Nationalsozialismus. Im Bericht der Mandatsprüfungskommission wird ausdrücklich darauf verwiesen, dass 71,5% der Anwesenden bereits vor 1933 in der SPD organisiert waren. Von diesen gaben 68% an, direkt oder indirekt durch das NS-System verfolgt und schwer geschädigt worden zu sein.[176]

Vereinzelt werden die Schicksale von Genossinnen angesprochen, die selbst und/oder deren Männer über Jahre inhaftiert waren, die Angehörige verloren und/oder deren Habe durch den Krieg zerstört wurde. So bittet Rosel Jochmann aus Österreich, Anna Stiegler aus Bremen möge ihr verzeihen, wenn sie auf der Kundgebung darüber spricht, dass Anna Stiegler 12 Jahre im Konzentrationslager war, ihren Mann in der Gaskammer verlor und schließlich eine völlig zerstörte Wohnung vorfand. Die Erinnerung daran aber sei wichtig, um die Freiheit der Menschheit zu bewahren und dafür zu sorgen, dass solche Schande nicht mehr möglich sei.[177] Wilhelmine Runge aus Moers erklärt unter Verweis darauf, als Hausfrau und Genossin zu sprechen, deren Mann zehn Jahre lang politisch inhaftiert war: „Nur die Sozialdemokratische Partei bringt die Freiheit! Nur die Sozialdemokratische Partei hat das Recht für sich in Anspruch zu nehmen, daß sie die Menschenwürde und die Menschenrecht [sic!] bis jetzt gewahrt hat; alle anderen haben versagt in den Zeiten, als Zuchthäuser und Konzentrationsläger voll waren. Alle andern haben mit den Faschisten paktiert sei es hier in Deutschland oder in anderen Ländern gewesen. Alle anderen haben nicht das Recht, für die Freiheit und für die Gerechtigkeit und für die Menschlichkeit soviel zu fordern wie wir."[178]

---

[176] Adolf Keilhack betont in seinem Bericht, dass diese Zahlen zeigten, „aus welchem Geist wir hier zusammengekommen sind", und wendet sich dabei ausdrücklich an die ausländischen Gäste. Siehe Bericht der Mandatsprüfungskommission vorgetragen von Adolf Keilhack, Protokoll der Wuppertaler Frauenkonferenz, AdsD PV 04039 (Im Folgenden abgekürzt: Protokoll der Wuppertaler Frauenkonferenz), S. 169-171.

[177] Vgl. Rosel Jochmann aus Österreich, Redebeitrag, Protokoll der Wuppertaler Frauenkonferenz, S. 148f.

[178] Wilhelmine Runge, Redebeitrag, Protokoll der Wuppertaler Frauenkonferenz, S. 192.

Die diesen Redebeitrag kennzeichnende Emphase findet sich auch in anderen
Wortmeldungen. Wie in der Interviewauswertung bereits deutlich wurde, erklärt sie
sich aus den mitunter dramatischen Erlebnissen der Redner und Rednerinnen während des Nationalsozialismus. Vorschnell wäre es deshalb, den Stil solcher Beiträge als politische Rhetorik zu werten. Vielmehr stellt sich die Frage, welche Bedeutung Emotionalität im Kontext politischen Engagements in der Nachkriegszeit
zukommt und welche Rolle dabei der Verarbeitung des im Nationalsozialismus
Erlebten gebührt. Über den gesamten Konferenzverlauf wiederkehrende Verweise
auf Erfahrungen im Nationalsozialismus belegen zunächst den Befund der Interviewauswertung, zugleich zeigt sich am Konferenzprotokoll, welche Verbindungen
zur aktuellen politischen Situation gezogen werden.

2.2.2. Die aktuelle politische Situation

Erich Ollenhauer vertritt als stellvertretender Parteivorsitzender den unter den Folgen zehnjähriger KZ-Haft leidenden und zum Zeitpunkt der Konferenz erkrankten
Kurt Schumacher. Er greift in seiner Ansprache aktuelle politische Ereignisse auf
und erörtert die Position der sozialdemokratischen Partei. Zunächst geht er auf die
Berlin Blockade ein, die am 24. Juni 1948 nach der Einführung getrennter Währungen in Ost und West[179] begann. Sie stehe als Symbol dafür, dass auch „ein Volk,
das wirtschaftlich und machtpolitisch am Boden liegt (...) einen Beitrag (...) leisten kann, wenn es
im richtigen Geist in diese Auseinandersetzungen eingreift."[180] Ollenhauer bezeichnet den
Konflikt um Berlin als einen ursprünglichen Konflikt der Alliierten, der durch das
Bekenntnis der BerlinerInnen zur Freiheit und Unabhängigkeit „zum Brennpunkt der
internationalen Auseinandersetzungen zwischen den Alliierten um die zukünftige Stellung
Deutschlands in der neuen Machtverteilung unter den Großmächten geworden"[181] sei. Er verweist ausdrücklich auf die Belastung vor allem der Berliner Frauen und Mütter:

---

[179] Am 21. Juni 1948 wurde nach Einführung der D-Mark am 18. Juni 1948 in den Westzonen die
Ostwährung in der SBZ und nach dem Befehl 111 der Sowjetischen Militäradministration Deutschland (SMAD) auch für das gesamte Berliner Gebiet eingeführt. Die Westmächte reagierten mit der
Einführung der D-Mark in den Westsektoren Berlins, die durch den Stempelaufdruck „B" besonders
gekennzeichnet war.
[180] Erich Ollenhauer, Ansprache, Protokoll der Wuppertaler Frauenkonferenz, S. 9. Wenn die handschriftliche Änderung zitiert wird, dann ist dies kenntlich durch den Zusatz: (handschriftlich). Sonst
wird das gesprochene Wort zitiert, um den Konferenzcharakter zu erhalten.
[181] Erich Ollenhauer, Ansprache, Protokoll der Wuppertaler Frauenkonferenz, S. 9.

„Denn wir müssen daran denken, daß zwar durch die großartige technische Leistung der Alliierten, durch die Luftbrücke, die Versorgung der Bevölkerung mit Lebensmitteln sichergestellt werden konnte, daß aber auf der anderen Seite das tägliche Leben der Berliner Hausfrauen eine ununterbrochene Kette von Last und Sorgen ist. Die schlechten Verkehrsverbindungen, die schlechte Versorgung mit Strom und Gas, das von-der-Hand-in-den-Mund-leben, die ständigen Versuche [handschriftlich: ungen], doch von gewissen Angeboten aus dem Ostsektor Gebrauch zu machen, um die Sorge für die Familie herabzumindern, das alles wird in diesen Tagen und Wochen von den Berliner Hausfrauen und Müttern ausgekämpft und mutig und tapfer getragen. Ich glaube, wenn einmal die Geschichte dieses Freiheitskampfes der Berliner geschrieben wird, daß dann ein besonders ehrenvolles Kapitel dieser politischen Leistung der Berliner Frauen gewidmet werden wird."[182] Besonders stolz seien die Sozialdemokraten darauf, „daß in dieser schicksalsschweren Zeit für Berlin und für das ganze Deutschland an der Spitze der Berliner Stadtverwaltung eine Frau steht, eine Genossin, unsere Genossin, unsere Genossin Louise Schröder."[183]

Während des gesamten Konferenzverlaufs findet die Berlin Blockade als Symbol des Freiheitskampfes gegen die Politik der sowjetischen Besatzungsmacht und der kommunistischen SED besondere Beachtung, die sich u.a. an der exponierten Stellung der Berliner Genossinnen zeigt. So erhält beispielsweise Ursula Kirchert als Vertreterin der Berliner GenossInnen[184] auf der Kundgebung des zweiten Konferenztages das Wort und erklärt nach dem Dank für die starke Anteilnahme am Kampf der BerlinerInnen: „Wir sind in Berlin, Genossinnen und Genossen, keine Helden. Wir tun in Berlin nur als Demokraten unsere Pflicht. Wir tun unsere Pflicht deshalb, weil wir zwölf Jahre lang erleben mußten, was es bedeutet, wenn ein Volk seine Freiheit verloren hat, und wir tun unsere Pflicht deshalb, weil wir heute schon wieder wissen, daß in der Ostzone bereits der Zustand wieder vorhanden ist, vielleicht schlimmer vorhanden ist, als er unter dem Nationalsozialismus

---

[182] Ebd., S. 9f.

[183] Ebd., S. 10. Louise Schröder hatte bereits im Mai 1947 die Verwaltung des Oberbürgermeisteramtes nach dem Rücktritt von Otto Ostrowsky übernommen und übernahm das Oberbürgermeisteramt offiziell nach der Ablehnung Ernst Reuters durch die SMAD. Zu Beginn der Berlin-Blockade war sie also bereits ein Jahr mit den Amtsgeschäften als Oberbürgermeisterin vertraut. Als Oberbürgermeisterin von Berlin erlangte Louise Schröder zunächst weltweites Auf- und später auch Ansehen. So schrieb die New York Times im Mai 1948: „Wenn es in der Welt eine Aufgabe gibt, deren Lösung einen >ganzen Mann< benötigt, so ist es sicher die, die zerstörte, hungrige Stadt Berlin zu regieren. Niemals hat bis jetzt eine deutsche Frau eine so wichtige Stellung innegehabt, noch wurde jemals eine Stadt von vergleichbarer Größe irgendwo in der Welt von einem Mitglied des >zarten Geschlechts< verwaltet." Zitiert nach Antje Dertinger: Frauen der ersten Stunde. Aus den Gründerjahren der Bundesrepublik. Bonn 1989, S. 173.

[184] Da Louise Schröder aus Krankheitsgründen nicht erscheinen konnte, spricht stellvertretend Ursula Kirchert, Sekretärin der Berliner Frauenorganisation der SPD.

gewesen ist. Die Konzentrationsläger in der Ostzone sind heute bereits wieder gefüllt (Pfui-Rufe), und zwar gefüllt mit Menschen, die in der Zeit des Nazismus für die Freiheit gekämpft haben und die auch heute nichts anderes getan haben, als für die Freiheit zu kämpfen."[185] Nicht nur Ursula Kirchert, sondern viele Rednerinnen, insbesondere Delegierte aus Berlin, ziehen eine Parallele zwischen Widerstand im Nationalsozialismus und Widerstand gegen Aktionen der SED und der sowjetischen Besatzungsmacht. Immer wieder wird betont, dass Berlin kein lokales, sondern ein deutsches und ein europäisches Problem sei, für das eine friedliche Lösung erhofft werde. Die Gefahr eines neuen Krieges wird als reale Bedrohung wahrgenommen.

Unter dem Vorbehalt, derzeit keine gesamtdeutsche Lösung erreichen zu können, wird die Arbeit des Parlamentarischen Rates[186], im Westen die Grundlagen einer provisorischen, staatlichen Ordnung aufzubauen, begrüßt und als wichtiger Schritt zur Normalisierung der Lebensumstände betrachtet.[187] Als zweitwichtigstes Ereignis neben der Berlin Blockade erwähnt Ollenhauer jedoch nicht den Parlamentarischen Rat, sondern die Währungsreform, die er als „eine der brutalsten finanztechnischen Maßnahmen (...), die je einem Volke auferlegt wurden"[188], bezeichnet. Ihre psychologische Wirkung beziehe sie aus dem Wunsch der Menschen, „aus diesem Zwielicht, aus dieser allmählichen Zersetzung der Moral im öffentlichen und privaten Leben herauszukommen, das vor der Währungsreform das eigentlich bestimmende Gesicht in Deutschland war."[189]

Mit Nachdruck verweisen während der Konferenz diverse RednerInnen darauf, dass die vollen Auslagen der Geschäfte weniger Ausdruck einer blühenden Wirtschaft, mehr aber Zeichen eines blühenden und skrupellosen Egoismus seien. Die zentralen Aufgaben der SozialdemokratInnen in Deutschland bestünden deshalb darin, die „Feinde der Demokratie rechts und links"[190] zu besiegen, um „eine vernünftige und planmäßige Lenkung der Produktion in Deutschland"[191] aufbauen zu können. Gegenwärtig sei es eine nationale Aufgabe aus den knappen Mitteln vordringlich das zu produzieren, was am nötigsten gebraucht werde. Ollenhauer beendet seine Ansprache mit der Erklärung, die Partei sei sich absolut gewiss, auf die aktive und unverzagte Mitarbeit der Genossinnen in der Partei zählen zu können. „Warum? Weil ein Sieg der

---

[185] Ursula Kirchert, Redebeitrag, Protokoll der Wuppertaler Frauenkonferenz, S. 134.

[186] Der Parlamentarische Rat beginnt mit seiner Arbeit am 1. September 1948, also eine Woche vor Konferenzbeginn.

[187] vgl. Erich Ollenhauer, Ansprache, Protokoll der Wuppertaler Frauenkonferenz, S. 11-14.

[188] Ebd., S. 14.

[189] Ebd., S. 14f.

[190] Ebd., S. 20.

[191] Ebd., S. 17.

Sozialdemokraten in Deutschland zugleich ein Sieg sein würde der Hoffnungen und Wünsche von Millionen von Frauen und Müttern auf eine freie und friedliche Zukunft für ihre Kinder. (Anhaltender Beifall.)"[192]

2.2.3. Die Bedeutung der Internationale

Als wesentlicher Beitrag zum Frieden wird neben den aktuellen Ereignissen um die Lösung der deutschen Frage die Integration der deutschen Sozialdemokratie in die Internationale betrachtet. Entspechende Beachtung finden im Laufe der Konferenz die Kontakte zu Frauen in anderen Ländern. Schon in den Eröffnungsworten Herta Gotthelfs wird deutlich, welchen Stellenwert sie der Anwesenheit ausländischer Genossinnen auf einer Konferenz der deutschen Sozialdemokratinnen beimisst. In Erinnerung an die erste Reichsfrauenkonferenz der SPD nach dem zweiten Weltkrieg in Fürth 1947 spricht sie davon, „welch unvergesslichen Eindruck"[193] damals die österreichischen Genossinnen als die „ersten Boten des Auslandes"[194] auf die Anwesenden gemacht hätten.

Die ausländischen Genossinnen heben ihrerseits in ihren Grußworten die Verbundenheit mit deutschen Genossinnen hervor. Nina Andersen aus Dänemark verweist auf die freundschaftlichen Beziehungen, die über die sozialistische Jugendarbeit entstanden: „Viele von uns, die heute in der sozialdemokratischen Frauenarbeit in Dänemark aktiv sind, waren in der sozialistischen Jugendbewegung tätig, sie waren damals deutsche Genossinnen, mit denen wir befreundet wurden [sic!]. Unsere Freundschaften waren so tief und wahr, dass sie auch die Belastungen von Krieg und Besatzung überleben konnten, und so treffen wir uns heute wie früher als Freunde."[195] Margaret Harbison erinnert an das Schicksal der Emigration: „Ich erinnere mich noch sehr gut an die Zeit nach 1933, als viele unserer deutschen Genossinnen als politische Flüchtlinge nach England kamen, und es ist darum ein besonders erhebendes Gefühl, dass wir heute alle zusammenkommen können [...]."[196] Als ausländische Gäste sprechen außerdem Ferdinande Flossmann aus Österreich und Margaret Kissel aus der Schweiz Grußworte zur Eröffnung, in denen die Bedeutung internationaler sozialistischer Zusammenarbeit betont wird: „Es gibt kei-

---

[192] Ebd., S. 20.
[193] Herta Gotthelf, Redebeitrag, Protokoll der Wuppertaler Frauenkonferenz, S. 1.
[194] Ebd.
[195] Nina Andersen aus Dänemark, Redebeitrag, Protokoll der Wuppertaler Frauenkonferenz, S. 21.
[196] Margaret Harbison aus England, Redebeitrag, Protokoll der Wuppertaler Frauenkonferenz, S. 23. Ihre Rede wird simultan übersetzt.

nen Frieden für ein Volk allein, es gibt auch keinen Sozialismus für ein Volk allein, es gibt ihn nur für alle. Damit wir ihn gewinnen, müssen wir zusammenstehen, kämpfen für den Sozialismus als internationale Sozialdemokraten, um durch den Sozialismus den Frieden zu schaffen."[197] Sehr starken Beifall erhält die österreichische Genossin Ferdinande Flossmann für den Hinweis, „dass die österreichischen Sozialisten eine Kollektivschuld des deutschen Volkes ablehnen."[198] In Anbetracht des Antlitzes des Krieges, das die deutschen Städte trügen, sei es Aufgabe der Frauen, sich auf einer Tagung wie dieser an das Weltgewissen zu wenden, denn nicht Naturgewalten, sondern „Menschen haben es der Menschheit getan."[199] In diesem Ruf an die Mächtigen der Erde könne nur eines ausschlagebend sein, nämlich, „die alles bezwingende Stimme der Frauen und Mütter. Denn die Mutter gab ihr Kind, die Mutter hütete sorgsam die letzten Reste des zusammengebrochenen Heimes, die Mutter stellte die ersten Blumen auf den Tisch, um das Heim wieder friedlich zu gestalten, um zu zeigen, daß der Frieden einkehren muß. Da müssen wir zusammenstehen, die Sozialistinnen von ganz Europa."[200] Ihren Appell an die sozialistischen Frauen Europas unterstreicht sie mit dem Hinweis: „Und wenn der einen oder der anderen von Euch diese Aufgabe zu groß, zu schwer erscheint – sie ist es nicht, denn wir Frauen haben eines den Männern voraus. Die Männer haben in Europa mehr als ein Jahrzehnt Politik allein gemacht, vielleicht ist es jetzt die Zeit, in der auch sie zu der Erkenntnis kommen, daß der Friede der Menschheit erst gewährleistet werden kann, wenn die Frau an die erste Stelle berufen wird im politischen Kampf, nicht um den Mann nachzuahmen, sondern um Weiblichkeit und Mütterlichkeit in das Leben zu tragen."[201] Anhaltender Beifall folgt auf diese Ausführungen.

Auf der Kundgebung am folgenden Abend nimmt auch Nina Andersen den Gedanken von der besonderen Rolle der Frauen im politischen Leben auf: „Wir haben augenblicklich in den fünf nordischen Ländern sozialdemokratische Regierungen. In vier dieser Regierungen ist eine Frau Minister, und ich möchte gern ein bisschen von den vier Frauen erzählen, denn sie sind Beispiele dafür, was die sozialistische Arbeiterbewegung bringen kann."[202]

---

[197] Margaret Kissel aus der Schweiz, Redebeitrag, Protokoll der Wuppertaler Frauenkonferenz, S. 33.
[198] Ferdinande Flossmann aus Österreich, Redebeitrag, Protokoll der Wuppertaler Frauenkonferenz, S. 25.
[199] Ebd., S. 28.
[200] Ebd., S. 28f.
[201] Ebd., S. 29.
[202] Nina Andersen aus Dänemark, Redebeitrag, Protokoll der Wuppertaler Frauenkonferenz, S. 143.

Sie berichtet:

- von Usal Usland aus Norwegen, die den Wiederaufbau im nördlichsten Teil Norwegens, wo der Krieg der verbrannten Erde gewütet habe, organisierte,
- von Karin Koch[203] aus Schweden, deren Aufgabe die ökonomische Planung sei,
- von der finnischen Sozialministerin Leiwen Larson und
- von der dänischen Ministerin für spezielle Aufgaben, Hanni Jensen[204], die Mütter, Kinder und erwerbstätige Frauen zu betreuen und deren Interessen zu wahren habe.

Dieses kleine Bild der vier weiblichen nordischen Minister sei ein Symbol der heutigen Zeit: „Die eine baut auf, eine andere plant die Ökonomie, die dritte behandelt die sozialen Dinge, und die vierte sorgt für Mutter und Kind. Es ist für uns als sozialistische Frauen wichtig, daß wir die Welt erobern, aber auch, daß wir unsere Kinder haben. Für uns genügt die Welt nicht. Die Welt u n d das Kind ist das, was wir haben möchten. Dafür arbeiten auch diese Frauen und möchten uns ein Beispiel sein, daß wir uns tüchtig machen, arbeiten, uns Einfluß verschaffen und diesen Einfluß zum besten der Menschheit verwenden."[205] Sehr starker Beifall folgt ihren Ausführungen.

Die während der Konferenz anwesenden weiblichen Auslandsdelegierten[206] erhalten sowohl bei der Eröffnung als auch bei der Kundgebung neben anderen Rednerinnen und Rednern das Wort. Damit wird die Wichtigkeit ihres Erscheinens unterstrichen und jede von ihnen betont in ihren Beiträgen die Gemeinsamkeit mit den deutschen Genossinnen, als Frauen in der Arbeiterbewegung für Frieden und Gerechtigkeit zu arbeiten. Nationale Fragen finden dabei nur insofern Erwähnung, als sie besondere Bedingungen dieser gemeinsamen Aufgabe darstellen. Die Lage der Frauen steht im Vordergrund und erweist sich als ein länderübergreifendes

---

[203] Im Protokoll sind Namen oft mit Fragezeichen vermerkt. In der Zeitschrift DER REGENBOGEN erschien dagegen ein Artikel, in dem es heißt: „Frau Prof. Karin Kock-Lindberg ist als Minister ohne Portefeuille in das schwedische Kabinett eingetreten." Sie sei die erste Frau als Ministerin in Schweden. Vgl. F K.: Ein neuer weiblicher Minister. In: DER REGENBOGEN, Heft 7 Juli 1947, S. 20.

[204] In der GENOSSIN erschien dagegen ein Artikel, in dem der Name der Ministerin Fanny Jensen und nicht Hanni Jensen lautet. Siehe: Ella Goldstein (aus der holländischen sozialistischen Frauenzeitschrift „Wir Frauen"): Fanny Jensen, Dänemarks Minister für Frauenfragen. In: GENOSSIN Nr. 9 November 1948, S. 155f.

[205] Nina Andersen aus Dänemark, Redebeitrag, Protokoll der Wuppertaler Frauenkonferenz, S. 144.

[206] Später kommt eine Delegierte der italienischen Sozialdemokratie hinzu. Aus Holland, Frankreich, Luxemburg, Norwegen und Finnland werden im Konferenzverlauf Grußtelegramme verlesen, aus denen u.a. hervorgeht, weshalb eine Teilnahme nicht möglich war.

Thema, bei dessen Bearbeitung Ländergrenzen von untergeordneter Bedeutung zu sein scheinen, denn die Probleme werden immer wieder auf ähnliche Ursachen zurückgeführt. Trotz dieser über das Frauenthema erreichten Harmonie wird deutlich, dass der besonderen Beachtung der Auslandsdelegierten ein Bedürfnis nach internationaler Integration zugrunde liegt, dem die ausländischen Frauen gerade durch die Strategie sozialistischer Frauensolidarität entsprechen. Als bestimmend erweist sich dabei immer wieder die sozialistische Gemeinsamkeit im Sinne einer Einbindung der Frauenfrage in das sozialistische Programm. Bezeichnend in diesem Sinne ist die Charakterisierung der schwedischen Ministerin durch Nina Andersen: „Sie war immer Frauenrechtlerin, aber im guten Sinne. (...) Sie war auch immer Sozialistin ...".[207]

2.2.4. Sozialdemokratische Frauenarbeit

Die notwendige Verknüpfung des Kampfes um Frauenrechte mit dem gemeinsamen Engagement von Männern und Frauen in der sozialistischen Bewegung betont auch Herta Gotthelf. In ihrer kurzen Begrüßungs- und Eröffnungsrede greift sie den Vorwurf, die deutschen Frauen seien unpolitisch, auf und entgegnet, dass die Wuppertaler Frauenkonferenz nach außen beweisen wolle, es gebe sehr politische deutsche Frauen, die gemeinsam mit ihren Genossen an der Lösung der Fragen mitzuarbeiten gewillt seien, „die Männer und Frauen gleichermaßen angehen".[208] Auch für die Erkämpfung der Rechte der Frauen gebe es kein anderes Forum und keine andere Möglichkeit als den Kampf um die Änderung der Grundlagen der Gesellschaftsordnung. „Erst wenn wir ein demokratisches und sozialistisches Deutschland haben werden, haben wir auch die volle Gleichberechtigung der Geschlechter erkämpft, für die wir alle arbeiten."[209] Als Zeichen des gemeinsamen Kampfes in kameradschaftlicher Zusammenarbeit mit den Genossen wird im Konferenzverlauf wiederholt auf die Anwesenheit männlicher Delegierter und Gäste verwiesen, mit der unterstrichen werde, dass in der Sozialdemokratie die Frauenfrage wie andere Sachfragen auch von Männern und Frauen gemeinsam mit großem Ernst verfolgt werde.

Aufgrund der großen Bedeutung, die der gemeinsamen Bearbeitung der Frauenfrage durch Genossen und Genossinnen in der Konzeption sozialdemokratischer Frauenarbeit zukommt, erfolgt hier zunächst eine kurze Skizzierung der Trennung

---

[207] Nina Andersen aus Dänemark, Redebeitrag, Protokoll der Wuppertaler Frauenkonferenz, S. 143.
[208] Herta Gotthelf, Redebeitrag, Protokoll der Wuppertaler Frauenkonferenz, S. 2.
[209] Ebd., S. 3.

von Frauenfragen (im Sinne von Frauenpolitik) und Frauenarbeit. Im Gegensatz zur Lösung der Frauenfrage, die in der Erreichung der *vollen Gleichberechtigung* beider Geschlechter besteht, beschränkt sich die Zielsetzung der Frauenarbeit zunächst darauf, den Anteil weiblicher Mitglieder in der Partei zu erhöhen. Diese Aufgabe ist das aus zweierlei Gründen wichtigste Anliegen sozialdemokratischer Frauenarbeit. Zum einen geht es dabei selbstverständlich um die Verbreitung sozialdemokratischer Positionen unter den Frauen, zum anderen dient der Frauenanteil parteiintern als Gradmesser des Erfolgs der Frauenarbeit und stärkt damit wiederum die Stellung der Frauen in der Partei. Im Zentrum stehen folglich die Fragen: Wie erreichen wir die Frauen? Wie können wir sie überhaupt für Politik interessieren und was sichert uns ihr Vertrauen?

Der Lage der Frauen gilt das Hauptaugenmerk, denn sie entscheidet darüber, was die Frauen interessieren könnte und wie sie wo zu erreichen wären. Die Gruppe der Frauen spaltet sich nach den Beiträgen der Rednerinnen vorrangig in die Gruppe der Hausfrauen und der Erwerbstätigen mit einer Vielzahl von Untergruppen:

- junge Mädchen in Heiratserwartung, die als grundsätzlich schwer erreichbar eingestuft werden,
- erwerbstätige Frauen mit Familienpflichten, deren Arbeitsbelastung sie ebenfalls schwer erreichbar erscheinen lässt,
- Frauen in höher qualifizierten Berufen, bei denen aufgrund ihrer Herkunft Distanz zur Arbeiterbewegung anzunehmen ist usw.

Wie aus dieser kurzen Auflistung deutlich wird, stehen dem politischen Engagement von Frauen in der Sozialdemokratie nach Einschätzung der Sozialdemokratinnen viele Hindernisse entgegen. In diesem Kontext fällt dagegen die häufige Verwendung der idiomatischen Wendung von „unseren Frauenkreisen" auf. Diese Gruppe umfasst Frauen oder Töchter von Arbeitern mit im Regelfall geringen Bildungschancen, aber einer durch das männliche Familienmitglied gegebenen Nähe zur SPD.[210]

Neben der Analyse der die Frauen interessierenden Themen und der Abwägung von Möglichkeiten, die Frauen zu erreichen, wird die Schulung der Genossinnen als wesentliche Aufgabe betrachtet. Auch hierbei gilt das Interesse wieder der doppelten Wirkung: Nach außen potenzielle Wählerinnen überzeugen und Neumitglieder werben zu können. Nach innen sich gegenüber den Genossen zu bewähren und

---

[210] Wie die Interviewauswertung ergab, ist dies ein durchaus naheliegender Weg des Zugangs zur Sozialdemokratie.

Anerkennung für die Frau in der Politik zu finden. Wiederholt wird auf die Notwendigkeit der Spezialisierung verwiesen, um ein Höchstmaß an Kompetenz für diese Zwecke zu erwerben.

Frauenwerbung und -schulung sind demnach die Hauptaufgaben der Frauenarbeit im engeren Sinne mit dem doppelten Ziel, Frauen für die Partei zu werben und ihnen in der Partei Ansehen und Gehör zu verschaffen, während die Sachthemen - also Frauenpolitik im weiteren Sinne - als Anliegen der Gesamtpartei betrachtet werden. Als oberstes Ziel der Frauenarbeit gilt deshalb, die Frauenarbeit überflüssig zu machen und Frauenfragen - wie andere Sachfragen auch - gemeinsam mit den Genossen als Lebensfragen des gesamten Volkes zu bearbeiten.

Dieser Konzeption steht zunächst jedoch das mangelnde parteipolitische Engagement der Frauen entgegen. Die Veranstaltung einer Reichsfrauenkonferenz der SPD hat dementsprechend das Ziel, das Wirken sozialdemokratischer Frauenarbeit und Positionen sozialdemokratischer Frauenpolitik öffentlich zu machen und unter den Frauen zu werben. Gesonderte Frauenveranstaltungen werden als notwendig erachtet, um Frauen zur Politik zu ermutigen und ihnen die Verbindung ihrer Probleme mit Politik aufzuzeigen. So ist auch die Wuppertaler Frauenkonferenz, obwohl Herta Gotthelf mit Stolz auf die Zusammenarbeit mit Genossen in Frauenfragen verweist, überwiegend weiblich besetzt. Von 158 Delegierten sind lediglich zehn Genossen. Dabei handelt es sich um drei Genossen aus dem für Frauenfragen zuständigen Frauenausschuss (zehn Mitglieder) und um sieben Bezirkssekretäre von Bezirken, in denen keine Frauensekretärinnen tätig sind. Frauenfragen und Frauenarbeit sind demnach doch noch hauptsächlich Sache der Frauen. Zwei dieser Fragen - die Rechtsstellung und die Erwerbstätigkeit der Frau - bilden den Schwerpunkt der Konferenz.

Für die Frage nach dem Gleichberechtigungsmodell sozialdemokratischer Frauenpolitik der Nachkriegszeit ist die Behandlung dieser Fragen auf der Konferenz von zentraler Bedeutung. Zunächst bleibt jedoch festzuhalten, dass sich die Erörterung der gewählten Schwerpunktthemen an aktuellen politischen Fragen orientiert und von diesen entscheidend beeinflusst wird. Während im Hinblick auf eine kommende Verfassung der Absicherung von Frauenrechten besondere Aufmerksamkeit gilt, wird mit dem Thema Frauenerwerbstätigkeit ein Problemfeld angesprochen, das gerade nach der Währungsreform von aktueller Brisanz ist. Denn so Herta Gotthelf in ihrer Referatsanfrage an Irmgard Enderle:

„Im Hinblick auf die Wichtigkeit der Frauenerwerbsarbeit für den Wiederaufbau der Bizone und auf die Schwierigkeiten, die der arbeitenden Frau wahrscheinlich nach der Währungsreform und nach der Heimkehr von weiteren Zehntausenden von Kriegsgefangenen erwachsen werden, wollen wir dich bitten, über die Bedeutung der Frauenerwerbsarbeit für die deutsche Wirtschaft zu sprechen, und zwar unter folgenden Gesichtspunkten:

Die Notwendigkeit der Frauenerwerbsarbeit für die deutsche Wirtschaft,

die politischen und sozialen Konsequenzen, die sich daraus ergeben,

die Notwendigkeit der völligen Gleichberechtigung der Frauen als Arbeitskraft (hierbei müßte man nicht nur über gleichen Lohn für gleiche Arbeit, sondern auch über das 'Doppelverdiener-Problem', Ausnahmebestimmungen für weibliche Beamte, 'Recht der Frauen auf Arbeit' usw. sprechen),

praktische Forderungen wie z. B. Ausbildungs- und Umschulungsmöglichkeiten, Lehrstellen für Mädchen, Arbeitsschutz, Hausarbeitstag usw.,

notwendige politische und gewerkschaftliche Mitarbeit der Frau."[211]

Wie aus der Formulierung Gotthelfs, das Referat solle die Notwendigkeit der völligen Gleichberechtigung der Frauen als Arbeitskraft behandeln und u.a. „das Recht der Frau auf Arbeit" ansprechen, ersichtlich ist, dienen beide Hauptreferate der Festlegung sozialdemokratischer Positionen zur Stellung von Frauen im neuzugründenden Westzonen-Staat.

An der Währungsreform und der Berlin Blockade zeigt sich, in welchem innen- und außenpolitischen Spannungsfeld sich die Sozialdemokratie befindet: Der wiederholte Verweis auf den *„skrupellosen und blühenden Egoismus"* im Innern, der notleidenden Bevölkerung über Warenhortung lebensnotwendige Güter vorenthalten zu haben, dient der Markierung des politischen Gegners. Denn die Demokratie und das Volk, *„das wirtschaftlich und machtpolitisch am Boden liegt"*, haben einen Feind von rechts: „... die Freibeutermethoden, die heute in der deutschen Wirtschaft als neue freie Wirtschaftspolitik propagiert werden."[212] Die Bilanz des Dritten Reiches aber bestehe in einer auf lange Zeit bestehenden Armut des Volkes, die nur dann getragen werden könne, „wenn der Ärmste unter uns davon überzeugt ist, daß diese Armut von allen gleichmässig getragen wird."[213]

Als Feind von links dagegen wird die „Diktatur der kommunistischen SED in der Ostzone"[214] betrachtet. Während des Konferenzverlaufs wird immer wieder auf neuerlich gefüllte Konzentrationslager und auf die erneute Verfolgung bereits im Nationalsozialismus verfolgter Genossen und Genossinnen verwiesen. Die „Uneinigkeit der Al-

---

[211] Brief von Herta Gotthelf an Irmgard Enderle vom 19.5.1948, AdsD PV 0117 A.

[212] Erich Ollenhauer, Ansprache, Protokoll der Wuppertaler Frauenkonferenz, S. 17.

[213] Ebd., S. 16.

[214] Ebd., S. 12.

lierten über die zukünftige Verwaltung und das zukünftige Schicksal Deutschlands"[215] mache das Ziel der deutschen Einheit derzeit unerreichbar. Deshalb diene die Beteiligung der Sozialdemokratie an einer provisorischen Ordnung der Westzonen auch dazu, den Menschen im Osten Deutschlands Hoffnung zu geben. „Eine vernünftige und lebenswerte Ordnung im Westen Deutschlands ist zugleich auch eine praktische und moralische Hilfe für die Menschen im Osten."[216]

Vor diesem Hintergrund erhält der Hinweis, „daß uns nach den zwölf Jahren der Nazidiktatur in Deutschland die Menschen fehlen, die aus eigener Erkenntnis selbständig politisch denken und selbständig politisch handeln"[217], besondere Dramatik. Die Bewältigung der Folgen des Dritten Reiches ist, wie bereits die Interviewauswertung ergab und das Konferenzprotokoll bestätigt, eine politische Aufgabe und ein emotional herausforderndes Anliegen für die Genossen und Genossinnen der Nachkriegszeit. Die exponierte Stellung der Auslandsdelegierten, der wiederholte Verweis auf dramatische Schicksale und anrührende Bilder in den Redebeiträgen unterstreichen die besondere Emotionalität, mit der die sozialistische Politik als Weg zu Frieden und Völkerverständigung betrachtet wird. Wenngleich ein Sieg der Sozialdemokraten demnach ein *„Sieg der Wünsche von Millionen Frauen und Müttern auf eine freie und friedliche Zukunft für ihre Kinder"* bedeuten würde, gilt die Mehrheit der Frauen als schwer erreichbar. Sie zu erreichen aber ist das zentrale Anliegen der Frauenarbeit.

2.3. Die Rechtsstellung der Frau

2.3.1. Das Referat der Genossin Selbert

Wie bereits ausgeführt hat Herta Gotthelf Elisabeth Selbert zum Thema „Die Rechtsstellung der Frau" zu referieren und ihre Ausführungen auf die Absicherung von Frauenrechten in einer künftigen Verfassung, insbesondere auf eine Änderung des Bürgerlichen Gesetzbuches (BGB) zu konzentrieren. Dem Referat und seiner anschließenden Diskussion ist der Vormittag des zweiten Konferenztages von 9°° bis 13°° Uhr gewidmet.[218]

---

[215] Ebd.
[216] Ebd.
[217] Ebd., S. 8.
[218] Siehe Programm der Wuppertaler Frauenkonferenz, AdsD PV 04040.

Die Genossin Dr. jur. Elisabeth Selbert stellt ihr Referat „Die Rechtsstellung der Frau" unter den Leitsatz, dass die Rechtsstellung der Frau stets ein Spiegelbild ihrer jeweiligen Stellung im Staat und in der Gemeinschaft sei, und weist die Auffassung zurück, dass das Mutterrecht Ausdruck von Frauenherrschaft im Sinne eines Zeitalters der Freiheit und Gleichheit des weiblichen Geschlechts gewesen sei. Vielmehr handele es sich um ein Stadium „der primitivsten Formen des geschlechtlichen Verkehrs von Mann und Frau. (...) Von einer Ehe im eigentlichen Sinne keine Rede, eine lose Geschlechtsgemeinschaft. Lediglich rohe, physische Bedürfnisse führen den Mann in die Hütte der Frau."[219]

Als Grund dafür, ihre Ausführungen mit einer Betrachtung des Mutterrechtes zu beginnen, gibt sie an, dass in der gegenwärtigen Diskussion der Mutterfamilie[220] fälschlicherweise an die frühgeschichtliche Erscheinung des Mutterrechtes angeknüpft werde. Da der Eigentumsbegriff und nahezu ausschließlich wirtschaftliche Rücksichten die jeweilige Stellung der Frau zumindest in der Frühgeschichte der Menschheit bestimmt hätten, habe die Mutterfamilie mit dem Mutterrecht eigentlich gar nichts zu tun. Bei einem „Frauenüberschuss"[221] in Deutschland von mehr als sieben Millionen und in Europa von etwa 15 Millionen Frauen sei ein großer

---

[219] Elisabeth Selbert, Referat, Protokoll der Wuppertaler Frauenkonferenz, S. 42.

[220] Die 14 Thesen zur Mutterfamilie von Dr. Dorothea Klaje, die für eine Verbreitung ihrer Thesen in Presse und Rundfunk sorgte, fanden in der Öffentlichkeit viel Beachtung. Bereits im April 1948 wandte sie sich auch an Dr. Kurt Schumacher: „Ich sende Ihnen anbei 14 Thesen über meine Idee der `Mutterfamilie`. Ich habe diese Idee schon in Zeitschriften und im Rundfunk verbreitet und bin dabei, es noch weiter zu tun. (...) Ich möchte besonders gerne mit Ihnen ins Gespräch kommen, weil wir Frauen in unserer vaterrechtlichen Gesellschaftsordnung diese Frage nicht allein lösen können. Die erleuchteten Geister aller Nationen müssen sich zusammentun, um eine neue Zukunft zu bauen." Brief von Dr. Dorothea Klaje an Dr. Kurt Schumacher vom 10.4.1948 AdsD BKS 170.
In ihren Thesen grenzt sie den Begriff der Ehe als Gemeinschaft eines gegengeschlechtlichen Paares gegen den der Familie als Gemeinschaft von Erwachsenen mit Kindern zum Zweck der Erziehung und Aufzucht ab und fordert die Einführung der Mutterfamilie, in der die Mutter den Familienvorstand innehat. Entsprechend sei das Namensrecht zu ändern, und Müttern sollten Berufe gegeben werden, die nur die Hälfte der jetzigen Arbeit von ihnen verlangten. Die Kinder würden durch Kindergelder des Staates erhalten, die in Form von Steuern von Männern und kinderlosen Frauen aufgebracht werden müssten.

[221] Der Begriff des „Frauenüberschusses" basiert, wie auch die Ausführungen Selberts zeigen, auf der Annahme, dass ein ausgewogenes Zahlenverhältnis zwischen den Geschlechtern bestünde, wenn auf jede Frau ein Mann entfiele, so dass sich daraus eine entsprechende Zahl von Ehepaaren ergeben könnte. Um den zeitgenössischen Sprachgebrauch nicht zu verfremden, wird der Begriff „Frauenüberschuss" dort beibehalten, wo er in den Quellen verwandt wird. Die Setzung in Anführungszeichen dient der Sensibilisierung gegenüber der Problematik des Begriffs.

Teil der Frauen zur Ehelosigkeit verurteilt. „Sie können und sollen aber nicht auf die natürliche Bestimmung der Frau verzichten. Und schon taucht die Frage auf: Ist nicht die bürgerliche Ehe
damit in Gefahr? Was soll aus diesen Frauen werden, die eine Ehe nicht eingehen können?"[222] Der
Vorschlag der Mutterfamilie sei deshalb nicht von der Hand zu weisen. Während
Dorothea Klaje jedoch eine Neudefinition des Familienbegriffs forderte und weit-
reichende Maßnahmen, wie Finanzierung der Mutterfamilie durch Besteuerung von
Männern und kinderlosen Frauen, vorschlug, fordert Selbert die rechtliche Gleichstellung der unehelichen Mutter und des unehelichen Kindes mit der ehelichen
Mutter und dem ehelichen Kind. „...das ist der Weg, auf dem wir weitergehen wollen."[223]
Seit 1918 werde dieses Problem in der Partei diskutiert und nun sei es an der
Zeit, aus dem Deklamatorischen herauszukommen. Frauen der bürgerlichen Bewegung sprächen zwar von Verantwortungslosigkeit und moralischer Haltlosigkeit
breiter Volksmassen, so an das Problem heranzugehen hieße aber, „an den Realitäten
der Zeit vorbeigehen".[224] Im Protokoll sind an dieser Stelle Zurufe: „Strecker!"[225] vermerkt.

Nach weiteren Ausführungen zur Ehelichkeit von Kindern kommt Selbert zur
Stellung der Frau im bürgerlichen Recht, das sie als Kind seiner Zeit - der Blütezeit
des liberalistisch-individualistischen Denkens - bezeichnet. Da es damals die
staatsbürgerliche Anerkennung der Frau noch nicht gegeben habe, seien die Vor-
rechte des Mannes ganz verständlich. Heute aber könne das nicht mehr anerkannt
werden. „Ich glaube, heute im Jahre 1948, nachdem zwei Weltkriege über die Welt gegangen sind,
nachdem die Frauen - und die deutschen Frauen - nachgewiesen haben, daß sie in allen Lagen des
Lebens und insbesondere in den schrecklichsten aller Zeiten ihre Pflicht auch staatsbürgerlicher Art
getan haben, ist es ganz selbstverständlich, daß auch das Bürgerliche Gesetzbuch auf diesem Gebiete ein anderes Gesicht bekommen muß. Das bürgerliche Recht muß mit der gleichberechtigten
Staatsbürgerstellung der Frau, ihrem verfassungsrechtlich garantierten persönlichen Freiheitsrecht
und dem Gedanken der völligen persönlichen Gleichwertigkeit in Einklang gebracht werden."[226]
Nachdem sie mit diesen Worten die Aufgabe einer Neuordnung der Rechtsstellung der Frau umrissen hat, geht sie auf verschiedene Beispiele geltenden Ehe-
rechts ein, wie Entscheidungsrecht des Mannes in allen das gemeinschaftliche Le-

---

[222] Elisabeth Selbert, Referat, Protokoll der Wuppertaler Frauenkonferenz, S. 43.
[223] Ebd.
[224] Ebd.
[225] Gemeint ist Gabriele Strecker, eine der führenden Frauen überparteilicher Frauenarbeit der
Nachkriegszeit.
[226] Elisabeth Selbert, Referat, Protokoll der Wuppertaler Frauenkonferenz, S. 46.

ben betreffenden Angelegenheiten; Kündigungsrecht des Mannes von Arbeitsver-
trägen der Frau und Besitz-, Verfügungs- und Verwaltungsrecht am eingebrachten
Gut der Ehefrau auch nach der Trennung. Das Argument, das Vorrecht des Mannes
im Güterstand der Nutznießung und Verwaltung sei ein Korrelat zur Unterhaltspflicht des Mannes, weist sie mit den Worten zurück: „Vergessen wir doch nicht, daß die
Frau gerade in heutiger Zeit und in den vergangenen Jahren eine hohe volkswirtschaftliche Aufgabe
hat als Hausfrau und daß sie nicht nur für die Familie, sondern auch für die Allgemeinheit als Hausfrau Hervorragendes leistet. (Sehr gut!) Diese Leistung macht es zu einer Notwendigkeit, daß sie
auch in der Ehe die Stellung als Hausfrau bekommt, die ihr nach dem Standpunkt der Gleichberechtigung zusteht."[227]

Eingehendere Betrachtungen des Ehescheidungsrechtes führt sie mit der Beobachtung ein, „daß wir gerade jetzt nach dem Zusammenbruch und nach dem zweiten Weltkrieg
mehr als nach dem ersten eine ungeheure Krise der Ehe erleben."[228] Ihre Erfahrungen als
Scheidungsanwältin brächten sie zu der Erkenntnis, dass Ehen mehr und mehr unter anderen Voraussetzungen geschlossen werden sollten. „Sehr gut!"-Rufe und
lebhafte Zustimmung sind an dieser Stelle im Protokoll vermerkt. Denn Frauen
ohne berufliche Ausbildung seien erbarmungswürdig, wenn eines Tages die Krise
in der Ehe eintrete. „Diese Frau wird unter Preisgabe ihrer persönlichen Würde, unter Preisgabe
ihres Frauenstolzes und ihres Frauentums viele Zugeständnisse machen, die sie nicht machen würde, wenn sie ein freier Mensch wäre mit einer beruflichen Ausbildung, die es ihr ermöglicht, sich
sofort beim Schritt aus dieser Ehe wieder eine Existenz zu schaffen."[229] Was sie in der Praxis
auf diesem Gebiet erlebe, sei ein tieftrauriges Kapitel. Auch wenn es mit Gesetzes-
reform im engeren Sinne nichts zu tun habe, sehe sie darin eine Aufgabe für Sozialistinnen. Denn eine Frau, die jederzeit in der Lage ist, sich und ihre Kinder zu versorgen, müsse nicht ängstlich nach den Augen ihres Mannes sehen, „daß sie nicht bei
ihm in Ungnade fällt, damit er sie nicht eines Tages los werden möchte"[230].

Aus Zeitgründen verweist sie bezüglich weiterer Reformvorschläge auf ihre Rededisposition, um noch politische Schlussfolgerungen aus ihren Darlegungen ziehen zu können. Aufgabe eines kommenden Reichsparlamentes sei die Reform des
bürgerlichen Rechtes. „Nur eine starke Sozialdemokratie kann maßgeblichen Einfluß auf die
kommende Gesetzgebung haben, und es ist notwendig, Genossinnen, daß eine weitgehende Beteiligung von Frauen im kommenden Reichsparlament dieses Werk der Befreiung der Frauen selbst in
die Hand nimmt und es durchführt. Sie wissen, August Bebel war es, der sagte: 'Das Werk der Be-

---

[227] Elisabeth Selbert, Referat, Protokoll der Wuppertaler Frauenkonferenz, S. 49.

[228] Ebd., S. 50.

[229] Ebd., S. 52.

[230] Ebd.

freiung der Arbeiterschaft und der Frau kann nur das Werk des Arbeiters und der Frau selbst sein.'"[231]

Es dürfe nicht vergessen werden, „daß es in erster Linie die Sozialdemokratie ist, die die Trägerin der Forderung der staatsbürgerlichen Gleichberechtigung von je her war. Diese Forderung ist bereits im Erfurter Programm festgelegt. Nun haben wir in Deutschland die staatsbürgerliche Gleichberechtigung, und wir Frauen in den Länderparlamenten haben es für selbstverständlich erachtet, daß wir den alten Grundsatz der Gleichberechtigung aus der Weimarer Verfassung eo ipso übernahmen. Genossinnen, die Forderung der Gleichberechtigung sollte uns heute nicht mehr diskutabel sein. Sie hat für uns auch nichts Frauenrechtlerisches. Der Frauenüberschuß, von dem ich vorhin sprach, bedingt mit seinen 7 Millionen, daß auf 100 Wähler 170 Wählerinnen kommen. Die müssen wir in der Politik ansprechen, die brauchen wir als Wählerinnen, um als Sozialdemokratische Partei politische Macht zu erlangen."[232]

Elisabeth Selbert beendet ihr Referat mit einer allgemeinen Stellungnahme zur Aufgabe der Frauen, sich am Aufbau eines demokratischen und sozialistischen Deutschlands zu beteiligen, indem sie in der Partei und nicht in abgeschlossenen Frauenverbänden mitarbeiten. Denn nur eine sozialistische Wirtschaftsordnung könne das wirtschaftliche Chaos als eine ständige Quelle der Kriegsgefahr bannen. Und mit Blick auf die Berlin Blockade und Politik in der sowjetischen Besatzungszone endet sie: „Wir aber wollen den demokratischen Sozialismus - und zwar den wahren demokratischen Sozialismus, nicht den östlicher Färbung - , weil wir darin allein die größtmögliche Entfaltung geistigen, seelischen und sittlichen Lebens und aller Kräfte unseres Volkes sehen, eine neue Ordnung im Sozialismus allein die volle staatsbürgerliche und rechtliche Gleichstellung des Arbeiters und der Frau zu erreichen. Ich knüpfe an August Bebel wieder an: Der Arbeiter und die Frau haben gemein, unterdrückt zu sein, und ohne beide ist ein Aufbau in der Welt, ist ein Aufbau einer Ordnung, in der der ewige Friede regiert, nicht möglich. (Sehr starker Beifall.)"[233]

2.3.2. Der Verlauf der Diskussion

Die auf Selberts Ausführungen folgende Diskussion konzentriert sich auf vier Aspekte:

1. Es wird gefordert, sich nicht mehr nur mit Deklamationen zu begnügen, sondern sich auf die Ausarbeitung eindeutiger Handlungsanweisungen und kon-

---

[231] Elisabeth Selbert, Referat, Protokoll der Wuppertaler Frauenkonferenz, S. 53.
[232] Ebd.
[233] Ebd., S. 56.

kreter Vorschläge für die Wahlen zu konzentrieren. In diesem Kontext erfolgt aus Berlin der Hinweis, dass Hilde Lucht als einzige Frau im Verfassungsausschuss Berlins eine Übergangsbestimmung der neuen Verfassung erreicht habe, nach der in der ersten Legislaturperiode alle Gesetze, die den Grundrechten der Verfassung widersprächen, abgeändert werden müssten.aus dem Publikum kommen entsprechende Anregungen zu Einzelproblemen, wie ein Verweis auf die Ungleichbehandlung von Arbeiter- und Angestelltenfrauen in der Sozialgesetzgebung.

2. Die Forderung, dass die Ehe als Versorgungsanstalt beseitigt werden müsse, wird lebhaft diskutiert und führt zur weitergehenden Forderung nach der allgemeinen Berufsertüchtigung der Frau. Von Marta Schanzenbach wird dazu angemerkt, dass die Ausarbeitung sozialistischer Sitten eine grundsätzliche Aufgabe und Herausforderung für die Sozialistinnen Europas sei. Grundsätzlichen Schulungsbedarf sieht Martha Henkel, da die katastrophalen Gesetze der Vergangenheit den Frauen meistens erst bekannt würden, wenn sie sie am eigenen Leibe erführen.

3. Die Gleichstellung der unehelichen Mutter und des unehelichen Kindes sowie Möglichkeiten der Anfechtung der Ehelichkeit von Kindern werden als dringende Gegenwartsprobleme eingeschätzt, für die schnellstmöglich Lösungen gefunden werden sollten.

4. Eine Auseinandersetzung über „Frauenrechtlerei" entzündet sich insbesondere durch den Redebeitrag des Genossen Hans Hermsdorf[234], der Selbert vorwirft, lediglich einseitig den Rechtsstandpunkt der Frau vertreten zu haben.

---

[234] Hans Hermsdorf ist als Bundessekretär der Jungsozialisten Mitglied des Frauenausschusses und nimmt in dieser Funktion als Delegierter an der Konferenz teil. Er gibt zu bedenken, „...wie sich uns die Frauen dargestellt haben, als wir nach sechs Jahren Krieg zurückgekommen sind, und da müssen Sie auch einmal von unserem Gesichtspunkte ausgehen. Sie werfen mir entgegen: die Frauen! Lassen Sie mich ganz offen in Abänderung des Sprichwortes sagen: Der Krieg ist der Vater aller schlechten Dinge. Wenn Sie heute die jungen Männer, verhärmt durch sechs Jahre Krieg und mehrere Jahre Gefangenschaft, zurückkommen sehen in chaotische ökonomische Verhältnisse, wenn sie hier weiter Verhältnisse vorfinden, die häufig nicht gerade dazu angetan sind, die Achtung vor einer bestimmten Sorte Frauen und vor den Menschen zu heben, dann gibt es eine Reaktion, die Sie bei diesen jungen Menschen einfach verstehen müssen. Die Dinge haben sich wesentlich verschoben. Wir sind, beide Geschlechter, durch den Krieg auf eine Plattform gekommen, die sehr gefährlich in den moralischen Grundsätzen des menschlichen Lebens angenagt ist. (Zustimmung.) Wir können diesen Standpunkt dieses neuen Menschen nur entwickeln, wenn wir nicht davon sprechen, d i e F r a u e n [Hervorhebung im Original, A.d.V`.], sondern nur wenn wir davon ausgehen, daß wir als Menschen und als Sozialisten eine Gemeinschaft sind, die verpflichtet ist, sich gegenseitig zu helfen, gleich, wer sich von den Geschlechtern in Not befindet. (Sehr gut!)" Hans Hermsdorf, Redebeitrag, Protokoll der Wuppertaler Frauenkonferenz, S. 61f.

2.3.3. Die Schlußworte Selberts

Abschließend erhält Selbert das Wort und wird ausdrücklich gebeten, auf die Frage der Frauenrechtlerei einzugehen. Entsprechend beginnt sie mit der Feststellung, als Sozialistin weder eine frauenrechtlerische Haltung noch einen Kompromiss zwischen Männern und Frauen anzustreben, sondern lediglich eine sozialistische Auffassung zu kennen, die aus der Synthese der Auffassung von Mann und Frau bestünde. Sie lobt die Qualität der Diskussion und weist daraufhin, viele gute Gedanken gehört zu haben. Ihre Ausführungen seien nur als Diskussionsgrundlage gedacht gewesen und nun sollten die Anregungen über den Parteivorstand und das Frauenbüro gesammelt werden, „so dass wir dann aus diesem gesamten Material die endgültige Formulierung entsprechend vornehmen, die demnächst im Wahlkampf schon eine Rolle spielen soll und dann der Partei, der Fraktion des neuen Reichsparlaments, unterbreitet werden soll."[235]

Die Forderung nach Abschaffung der Versorgungsehe wird von Selbert bekräftigt: „Wir sozialistischen Frauen - nennen wir es einmal eine Deklamation - wollen uns heute auf den Standpunkt stellen, daß die Versorgungsehe nicht mehr sein darf."[236] Allerdings sehe sie hierin eher eine Erziehungs- als eine Gesetzesaufgabe. Anschließend geht Selbert auf den Vorwurf von Hans Hermsdorf ein, lediglich einseitig den Standpunkt der Frau vertreten zu haben. Sie weist darauf hin, dass Frauen in der Rechtsstellung gegenwärtig im Nachteil seien und danach verlangten, im Gesetz als gleichberechtigte Menschen, als vollwertige Persönlichkeiten behandelt zu werden. Das Gemeinsame wollten die Sozialistinnen und nicht den Männern etwas abverlangen. Vielmehr würde sie sich entschieden dagegen verwahren, wenn in der kommenden Reichstagsfraktion Frauen diese Dinge allein ausarbeiten sollten. „Dann würde ich sagen: Wozu sind Sie eigentlich Sozialdemokraten, wenn Ihr unserem Standpunkt nicht folgt?"[237]

Gesetze aber seien vorwiegend dazu da, sich der kranken Fälle im Leben anzunehmen. „Wenn alles gut geht in der Ehe, wenn die Ehe das ist, was wir auch als Sozialisten in der Ideal-Einehe sehen, nämlich einen Zusammenklang zweier Persönlichkeiten, dann brauche ich kein Ehescheidungsrecht..."[238] Und sie schließt mit den Worten: „Lassen wir es den Anfang einer Diskussion sein. Lassen Sie uns so handeln, wie Sozialisten handeln, die nur ein gemeinsames Ziel, den Sozialismus und die Befreiung der Menschheit kennen. (Sehr starker Beifall.)"[239]

---

[235] Elisabeth Selbert, Schlußwort zum Referat, Protokoll der Wuppertaler Frauenkonferenz, S. 79.
[236] Ebd., S. 81.
[237] Ebd., S. 82.
[238] Ebd., S. 82f.
[239] Ebd., S. 83.

Abstimmung

Es folgt die Abstimmung über den Antrag Nr. 1 zur Rechtstellung der Frau: „Der Parteivorstand wird beauftragt, gemeinsam mit den zuständigen sozialdemokratischen Fraktionen dafür zu sorgen, daß der Grundsatz der vollen staatsbürgerlichen Gleichberechtigung der Frau auf allen Rechtsgebieten verwirklicht wird. Die Durchführung dieses Grundsatzes ist eine der vordringlichsten Aufgaben der Sozialdemokratischen Partei."[240] Der Antrag wird einstimmig angenommen.

2.3.4. Zwischenergebnis: Die Abschaffung der Versorgungsehe

Wie aus der Zusammenfassung des Selbertschen Referates ersichtlich, stehen Fragen des Ehe- und Familienrechts im Vordergrund ihrer Ausführungen. Während sie von einer selbstverständlichen Übernahme des Satzes der staatsbürgerlichen Gleichberechtigung aus der Weimarer Verfassung, wie in den Länderparlamenten geschehen, ausgeht, verweist sie mehrfach auf die Notwendigkeit aufgrund der Folgen und Erfahrungen aus zwei Weltkriegen, eine Reform des bürgerlichen Rechtes durchzuführen. Auch hierbei hält sie den Satz der Weimarer Verfassung „Die Ehe beruht auf der Gleichberechtigung der Geschlechter." für richtungsweisend. Eine solche Reform sieht sie als Aufgabe des kommenden Reichsparlamentes, in dem nur eine starke Sozialdemokratie maßgeblichen Einfluß auf die Gesetzgebung haben könne. Aus diesem Grunde müsse es gelingen, die Stimmen der Wählerinnen für sich zu gewinnen.

Häufige Beifalls- und Zustimmungsbekundungen sowie der Verlauf der Diskussion zeigen die grundsätzliche Übereinstimmung der Delegierten mit den Ausführungen Selberts. Die Forderung der Gleichberechtigung ist im Rahmen sozialdemokratischer Frauenpolitik nicht mehr diskutabel. Im Vordergrund stehen vielmehr konkrete Fragen zur praktischen Umsetzung. Von den Genossinnen in die Diskussion eingebrachte Anregungen zeigen die Vertrautheit mit den angesprochenen Problemen und weisen mitunter - wie der Hinweis auf die Sozialgesetzgebung - über die Selbertschen Ausführungen, die sich auf den Reformbedarf des bürgerlichen Rechts beschränkten, hinaus.

---

[240] Sopade Informationsdienst Nr. 579, 21. September 1948, ohne Seitenangabe, AdsD PV 04108. Da die Anträge den Konferenzteilnehmern und -teilnehmerinnen schriftlich vorliegen, sind diese im Protokoll nicht ausgeführt.

Mit der mehrfachen Nennung Bebels, dem Anknüpfen an Formulierungen der Weimarer Verfassung und der Forderung, endlich das Feld der Deklamation[241] zu verlassen, wird die sozialdemokratische Tradition und der Anspruch, als Partei seit langem die Trägerin der Gleichberechtigung zu sein, unterstrichen. In der grundsätzlichen Übereinstimmung zeigt sich die Berechtigung dieses Anspruchs zumindest unter den Delegierten der Frauenkonferenz.

Die Forderung nach Abschaffung der Versorgungsehe – von Selbert bekräftigt und einer der Hauptpunkte der Diskussion – geht über die Forderung rechtlicher Gleichstellung im Sinne einer Rechtsgleichheit von Männern und Frauen hinaus. Bei der Beschreibung der bisherigen Abhängigkeit der Ehefrau vom Wohlwollen des Ehemannes redet Selbert vom Zwang zur Preisgabe der persönlichen Würde, des Frauenstolzes und des Frauentums. Damit markiert sie die gegebenen Rechtsverhältnisse in ihrer Auswirkung auf das weibliche Geschlecht als erniedrigend. Sie kennzeichnet diese jedoch nicht nur als der allgemeinen (Menschen-)Würde zuwiderlaufend, sondern sie beschreibt darüber hinaus mit den Begriffen Frauentum und Frauenstolz eine spezifische Form weiblicher Würde, der diese Verhältnisse entgegenstünden. Bei gleichzeitiger Betonung der Bedeutung von Hausarbeit für die Familie und die Gesamtheit lässt sich daraus die Absicht ersehen, frauenspezifischen Lebensbedingungen einen Wert beizumessen, der ihnen in der bisherigen Gesellschaftsordnung versagt geblieben ist, und eben diese Verhältnisse als entwürdigend für Angehörige des weiblichen Geschlechts zu brandmarken.

Dabei zeigt sich sowohl in der Auseinandersetzung um das Unehelichenrecht als auch in der Erwiderung auf den Einwand der Genossin Spangenberg, die Ehe könne erst recht keine Versorgungsinstitution mehr sein, wenn sie aufgelöst wurde, dass Selbert es als vordringlich erachtet, den realen Lebensbedingungen der Menschen Rechnung zu tragen. Denn die Gesetze seien für die kranken Fälle des Lebens und nicht für den Idealzustand. Vorerst gelte es, die bestehenden rechtlichen Nachteile der Frauen auszugleichen und ihre Behandlung als gleichberechtigte Menschen und vollwertige Persönlichkeiten zu erreichen. Die Berufsertüchtigung der Frau erscheint als wichtiger Schritt auf diesem Wege. Das Thema Frauenerwerbstätigkeit bildet folgerichtig den nächsten Arbeitsschwerpunkt der Konferenz.

---

[241] Wie beispielsweise im Kontext des Unehelichenrechts über den Hinweis, dass es seit 1918 diskutiert werde, betont wird.

2.4. Bedeutung und Probleme der Frauenerwerbsarbeit

2.4.1. Das Referat der Genossin Enderle

In der bereits angeführten Referatsanfrage an Irmgard Enderle verwies Herta Gotthelf auf die Schwierigkeiten, die den arbeitenden Frauen aus der Währungsreform und der Rückkehr weiterer Kriegsgefangener erwachsen würden und bat sie, insbesondere über die Notwendigkeit der Frauenerwerbsarbeit und der völligen Gleichberechtigung der Frauen als Arbeitskraft zu sprechen. Dem Referat und der anschließenden Diskussion ist der Nachmittag des zweiten Konferenztages von 14³⁰ bis 17³⁰ Uhr gewidmet.[242]

Irmgard Enderle, Journalistin und Mitglied des Wirtschaftsrates, beginnt ihr Referat mit der Feststellung, dass mit dem Anlaufen des europäischen Hilfsplans (gemeint ist der Marshall-Plan, A.d.V.`) und der neuen Geldordnung ein neuer Abschnitt westdeutscher Geschichte begonnen habe. Nun sei die Möglichkeit gegeben „...eines wirklichen Aufbaues und einer Gesundung unserer Wirtschaft, ein Heraus aus dem Chaos und aus der Demoralisation, aus der zwangsläufigen Form aller Dinge, auch der politischen Dinge, die wir seit 1945 erlebt haben"[243]. Sie grenzt die sozialdemokratische Zielvorstellung einer planwirtschaftlichen und sozialistischen Gestaltung der Wirtschaft scharf gegen die „Erhardsche Wirtschaftspolitik" ab. Diese kennzeichnet sie als einen Versuch, den Kapitalismus wiederherzustellen. Die Umsetzung sozialdemokratischer Wirtschaftvorstellungen aber sei ein langer Prozeß und eine große Aufgabe. „Darum brauchen wir in unserer Partei eine große Masse von aktiven, bewußten Frauen."[244]

Der „Frauenüberschuss" mache es zwingend, Frauen zu gewinnen, die überall mit Hand anlegen. Trotz eines Mitgliederanstiegs unter den Frauen sei es zu wenig gelungen, an die erwerbstätige Frau heranzukommen. Manche Ortsvereine hätten Frauengruppen, die nur aus Hausfrauen bestünden. Selbst in Orten mit viel Industrie seien häufig nur Hausfrauen in den Frauengruppen: „Das ist nicht nur eine Frage unserer Frauengruppen, da möchte ich nicht mißverstanden werden, das ist eine Frage des Auftretens der Gesamtpartei. Aber da wir ja nicht alles in einem Haufen machen können, haben unsere Frauengruppen die spezielle Aufgabe, solche Themen zu suchen und solche Fragen herauszuarbeiten, mit denen wir ganz besonders an die Frauen herankommen."[245]

---

[242] Siehe Programm der Wuppertaler Frauenkonferenz, AdsD PV 04040.

[243] Irmgard Enderle, Referat, Protokoll der Wuppertaler Frauenkonferenz, S. 84.

[244] Ebd., S. 85.

[245] Ebd., S. 86.

Als Gründe, weshalb Frauen schwer zu interessieren seien, führt Enderle an: das wirtschaftliche Chaos der letzten Jahre; den Umstand, dass Geld nicht solche Rolle gespielt habe[246]; die ungeheure Belastung durch Haushaltsarbeit und die Abneigung der Frauen gegen Politik nach zwölf Jahren NS-Diktatur.

Für den Aufbau der Wirtschaft im sozialdemokratischen Sinne werde jedoch eine große Masse von Frauen als Erwerbstätige benötigt. Trotz momentaner Entlassungen geht Enderle von einer baldigen Steigerung der Produktion aus. Im Gegensatz zur „schweren kapitalistischen Krise vor 1933", die aus dem Stadium einer voll entwickelten kapitalistischen Produktion hervorgegangen sei, ringe man heute um die Neugestaltung der Wirtschaft. Die zertrümmerte Wirtschaft in ganz Europa benötige ungeheure Massen von Arbeitskräften für diesen Umgliederungsprozess. Deshalb handele es sich nicht wie 1933 um ständig weiter um sich greifende Arbeitslosigkeit, sondern mit Hilfe des Marshall-Plans werde sich die Produktion steigern. Trotz sozialdemokratischer Kritik an bisherigen Maßnahmen stelle dieser eine große Hilfe dar. Sozialisten und Sozialistinnen in allen Ländern hätten nun die Möglichkeit sich einzuschalten.

Für die bevorstehende Erweiterung der Produktion würden Frauen gebraucht. Irmgard Enderle führt an, dass aus der Sicht der Wirtschaft der große Ausfall von Männern im arbeitsfähigen Alter mit dem Frauenüberschuss in den besten Altersstufen, nämlich dem heiratsfähigen Alter, korrespondiere. Aus der Sicht der Frau zwängen dagegen wirtschaftliche Nöte, in den Arbeitsprozess zu gehen. „Nicht nur alleinstehende Frauen sind zu solcher Erwerbstätigkeit heute gezwungen; auch Familienangehörige und selbst oft den Mann, der als Krüppel zurückkam, muß die Frau aus ihrer Arbeit versorgen. Und nun erleben wir, dass trotz dieser durch die Statistik ganz klar erwiesenen Tatsache viele Frauen und Mädchen es gar nicht einsehen wollen, daß wir diese Schwierigkeiten haben, daß das einzelne junge Mädchen eben glaubt: ich werde dabei doch anders fahren, für mich wird sich der Mann schon finden, ich werde nur vorübergehend in der Arbeit sein."[247]

Tradition spiele hierbei eine kolossale Rolle. Deshalb müsse man sich in die Schulerziehung eingliedern, um eine andere Stellung zur Frage der Berufsarbeit zu erreichen. Dabei bestehe auch die Möglichkeit, Hausfrauen und Erwerbstätige zu-

---

[246] Mit dieser Formulierung umschreibt Enderle die geringere Bedeutung von Erwerbstätigkeit vor der Währungsreform für die Versorgung mit lebensnotwendigen Gütern im Gegensatz zur sogenannten 'erweiterten Hausarbeit' durch Tauschhandel, Hamsterfahrten, Feldstoppeln etc. . Vgl. z.B.: Doris Schubert: Hausarbeit als Überlebensarbeit. Krisenbewältigung auf Kosten der Frauen. In: Doris Schubert und Annette Kuhn (Hg): Frauen in der deutschen Nachkriegszeit. Band 1: Frauenarbeit 1945-1949, Quellen und Materialien, Düsseldorf 1984, S. 32-70.

[247] Irmgard Enderle, Referat, Protokoll der Wuppertaler Frauenkonferenz, S. 87.

sammenzubringen und eine Einheit zu erreichen, denn die Frage sei für Mütter ebenso relevant wie für Erwerbstätige. Hemmend wirke sich insbesondere die traditionelle Einstellung vieler Frauen und Männer aus, Frauenarbeit als etwas Vorübergehendes zu betrachten. Dass Mädchen keine so gute Ausbildung wie der junge Mann benötigten, sei ein Trugschluß. In größerem Maße als bisher müssten Ausbildungsplätze für gehobene Stellungen auch für Frauen erschlossen werden.

Ein weiteres traditionelles Hemmnis bestehe in der Einstellung zum Einzelhaushalt. „Bis in unsere eigenen Partei- und Frauenkreise hinein geht die Ansicht, daß das Glück der Familie, der Welt davon abhinge, daß man nun so einen Einzelhaushalt hat mit dieser ungeheuren Arbeit jeder einzelnen Frau an ihrem Herd und für ihren kleinen Haushalt, wie das eben die Tradition so mit sich bringt. Wir haben in früheren Jahrzehnten - und gerade der heute zitierte Bebel hat das sehr stark als Wunsch und Notwendigkeit vom sozialistischen Standpunkt aus entwickelt - diskutiert und uns dafür eingesetzt, daß man davon möglichst weit wegkommen möchte, daß man Großküchen, Waschküchen und alle möglichen Erleichterungen und Umstellungen von diesem Einzelhaushalt weg schaffen möchte, damit eben die Frau mehr befreit wird und mehr Möglichkeiten hat, sich vollwertig auch in das öffentliche Leben einzugliedern, daß sie auch wenn sie erwerbstätig ist, nicht immer diese Doppelbelastung hat.“[248]

Unter den heute schwierigen Verhältnissen könne das Ideal nicht erfüllt werden, aber es sei falsch, diese Fragen beiseite zu schieben. Erleichterungen könnten beim Bau von Wohnungen durch Baugenossenschaften erreicht werden. Die Tatsache, dass die Frau doppelbelastet sei, hemme sie im Kampf um das volle Recht der Frau auf Arbeit. Kommunale Kindergärten seien notwendig, um nicht eine Abhängigkeit der Frau vom Betrieb zu erzeugen[249], die politisches Engagement verhindere. „Wenn wir auf diesem Gebiete nicht vorankommen, werden alle unsere schönen propagandistischen Reden von der Gleichstellung der Frau in der Wirtschaft und im Betrieb verhallen.“[250] Es gebe kein Zurück zu den Zeiten, in denen die Frau in der Hauptsache im Haus war. Das seien primitive Handwerksgesellschaften gewesen. „Wir aber wollen umgekehrt doch eine Befreiung der Menschen, dass sie mehr Zeit für sich selber, für geistige Dinge haben und wollen uns die Technik zu diesem Zweck unterordnen. Deshalb kann auch die Frage: Frau ins Haus? von uns nicht mehr gestellt werden. Wir müssen die ganze Frage so ausrichten: Wie können wir bei fortschreitender Eingliederung der Frau in das Erwerbsleben nun die Möglichkiten schaffen, daß sie aus dieser Doppelbelastung heraus kommt, daß zumindest erst einmal Erleichterungen geschaffen wer-

---

[248] Ebd., S. 88f.

[249] Gemeint ist, dass die Forderung nach Einrichtung kommunaler Kindergärten der Forderung nach Einrichtung von Betriebskindergärten vorgezogen werden soll, da diese zur Abhängigkeit der Frauen vom Betrieb führten.

[250] Irmgard Enderle, Referat, Protokoll der Wuppertaler Frauenkonferenz, S. 90.

den und daß sie innerhalb des Betriebs, innerhalb ihrer Tätigkeit eben auch das erreicht, was ihr von rechts wegen zukommt, daß sie sich auch wirklich zu einer tüchtigen Kraft entwickeln und als solche auswirken kann?"[251]

Mit Verweis auf Hans Hermsdorf betont sie, dass, wenn diese Fragen auf einer Frauenkonferenz herausgestellt würden, dies geschehe, weil man sich auf dieser Konferenz mit speziellen Fragen beschäftige, wie bei Jugendkonferenzen spezielle Jugendfragen herausgestellt würden. „So ist es ganz selbstverständlich, daß diese Tonart 'Recht auf Arbeit' und 'Gleichberechtigung' gebraucht wird. Das braucht deshalb noch längst nicht bedeuten, daß wir das aus irgend einem rechtlerischen Standpunkt aus machen; sondern das ergibt sich aus unserer Diskussion über das, was auf diesem Gebiete von der Gesamtpartei zu tun ist und von uns als Funktionärinnen in allererster Linie."[252]

Eine Animosität gegen jedes Frauenrechtlerische sei nicht nur bei der Jugend und bei aus dem Krieg heimkehrenden Männern, sondern auch bei jungen Mädchen zu beobachten. Diese Abneigung entstehe aus Unkenntnis der Geschichte. Wenn man einen solchen Kampf führe, wie das notwendig gewesen sei, komme es jedoch leicht zu Überspitzung. „[...] oder wie ich es 1918 erlebte, dass ein Professor in der Universität ein Schild an seine Türe machte: 'Ich halte keine Vorlesung, wenn eine Frau in den Hörsaal kommt' und lauter solche Dinge mehr, dann ist es wohl verständlich, daß diese Frauen, die um das uns heute ganz selbstverständlich Erscheinende zuerst gekämpft haben, einen gewissen Anstrich der Überbetonung bekommen haben. Das muß man meiner Ansicht nach der heutigen Jugend rein geschichtlich auch vor Augen führen, damit sie nicht ungerecht und ohne wirkliche Sachkenntnis urteilt über diese Dinge."[253]

Die Ablehnung resultiere aber auch aus Bequemlichkeit. Der Kampf sei heute jedoch erfreulicherweise nicht mehr so frauenrechtlerisch wie in den 20er Jahren. „Immer wieder erleben wir es, wie im allgemeinen und vor allen Dingen von unseren Funktionärinnen alle diese Fragen als Fragen des sozialen Lebens, des Kampfes eben in der gesamten Gesellschaft und zusammen mit den Männern verstanden werden."[254] Heute stünden den Frauen weniger gesetzliche Schranken entgegen, es liege vielmehr an den Frauen selbst, wenn sie nicht wie jeder andere Mensch gewertet würden. Die Frauen seien zu wenig aktiv, deshalb sei Schulung notwendig. „Der Kampf für die Gleichstellung der Frau im Erwerbsleben ist begründet darin, daß wir Demokraten sind, für die alle Menschen die gleichen Möglichkeiten und Chancen haben müssen; sonst würde unser ganzes demokratisches Weltbild auf

---

[251] Ebd., S. 90f.
[252] Ebd., S. 91.
[253] Ebd., S. 91f.
[254] Ebd., S. 92.

den Kopf gestellt werden."[255] Außerdem bestehe sonst die Gefahr der Zersplitterung der Arbeiterbewegung. Minderwertigkeitskomplexe hielten die Frauen davon ab, so aufzutreten, wie sie eigentlich auftreten sollten.

Als jene Fragen, „mit denen wir es zur Erreichung dieses Zieles der vollkommenen Gleichgestelltheit vor allen Dingen zu tun haben"[256], führt Irmgard Enderle folgende an:

1. Gleicher Lohn für gleiche Arbeit und für gleiche Leistung – Eine entsprechende Kontrollratsdirektive bestehe, werde aber nicht überall angewandt. „Es ist sehr viel Unklarheit über die Formulierung ˈGleicher Lohn für gleiche Leistungˈ vorhanden, und es wird sehr viel hin und her diskutiert, ob die Frau wirklich das gleiche leistet wie der Mann."[257] Individuelle Abweichungen gebe es aber auch bei Männern, dafür bestünden Möglichkeiten individueller Nuancierung wie Akkordverdienst etc.. „Die Frage nach der gleichen Leistung ist aber meiner Ansicht nach auch so zu stellen – denn sonst wäre es nur einem kleinen Teil der Frauen möglich, wirklich zu einigermaßen ausreinden [sic!] Löhnen zu kommen – daß man vergleicht auch wenn es nicht dieselbe Arbeit ist: liegt dieselbe Zeit Ausbildung vor, dieselbe Zeit der Anlernung, derselbe Grad der Geschicklichkeit und Kraft?"[258] Hier müsse ein systematischer Kampf von den Frauen selbst einsetzen, denn die Frauenlöhne seien kein Thema bei den Betriebsräten, da diese mit anderen Dingen zu kämpfen haben. Sie selbst werfe die Gewerkschafts- und Parteiarbeit zusammen, denn: „Die Gewerkschaften sind die unmittelbaren Interessenorganisationen der ganzen Arbeitnehmerschaft im Kampf gegen das Unternehmertum. (...) Also das Versagen von Gewerkschaften und von Arbeiterfrauen und Angestelltenfrauen im Berufsleben ist mit ein Versagen unserer Partei insofern, als wir in diesem wichtigen Punkt des gesamten gesellschaftlichen Lebens nicht führend vorangingen und überall einen Keil hineintrieben, kurz, nicht die Initiative ergriffen."[259]

2. Die Forderung nach einem bezahlten Hausarbeitstag widerspräche erstens nicht der Forderung nach gleichem Lohn - zumal Frauenlöhne noch nicht auf dem Stand der Männerlöhne seien - und zweitens seien Sozialdemokratinnen keine Anhängerinnen der open-door Bewegung. Das seien radikale Frauen gewesen, die Sonderbestimmungen für Frauen ablehnten. Von Sozialdemokratinnen sei diese Position immer bekämpft worden, weil sie den Standpunkt bezogen hätten,

---

[255] Ebd., S. 92f.
[256] Ebd., S. 93.
[257] Ebd.
[258] Ebd., S. 94.
[259] Ebd., S. 95f.

dass die Frau eine Doppelfunktion zu erfüllen habe. Das sei etwas anderes als die Doppelbelastung durch Hausfrauenpflicht. Mutterschaft als gesellschaftliche Funktion verlange besonderen Schutz.

3. Ein großes Aufgabengebiet für Frauengruppen sei das Problem der Heimarbeit, die häufig Kinderarbeit mit einschließe.

4. Wichtig sei auch der Kampf gegen Entlassungen: Frau-Sein dürfe kein Kriterium sein, wie beispielsweise bei der Entlassung von Beamtinnen.

5. Ebenfalls wichtig sei das Preis-Lohn-Verhältnis. Die Partei fordere Preiskontrolle und Überwachung der Preisbildung. Auf diesem Gebiet seien die Konsumgenossenschaften von großer Bedeutung.

Alle Fragen der Frauenarbeit hingen auf das engste mit Fragen der Produktion und der gesamten Wirtschaftsgestaltung zusammen. Frauenarbeit könne deshalb nicht losgelöst von den großen politischen und wirtschaftlichen Aufgaben betrachtet werden.

2.4.2. Der Verlauf der Diskussion

Nach dem Dank der Präsidentin an Irmgard Enderle und der Mahnung, kurz und zur Sache zu sprechen, beginnt die Diskussion mit Ausführungen von Susanne Röder-Großmann über die Situation in Berlin. Von den 3 ¼ Millionen Einwohnern Berlins seien 1945 45% erwerbstätige Frauen gewesen, die, da ohne Unterstützung, auf Arbeit angewiesen waren. „Da Berlin selbst sehr wenig Geld hatte, war es Berlin natürlich auch nicht möglich, irgend eine Arbeitslosenunterstützung zu geben. Man kam dazu, eine produktive Erwerbslosenfürsorge zu treiben, indem man die Frauen an die Enttrümmerungsstätten brachte und Berlin aufräumen ließ; daß sind die Ihnen allen bekannten Trümmerfrauen von Berlin. Berlin hatte 1945 68 000 Frauen zur Enttrümmerung auf den Baustellen beschäftigt. Sie bekamen einen Stundenlohn von 72 Pfennig, und die Stadt Berlin zahlte dazu 50 Prozent. Die Zahl dieser Frauen ist heute zusammengeschmolzen auf ca. 22 000.“[260]

Frauen schieden aber nicht aus dem Berufsleben aus, sondern als Loks eingesetzt wurden, sei die verbleibende Arbeit körperlich zu schwer geworden. Die Frauen reagierten, indem sie erkrankten. Langfristig sei Frauenarbeit jedoch notwendig: „Also muß für sie ein Beruf gefunden werden, den sie neben der Arbeit und Erziehung für die Kinder, neben der Haushaltsarbeit auszuführen imstande sind, ohne daß wir ihre Arbeitsfähigkeit soweit erschöpfen, dass sie zusammenbrechen und ihre weitere Arbeit nicht mehr erfüllen

---

[260] Susanne Röder-Großmann, Redebeitrag, Protokoll der Wuppertaler Frauenkonferenz, S. 101f.

können."[261] Wichtig sei darüber hinaus, den Frauen ohne Lebenspartner – das sei die überwiegende Mehrheit in Berlin – nicht nur wirtschaftlich weiterzuhelfen, sondern ihnen einen Beruf zu vermitteln, der ihnen einen Lebensinhalt gibt.

Mit dieser Situationsschilderung aus Berlin sind die Kernpunkte der Diskussion umrissen. Einerseits wird die Integration der Frau in den Erwerbsprozess als notwendig betrachtet, andererseits stellt sich die Frage, wie Erwerbstätigkeit mit der weiblichen Konstitution und den erweiterten Anforderungen an Frauen - ihrer Doppelfunktion - zu vereinbaren sei. Die Forderung eines bezahlten Hausarbeitstages für berufstätige Frauen liefert den aktuellen Bezugspunkt für eine Auseinandersetzung über Möglichkeiten der Sonderbehandlung von Frauen bei gleichzeitiger Aufrechterhaltung der Forderung nach gleichem Lohn bei gleicher Arbeit bzw. Leistung. An diversen Beispielen aus den Arbeitsbereichen zur Diskussion sprechender Genossinnen zeigt sich deren Vertrautheit mit dem Problem. Sie berichten von Existenznöten, die Frauen zu Arbeiten zwingen, die weder ausreichend entlohnt noch inhaltlich ausfüllend sind. Zentrale Forderungen sind deshalb:

- Gezielte Berufslenkung.
- Öffnung geeigneter und qualifizierter Berufs- und Ausbildungsfelder für Frauen sowie entsprechende Umschulungsmaßnahmen.
- Schaffung von Rahmenbedingungen, die die Verbindung von Haus- und Berufsarbeit ermöglichen.

Parallel zur Diskussion grundsätzlicher Fragen der Frauenerwerbstätigkeit wird immer wieder das Problem mangelnder Organisation der erwerbstätigen Frauen in Partei und Gewerkschaft angesprochen. Im Falle gering qualifizierter Berufe wird Überlastung und mangelndes Interesse aufgrund geringer Identifikation mit der Erwerbstätigkeit als ursächlich betrachtet. Bei Frauen in höheren Positionen sei dagegen eine herkunftsbedingte Distanz zur Arbeiterbewegung ausschlaggebend.

2.4.3. Die Schlußworte Enderles

Irmgard Enderle greift in ihrem Schlußwort die Warnung einer Rednerin vor der Unterschätzung der Leistung von Frauen in der Familie auf: „Eine Genossin hat davor gewarnt, man solle das, was die Familie bedeutet, das persönliche Leben, das seelische Amt der

---

[261] Susanne Röder-Großmann, Redebeitrag, Protokoll der Wuppertaler Frauenkonferenz, S. 102.

Mutter, nicht unterschätzen und nicht vernachlässigen. Nichts liegt mir ferner. (...) Es kommt darauf
an, daß eben beides vereint werden kann. (...) Aber wir sollten nicht verkennen, daß das Mütterliche
und diese Begabung für häusliche Dinge in einem genossenschaftlichen Ganzen, in einer größeren
Gemeinschaft, sich noch weiter entfalten kann und noch mehr Leuten zugute kommen kann. Eins
kann man durchaus mit dem anderen verbinden.“[262]

Sie betont in Erwiderung auf verschiedene Situationsbeschreibungen einzelner
Rednerinnen, dass die Verhältnisse auf dem Arbeitsmarkt gegenwärtig regional
sehr unterschiedlich ausfielen und gerade deshalb ein planmäßiger Aufbau der
Wirtschaft notwendig sei. Zum Schluß greift sie die Frage auf: „Wie können wir Arbeiterpartei bleiben und doch den anderen Schichten, die man braucht, die wichtig sind im ganzen
öffentlichen Leben – intelligente Angestellte usw. – mehr Anziehungskraft bieten?“[263] Praktische
Lösungen auf den verschiedenen Gebieten und ein klares Aktionsprogramm führ-
ten ihres Erachtens zum Ziel: „Es sind heute hier ausgezeichnete Diskussionsrednerinnen
aufgetreten mit sehr richtigen und sehr anregenden Dingen. Ich möchte meine Ausführungen mit
dem Appell an Sie schließen: Laßt uns im einzelnen überlegen in unseren Orten und Bezirken, wie
wir das alles in praktische Arbeit ummünzen können. Dann werden wir auf einer nächsten Konferenz auf einem viel weiter geebneten und aufgelockerten Boden über diese Dinge diskutieren können, und wir würden sehr große Erfolge in der Richtung zum Sozialismus feststellen können. (Starker Beifall.)“[264]

Die Abstimmung über Anträge zum Thema wird aus Zeitmangel auf den nächsten Sitzungstag verschoben.

2.4.4. Zwischenergebnis: Erwerbstätigkeit und die „Berufe der Frau"

Eine auffallende Parallele zur Diskussion des Referates von Elisabeth Selbert besteht in der Betonung, wie wichtig konkrete Vorschläge und Maßnahmen in der
praktischen Arbeit vor Ort seien. Analog zu dem grundsätzlichen Bekenntnis zur
Forderung nach Gleichberechtigung scheint weder die Notwendigkeit der Frauenerwerbstätigkeit noch die Forderung nach gleichem Lohn bei gleicher Arbeit respektive Leistung diskutabel. Vielmehr beherrschen Fragen der Umsetzung und
Umsetzbarkeit die Diskussion.

Als hauptsächliche Hemmnisse einer Integration der Frau ins Erwerbsleben
werden traditionelle Einstellungen, wie z.B. Frauenerwerbstätigkeit sei nur ein

---

[262] Irmgard Enderle, Schlußwort zum Referat, Protokoll der Wuppertaler Frauenkonferenz, S. 129f.
[263] Ebd., S. 131.
[264] Ebd., S. 132.

Übergangsstadium zur Verheiratung, und daraus resultierende Qualifikationsmängel bei Frauen betrachtet. Konkrete Gegenmaßnahmen wären demnach gezielte Aufklärung und Lenkung in den Bereichen Erziehung, Bildung und Ausbildung. Obwohl Enderle die Gleichstellung der Frau im Erwerbsleben als demokratische Forderung, allen Menschen die gleichen Möglichkeiten und Chancen zu geben, kennzeichnet, zeigt sich am Verlauf der Diskussion das mit der Doppelfunktion und -belastung der Frau verbundene Dilemma der Ungleichheit.

Ungleich scheinen die Interessen von Hausfrauen und erwerbstätigen Frauen, die konstitutionellen Voraussetzungen von Männern und Frauen und ungleich wären schließlich die Kategorien, nach denen Leistung zu messen wäre, wenn die Doppelfunktion der Frau berücksichtigt würde. Während sich die Forderung nach gleichem Lohn und gleichen Qualifikationschancen im Feld Erwerbstätigkeit bewegt und in diesem Rahmen eindeutig scheint, schiebt sich mit den Feldern Haushalt und Familie eine deutlich tiefer gehende Problematik in die Diskussion. Wiederholte Beteuerungen des Wertes und der Wichtigkeit von Leistungen der Frau auf diesem Gebiet nicht nur für ihre eigene Familie, sondern für die ganze Gesellschaft spiegeln die Zerrissenheit wider, der auch die Diskussionsteilnehmerinnen unterliegen.

Während einerseits Entlastungsmodelle wie kommunale Kindergärten oder genossenschaftliche Haushaltsorganisation vorgeschlagen werden, wird andererseits der auch gesellschaftliche Wert mütterlicher und hausfraulicher Fürsorge betont. Am Hausarbeitstag tritt das grundsätzliche Dilemma der weiblichen Doppelfunktion am deutlichsten hervor: Er scheint gerecht, weil er der faktischen Mehrbelastung von Frauen Rechnung trägt, und zugleich wird befürchtet, dass sich eine solche Ausgleichsmaßnahme im Zweifelsfalle gegen Gleichheitsforderungen von Frauen wendet. Befürworterinnen des Hausarbeitstages argumentieren pragmatisch, indem sie Rückgänge von Betriebsunfällen und aus Erschöpfung resultierenden Krankmeldungen prognostizieren, die sich für die Unternehmer rechneten. Gegnerinnen halten dem entgegen, dass ein Ausgleichstag ohnehin nicht genüge, und argumentieren mit dem grundsätzlichen Widerspruch zwischen Gleich- und Sonderbehandlung. Im Zweifelsfalle würde jede Sonderbehandlung wiederum zum Nachteil der Frauen führen.

Als Schlüssel zur Lösung dieser Probleme erscheint der Aufbau einer demokratisch sozialistischen Planwirtschaft, in der über die gerechte Vergabe von Bildungschancen und gezielte Berufslenkung flankiert von genossenschaftlich und/oder kommunal organisierten Hilfsangeboten und Erleichterungen für Hausfrauen und Mütter die Integration der Frau ins Erwerbsleben gelingen könnte. Zur Erreichung dieses Ziels sollten Genossinnen nicht nur in der Partei, sondern im Falle Berufstätiger auch in den Gewerkschaften sowie im Falle von Hausfrauen in den Genossenschaften als Funktionärinnen tätig sein. Käthe Richter aus Kassel bringt diese Forderung mit folgenden Worten zum Ausdruck: „Wenn wir Planwirtschaft verlangen, überhaupt die Planung, dann bin ich der Ansicht, daß wir Frauen, gerade weil wir Hausfrauen und Mütter sind, die natürliche Veranlagung zur Planung haben; denn eine Hausfrau kann keine tüchtige Hausfrau und Mutter sein, wenn sie nicht versteht, ihren Haushalt planmässig aufzuziehen. (Beifall.) Und ich bin der Meinung, tragen wir die Planmäßigkeit, die gewiss von einem starken Empfinden getragen sein muß, in die Wirtschaft, in die Politik hinein. Das muß unsere zukünftige Aufgabe sein. (...) Genossinnen, deshalb sage ich, wir müssen in der Zukunft in der Partei, in der Gewerkschaft und in der Genossenschaft die Funktionärinnen aus der Sozialdemokratischen Partei stellen, damit werden wir den Sozialismus gewinnen. (Sehr starker Beifall.)"[265]

Wie in der Diskussion um die Rechtsstellung der Frau, so wird auch beim Thema Frauenerwerbstätigkeit betont, dass es Sache der Frauen sei, sich zu engagieren und die Genossen von der Berechtigung ihres Anliegens zu überzeugen. Auch hier wird explizit auf den Verdacht der Frauenrechtlerei eingegangen und wiederum mit dem Verweis darauf, dass die Frauenkonferenz wie die Frauenarbeit allgemein spezielle Frauenfragen zu behandeln habe, eine gewisse Tonlage der Forderungen – wie das Recht der Frau auf Arbeit - gerechtfertigt.

Grundsätzlich aber gehe es darum, „die Erwerbstätigkeit mit dem Beruf der Frau und der Mutter zu verquicken, und zwar qualitativ zu verquicken. Das muß unser Ziel sein, und das müssen wir anstreben. Genossinnen, wenn uns das gelingt, dann bin ich der Ansicht, haben wir auch nicht mehr die großen Schwierigkeiten bei unseren Männern, die zwar von der Gleichberechtigung immer gern sprechen, wenn es um die Gleichberechtigung der anderen Frauen geht – aber nicht der eigenen. (Beifall.)"[266] Käthe Richter führt das Verhalten der Genossen auf Verlustangst zurück: „Sie haben Angst, daß sie ihr trautes Heim und ihr liebes Frauchen, das nach der Trillerpfeife Tanzt [sic!], verlieren. Deshalb müssen wir den Männern nicht nur die Schwierigkeiten herausstellen und so tun, als ob wir nicht in der Lage wären, die Dinge zu meistern. Genossinnen, denkt mal an die letzten zwölf Jahre zurück, die die Frauen gemeistert haben. (Zustimmung.)"[267]

Das eingangs geschilderte Dilemma, dass sich mit den Feldern Haushalt und Familie eine tiefere Problematik in die Diskussion um Frauenerwerbstätigkeit schiebt, wird zu lösen versucht, indem „Frau- und Mutter-Sein" als Beruf deklariert und damit der Erwerbstätigkeit quasi gleichgestellt wird. Eine „qualitative Verquik-

---

[265] Käthe Richter, Redebeitrag, Protokoll der Wuppertaler Frauenkonferenz, S. 118f.
[266] Ebd., S. 118.
[267] Ebd.

kung" von Erwerbstätigkeit und „weiteren Berufen der Frau" erscheint als Ausweg aus dem Dilemma und wird mit der Hoffnung verbunden, sie enthalte das Signal an die Männer, ihre Angst, auf gewohnte Privilegien verzichten zu müssen, sei unbegründet. Bezeichnenderweise erfolgt in diesem Kontext der Appell gegenüber den Männern nicht nur die Schwierigkeiten herauszustellen, sondern sich der in den letzten zwölf Jahren bewiesenen Leistungsfähigkeit der Frauen zu erinnern. Die Durchsetzung von Gleichberechtigungsforderungen erscheint demnach als ein Balance- und Kraftakt, bei dem Frauen auf die eigene Leistungsfähigkeit bauend, die „Berufe der Frau" mit Anforderungen des Arbeitsmarktes zu vereinen suchen, während sie zugleich darauf zu achten haben, männliche Verlustängste auch bei den Genossen zu entkräften.

Ein wirklicher Interessenskonflikt zwischen Männern und Frauen existiert in dieser Sicht jedoch nicht. Vielmehr gilt es den realen Lebensbedingungen der Menschen Rechnung zu tragen und den „*Feinden der Demokratie von rechts und links*" entgegen zu treten. Sowohl in der Diskussion zur Rechtsstellung der Frau als auch in der Diskussion um die Erwerbstätigkeit der Frau verweisen die Referentinnen ebenso wie die verschiedenen Redner und Rednerinnen wiederholt darauf, vorerst auf einer Plattform zu stehen, die von einer allgemeinen Zersetzung der Moral geprägt sei. „*Ein Heraus aus dem Chaos und der Demoralisation*" könne jedoch nur gelingen, „wenn die Welt einsieht, daß die sozialistische Wirtschaftsordnung allein das Mittel ist, um den Frieden und die soziale Gleichberechtigung zu verwirklichen."[268]

2.5. Auf dem Weg zum demokratischen Sozialismus – ein Vergleich von Anträgen, Diskussion und Pressestimmen

Am Protokoll der Wuppertaler Frauenkonferenz zeigt sich deutlich die Verbindung von Frauenrechtsforderungen mit anderen politischen Fragen der Zeit. Die Gleichberechtigung von Männern und Frauen ist nach den Diskussionen der Wuppertaler Konferenz grundsätzlich nicht mehr diskutabel. Die Sozialdemokratie gilt vielmehr als langjährige Trägerin der Gleichberechtigungsforderung, entsprechende Hinweise auf das Erfurter Programm und August Bebel dienen der Hervorhebung dieser Tradition. Als problematisch erweist sich jedoch deren Umsetzung. Sie hat den Charakter eines langwierigen Prozesses, wie der Verweis auf bereits in der Weima-

---

[268] Elisabeth Selbert, Redebeitrag, Protokoll der Wuppertaler Frauenkonferenz, S. 55.

rer Republik geführte Diskussionen und die Forderung, endlich aus dem Deklamatorischen herauszukommen, zeigen.

Die Verwirklichung der Gleichberechtigung ist aus Sicht der Sozialdemokratinnen jedoch an zwei grundsätzliche Bedingungen gebunden: „Erst wenn wir ein demokratisches und sozialistisches [Hervorhebung durch die Verfasserin] Deutschland haben werden, haben wir auch die volle Gleichberechtigung der Geschlechter erkämpft, für die wir alle arbeiten."[269] Einem demokratischen und sozialistischen Deutschland aber stehen einerseits diejenigen Kräfte entgegen, die statt „eine vernünftige und planmäßige Lenkung der Produktion in Deutschland"[270] einzuführen, die „*Erhardsche Wirtschaftspolitik*" unterstützen, andererseits droht aus dem Osten die „Diktatur der kommunistischen SED"[271], die nicht nur als Bedrohung Berlins, sondern als europäisches, den Weltfrieden bedrohendes Problem wahrgenommen wird. Dieses Spannungsfeld scheint umso dramatischer, als es nach zwölf Jahren NS-Diktatur an selbständig politisch denkenden Menschen mangele und die allgemeine Not „*Nazigeschwätz*" erneut den Boden bereite.

Dabei steht nach den auf der Konferenz vorgetragenen Einschätzungen die Mehrheit der Frauen der Politik fern und gilt als schwer erreichbar für die sozialdemokratische Frauenarbeit. Während bei den besser qualifizierten Frauen von einer herkunftsbedingten Distanz zur Arbeiterbewegung ausgegangen werden könne, hielten traditionelle Einstellungen, Arbeitsüberlastung und Minderwertigkeitskomplexe das Gros der Frauen davon ab, sich in der Partei, den Gewerkschaften oder Genossenschaften zu engagieren. Dieses Engagement aber gilt als der Weg, auf dem Sozialismus, Demokratie und damit die volle Gleichberechtigung zu verwirklichen sind.

Ein Sonderbericht des NEUEN VORWÄRTS kommt zu dem Ergebnis, die Formulierung der Anträge lasse erkennen, „mit welcher Aktivität die Konferenz an die brennenden Fragen unserer Tage heranging und sich um ihre Lösung bemühte"[272]. Von den insgesamt zwölf Anträgen[273] beziehen sich die ersten sechs ausdrücklich auf die Situation von Frauen: Neben dem Antrag zur Rechtsstellung der Frau und einem Antrag zur Frauenerwerbstätigkeit wird Wohnraumbeschaffung für die große Zahl allein-

---

[269] Herta Gotthelf, Redebeitrag, Protokoll der Wuppertaler Frauenkonferenz, S. 3.
[270] Erich Ollenhauer, Ansprache, Protokoll der Wuppertaler Frauenkonferenz, S. 17.
[271] Ebd., S. 12.
[272] SPD-Frauentagung Wuppertal. Sonderbericht des NEUEN VORWÄRTS vom 11.9.1948, S. 6, PV 04108.
[273] Alle Anträge wurden einstimmig angenommen.

stehender Frauen und Mädchen, die Bereitstellung von Lehrstellen für weibliche Jugendliche, die Veranstaltung von speziellen Frauenwerbewochen für die Parteiarbeit und, mit Hinweis auf die besondere Belastung von Hausfrauen und Müttern, eine ausreichende Seifenzuteilung gefordert. Die übrigen Anträge behandeln die Situation von Vertriebenen und Flüchtlingen, richten sich gegen die „Erhard-Politik", fordern die Einziehung der Vermögen führender Nationalsozialisten und einen sozialen Lastenausgleich. Die letzten Anträge Nr. 11 und 12 widmen sich der Schulpolitik und der Berlinfrage.

Ein Aufruf zur Frage der Kriegsgefangenen und Verschleppten appelliert „an die verantwortlichen Staatsmänner" und ruft „die Frauen der ganzen Welt" auf, alle Kräfte für die Freilassung der Gefangenen einzusetzen. An die deutschen Frauen ergeht außerdem der Appell, sich mehr als bisher aktiv ins politische Leben einzuschalten. Gerade weil sie gegenwärtig erlebten, „daß die kapitalistisch-liberalistische Wirtschaftspolitik in Deutschland von ihnen wieder die größten Opfer verlangt"[274], sei ihr Platz in der sozialdemokratischen Partei.

Dennoch zeigt sich in den Anträgen nur ein Bruchteil der in den Referaten und Diskussionsbeiträgen angesprochenen Probleme. Weder die Gleichstellung unehelicher Kinder und ihrer Mütter noch die Abkehr vom Modell der Versorgungsehe werden thematisiert. Auch wenn sich diese Forderungen aus der Forderung der staatsbürgerlichen Gleichberechtigung der Frau auf allen Rechtsgebieten, der Forderung nach gleichem Lohn bei gleicher Leistung und praktischer Anerkennung des Rechts der Frau auf Arbeit einschließlich der Bereitstellung von Ausbildungs- und Schulungsmöglichkeiten ableiten ließen, werden sie nicht explizit erwähnt. Die ausführliche Begründung des Antrags zur Frauenerwerbstätigkeit ist vielmehr deutlich um Rechtfertigung bemüht:

„Mit großer Sorge beobachten die hier versammelten Frauen, daß bei den als Folge der Währungsreform notwendig werdenden Sparmaßnahmen in Verwaltung und Industrie die dort tätigen Frauen als erste entlassen werden, wobei das unrühmlich bekannte Schlagwort ´Kampf dem Doppelverdienertum´ benutzt wird.

Abgesehen von der menschlichen und sozialen Ungerechtigkeit, die die rücksichtslose Entlassung von Frauen darstellt, sehen wir in ihr auch eine schwere volkswirtschaftliche Gefahr: die jetzt abgebauten, eingearbeiteten und qualifizierten weiblichen Arbeitskräfte verlieren den Kontakt mit ihrer Arbeit und werden an einem späteren Zeitpunkt, wenn die Volkswirtschaft ihrer wieder bedarf, keiner vollwertigen Leistung mehr fähig sein.

---

[274] Sopade Informationsdienst Nr. 579 vom 21. September 1948, ohne Seitenangabe, AdsD PV 04108.

Die Haltung zur Frage der Berufsarbeit der Frau muß sich dem Strukturwandel im Aufbau unserer Bevölkerung anpassen. Statt Abbau der Frauenarbeit ist es notwendig, den Frauen für alle Berufe, die sie ohne Schaden für ihre Gesundheit ausüben können, Ausbildungs- und Schulungsmöglichkeiten zu geben, die denen der Männer gleichwertig sind. Aus Gründen der Gerechtigkeit fordert die Frauenkonferenz der SPD gleichen Lohn für gleiche Leistung und die praktische Anerkennung des Rechts der Frau auf Arbeit. Bei Entlassungen müssen daher leistungsmäßige, soziale und menschliche Gesichtspunkte für Frauen und Männer gleichermaßen ausschlaggebend sein."[275]

Neben grundsätzlichen Gerechtigkeitserwägungen wird auf *„eine schwere volkswirtschaftliche Gefahr"* und den *„Strukturwandel im Aufbau unserer Bevölkerung"* verwiesen. Die Diskussionen auf der Konferenz gingen jedoch insofern über diesen Argumentationsrahmen hinaus, als die Anerkennung des Rechts der Frau auf Arbeit selbst gar nicht mehr den Gegenstand, sondern den Ausgangspunkt der Diskussion bildete und entsprechend Fragen der Umsetzbarkeit, wie flankierende Maßnahmen zur Vereinbarkeit von Familie und Beruf, diskutiert wurden, auf die der Antrag selbst nicht eingeht. Die Antragsformulierung entspricht damit dem ebenfalls angesprochenen Vorgehen (gegenüber den Männern), nicht so sehr die Schwierigkeiten herauszustellen, sondern vielmehr von der bereits in Kriegs- und Nachkriegszeit erwiesenen Leistungsfähigkeit der Frauen auszugehen – entsprechend erfolgt der Hinweis, welche volkswirtschaftliche Gefahr in der Entlassung bereits eingearbeiteter und qualifizierter Frauen bestehe.

Diese Diskrepanz zwischen den weitergehenden Forderungen der Diskussion und den tatsächlich verabschiedeten Anträgen verweist auf strategische Erwägungen hinsichtlich der Durchsetzbarkeit von Frauenrechtsforderungen. Aus dem Konferenzverlauf lassen sich dafür mehrere Gründe ersehen: Erstens gehen die Sozialdemokratinnen von einer starken Verbreitung traditioneller Einstellungen zur Frauenarbeit nicht nur unter Männern, sondern auch unter Frauen aus, zweitens entspricht es ihrem Auftrag eben gerade auch unter den ihren Auffassungen nach noch fernstehenden Frauen zu werben, und drittens deutet sich über die mehrfache Auseinandersetzung mit bzw. Abgrenzung gegen den Verdacht der Frauenrechtlerei auch ein problematisches Verhältnis innerhalb der Partei bei der Behandlung von Frauenfragen an.

Diese Hinweise lassen es sinnvoll erscheinen, die Einschätzung der Konferenz anhand parteieigener Presseberichte eingehender zu betrachten.

---

[275] Sopade Informationsdienst Nr. 579 vom 21. September 1948, ohne Seitenangabe, AdsD PV 04108.

2.5.1. „Die Tage der roten Herzen"

Als „Tage der roten Herzen"[276] betitelt die HANNOVERSCHE PRESSE ihren auf
der „Seite der Frau" erschienenen Konferenzbericht, indem sie das symbolträchtige
Gastgeschenk roter Herzen der österreichischen Delegierten Rosel Jochmann zum
Aufhänger nimmt: Dass die Konferenzteilnehmer und -teilnehmerinnen aus Großbritannien, Dänemark, Österreich, der Schweiz, Italien und Deutschland - diese
Herzen, die in Österreich verkauft wurden, „um Heime für durch Krieg- und Nachkriegszeit
abgehärmte Kinder zu schaffen"[277], trugen, sei das „Symbol einer nationen- und sprachen-
umspannenden Brüderlichkeit auf der deutschen verbrannten Erde, drei Jahre nach dem Nieder-
bruch von Schuld und Blut und Haß"[278].

Dieser Artikel des nach Wuppertal entsandten Redaktionsmitglieds, Edwin
Möhrke, beginnt mit der Vorstellung Rosel Jochmanns: „Ein Leben im Kampf für den
Frieden, für die Versöhnung der Völker in allen Ländern der Welt, ohne Leisetreterei und ohne
Kompromiß. Unter der Kanzlerschaft Schuschniggs erhielt sie dafür zwei Jahre Haft und als der
'Anschluß' erzwungen war, wurde sie von Hitler sozusagen 'übernommen', nämlich ins Konzentra-
tionslager Ravensbrück. Das ertrug Rosel Jochmann sechs lange Jahre. Jetzt ist sie Mitglied des
österreichischen Parlaments und Zentralsekretärin der sozialdemokratischen Partei Österreichs."[279]

Wiederum bestätigt sich am Beispiel dieses Artikels, dass nicht nur die Lebensbedingungen der Nachkriegszeit, sondern auch während des Nationalsozialismus
ein wichtiger Schlüssel für den Zugang zur sozialdemokratischen Frauenpolitik der
Nachkriegszeit sind. Der Artikel „Die Tage der roten Herzen" bringt die eingangs
ebenfalls angesprochene emotionale Stimmungslage mit seiner Symbolträchtigkeit
eindrücklich zum Ausdruck: Die Darstellung der Konferenz als die Tage der roten
Herzen stellt zunächst die Standhaftigkeit einer österreichischen Sozialdemokratin
heraus, die für ihre Überzeugung Gefängnis und Konzentrationslager auf sich
nahm. Diese als mutig und gütig beschriebene Frau wiederum wählt als Gastgeschenk ein Symbol praktischer Hilfe für unter den Folgen des Krieges leidende
Kinder. Dieses Symbol avanciert von den deutschen und ausländischen KonferenzteilnehmerInnen getragen wiederum zum Symbol völkerübergreifender Solidarität. Als Titel des Berichts über die Frauenkonferenz der SPD ist diese Symbolik
doppeldeutig: „Die Tage der roten Herzen" erweckt die Assoziation von rot auf

---

[276] Edwin Möhrke: Die Tage der roten Herzen. In: HANNOVERSCHE PRESSE, Seite der Frau,
vom 11.9.1948, AdsD PV 04108.
[277] Ebd.
[278] Ebd.
[279] Ebd.

sozialistisch und von Herzen auf Gefühl. Der Aufbau des Berichts über die Frauenkonferenz legt es nahe, die Bezeichnung „Tage der roten Herzen" auf die Teilnehmerinnen zu übertragen: Frauen mit roten Herzen – Sozialistinnen - tagten in Wuppertal.

Im Bericht der jungen Konferenzteilnehmerin Marta Klages aus Langelsheim[280]
über die Dinge „am Rande des Geschehens" in der GENOSSIN, Nr. 9, November
1948, wird die Bezeichnung „Tage der roten Herzen" ebenfalls benutzt. Sie betont
die Bedeutung des Gefühls familiärer Verbundenheit unter den Genossinnen und
wie wohltuend der äußere Rahmen der Konferenz gewesen sei. Sehr gut sei es, „daß
wir gelernt haben, daß eine politische Funktionärin auch eine Seele hat"[281]. Denn: „Frauen in Staat
und Politik! Ich möchte, daß der Leser das erste Wort betont. F r a u e n [Sperrung im Original
A.d.V'.] sind in Wuppertal gewesen, keine vermännlichten `Frauenrechtlerinnen'. Auch das glaube
ich, ist ein Plus für uns, ja vielleicht sogar für die Politik. Entgegen der Meinung der Politikerin von
früher, die spartanisch an Leib und Seele lebte, `mit Jesulatschen und Haferlschuh`, mit dem Fahr-
rad meistens von einer Versammlung zur anderen radelte, weiß die Politikerin von heute, daß nicht
ein `Blaustrumpf` sich bei den Männern Gehör verschafft, und in der Politik Platz erobert, sondern
eine Frau."[282]

Marta Klages setzt dem Bild der „*vermännlichten Frauenrechtlerin*" oder des
„*Blau-strumpfes, spartanisch an Leib und Seele*", das Wort „F r a u e n" entgegen.
Frauen in Staat und Politik seien in Wuppertal gewesen. „*Politische Funktionärinnen, die auch eine Seele haben*", erhebt sie zum Gegenbild der „*vermännlichten
Frauenrechtlerin*". Aufgrund der örtlichen Nähe zwischen Langelsheim und Hannover sowie des zeitlichen Abstands der Artikel kann davon ausgegangen werden,
dass Marta Klages die Bezeichnung „Tage der roten Herzen" aus dem Bericht von
Edwin Möhrke übernahm. Gemeinsam ist beiden Artikeln, einerseits sehr emotionale Momente hervorzuheben und demgegenüber andererseits ausdrücklich zu betonen, dass sachlich diskutiert und wirklich gearbeitet wurde.

Wie schon Irmgard Enderle in ihrem Referat um Verständnis für einen bestimmten Ton von Frauenrechtsforderungen warb, indem sie diesen historisch zu
rechtfertigen versuchte, so grenzt auch Marta Klages die Politikerin von früher,
„*spartanisch an Leib und Seele*", gegen die Politikerin von heute ab. Die Frauenrechtlerin scheint ein überholtes Modell vergangener Zeiten. Die Sozialdemokratin

---

[280] Die Autorin beschreibt sich selbst als Neuling und gibt an: „Mit 32 und 35 und 38 Jahren ist man
jung für die Frauenarbeit." Marta Klages, Langelsheim: Am Rande des Geschehens. Eine Genossin
erlebt Wuppertal. In: GENOSSIN Nr. 9 November 1948, S. 168f.

[281] Ebd.

[282] Ebd., S. 169.

bezieht dagegen ihre Forderungen aus den gegenwärtigen moralischen Anfechtungen von Mann und Frau. Entsprechend verweist Edwin Möhrke im Kontext des Referats Selberts darauf, dass es nichts mit Frauenrechtlerei zu tun habe, was Selbert forderte, sondern zitiert die Ausführungen von Hans Hermsdorf, „daß `wir alle durch den Krieg auf eine Plattform gekommen sind, die sehr gefährlich am moralischen Mark der Menschen gezehrt hat`"[283].

Die Beschreibungen Rosel Jochmanns, als einer mutigen und gütigen Frau, die für ihre Überzeugung Haft und Verfolgung auf sich nahm, und Elisabeth Selberts, als überlegene Sprecherin, die durch ihren Beruf als Rechtsanwältin viel zu sehr in der Lebenswirklichkeit stünde, „als daß sie der Gefahr eines rein akademischen Vortrags erliegen könnte"[284], zeichnen das Bild der zeitgemäßen sozialdemokratischen Politikerin: In der Lebenswirklichkeit stehend, ohne Leisetreterei und Kompromiss der eigenen Überzeugung folgend, widmen sich diese Frauen den Fragen der Zeit.

2.5.2. „Frauen ringen um neue Lebensformen"

Als an die Öffentlichkeit gerichtetes Parteiereignis betonen die Berichte in der parteieigenen Presse insbesondere die Bekräftigung der Forderung nach Gleichberechtigung, die Anwesenheit ausländischer Genossinnen und die Solidarität mit Berlin. DIE FREIHEIT vom 17.9.1948 berichtet von der Frauenkonferenz in Wuppertal unter dem Untertitel: „Teilnahme von 240 Delegierten aus den Westzonen und Berlin – zahlreiche Gäste aus dem Ausland – Frauen ringen um neue Lebensformen."[285] Im Artikel selbst findet sich eine ähnliche Formulierung bei der Darstellung des Selbertschen Referates: „Sie zeigte auf, wie die Rechtsstellung der Frau im Sinne von Mutterrecht und Mutterfamilie verbessert werden kann. Ihre Vorschläge basierten auf der Tatsache des Frauenüberschusses und der sich zwangsweise daraus ergebenden Ehelosigkeit für viele Frauen. Die Rednerin nahm weitgehend Rücksicht auf die Folgen des Krieges und die wirtschaftliche Not und verlangte neue Lebensformen."[286] Während hier von der Forderung nach neuen Lebensformen im Kontext der sich zwangsweise aus den Folgen des Krieges ergebenden Ehelosigkeit für viele Frauen die Rede ist und sich die Forderung entsprechend auf das Unehelichenrecht

---

[283] Edwin Möhrke: Die Tage der roten Herzen. In: HANNOVERSCHE PRESSE, Seite der Frau, vom 11.9.1948, AdsD PV 04108.

[284] Ebd.

[285] Die Frauenkonferenz der SPD in Wuppertal. In: DIE FREIHEIT vom 17.9.1948, AdsD PV 04108.

[286] Ebd.

bezieht, weist der Untertitel vom Ringen der Frauen um neue Lebensformen deutlich über diese Sachfrage hinaus.

Die Beschreibung der Konferenz in DIE FREIHEIT endet mit den Worten: „Als die Frauenkonferenz (...) mit dem Sozialistenmarsch ihr Ende fand, gab es nur ein Gefühl, das alle beherrschte: Das Ziel muß erreicht werden, das uns in eine schönere und bessere Zukunft führt, in der es sich für uns und unsere Kinder wieder zu leben lohnt."[287] Frauen ringen um neue Lebensformen steht demnach für das Engagement um eine bessere Zukunft in der sozialistischen Bewegung. Als Resümee aus Nina Andersens Referat zur Lage der Frauen in anderen Ländern wird berichtet, es zeige sich, „daß die sozialistischen Frauen überall führend sind, wenn es an die Lösung wichtiger Frauenprobleme geht"[288]. Analog zur Selbertschen Argumentation von der deutschen Sozialdemokratie als Trägerin der Forderung nach Gleichberechtigung dient der Verweis auf die führende Rolle sozialistischer Frauen in anderen Ländern der Bekräftigung sozialdemokratischer Fortschrittlichkeit in Frauenfragen.

Das Ringen der Frauen um neue Lebensformen erweist sich bei näherer Betrachtung des Konferenzprotokolls jedoch auch innerhalb der sozialdemokratischen Partei Deutschlands als schwierig. Diese Schwierigkeit ergibt sich nach den Analysen der Konferenz aus dem mangelnden Engagement der Frauen selbst, der Komplexität des Gegenstands und dem Verhältnis zu den Genossen.

Wie gezeigt und auf der Konferenz immer wieder betont, ist die Stärke der Frauenarbeit, das heißt ihr zahlenmäßiger Erfolg in der Mitgliederwerbung, eine wesentliche Bedingung für die Positionierung frauenpolitischer Forderungen in der Partei. Mangelhafte Berücksichtigung frauenspezifischer Anliegen wird mehrfach explizit darauf zurückgeführt, dass sich Frauen zu wenig für ihre Interessen einsetzten und Genossen wegen der Fülle der Aufgaben häufig überfordert seien, sich auch noch um Frauenbelange zu kümmern. Aus diesem Grunde gebe es schließlich Arbeitsteilung in der Form, dass sich die Frauenarbeit überwiegend der Fraueninteressen anzunehmen habe.

Als Hauptgründe für das mangelnde Engagement der Frauen werden die faktische Überlastung durch Haus- und Erwerbsarbeit sowie die traditionelle Einstellung, dass Frauenarbeit nur ein Übergangsstadium zur Verheiratung darstelle, angeführt. Diese Einstellung aber führe zu geringerer Qualifikation und damit einhergehend zu gering ausgeprägter Identifikation mit der Berufsarbeit, Minderwertig-

---

[287] Die Frauenkonferenz der SPD in Wuppertal. In: DIE FREIHEIT vom 17.9.1948, AdsD PV 04108.
[288] Ebd.

keitskomplexen im Auftreten und geringem Organisationsgrad. Um Fraueninteressen wirkungsvoll vertreten zu können, sei eine Erhöhung des weiblichen Mitgliederanteils erforderlich, dem jedoch wiederum Überlastung und traditionelle Einstellungen entgegenstehen.

Als polare Gegenposition zur traditionellen Einstellung von der Frauenarbeit als Übergangsstadium zur Verheiratung erweist sich in der Diskussion des Referates zur Rechtsstellung der Frau die Forderung der Gleichberechtigung, indem sie in die Deklamation der Forderung nach dem Ende der Versorgungsehe mündet. Die allgemeine Berufsertüchtigung der Frau sei demnach der Schlüssel zur Durchbrechung eben jenes Zirkels weiblicher Unterordnung, der mit mangelndem Engagement aufgrund faktischer Überlastung beginnt und schließlich über geringe Qualifikation und Minderwertigkeitskomplexe wieder in Überlastung mündet.

Wie problematisch sich jedoch die Durchsetzung der Forderung nach dem Ende der Versorgungsehe gestaltet, wird unter anderem an der Annahme von Verlustängsten der Genossen deutlich, „die zwar von der Gleichberechtigung immer gern sprechen, wenn es um die Gleichberechtigung der anderen Frauen geht – aber nicht der eigenen"[289].

Die Kommunikation mit den Genossen erweist sich zudem als schwieriges Feld: Zum einen geht es darum, den Pfad des gemeinsamen Kampfes nicht zu verlassen, wie die wiederholte Abwehr des Verdachts der Frauenrechtlerei zeigt, zum anderen stellt sich die Frage, ob Genossen und Genossinnen tatsächlich das gleiche Ziel vereint.

2.5.3. Die Frau als Lebensgefährtin

Ein kurzes Segment der Konferenz soll hier eingehender betrachtet werden. Es handelt sich um den Redebeitrag des Genossen Daum, der als Oberbürgermeister von Wuppertal zugleich Gast und Gastgeber ist und mit einer abschließenden Einschätzung seinen persönlichen Eindruck wiedergibt. Am Nachmittag des dritten Konferenztages spricht er anläßlich einer Kaffeespende der Stadt Wuppertal zu den KonferenzteilnehmerInnen. Nach kurzen Worten zum Hintergrund der Kaffeespende und einer Würdigung der gemeinsamen Kundgebung am Vorabend, in der auch er ausdrücklich auf die gefühlsmäßige Nachwirkung im Innern einer jeden Teilnehmerin verweist und seinen besonderen Dank an die ausländischen Genossinnen betont, gibt er Folgendes zu bedenken:

---

[289] Käthe Richter, Redebeitrag, Protokoll der Wuppertaler Frauenkonferenz, S. 118.

„Wenn ich Ihr Tagungsprogramm betrachte, dann habe ich das Gefühl, daß man doch an einer Angelegenheit vorbeigeht, nämlich an der Aufgabe der Frau als Lebensgefährtin des politisch tätigen
Menschen, und deshalb möchte ich zum Schluß einige Sätze dazu sagen. (Zurufe: Das ist nicht
vergessen worden!) Sehen Sie, wir sind doch alle Menschen, die absolut hilflos sind, wenn wir
neben unserer Tätigkeit nicht eine Lebensgefährtin haben, die sich mit vollem Bewußtsein der Aufgabe widmet, den Mann voll leistungsfähig für die Bewegung zu erhalten. Sie verzichtet auf alles;
sie nimmt ein Leben hin, das kein vollgültiges Leben ist, wenn sie nicht aufgeht in der einzigen
riesenhaften Aufgabe, den Menschen in der Bewegung selbst zu halten. Deshalb müssen wir in der
Bewegung der Frau schlechthin dankbar sein, daß sie eine solche Aufgabe übernimmt und dadurch
der Bewegung indirekt und direkt dienstbar wird. Ich will hoffen, daß wir so unseren Weg bewußt
gehen können – selbstlos, nur zum Nutzen für die Menschheit, nicht als Zweck für die Partei – und
daß uns das Schicksal die Möglichkeit geben möge, trotz zweimaliger Vernichtung unserer Aufbau-
arbeit den dritten Weg bis zu Ende gehen zu können."[290]

Schon bei den ersten Worten vom Vergessen der Frau als Lebensgefährtin des
politisch tätigen Menschen erhob sich Widerspruch: „Das ist nicht vergessen worden!"[291]
Der Genosse Daum setzt nach den ersten Zwischenrufen jedoch seine Rede mit der
direkten Ansprache der TeilnehmerInnen fort, indem er darauf verweist: „Sehen Sie,
wir sind doch alle Menschen, die absolut hilflos sind, wenn wir neben unserer Tätigkeit nicht eine
Lebensgefährtin haben, die sich mit vollem Bewußtsein der Aufgabe widmet den Mann voll leistungsfähig für die Bewegung zu erhalten."[292] Während er einleitend von der Frau als Lebensgefährtin des politisch tätigen Menschen sprach – womit auch die Mutter einer
Funktionärin gemeint sein könnte[293] - , erhält seine Rede nach den Zwischenrufen
eine deutlichere Geschlechtsrollenzuweisung: Es geht um die Frau, die den Mann
für die Bewegung leistungsfähig hält, die auf alles verzichtet und kein vollgültiges
Leben führen würde, wenn sie nicht darin aufginge, den Menschen[294] in der Bewegung selbst zu halten. Deshalb gehe es darum, der Frau schlechthin dankbar zu
sein, dass sie eine solche Aufgabe übernehme und dadurch der Bewegung indirekt
und direkt dienstbar werde.

In Anbetracht der Tatsache, dass der Genosse Daum hier zu Frauen spricht, die
als Delegierte einer westzonalen Konferenz erschienen sind, selbst also durchgän-

---

[290] Oberbürgermeister Daum, Grußwort, Protokoll der Wuppertaler Frauenkonferenz, S. 202.

[291] Zwischenruf, Protokoll der Wuppertaler Frauenkonferenz, S. 202.

[292] Oberbürgermeister Daum, Grußwort, Protokoll der Wuppertaler Frauenkonferenz, S.202.

[293] So zum Beispiel das Arrangement von Lucie Kurlbaum-Beyer und ihrer Mutter. Ebenso auch bei
Elfriede Eilers, die angab, von ihrer Mutter nach dem Tod des Vaters sehr unterstützt worden zu
sein.

[294] In dieser Konnotation: den Mann.

gig als politisch tätige Menschen absolut hilflos sein müssten, wenn ihnen keine
Lebensgefährtin zur Seite stünde, überrascht die Antwort der Präsidentin des Tages
Paula Karpinski:

„Genossinnen, ich glaube, es ist eine besondere Freude, daß das Oberhaupt einer Stadt so deutlich empfindet, wie notwendig es ist, daß die Frau als Mutter, als Hausfrau und als tätige Kameradin
neben den Mann gehört, und es hat uns sehr bewegt, daß der Oberbürgermeister Genosse Daum,
diesen Gedanken hier zum Ausdruck gebracht hat. Wir alle, die wir ein Familienleben führen, die
wir einen Mann als Kameraden haben, wissen und empfinden, wie ausserordentlich wichtig es ist,
daß Mann und Frau gemeinsam unserer Sache dienen. Wir wisssen, daß diese Familie, in die wir
uns zurückfinden, in der wir auch alle die Dinge besprechen können, die uns als politische Menschen bewegen, ein wichtiger Quell auch für unsere gesamtpolitische Arbeit ist. Wir möchten wünschen, daß noch viel stärker als wir es heute in unserer Bewegung feststellen können, die Ehe [sic!]
so gefügt werden, daß wir wirklich auch innerhalb der Familie von dieser politisch durchdrungenen
Einheit sprechen könnten neben der geistigen Verbindung, die ja eigentlich erst den inneren Halt
einer Familie darstellt. Weil es so besonders erfreulich ist, daß ein Mann das sagt, ein Mann, der in
einer solchen Position steht, möchte ich es besonders hervorheben.“[295]

Im Gegensatz zum Genossen Daum, der die Frau als Lebensgefährtin des politisch tätigen Mannes zum Thema machte, spricht Paula Karpinski von der tätigen
Kameradin, die neben den Mann gehört; davon, wie wichtig es sei, dass Mann und
Frau gemeinsam der Sache dienen und von der Familie als wichtigem Quell für die
gesamtpolitische Arbeit. Bei genauerer Betrachtung sprechen beide also von sehr
unterschiedlichen Vorstellungen: Statt einer Frau, die auf alles verzichtet, eine
Frau, der die Familie wichtiger Quell für politische Arbeit ist, statt selbstloser Auf-
opferung, gemeinsame Sache, statt Lebensgefährtin, gegenseitige Kameradschaft.
Paula Karpinski hat nicht vor Augen, der Frau schlechthin dankbar zu sein, sondern
den Wunsch, „daß noch viel stärker als wir es heute in unserer Bewegung feststellen können, die
Ehe [sic!] so gefügt werden, daß wir wirklich auch innerhalb der Familie von dieser politisch
durchdrungenen Einheit sprechen könnten“[296] und sie spricht diesen Wunsch unmittelbar
so aus, als hätte der Genosse Daum ihn selbst formuliert. Sie hebt es als besonders
erfreulich hervor, daß ein Mann in herausgehobener Position *das* sagt. Nur genau
das hat der Genosse Daum nicht gesagt.
An diesem Segment des Konferenzprotokolls zeigt sich, dass Zweifel am gemeinsamen Kampf für ein gemeinsames Ziel von Genossen und Genossinnen wohl begründet sind. Während die Genossinnen im kameradschaftlichen Kampf jeden
Verdacht der Frauenrechtlerei abzuwehren bereit sind und sich selbst ermahnen,

---

[295] Paula Karpinski, Redebeitrag, Protokoll der Wuppertaler Frauenkonferenz, S. 203.
[296] Ebd.

nicht so sehr die Schwierigkeiten herauszustellen, sondern vielmehr den Verlustängsten der Genossen mit der erwiesenen Leistungsfähigkeit der Frauen zu begegnen, scheut sich der Genosse Daum nicht, vor einer großen Zahl politischer Funkti-
onsträgerinnen von der Angewiesenheit auf selbstlose Lebensgefährtinnen zu sprechen, um politische Funktionen ausüben zu können.

Das in der Interviewauswertung ermittelte Ziel der Sozialdemokratinnen, eine
stabile Demokratie aufzubauen, lässt sich anhand der Konferenzauswertung bezüglich der Vorstellung von Frauenrechten innerhalb dieses Demokratiemodells kon-
kretisieren. Aus der Lebenswirklichkeit der Nachkriegszeit leiten die Sozialdemokratinnen Forderungen nach rechtlicher Gleichstellung ab, die schließlich in der
Deklaration der Abschaffung der Versorgungsehe als Ziel sozialdemokratischer
Frauenpolitik münden. Dieser Zukunftsaufgabe aber stehen männliche Verlustängste entgegen. Bezeichnenderweise hebt der Genosse Daum das Bild der selbstlosen
Lebensgefährtin ausdrücklich hervor und kritisiert explizit deren mangelnde Beachtung. Paula Karpinski umreißt jedoch, ohne auf den vorhandenen Widerspruch
einzugehen, - die vermeintliche Übereinstimmung betonend - ein Gegenmodell, das
hier als „Modell der Geschlechtskameradschaft" bezeichnet wird. Dieses Modell
konkretisiert den Befund der Interviewauswertung. Männer und Frauen werden
demnach nicht nur als Partner im Hinblick auf das gemeinsame Ziel der Schaffung
einer stabilen Demokratie betrachtet. Sondern im „Modell der Geschlechtskameradschaft" kommt den Funktionen der Frau als Mutter, als Hausfrau und als tätiger
Kameradin eine explizit politische Bedeutung zu.

Vordergründig betrachtet erinnern die auf der Konferenz geführten Diskussionen
der aus „heutiger" Sicht vertrauten Diskussion um die Vereinbarkeit von Familie
und Beruf. Im zeitgenössischen Kontext handelt es sich dagegen um das Bemühen,
für die Frauen jene Plätze zu erringen, die ihnen im neuzugründenden Staat zuste-
hen.[297] In diesem Sinne ist der Redebeitrag von Martha Schanzenbach zum Referat
der Genossin Selbert zu verstehen:

> „Genossinnen und Genossen, die Tagung von heute zeigt uns, mit welch großen Problemen wir
> uns als sozialistische Frauen in Deutschland befassen müssen. Aber was wir heute diskutieren, ist
> nicht nur eine deutsche Frage, das sind Fragen die die Frauen in der ganzen Welt angehen. Ich darf
> hier einmal anführen, was Leon Blum im Frühjahr 1947 auf der internationalen Frauentagung in
> Paris ausgeführt hat. Er sagte dort: `Die neuen Bedingungen, Sitten und Gewohnheiten, die neuen
> Kategorien der Gefühle werden sich nicht von selbst formen.` Ich frage mich nun, ob es nicht die

---

[297] Vgl. Elisabeth Selbert: Zur Frage der überparteilichen Frauenausschüsse. Manuskript, AdsD
BKS 179.

eigenen Aufgabe, die spezifische Aufgabe der sozialistischen Frauen sein wird und auch der Frauenbewegung innerhalb dieser internationalen sozialistischen Bewegung, neue menschliche Sitten, Kollektive und sozialistische Sitten auszuarbeiten. Das gilt für die Bereiche, in denen diese Aufgabe den Frauen ganz besonders leicht sein wird, d.h. in denen ihr Geschlecht selbst eine Erfahrung, eine Zuständigkeit und eine besondere Berufung hat. Ich frage mich weiter, ob es für die Frauen nicht eine Anfangsform der Aktivität sein könnte und sein müßte, gleichsam als weit angelegte Untersuchung des revolutionären Entwurfs schon jetzt Untersuchungen darüber anzustellen, wie in einem integralen sozialistischen System das reale Leben, das tägliche Leben der Frau in Arbeit, Haushalt und Familie zu bestimmen wäre."[298]

Auf der Wuppertaler Frauenkonferenz debattieren Sozialistinnen, die davon ausgehen: „Es gibt auch für die Erkämpfung der Rechte der Frauen kein anderes Forum und keine andere Möglichkeit, als den Kampf um die Änderung der Grundlagen unserer Gesellschaftsordnung."[299] Die Frauenrechtsforderungen der sozialdemokratischen Frauenpolitik der Nachkriegszeit sind entsprechend an historischen Umständen wie der Währungsreform, der Berlin-Blockade und der Schaffung einer provisorischen Weststaatsverfassung orientiert. Sie weisen jedoch zugleich über diese hinaus, indem sie auf ein grundlegend anderes Gesellschaftssystem zielen.

Dieser Aspekt wurde in der Literatur bisher vernachlässigt und führte zum bereits mehrfach angesprochenen paradigmatischen Widerspruch, einerseits der SPD pauschal ein traditionell geringes Interesse an Frauenpolitik zu unterstellen und andererseits in Erklärungsnot gegenüber frauenpolitischen Aktivitäten von Sozialdemokratinnen zu geraten. In der Kennzeichnung sozialdemokratischer Frauenpolitik als „ambivalenter Egalitarismus"[300] wird die Vernachlässigung dieses Aspekts zum Beispiel nicht als Defizit des Forschungsansatzes erkannt, sondern als immanentes Problem des sozialdemokratischen Entwurfs betrachtet.

Wie bereits bei der Interviewauswertung deutlich wurde, ergeben sich aus verschiedenen Perspektiven auf die Nachkriegszeit jedoch divergierende Gewichtungen der politischen Ereignisse. Aus den biographischen Zugängen von Sozialdemokratinnen zur Nachkriegszeit wurde ersichtlich, dass die Schaffung einer stabilen Demokratie ein vorrangiges Ziel darstellte. Die Analyse des Wuppertaler Konferenzprotokolls zeigt, auf welche Weise dieses Ziel mit Frauenrechtsforderungen und aktuellen politischen Ereignissen verknüpft war. Der mit der Weststaatsgrün-

---

[298] Marta Schanzenbach, Redebeitrag, Protokoll der Wuppertaler Frauenkonferenz, S. 68f.

[299] Herta Gotthelf, Redebeitrag, Protokoll der Wuppertaler Frauenkonferenz, S. 3.

[300] Renate Genth: Die Frauen in der SPD: Ambivalenter Egalitarismus. In: Dies. u.a.: Frauenpolitik und politisches Wirken von Frauen im Berlin der Nachkriegszeit 1945-1949, Berlin 1996, S. 124-133.

dung einhergehende Konflikt um Berlin verweist auf andere Ambivalenzen sozialdemokratischer Frauenpolitik als die von Genth beschriebene Konfliktlinie zwischen der sozialen Frage und der Frauenfrage: Nach den Erfahrungen des Nationalsozialismus galt der Wahrung demokratischer Freiheitsrechte oberste Priorität. Die
wiederholt gezogene Parallele zwischen der Verfolgung von SozialdemokratInnen
im Nationalsozialismus und den Verfolgungen „durch die Diktatur der kommunistischen SED" in der SBZ und Berlin verweist auf ein neuerliches Gefühl der Bedrohung. Im Zuge der Währungreform verschärft sich dieser Konflikt. Die Berlin
Blockade wird zum Symbol des Freiheitskampfes und die westlichen Besatzungsmächte wandeln sich von Sieger- zu Schutzmächten. Der frauenpolitisch bedeutsame Einschnitt „Währungsreform" bleibt dabei nicht unkommentiert. Die Sozialdemokratinnen der Nachkriegszeit sind sich, wie die Wuppertaler Frauenkonferenz
deutlich zeigt, darüber bewusst, an einem Wendepunkt zu stehen, der in besonderer
Weise die Absicherung von Frauenrechten verlangt.

Neben der Rechtsstellung der Frau bildet das Recht der Frau auf Arbeit den
zweiten Arbeitsschwerpunkt der Konferenz, da die Sozialdemokratinnen in Folge
der Währungsreform und der Rückkehr weiterer Kriegsgefangener zunehmende
Schwierigkeiten für erwerbstätige Frauen erwarten. Gemäß der Überzeugung, dass
die sozialistische Wirtschaftsordnung allein das Mittel sei, um den Frieden und die
soziale Gleichberechtigung zu verwirklichen, wird an die Frauen appelliert, zu erkennen, dass die kapitalistisch-liberalistische Wirtschaftspolitik von ihnen wieder
die größten Opfer verlange.

Frauenrechtsforderungen beschränken sich damit keineswegs auf programmatische
Absichtserklärungen. Die Gleichberechtigung als normativer Anspruch steht, wie
gezeigt, nicht mehr zur Diskussion. Zur Diskussion aber stehen Fragen der Umsetzung in einer sozial und politisch schwierigen Situation. So zeigen die verabschiedeten Anträge, wie Nina Andersen es nennt, „eine Mischung von kleinen und grossen Fragen, so wie unser Leben eine Mischung von kleinen und großen Problemen ist."[301] Von der Lösung dieser Fragen aber hänge die weitere Entwicklung ab.

Spezifische Forderungen für Frauen sind:

- die Durchsetzung der staatsbürgerlichen Gleichberechtigung auf allen Rechtsgebieten,

---

[301] Nina Andersen, Redebeitrag, Protokoll der Wuppertaler Frauenkonferenz, S. 22.

- die Anerkennung des Rechts der Frau auf Arbeit und gleichen Lohn bei gleicher Leistung,
- Wohnraumbeschaffung für alleinstehende Frauen und Mädchen,
- Lehrstellen für weibliche Jugendliche und
- spezielle Frauenwerbewochen für die Parteiarbeit.

Denn für die Umsetzung der Gleichberechtigung sind, wie die Diskussion zeigt, die Ansichten bezüglich des täglichen Lebens der Frau in Arbeit, Haushalt und Familie von entscheidendem Interesse. Für die Ausarbeitung des revolutionären Entwurfs reichen die Kapazitäten dagegen nicht. Die führenden Funktionärinnen sind vielmehr, wie aus der Korrespondenz mit Herta Gotthelf hervorgeht, extrem belastet.

Auch Elisabeth Selbert erscheint lediglich zum Thema „Rechtsstellung der Frau" auf der Konferenz – mehrfach wird darauf verwiesen, dass sie am Nachmittag im Parlamentarischen Rat sein muß. Sie bezeichnet ihre Ausführungen selbst als den Anfang einer Diskussion und bittet darum, konkrete Vorschläge zur Durchsetzung der diskutierten Positionen an das Frauenbüro zu schicken. Die spätere Formulierung des Gleichberechtigungsartikels „Männer und Frauen sind gleichberechtigt." liegt offenbar noch nicht vor. In Selberts Referat wird vielmehr deutlich, dass sie auf der Wuppertaler Frauenkonferenz noch von einer selbstverständlichen Übernahme der Gleichberechtigungsartikel der Weimarer Verfassung, wie in vielen Länderverfassungen geschehen, ausgeht und das künftige „Reichsparlament" als entscheidendes Gremium zur Umsetzung betrachtet. Um dort gestalten zu können, benötigt die Partei die Mehrheit der WählerInnenstimmen – doch die Mehrheit der Wählerinnen steht, wie die Analysen der Konferenz zeigen, der Partei fern. Von aktueller Brisanz ist deshalb die Frage: Wie können die Frauen für die Sozialdemokratie gewonnen werden?

Elisabeth Selbert wählt gerade diesen Aspekt für den Schluß ihres Referates und verweist bezüglich konkreter Gesetzesänderungsvorschläge auf ihre Rededispositon, um Zeit für politische Schlussfolgerungen zu gewinnen. Eindringlich appelliert sie an die anwesenden Genossinnen, dass die Wählerinnenmehrheit über die künftige Politik zu bestimmen habe. Dies aber sei keine in abgeschlossenen Frauenverbänden zu leistende Aufgabe. Der Ruf der Sozialdemokratinnen, als politische Funktionärinnen richte sich an alle deutschen Frauen, nämlich, „daß die Parteien allein die Träger des politischen Lebens sind. [...] Nur der starke Wille aller fortschrittlich denken-

den Menschen innerhalb der politischen Parteien gibt die reale Garantie eines dauerhaften Friedens."[302]

---

[302] Elisabeth Selbert, Referat, Protokoll der Wuppertaler Frauenkonferenz, S. 55.

3. Die Perspektive der Genossin
„Die Ordnung des kleinen Kreises auf das Ganze übertragen."

In den vorhergehenden Kapiteln erfolgte eine Annäherung an die Gleichberechtigungsvorstellungen sozialdemokratischer Frauenpolitik der Nachkriegszeit aus zwei Perspektiven: Die Auswertung von biographischen Interviews mit älteren Sozialdemokratinnen ergab einen Zugang zur Sozialdemokratie der Nachkriegszeit, in dessen Zentrum die Erfahrungen im Nationalsozialismus bzw. dessen Folgen als Bedrohung elementarer demokratischer Grundrechte stand. Bei der Auswertung des Wuppertaler Konferenzprotokolls wurde ersichtlich, dass sich die Hoffnungen der Sozialdemokratinnen auf den Aufbau einer sozialistischen Wirtschaftsordnung richteten. Daraus folgt, dass, um zu einer angemessenen Beurteilung sozialdemokratischer Frauenpolitik der Nachkriegszeit in den westlichen Besatzungszonen zu gelangen, die Zeit zwischen 1945 und 1949 in einer Kontinuitätslinie gedacht werden muß, die einerseits im Gegensatz zum Konstrukt der „Stunde Null" den Nationalsozialismus als Vorbedingung der Nachkriegssituation berücksichtigt und andererseits über die „Verfasstheit" der späteren Bundesrepublik hinausgeht.

Denn obwohl Elisabeth Selbert und Frieda Nadig an der Schaffung des Grundgesetzes beteiligt waren und maßgeblichen Einfluss auf die Formulierung frauenpolitisch bedeutsamer Grundrechte nahmen, stellt das Grundgesetz lediglich einen historisch bedingten Kompromiss dar, aus dem sich die frauenpolitischen Zielvorstellungen der Parteien bzw. der Frauen in den Parteien nicht ableiten lassen. „Die zwischen CDU/CSU und SPD besonders kontrovers geführte Diskussion über sozial- und wirtschaftspolitische Grundsätze des neuen westdeutschen Staates hat letztlich ihren Niederschlag nur im Sozialstaatsgrundsatz des Grundgesetzes gefunden: 'Die Bundesrepublik Deutschland ist ein demokratischer und sozialer Bundesstaat' (Art. 20 Abs. 1). Auf genauere Festlegungen hatten beide Antipoden verzichtet, weil sie auf eine spätere politisch-parlamentarische Durchsetzung ihrer Positionen hofften."[303]

Diese Hoffnung kommt auch im Schluss des Referates von Elisabeth Selbert auf der Wuppertaler Frauenkonferenz deutlich zum Ausdruck. Mit ihrem Appell an die deutschen Frauen anzuerkennen, dass die politischen Parteien allein die Träger des

---

[303] Manfred Overesch: Die Deutschen und der Weg in die staatliche Teilung. In: Deutsches Institut für Fernstudien an der Universität Tübingen (Hg.): Deutsche Geschichte nach 1945. Teil 1: Nachkriegsjahre und Bundesrepublik Deutschland. Studienbrief 2, Tübingen 1986, S. 61.

politischen Lebens seien, unterstreicht sie die Notwendigkeit politischen Engagements von Frauen in den Parteien auch für die Durchsetzung frauenpolitischer Forderungen.

Das Protokoll der Wuppertaler Frauenkonferenz zeigt, welchen Stellenwert Elisabeth Selbert und ihre Genossinnen dem Aufbau einer sozialistischen Wirtschaftsordnung für die Erreichung frauenpolitischer Zielvorstellungen einräumten. Dass es sich dabei keineswegs nur um eine in ferner Zukunft zu erträumende Utopie, sondern auch um eine Gegenwartsaufgabe handelt, zeigt die von Marta Schanzenbach formulierte Frage, ob es für die Sozialdemokratinnen der Nachkriegszeit nicht eine Anfangsform der Aktivität sein könnte und müsste, schon jetzt Untersuchungen darüber anzustellen, wie in einem integralen sozialistischen System das reale Leben, das tägliche Leben der Frau in Arbeit, Haushalt und Familie zu bestimmen wäre.[304] Der weiteren Untersuchung dient diese Frage als Leitmotiv.

3.1. Fragestellung und Methode

Die Auswertung des Protokolls der Wuppertaler Frauenkonferenz hat deutlich gezeigt, welcher Stellenwert im Rahmen der sozialdemokratischen Frauenpolitik der Nachkriegszeit der Verankerung von Frauenrechten in einer künftigen Verfassung beigemessen wurde. Auf dem Düsseldorfer Parteitag 1948 wurde der auf der Frauenkonferenz zur Rechtsstellung der Frau verabschiedete Antrag gleichlautend einstimmig angenommen.[305] Die von der Frauenkonferenz vorgenommene und vom Parteitag ebenfalls verabschiedete Kennzeichnung des Auftrags, die volle staatsbürgerliche Gleichstellung der Frau auf allen Rechtsgebieten zu verwirklichen, – und zwar als vordringlichste Aufgabe der Partei, - steht der Behauptung der Nachrangigkeit der Frauenfrage in der Sozialdemokratie entgegen. Darüber hinaus zeigt das zweite Kapitel, in welchem Maße die Hoffnungen der Sozialdemokratinnen auf den Aufbau einer sozialistischen Wirtschaftsordnung gerichtet waren. Die

---

[304] Vgl. Marta Schanzenbach, Redebeitrag, Protokoll der Wuppertaler Frauenkonferenz, S.68f.
[305] Vgl. Protokoll der Verhandlungen des Parteitages der Sozialdemokratischen Partei Deutschlands vom 11. bis 14. September 1948 in Düsseldorf, Hamburg ohne Jahresangabe, S. 115: „Der Parteivorstand wird beauftragt, gemeinsam mit den zuständigen sozialdemokratischen Fraktionen dafür zu sorgen, daß der Grundsatz der vollen staatsbürgerlichen Gleichstellung der Frau auf allen Rechtsgebieten verwirklicht wird. Die Durchführung dieses Grundsatzes ist eine der vordringlichsten Aufgaben der Sozialdemokratischen Partei."

Erreichung der vollen Gleichberechtigung galt als an die Verwirklichung von Demokratie und Sozialismus geknüpft.

Während die Demokratievorstellung der Sozialdemokratinnen demnach Frauenrechte eindeutig umschloss und eine Gleichberechtigungsgarantie schließlich über
die sozialdemokratische Initiative zur Verankerung von Art. 3 II GG durchgesetzt
werden konnte, stellt sich die Frage, welches frauenpolitische Potenzial die sozialdemokratische Frauenpolitik der Nachkriegszeit darüber hinaus enthielt. Die Frage
von Marta Schanzenbach nach dem täglichen Leben der Frau im integralen sozialistischen System verweist auf einen materialen Gehalt sozialdemokratischer Frauenpolitik, der über den formalrechtlichen Gleichstellungsanspruch hinausgeht. Unter anderem an den Beifallsbekundungen auf der Wuppertaler Frauenkonferenz
wird deutlich, dass dem Begriff des Sozialismus dabei eine Schlüsselstellung zukommt. So erhalten insbesondere jene Redebeiträge starken oder sehr starken Beifall, die in einem Bekenntnis zum Sozialismus oder in dem Aufruf zum gemeinsamen Kampf für den Sozialismus münden. Als Gegenpole erweisen sich demgegenüber das „liberalistisch-individualistische Denken", als dessen Kind das Bürgerliche Gesetzbuch (BGB) bezeichnet wird, bzw. die „kapitalistisch-liberalistische
Wirtschaftspolitik", die den Frauen nach der Währungsreform wieder die größten
Opfer abverlange.[306]

Doch selbst in der eigenen Partei werde die revolutionäre Aufgabe der Zeit mitunter übersehen. So Marta Schanzenbach in ihrem Redebeitrag auf der Wuppertaler
Frauenkonferenz: „Denn viele unserer Genossen möchten das Problem [des „Frauenüberschusses", A.d.V`.] ganz übersehen. Sie möchten leicht tändelnd in den bisherigen bürgerlichen Vorstel-
lungen dahingehen, ohne zu wissen, was für eine große revolutionäre Aufgabe wir mit der Gestaltung der Zeit heute zu erfüllen haben (Sehr gut! – Beifall.)"[307] Die bereits im zweiten Kapitel
formulierten Zweifel am gemeinsamen Ziel des gemeinsamen Kampfes von Ge-
nossen und Genossinnen werden im Redebeitrag von Marta Schanzenbach bestätigt. Die Tendenz vieler Genossen, an bürgerlichen Vorstellungen festzuhalten,
steht demnach dem Begreifen der Nachkriegszeit als revolutionäre Herausforderung entgegen.

Vor diesem Hintergrund erscheint es sinnvoll, nach frauenspezifischen Ausprägun-
gen des sozialdemokratischen Gleichberechtigungsdiskurses zu fragen. Wie Annette Kuhn in ihrem Referat „1945 – Versäumte Emanzipationschancen? Femini-

---

[306] Vgl. Kapitel 2: Elisabeth Selbert im Referat zur Rechtsstellung der Frau sowie die Formulierung
der verabschiedeten Anträge der Wuppertaler Frauenkonferenz.

[307] Marta Schanzenbach, Redebeitrag, Protokoll der Wuppertaler Frauenkonferenz, S. 69f.

stische Überlegungen zur Refamiliarisierung nach 1945"[308] gezeigt hat, kann die Differenzierung zwischen spezifischen Frauen- und Männerdiskursen einen Ausweg aus den Aporien sowohl der historischen Frauenforschung als auch der männlich bestimmten Geschichtswissenschaft aufzeigen. Denn selbst wenn das gleiche Thema mit den gleichen Worten behandelt werde, hätten diese häufig eine andere Bedeutung und stünden vor allem in einem anderen gesellschaftspolitischen Kontext. Der Blick auf den doppelten Diskurs mache entsprechend auf alternative Möglichkeiten in den frauengeschichtlichen Traditionen und der allgemeinen historischen Entwicklung aufmerksam. Analog zu dieser Überlegung liegt der folgenden Untersuchung die Frage zugrunde, inwieweit die häufiger verwendete Formulierung der Genossinnen „Die Ordnung des kleinen Kreises auf das Ganze übertragen" eine frauenspezifische Verarbeitungsform nachkriegsspezifischer Lebensbedingungen darstellt und auf ein Sozialismus-Konzept gerichtet ist, das sich möglicherweise von dem der Genossen unterschied.

Mit dieser Fragestellung wird der Fokus von der Exploration und Deskription des Selbstkonzeptes der Sozialdemokratinnen[309] auf die kritische Analyse der Chancen und Grenzen dieses Konzeptes verschoben und eine Konfrontation mit bisherigen Forschungsergebnissen zur Lebenssituation nach 1945 möglich. Entsprechend ist die folgende Untersuchung auf das Verhältnis von Überlebensarbeit und Überlebenspolitik in der Diskussion zentraler Themen sozialdemokratischer Frauenarbeit nach 1945 orientiert, denn dieses Verhältnis lässt die unmittelbare Nachkriegszeit frauenpolitisch ebenso bedeutsam wie unerklärlich scheinen:

„Die unmittelbare Nachkriegsperiode ist aus frauenpolitischer Sicht deshalb interessant, weil es eine Zeit war, in der viele formale Institutionen wie der reguläre Arbeits- und Konsumgütermarkt nicht mehr funktionierten und Frauen in die Lücke von Versorgung und Organisation traten. Sie haben daraus wenig politisches Kapital geschlagen. Lediglich der Artikel 3/II unseres Grundgesetzes ist ein Ergebnis der politischen Einmischung und gewachsenen Stärke von Frauen. Die unmittelbare Nachkriegszeit war die Stunde der Frauen, und diese wurde vertan, so könnte man meinen, wenn man die Leistungen der Frauen ins Verhältnis setzt zu dem, was sie dafür erhalten haben. Viel zu rasch wurden diese Leistungen aus dem kollektiven und individuellen Gedächtnis entfernt. Denn

---

[308] Annette Kuhn: 1945 – Versäumte Emanzipationschancen? Feministische Überlegungen zur Refamiliarisierung nach 1945. Abgedruckt in: Forschungsinstitut der Friedrich-Ebert-Stiftung (Hg.): Frauen in den neuen Bundesländern. Rückzug in die Familie oder Aufbruch zur Gleichstellung in Beruf und Familie? (Reihe Frauenpolitik Heft 2), Bonn 1991, S. 17-43.

[309] Exploration im ersten Kapitel über die Auswertung biographischer Erinnerungen. Deskription im zweiten Kapitel über die Auswertung des Protokolls einer der Außendarstellung der Frauenarbeit dienenden Konferenz.

es waren vorwiegend Frauen, von denen das Überleben abhing und die über ihre Kräfte hinauswuchsen."[310] Diese Einschätzung von Sigrid Metz-Göckel bringt die aus feministischer Perspektive frappierende Diskrepanz zwischen der Nachkriegsleistung der Frauen und
ihrer politischen Marginalisierung deutlich zum Ausdruck. Die unmittelbare Nachkriegszeit war demnach die „Stunde der Frauen", weil von ihnen das Überleben
abhing und sie über ihre Kräfte hinauswuchsen, indem sie in die Lücke von Versorgung und Organisation traten. Gegenüber dieser Leistung aber scheint das politische Kapital gering, reduziert auf Artikel 3 II des Grundgesetzes.

In diesem Sinne ergibt sich eine Kongruenz zwischen den Ergebnissen der bisherigen Untersuchung und der Einschätzung aus feministischer Sicht, insofern auch die
Diskussionen der Wuppertaler Frauenkonferenz auf grundlegendere Veränderungen der Gesellschaft zielten. Darüber hinaus wurde auch im Kontext der Konferenz
wiederholt auf die von den Frauen erbrachten Leistungen verwiesen. Dennoch unterliegen, wie bereits im ersten Kapitel problematisiert wurde, auch frauenpolitische Begrifflichkeiten, Wahrnehmungen und Wertungen historischem Wandel.
Deshalb sind aus dem Wissen um spätere Entwicklungen abgeleitete Wertungen
nur bedingt hilfreich für das Verständnis historischer Situationen. Weder die Verdrängung weiblicher Überlebensarbeit aus dem kollektiven Gedächtnis noch die
begrenzt emanzipative Wirkung des Art. 3 II GG kann zum Verständnis frauenpolitischer Konzepte der Nachkriegszeit beitragen, diese Entwicklungen können al-
lenfalls die begrenzte Wirkungsmacht damaliger Kozeptionen bestätigen. Entsprechend fragwürdig ist, inwieweit sich die „Stunde der Frauen" den Frauen dieser
Stunde als solche vermittelte.

Eine Konfrontation von bisherigen Forschungsergebnissen zur Lebenssituation
nach 1945 mit Positionen sozialdemokratischer Frauenarbeit nach 1945 kann vor
diesem Hintergrund nur den Versuch darstellen, zwischen Wahrnehmungsebenen
zu vermitteln, die sich in ihren Voraussetzungen grundsätzlich unterscheiden. Auf
der Grundlage der bisherigen Untersuchungsergebnisse erscheint dieses Vorgehen
sinnvoll, da sich bereits mehrfach, insbesondere im Kontext der Interviews gezeigt
hat, welchen Einfluß veränderte Erwartungshaltungen an Frauen und tradierte
Deutungsmuster auf die Wahrnehmung frauenpolitischer Inhalte haben. In welchem Sinne also Sozialdemokratinnen die „Stunde der Frauen" als große revolutio-

---

[310] Metz-Göckel im Vorwort zu: Brigitte Denecke: „Wir hatten eine Kraft, das glaubt man nicht."
Frauenalltag und Frauenpolitik der Nachkriegsjahre in Dortmund und Hamm. Dortmund 1997, S. 7.

näre Aufgabe verstanden und welche Vorstellung von Sozialismus sie damit verbanden, wird im Folgenden zu untersuchen sein.

3.1.1. Quellenlage und Operationalisierung der Fragestellung

Die von Marta Schanzenbach in Wuppertal geforderte Ausarbeitung des revolutionären Entwurfs, *„wie in einem integralen sozialistischen System das reale Leben, das tägliche Leben der Frau in Arbeit, Haushalt und Familie zu bestimmen wäre"*, erfolgte zwar nicht, anhand des Aktenbestandes des Frauenbüros beim Parteivorstand aber lässt sich rekonstruieren, welche Themen für die Frauenarbeit der Partei von besonderer Bedeutung waren. Neben der umfangreichen Korrespondenz der zentralen Frauensekretärin Herta Gotthelf mit Genossen und Genossinnen, Vertretern und Vertreterinnen der Besatzungsmächte, Institutionen und Verbänden bietet insbesondere die GENOSSIN, SPD-Informationsblatt für Funktionärinnen der Jahre 1947 bis 1949, einen Überblick über Themenfelder und Diskussionsinhalte sozialdemokratischer Frauenarbeit der Nachkriegszeit.

Die GENOSSIN erscheint nach ihrer erzwungenen Einstellung im März 1933 erstmals wieder im Mai 1947. Die Kennzeichnung dieser Erst-Wieder-Ausgabe in der Kopfzeile als „Nr. 5 – Mai 1947 – Jahrgang 10" zeigt deutlich den Wunsch, an die Weimarer Tradition anzuknüpfen. Marie Juchacz, die ehemalige Frauensekretärin der SPD und Redakteurin der GENOSSIN vor 1933, sendet zum Wiedererscheinen ein Grußschreiben aus New York, das in der Erstausgabe abgedruckt ist. Sie bekundet ihre Freude, „in der alten Weise und trotzdem bestimmt in neuer Form und mit neuem Inhalt"[311] wieder miteinander sprechen zu können:

„Es ist doch das Große in dem bitteren Erleben unserer Zeit, daß eine Idee nicht stirbt, daß keine Gewalt und sei sie noch so brutal, die Idee ertöten kann.

Wir, die wir in der Fremde leben, wir haben um Euch gebangt in diesen langen Jahren. Nicht einen Moment hat uns der Gedanke an Heimat und Freunde verlassen.

Und nun stehen große Aufgaben vor der sozialistischen Arbeiterschaft der ganzen Welt.

Und mitten in dem Ganzen stehen die Frauen der Welt. Der Krieg hat die Zahl der Männer dezimiert, in Deutschland besonders. Die ´Blütenträume´ des Versorgtseins, die sich die Frauen Deutschlands von Hitler und seinen Propagandisten vorgaukeln ließen, sind schon zur Zeit seiner Macht zerstoben. Das, was immer als Frauenprobleme bezeichnet wurde, was aber in Wirklichkeit

---

[311] Marie Juchacz: Marie Juchacz grüßt die „GENOSSIN" und die Frauen der Sozialdemokratischen Partei Deutschlands. In: GENOSSIN Nr. 5 Mai 1947, S. 2.

menschliche Probleme sind, ist ins Unendliche gewachsen, es hämmert sich uns immer schärfer ein. -Sind nun die Frauen in ihrer großen Zahl sich dessen bewußt? Oder sind es nicht wieder nur einzelne, eine schmale Schicht, die diese Erkenntnis haben, und die große Masse der Frauen glaubt auch in ihrem Elend noch immer an den vagen Anspruch des weiblichen Geschlechtes auf ein besonders geschütztes Dasein? Nur weil man Frau ist und diesen Schutz infolgedessen zu verlangen hat? Diese Unkenntnis der Wirklichkeit würde die Frauen nur lähmen in dem notwendigen Kampf um ein menschenwürdiges Dasein, der Seite an Seite mit der Sozialdemokratie und in ihr zu führen ist.

Die Frauen, zu denen ich hier sprechen kann, werden mich verstehen. Unsere Aufgabe ist es, die anderen verstehen zu lehren. Wie groß, wie umfassend d i e s e [Sperrung im Original, A.d.V`.] Aufgabe ist, Ihr wißt es wie ich. Das beweist mir die Tatsache, daß so viele von denen, die mir mit Namen und persönlich bekannt sind, sich wieder in Reih und Glied gestellt haben.

Wir wollen – von innen und von außen -, jeder nach seinen Kräften und nach seiner Fähigkeit, noch unser Bestes geben. Das ist mein Versprechen in diesem ersten Brief an die `Genossin`.

Wir Sozialdemokratinnen wollen in Ehren vor der Geschichte bestehen. [Hervorhebung im Original, A.d.V`.]"[312]

Marie Juchacz umreißt in diesem Grußwort die Aufgabenstellung der sozialdemokratischen Frauenpolitik, die darin bestehe, andere verstehen zu lehren, dass der Kampf um ein menschenwürdiges Dasein Seite an Seite mit der Sozialdemokratie und in ihr zu führen sei. Der Abdruck dieses Grußwortes in dem lediglich vier Din A5 Seiten umfassenden Heftchen lässt sich als Brückenschlag zwischen Weimarer Republik und Nachkriegszeit begreifen. Er demonstriert die in offenbarer Übereinstimmung erfolgte Weitergabe der früheren Aufgabe von Marie Juchacz an ihre ehemalige Mitarbeiterin, Herta Gotthelf, und Marie Juchacz bilanziert die Ereignisse seit 1933. Sie spricht von den „Blütenträumen des Versorgtseins", die den Frauen im Nationalsozialismus vorgegaukelt worden seien, sich jedoch noch während der Hitler-Diktatur als Trugbild erwiesen hätten. Den Glauben an den vagen Anspruch des weiblichen Geschlechts auf ein besonders geschütztes Dasein führt sie auf Unkenntnis der Wirklichkeit zurück. Das, was immer als Frauenprobleme bezeichnet worden sei, seien in Wirklichkeit menschliche Probleme und diese seien ins Unendliche gewachsen.

Diese Charakterisierung des frauenpolitischen Themas umschreibt Herta Gotthelf analog in ihrem Leitwort zur Erstausgabe der GENOSSIN nach dem zweiten Weltkrieg mit den Worten: „Wir wissen, daß es im heutigen Deutschland keine

---

[312] Ebd.

`Frauenfragen` gibt, die nicht zugleich Lebensfragen unseres gesamten Volkes sind."[313] Auch sie zieht eine Verbindungslinie zu der Zeit vor 1933. Vieles habe sich in den 14 Jahren verändert, die Feinde aber seien dieselben geblieben. Der politische Kampf richte sich weiterhin gegen die Reaktion und politische Interesselosigkeit der Massen des Volkes, ganz besonders der Frauen. Die GENOSSIN solle das Rüstzeug für eben diesen Kampf geben, der nun unter ungleich schwereren Bedingungen gemeinsam mit den Genossen geführt werden müsse.

Bis zum geregelten regelmäßigen Erscheinen der GENOSSIN vergeht jedoch noch ein gutes Jahr. Erst ab der Nr. 5/6 vom Juli/August 1948 erscheint die GE-NOSSIN mit der Zulassung Nr. 230 der Britischen Militärregierung in einem Umfang von 32 Seiten in nicht limitierter Auflagenhöhe, obwohl Herta Gotthelf bereits am 6.12.1946 den ersten Lizenzantrag an die Britische Militärregierung für ein 24-seitiges, 14-täglich erscheinendes Mitteilungsblatt im Format Din A5 und 30 000er Auflage gestellt hatte.[314] Der Kampf um die Lizenz und das Ringen um eine angemessene Papierzuteilung erwies sich als eine zeit- und kraftraubende Organisationsaufgabe für Herta Gotthelf.

Umso bedeutungsvoller und aussagekräftiger ist die Antwort auf die Frage, was Herta Gotthelf unter den widrigen Umständen eines Erscheinens ohne Lizenz und bei unzureichendem Papieretat für im Kreise der Funktionärinnen veröffentlichenswert erachtete. Ein Blick in die drei Erstausgaben vom Mai bis Juni 1947 zeigt, dass Frauenerwerbsarbeit und die Frauenarbeit der Partei die Schwerpunktthemen bilden. Gleich drei Artikel sind der Frauenerwerbsarbeit gewidmet: „Beschäftigung von Frauen bei Bau- und Wiederaufbauarbeiten", „Das Recht der Frau auf Arbeit" und „Gleicher Lohn für gleiche Arbeit". Unter dem Titel „Aus der Arbeit – für die Arbeit" erfolgt ein von Herta Gotthelf kommentierter Abdruck der Resolution von Parteivorstand und Parteiausschuss zur Frauenarbeit in der Partei, ein Referat zu Aufgaben und Organisation der Frauengruppen sowie Hinweise zur Frauenwerbung über die Arbeiterwohlfahrt, zur Hausfrauenwerbung und zur Werbung von Frauen der Genossen sowie die Stellungnahme des PV zur überparteilichen Frauenarbeit. Ein Artikel ist mit dem Bericht über die Frauenkonferenz in Mainz 1900 der „Geschichte der Bewegung" gewidmet und unter der Fragestellung „Was wurde aus ihnen?" wird das Schicksal der Frauen beschrieben, die vor 1933 als Reichstagsabgeordnete der SPD tätig waren. In zwei von drei Ausgaben wird aus der Internationale berichtet. Als Leitartikel der dritten Ausgabe schreibt Kurt

---

[313] Herta Gotthelf: Zum Geleit. In: GENOSSIN Nr. 5 Mai 1947, ohne Seitenangabe.
[314] Vgl. Brief von Herta Gotthelf an Captain H. Hochfelder, Local Gov. Dept., Mil. Gov. Hannover Region, vom 6.12.1946, AdsD PV I 0234.

Schumacher über „Die Frauen und die SPD". Ferner wird die erste Reichsfrauenkonferenz seit dem Zusammenbruch des NS-Regimes am 26./27. Juni 1947 in
Fürth angekündigt. Als einziger nicht unmittelbar mit Frauenerwerbs- und Frauenarbeit in Verbindung stehender Artikel erfolgt der Abdruck des Programmentwurfs
der Arbeitsgemeinschaft sozialistischer Lehrer in Hannover.

Dieser kurze Überblick über die ersten drei Ausgaben der GENOSSIN nach dem
Krieg zeigt, welche Bedeutung der Integration der Frau in den öffentlichen Raum
von Berufs- und Parteiarbeit beigemessen wurde. Wie die bisherige Untersuchung
des Protokolls der Wuppertaler Frauenkonferenz ergab, steht dieser Integration
nach Analyse der Sozialdemokratinnen die traditionelle Einstellung von der Versorgungsehe entgegen, die nicht nur zu mangelnder beruflicher Qualifikation, sondern in deren Folge auch zu mangelndem Engagement der Frauen außerhalb ihres
persönlichen Haushalts führe.

Als Informationsblatt für Funktionärinnen gibt die GENOSSIN aber auch Hinweise
auf Diskussionslinien, die die Bedeutung weiblicher Hausarbeit unterstreichen. So
erscheint bezeichnenderweise unter der Rubrik „Arbeit und Wirtschaft" in der
Septemberausgabe der GENOSSIN von 1947 ein Artikel von Friedel Schlichtinger,
in dem sie die Frage nach der Gleichberechtigung der einzelnen Frauenberufe untereinander stellt.[315] Sie verweist auf die „unsäglichen Mühen", unter denen unter
den nach dem Krieg gegebenen Verhältnissen Hausarbeit erfolgt: „Von der seelischen
Zermürbung, der eine Hausfrau, welcher nur eine Wohnung mit 'Küchenbebutzung' zur Verfügung
steht, tagtäglich ausgesetzt ist, soll hier gar nicht gesprochen werden, denn aus Sühneverfahren,
Zivilprozessen, besonders Ehescheidungsprozessen könnten Bände hierüber geschrieben werden."[316] Auch Erich Ollenhauer verwies in seiner Ansprache auf der Wuppertaler
Frauenkonferenz auf die außergewöhnlichen Belastungen der Berliner Hausfrauen
und endete mit der Aussicht auf ihre ausdrückliche Erwähnung in zu erwartenden
Geschichtsbüchern. Diese Erwartung findet sich in gesteigerter Form bei Anna
Siemsen unter dem Titel „Stilles Heldentum": „Wenn unsere heillos verworrene Zeit einmal Vergangenheit sein wird (...), dann wird man von den Frauen erzählen, die in aller Not und in
allem Schrecken, das Leben in Europa möglich gemacht haben, ohne deren tägliche und stündliche
Anstrengung alles und alle zugrunde gegangen wären. Das wird dann ein großes Heldenlied sein,
größer und menschlicher als alle Lieder über blutige Kämpfe und Siege der Vorzeit."[317]

---

[315] Friedel Schlichtinger: „Gleichberechtigung" einmal anders gesehen... In: GENOSSIN Nr. 13/14
September 1947, S. 31.
[316] Ebd.
[317] Anna Siemsen: Stilles Heldentum. In: GENOSSIN Nr. 9 Oktober 1949, S. 258.

Doch entgegen den Beschwörungen einer in ferner Zukunft zu erwartenden Anerkennung der hausfraulichen Leistungen der Kriegs- und Nachkriegsgeneration und
ihrer Bedeutung für das Überleben in Europa ist Friedel Schlichtingers Artikel
schon in Gegenwehr zur Geringschätzung der Hausfrauentätigkeit geschrieben:
„Selbstverständlich bedingt der Frauenüberschuß nach diesem männermordenden Krieg besondere
Maßnahmen bei der Regelung der Frauenerwerbsarbeit (...), doch darf bei allen diesen Diskussionen
die Arbeit der `Hausfrau` nicht vollständig vergessen werden."[318] Bezeichnend in ihrem Artikel ist, dass sie von der „`Gleichberechtigung` der einzelnen Frauenberufe untereinander"[319]
spricht. Die Hausfrauentätigkeit wird, wie zuvor in den Diskussionen der Wuppertaler Frauenkonferenz, als Frauenberuf verstanden. In dieser Konnotation gibt es
neben der Erwerbstätigkeit `die Berufe der Frau`.

Diese Berufe umfassen mehr als die Erledigung dringender praktischer Haus-
haltsarbeiten, wie in der Beschreibung „Stilles Heldentum" von Anna Siemsen
deutlich wird. Einleitend schreibt sie von dem Glück, das in der Erfüllung einer
Aufgabe bestehe: „Eine Frau kennt es, die einen geliebten Kranken durch lange Leidenszeit
gerettet hat, eine Gattin, welche durch schwere äußere und innere Bedrängnis einem Manne den
Mut zum Weiterleben erhielt – unter Umständen unter Opferung des eigenen Glücks, eine Mutter,
die ihr Leben aufgebraucht hat, um ihre Kinder groß zu ziehen."[320]

Um das Gleichberechtigungsmodell der Sozialdemokratinnen der Nachkriegszeit
zu ermitteln, bedarf es einer eingehenderen Analyse der Redewendung von den
„Berufen der Frau", bei denen es sich eher, wie Anna Siemsens Beschreibung na-
helegt, um Berufungen als um Berufe handelt. Die Frau scheint ungleich berufener
als der Mann, sich der Bedürftigkeit von Menschen ihres sozialen Umfeldes anzunehmen. Wiederholt wird in der Diskussion um Frauenwerbung auf die besondere
Ausgangslage der Frauen verwiesen: „Den besonderen Eigenschaften des Frauendaseins
muß Rechnung getragen werden (...). So grundverschieden von den Bestrebungen des Mannes verläuft der Alltag der Frau. Die engen Zusammenhänge zwischen Kochtopf und Regierungsmaßnah-
men sind ihr nicht geläufig, das ist nach ihrer Auffassung Sache des Mannes."[321] Umso stärker
aber habe sie sich in den Notzeiten bewährt: „Denn mit zähem, unermüdlichem Fleiß ver-

---

[318] Friedel Schlichtinger: „Gleichberechtigung" einmal anders gesehen... ,a.a.O., S. 31.
[319] Ebd.
[320] Anna Siemsen: Stilles Heldentum, a.a.O., S. 258.
[321] Hedwig Pfeiffenbring: Wille zur Menschlichkeit bei der Frau. In: GENOSSIN Nr. 1 Feb./März
1948, S. 11.

suchen sehr viele Frauen, trotz aller Lasten, in ihrem Umkreis die Ordnung aufrecht zu erhalten. Und die Ordnung der kleinen Zelle ist der Ausgangspunkt zur Ordnung des Staates."[322]

Dabei führe jedoch gerade die historische Entwicklung in Verbindung mit der besonderen Eigenart der Frau zum Konservatismus: „Die historische Arbeitsteilung zwischen Mann und Frau hat sich im Sinne der Selbständigkeit zu Gunsten der Frau verändert. Wir haben es nicht nur mit Hausfrauen, sondern mehr mit Berufstätigen zu tun. Vor uns haben wir Frauen, selbstbewußt in harter Berufsarbeit und dennoch die Pflicht und den Hang zur Kindererziehung. Das veranlaßt die zum Teil konservative Denkungsart der Frau als Hüterin der Familie und ihre Abneigung gegen unbequeme Experimente."[323]

Dennoch erwachse aus der veränderten Situation vor allem bei den Frauen der Wille zur Menschlichkeit und religiösen oder sittlichen Verpflichtung. Die Werbung unter den Frauen müsse deshalb die hohen sittlichen Werte der sozialistischen Weltanschauung herausstellen und Wege beschreiten, „die nur über die Herzen führen, und, das ist nur folgerichtig, auch von den Herzen ihren Ausgang nehmen."[324] Wie im Bericht über die Wuppertaler Frauenkonferenz „Die Tage der roten Herzen" tritt auch hier mit dem Verweis auf die Herzen der Frauen Emotionalität als wichtiges Merkmal sozialdemokratischer Frauenpolitik in den Vordergrund. Obwohl Hedwig Pfeiffenbring im Gegensatz zur sonst überwiegenden Analyse von einer neuen Generation selbstbewusster berufstätiger Frauen ausgeht, steht auch in ihrer Beschreibung die Frau als Hüterin der Familie im Zentrum, die nicht nur die Pflicht, sondern auch der Hang zur Kindererziehung auszeichnet. Ansprechbar erscheinen ihr diese Frauen über das Herz bzw. über das Gefühl als Charakteristikum weiblicher Eigenart, denn die Hemmung gegenüber politischer Beteiligung entspringe weniger dem Gefühl der Minderwertigkeit als vielmehr dem Gefühl „echter Weiblichkeit". Analog zu der Entgegensetzung von „vermännlichten Frauenrechtlerinnen" und „Frauen" im Konferenzbericht „Am Rande des Geschehens" erfolgt über den Begriff „echte Weiblichkeit" die Beschreibung einer Natur der Frau, die im Kontext sozialdemokratischer Frauenpolitik insbesondere deshalb notwendig scheint, weil der Anspruch auf Beteiligung an der Politik gerade aus der Andersartigkeit abgeleitet wird.

Denn: „Politik sollte nicht mehr nur das großartige Schachspiel männlicher Logik und männlicher Ueberlegung sein. Sondern ist sie nicht vielmehr die Kunst, die das menschliche Zusammenleben allgemein regeln soll? Und in der Vielfältigkeit des täglichen Lebens haben sich die Frauen

---

[322] Annedore Leber: Annedore Leber über Frauenschulung. In: GENOSSIN Nr. 1, Feb./März 1948, S. 10.

[323] Hedwig Pfeiffenbring: Wille zur Menschlichkeit bei der Frau, a.a.O., S. 12

[324] Ebd., S. 11

mindestens so bewährt wie die Männer. Auch von ihrem Wesen soll etwas in die große Poltik einziehen. Denn hat es im täglichen Umkreis der Frauen nicht manchmal besser funktioniert als in der
großen Politik? Und mir will es nicht in den Kopf, warum nicht die Ordnungsbegriffe des kleinen
Kreises auch für das Große verbindlich werden können."[325] Im kleinen Kreis der Familie
entfaltet sich „weibliche Eigenart" - hier greifen die „Berufe der Frau". Den Sozialdemokratinnen aber schwebt eine Synthese[326] aus weiblicher und männlicher Anschauung zum Wohle der Menschheit vor. Deshalb gilt es, die Ordnung des kleinen
Kreises der Familie auf das Ganze des Staates zu übertragen.

Aus dieser Zusammenstellung wird deutlich, welche Einblicke die Zeitschrift in
Diskussionsfelder der Sozialdemokratinnen ermöglicht und in welcher Form sich
die Frage nach dem Sozialismus-Konzept von Sozialdemokratinnen operationali-
sieren lässt: Gemäß dem Postulat, „die Ordnung des kleinen Kreises auf das Ganze
übertragen", ist zu prüfen, aus welchen Erfahrungszusammenhängen der Nachkriegszeit frauenpolitische Forderungen eruiert und als Aufgaben „des Ganzen"
betrachtet werden.

Hierfür bietet sich einerseits die GENOSSIN als Diskussionsforum der Genossinnen an, um entsprechende Diskussionsfelder und daraus resultierende Forderungen zu ermitteln, andererseits bedarf es im Sinne des bereits angesprochenen Vorgehens der Kontextualisierung einer umfassenderen Betrachtung der Nachkriegssituation. Erst vor diesem Hintergrund lassen sich die emanzipatorischen Potenziale der sozialdemokratischen Frauenarbeit der Nachkriegszeit ermessen und Bedeutungswandel frauenpolitischer Begrifflichkeiten erkennen. Deshalb soll hier die
GENOSSIN als Hauptquelle zur Ermittlung zentraler Themenfelder dienen, die es
im Abgleich mit anderen Arbeiten zur Lebenssituation nach 1945 entsprechend
einzuordnen gilt. Außerdem werden weitere, thematisch relevante Quellen des
Aktenbestandes beim Parteivorstand und insbesondere themenzentrierte Interviewpassagen herangezogen, die eine vertiefende Betrachtung ermöglichen.

---

[325] Annedore Leber: Annedore Leber über Frauenschulung. In: GENOSSIN Nr. 1, Febr./März 1948,
S. 11.
[326] So betont Elisabeth Selbert im Schlußwort ihres Referates zur Rechtsstellung der Frau ausdrück-
lich, dass es den Sozialdemokratinnen nicht um einen Kompromiß zwischen den Interessen von
Männern und Frauen gehe, sondern um eine Synthese aus männlicher und weiblicher Anschauung.
Siehe Kapitel 2.

3.1.2. Frauenfragen sind Lebensfragen

Die GENOSSIN, das SPD-Informationsblatt für Funktionärinnen, unterscheidet sich schon auf den ersten Blick von der Vielzahl in der unmittelbaren Nachkriegszeit erschienener Frauenzeitschriften, wie DER REGENBOGEN, CONSTANZE, DER SILBERSTREIFEN, FRAUENWELT, DIE WELT DER FRAU oder STIMME DER FRAU.[327] Während sich diese Zeitschriften an ein breites Publikum richten und neben grundsätzlichen Betrachtungen des Themas Frau und Politik zum weit überwiegenden Teil aus Modefragen, Kochrezepten, praktischen Haushaltstipps sowie Beratung in Erziehungs- und Ehefragen bestehen, richtet sich die GENOSSIN der Jahre 1947 bis 1949 ausdrücklich an Funktionärinnen bzw. Mitglieder der SPD. Sie ist frei von Anzeigenwerbung und besteht im Wesentlichen aus Artikeln, die Herta Gotthelf gemäß den Arbeitsschwerpunkten der Funktionärinnen zu entsprechenden Themenkreisen von diesen anfordert. Damit handelt es sich zum überwiegenden Teil um Berichte oder Analysen von Genossen und Genossinnen zu Themen aus ihrem persönlichen, politischen Wirkungskreis.

In den ersten Jahren des Wiedererscheinens ist keine konsequent systematische Einteilung und Zuordnung der Themen nach Rubriken zu erkennen, vielmehr wechseln die Bezeichnungen und mitunter wird dasselbe Thema unterschiedlich zugeordnet.[328] Dennoch lassen sich über die Bezeichnung von Rubriken erste Schwerpunktsetzungen erkennen: „Aus der Arbeit" ist eine Rubrik, die vor allem Berichte über die Arbeit von Frauengruppen und die Diskussion von Problemen der Frauenwerbung enthält. Diese Rubrik ist seit den ersten Ausgaben 1947 neben den Rubriken „Internationale", „Wirtschaft", „Frauenerwerbsarbeit", „Sozialpolitik" und „Geschichte der Bewegung" fester Bestandteil der GENOSSIN. Unter der Rubrik „Internationale" finden sich Berichte über internationale sozialistische Frauenarbeit bzw. Maßnahmen in Ländern mit sozialdemokratischer Regierungsbeteiligung und unter der Rubrik „Geschichte der Bewegung" werden vorwiegend Schicksale von Sozialistinnen oder herausragende Ereignisse der Arbeiterbewegung thematisiert. Demgegenüber ist die Zuordnung unter den Rubriken „Wirt-

---

[327] Einen eingehenden Überblick über zeitgenössische Frauenzeitschriften gibt Angela Seeler: Ehe, Familie und andere Lebensformen in den Nachkriegsjahren im Spiegel der Frauenzeitschriften. In: Anna-Elisabeth Freier und Annette Kuhn (Hg.): Frauen in der Geschichte V. „Das Schicksal Deutschlands liegt in der Hand seiner Frauen" – Frauen in der deutschen Nachkriegsgeschichte. Düsseldorf 1984, S. 90-121.

[328] Nach Rubriken geordnete Jahresverzeichnisse sind erst von Ausgaben der GLEICHHEIT seit 1953 zu erhalten.

schaft", „Frauenerwerbsarbeit" und „Sozialpolitik" weniger eindeutig, häufig sind in diesen Rubriken gleiche Themen zu finden. Es sind dies Berichte über wirtschaftliche Notlagen (später u.a. über Auswirkungen der Währungsreform), die Situation von Flüchtlingen, Frauenerwerbsarbeit, Fragen sexueller Aufklärung, die Rechtsstellung der Frau und den Wohnungsbau.

An dieser Themenübersicht wird deutlich, welche „Probleme der Zeit"[329] das Feld sozialdemokratischer Frauenarbeit dominieren. Angesichts zerstörter Städte gilt dem Wohnungsbau besondere Aufmerksamkeit. Die Versorgung von Flüchtlingen und deren Integration, das Thema Geschlechtskrankheiten, gefährdete Jugend und Familienplanung sowie Frauenerwerbstätigkeit - im Speziellen der Hausarbeitstag und die Doppelverdienerkampagne - stellen ebenso nachkriegsspezifische Problemkomplexe dar. Es sind dies im Gegensatz zu den Fragen der sogenannten „großen Politik", wie etwa die Frage nach der künftigen Rolle Deutschlands in der Staatengemeinschaft, die zentralen Probleme der Alltagsbewältigung im zerstörten Deutschland, denen das Hauptaugenmerk der Frauenarbeit gilt. In diesem Sinne ließe sich aus diesem Überblick wiederum eine Konzentration auf *„den kleinen Kreis"* im Unterschied zum *„Ganzen"* ausmachen, wenn nicht über die Rubrik „Internationale" auch das Bemühen um internationale Verständigung und die Integration Deutschlands in internationale Bündnisse erkennbar wäre. Dennoch liegt auch in dieser Rubrik der Schwerpunkt auf Themen der Alltagsbewältigung bzw. der Lösung von Fragen, die Frauen besonders betreffen – selbst wenn sie sich im Sinne von Marie Juchacz als menschliche Probleme begreifen ließen oder gemäß der Formulierung von Herta Gotthelf als Lebensfragen des gesamten Volkes zu betrachten wären.

Auch die Historikerin Anna-Elisabeth Freier wählte für ihren Beitrag „Über die naturwüchsige Deckung von Tagespolitik und Frauenpolitik nach dem Zweiten Weltkrieg" den Titel „Frauenfragen sind Lebensfragen".[330] Auf die häufigere Verwendung dieser Formulierung in Artikeln von Herta Gotthelf geht sie jedoch nicht ein. Vielmehr erläutert sie diesen Titel einleitend: Nach 1945 hat es keine „Frauenpolitik" oder „Frauenfrage" in dem begrenzten Sinn gegeben, als handele es sich dabei ausschließlich

---

[329] Später wird eine Rubrik mit dem Titel „Probleme der Zeit" eingeführt, in der sich entsprechende Artikel finden.

[330] Siehe Anna-Elisabeth Freier: Frauenfragen sind Lebensfragen. Über die Deckung von Tagespolitik und Frauenpolitik nach dem Zweiten Weltkrieg. In: Dies. und Annette Kuhn (Hg.): Frauen in der Geschichte V. „Das Schicksal Deutschlands liegt in der Hand seiner Frauen" – Frauen in der deutschen Nachkriegsgeschichte. Düsseldorf 1984, S. 18-50.

um Dinge, die allein Frauen beträfen. *Frauenfragen* [Hervorhebung im Original, A.d.V'.] in den Nachkriegsjahren waren *Lebensfragen* [Hervorhebung im Original, A.d.V'.], und zwar in der Bedeutung, daß das entscheidende politische Handeln in den unmittelbaren Notjahren nach dem Zweiten Weltkrieg darauf gerichtet war, die Überlebensbedingungen der Deutschen abzusichern, die brennenden Fragen nach Nahrung, Kleidung, Hausbrand, Wohnung zu lösen."[331] Die Überlebenspolitik dieser Jahre sei gleichsam „naturwüchsig" mit traditionell weiblichem Handeln – in der Rolle der Hausfrau, Ehefrau und Mutter, die Reproduktion von Männern und Kindern durch entsprechende Arbeiten zu gewährleisten – zur Deckung gekommen. Und Frauen, so Freier, hatten ein aus Erfahrung gewonnenes Bewusstsein davon, dass ihre Arbeit gesamtgesellschaftlich unabdingbar war. Sie hätten es jedoch nicht vermocht, diesen erfahrbaren politischen Inhalt ihrer Tätigkeit in ein adäquates Bewusstsein der politischen Bedeutung ihrer Tätigkeit umzusetzen. Inwieweit diese These auf die Sozialdemokratinnen zutrifft, soll im Folgenden an Artikelbeispielen aus der GENOSSIN eingehender untersucht werden.

3.2. Auf dem Wege zur vollen Gleichberechtigung

Während dort, wo es um die Änderung diffamierender Gesetze und Vorschriften gehe, der Kampf um die Gleichberechtigung der Frau in alter Weise, in Parlamenten und Ausschüssen, geführt werden müsse, wie er einst um das politische Betätigungsrecht der Frau geführt worden sei, gebe es, so Lore Leikert in der GENOSSIN Nr. 5/6 Juli/Aug. 1948, eine andere Ebene des Kampfes, nämlich die der Einstellungen. Am Beispiel junger Genossen, „die sich noch heute zum Wortführer dessen machen, was sie in 12 Jahren in Hitlerjugend, Wehrmacht und sonstigen Zwangsverbänden jener Tage einer penetranten Männlichkeit an frauenherabsetzender Propaganda über sich ergehen lassen mußten"[332], führt sie aus, dass gegen diese Einstellungen nur eines helfe: „Am praktischen Beispiel vorführen, daß die Frau auf geistigem und politischem Gebiete (...) vollgültige Leistungen zu bieten hat."[333]

Deshalb rät sie, weibliche Fachkräfte als Referentinnen einzusetzen, um „dem Manne über die falsche Scham hinwegzuhelfen, welche ihn hindert, die sachlich informierte eben-

---

[331] Ebd., S. 18.
[332] Lore Leikert: Auf dem Weg zur vollen Gleichberechtigung. In: GENOSSIN 5/6 Juli/August 1948, S. 75.
[333] Ebd.

bürtige Frau anzuerkennen."[334] Am Beispiel eigener Erfahrung aus Versammlungen führt sie aus, dass mit der Erkenntnis, auf welcher Seite die wirkliche Sachkenntnis vertreten sei, auch diejenigen, die anfangs ihre Geringschätzung vor der Frau am deutlichsten gezeigt hätten, ihre Überlegenheit gänzlich vergäßen.

Was sich an dieser Stellungnahme sehr deutlich zeigt, ist die Hoffnung, dass sich Frauen durchsetzen werden, wenn sie sich durch Sachkenntnis als den Männern zumindest ebenbürtig, wenn nicht gar überlegen erweisen. Besonders interessant an diesem Artikel ist jedoch vor allem, dass sich hinter dem Pseudonym Lore Leikert die Person von Frau Dr. Lore Henkel, der meistschreibenden Autorin der GENOSSIN der Jahre 1947 bis 1949 verbirgt. Um den Eindruck zu vermeiden, dass immer nur dieselben schrieben, habe sie, so ihre Erläuterung im Interview, einen Teil ihrer Artikel unter dem Namen ihrer Großmutter veröffentlicht. Vieles spricht dafür, dass auch das Kürzel E. H. ein solches Pseudonym darstellt. Zum einen gibt es deutliche Übereinstimmungen im Stil der Artikel, die generell von Ironie geprägt sind, zum anderen gab Dr. Lore Henkel im Interview an, welche Namenskombinationen sich aus dem Taufnamen Eleonore, dem Rufnamen Lore, dem Geburtsnamen der Großmutter Leikert, und dem von ihr seit ihrer Verheiratung geführten Familiennamen Henkel anboten. Wie bereits im ersten Kapitel ausgeführt, lebte Frau Dr. Henkel seit 1946 mit ihrem Ehemann Willi Henkel, dem Vorsitzenden der Arbeitsgemeinschaft sozialdemokratischer Lehrer, in Hannover und war neben ihrem kommunalpolitischen Engagement überwiegend als Referentin tätig. Die räumliche Nähe zu Herta Gotthelf und das entschiedene Engagement des Ehepaares Henkel trugen dazu bei, dass nicht nur Frau Dr. Henkel, sondern auch ihr Mann mehrfach Artikel für die GENOSSIN schrieben.

Grundsätzlich kann zwar von einem Beitrag in der GENOSSIN nicht direkt auf Repräsentativität für sozialdemokratische Positionen geschlossen werden. Dennoch ist es möglich im Kontext einer systematischen Analyse des Quellenmaterials des Frauenbüros beim PV unter Hinzuziehung der Aussagen von Zeitzeuginnen Repräsentativität im Sinne von typischen Merkmalen der Diskussion zu ermitteln. Typisch in diesem Sinne ist die von Lore Henkel zum Ausdruck gebrachte Hoffnung, dass sich Frauen mittels sachlicher Qualifikation durchsetzen werden können. Wie schon am Wuppertaler Konferenzprotokoll gezeigt, besteht ein Schwerpunkt der Frauenarbeit darin, über Schulung der Frauen frauenpolitische Positionen inner- und außerhalb der Partei durchsetzungsfähig zu machen. Grundsätzlich wird davon

---

[334] Lore Leikert: Auf dem Weg zur vollen Gleichberechtigung. In: GENOSSIN 5/6 Juli/August 1948, S. 75.

ausgegangen, dass Frauen durch Leistung überzeugen könnten, wobei insbesondere bildungsspezifischen Defiziten besondere Bedeutung beigemessen wird.

Im Kontext der hier untersuchten Fragestellung ist die dabei verfolgte Doppelstrategie bemerkenswert: Zum einen Bildungs- und Ausbildungschancen für Frauen zu erhöhen, zum anderen traditionelles Frauenwissen und –wirken aufzuwerten. Für diese Strategie ist Frau Dr. Lore Henkel eine ebenso typische wie untypische Repräsentantin. Untypisch ist sie, insofern sie nicht dem typischen „Kreis unserer Frauen" entstammt und sich mit einem entsprechend untypisch hohen Bildungsstand in die Parteiarbeit begibt.[335] Besonders auffällig ist jedoch gerade bei ihr, wie sie diesen Umstand wendet. Als diplomierte und später promovierte Volkswirtin schreibt sie Aufklärungsartikel über wirtschaftliche Zusammenhänge, die von der Perspektive der Hausfrauen ausgehend den Zusammenhang von „Kochtopf und Wirtschaftspolitik" erläutern, wobei - und dies ist das Besondere daran - eben diese Zusammenhänge als besonderer Kompetenzbereich der Hausfrau hervorgehoben werden. Die fachsprachliche Verschlüsselung diene, so Lore Henkel, lediglich dem politisch-kapitalistischen Interesse, vom Volk nicht kontrolliert werden zu können.

Typische Artikel[336] von Dr. Lore Henkel sind:

- **Was hat es mit der Lohn-Preis-Schere und den Lebenshaltungskosten auf sich?** GENOSSIN 7/48, S. 89-91.
- **Bist du kaufkräftig?** GENOSSIN 9/48, S. 151-153.
- Kleine Bevölkerungskunde. GENOSSIN 10/48, S. 187-192.
- **Hokupokus... Wirtschaftsfreiheit!** GENOSSIN 1/49, S. 10-14.
- Frauen gehen stempeln! GENOSSIN 4/49, S. 98-102.
- Mädchen und Frauen vor der Berufswahl. GENOSSIN 5/49, S. 139-142.
- **Medizin für die kranke Wirtschaft.** GENOSSIN 7/49, S. 194-197.
- **Gehen sie zu Truman in die Lehre Herr Erhard!** GENOSSIN 8/49, S. 244-245.
- Warum wählen sie nicht SPD? GENOSSIN 9/49; S. 280-284.
- **Die Abwertung greift in deine Tasche!** GENOSSIN 10/49, S. 292-295.
- **Die kleinen Leute tragen die großen Lasten.** GENOSSIN 11/49, S. 335-338.

---

[335] Vgl. dazu auch das erste Kapitel Kurzvorstellung Lore Henkel sowie die Auswertung ihres Zugangs zur Sozialdemokratie unter dem Leitsatz „...und der hat mir dann das Gehirn gelüftet." im ersten Kapitel dieser Arbeit.

[336] Fettgedruckt erscheinen hier diejenigen Artikel, die sich mit unmittelbar wirtschaftspolitischen Erläuterungen befassen.

Textbeispiele verdeutlichen den Stil und Aufbau ihrer Artikel:

„Schon von der Währungsreform her sind wir mit einigen Hintergründen des Geldwesens vertraut; nun hat uns die Diskussion um die Abwertung im September dieses Jahres wieder einmal auf dieses schwierige Gebiet geschickt. Im allgemeinen gewann man den Eindruck, die Herren Wirtschaftsredakteure unserer Zeitungen seien der für uns schmeichelhaften Ueberzeugung, wir alle schüttelten die Kenntnisse über internationale Währungsprobleme nur so aus den dreiviertellangen Aermeln. Oder habt Ihr in irgendeiner Zeitung feststellen können, daß man versucht hätte, uns einmal schlicht und allgemeinverständlich zu erklären, was **„Kaufkraftparitäten", „harte und weiche Währungen", Valutadumping"** [Hervorhebung im Original, A.d.V`.] und andere geheimnisvolle Worte bedeuten? Studenten der Volkswirtschaft und Banklehrlinge bekommen das im Laufe ihrer Ausbildung eingehend auseinandergesetzt. Eine trizonale Hausfrau dagegen muß das – so scheint die Ansicht in den Wirtschaftsredaktionen zu sein – während des Wäscheflickens gleichsam als Vision oder sonstige traumhafte Erleuchtung so zwischendurch mitbekommen. Nun - wir gestehen ganz offen, daß unsere Visionen mehr um die Sorgen für Einkellerungskartoffeln, die Kohlenrechnung, warme Winterwäsche, die angedrohte Mietpreiserhöhung usw. usw. kreisen. Daher wollen wir uns zunächst einmal darüber verständigen, was die Abwertung eigentlich ist."[337]

„Am Kampfe um die Löhne und Gehälter sind die Hausfrauen stärker interessiert als jede andere Verbrauchergruppe, denn durch ihre Hand gehen 90% der gesamten Arbeitsverdienste an den Händler, Handwerker, Hauswirt, an Versorgungsbetriebe der Behörden usw."[338]

„Unsere Kaufkraft? Ja, wenn es auf die Kraft unserer Hände und Arme ankäme! Die haben im Kriege und seither oft und gut die groben Männerarbeiten schaffen gelernt, die früher ganz selbstverständlich `für eine Frau zu schwer` waren. Wenn wir jedoch vor den Ladentischen stehen, hinter denen sich Kochtöpfe, Bettleinen, Schuhe und alle Arten von Textilien häufen, dann merken wir, daß `Kaufkraft` leider nur aus dem Geldbeutel kommt."[339]

Wie an diesen Textbeispielen deutlich wird, gehen die Artikel von Dr. Lore Henkel von der Perspektive der Hausfrau aus und beschreiben deren Sorgen, um anschließend den Zusammenhang mit allgemeinen Wirtschaftsfragen aufzuzeigen. Ihre beiläufig vorgebrachten Perspektivwechsel - von der Hausfrau als größter Verbrauchergruppe, die am stärksten an Lohnverhandlungen interessiert sei oder der Vorstellung, Wirtschaftredakteure setzten das Wissen und Interesse von Hausfrauen

---

[337] Dr. Lore Henkel: Die Abwertung greift in deine Tasche! GENOSSIN 10/1949, S. 292.
[338] Lore Leikert: Was hat es mit der „Lohn-Preis-Schere" und den „Lebenshaltungskosten" auf sich? GENOSSIN 7/48, S. 89.
[339] Lore Leikert: Bist du kaufkräftig? GENOSSIN 9/48, S. 151.

voraus – ironisieren die tatsächlichen Verhältnisse. Über diese Ironisierung aber gelingt ihr in besonderer Weise eben jener Brückenschlag zwischen Überlebensarbeit und Politik, der die Alltagssorgen von Hausfrauen aus dem kleinen Kreis individueller Alltagsbewältigung auf die Ebene des Ganzen hebt.

Ähnliche Betrachtungen finden sich auch bei anderen AutorInnen der GENOS-SIN, so z.b. in dem Artikel „Die Frauen und die freien Preise" von Lisa Korspeter, die Mitglied des Wirtschaftsrates ist: „Seit dem Zusammenbruch 1945 haben die Frauen ihre ganze Kraft einsetzen müssen, um die kärglichen Reste ihrer Familienhabe zu erhalten, um den Engpaß des Daseins in Nahrung, Kleidung und Wohnung zu überwinden. Sie verausgabten sich stündlich in den immer wiederkehrenden Sorgen und Nöten, sie standen Schlange vor Läden und Wirtschaftsämtern, sie demütigten sich um ein paar Pfund Gemüse und Obst. Mit den primitivsten Mitteln versuchten sie, ihren Haushalt und ihre Familie in Ordnung zu halten. Sie waren Helden im Dulden und Ertragen, um am Tage der Währungsreform, der für das gesamte deutsche Volk ein neuer Anfang werden sollte, festzustellen, daß man mit ihrem Elend ein verbrecherisches Spiel getrieben hatte."[340]

Verbrecherisch sei dieses Spiel gewesen, weil eine Armut, die nicht existiert habe, durch Warenhortung vorgetäuscht worden sei. „Während der überwiegende Teil des deutschen Volkes um die nackte Existenz ringen mußte, kam es einer Gruppe von Sachwertbesitzern nur darauf an, mit einem guten Warenpolster über die Währungsreform hinwegzukommen und später den Kampf aller gegen alle in der `freien Wirtschaft` bevorrechtigt und besser ausgerüstet anzutreten."[341]

An die Stelle des Bezugsscheins sei nun Rationierung durch den Geldbeutel getreten. Gerade die Frauen aber sollten es ablehnen, dem eine größere Chance geben zu wollen, der den größeren Geldbeutel besitzt. „Jede tüchtige Hausfrau ist bemüht, in ihrer eigenen Familie eine gute und gerechte Ordnung aufzubauen. Sollten wir nun nicht der Ansicht sein und danach streben, daß man nach diesen Prinzipien auch in der Wirtschaft verfährt, um nicht den verdienstlosen Zufall des Besitzes, sondern die soziale Gerechtigkeit für alle herrschen zu lassen? (...) Wir Frauen sollten nicht nur Helden im Dulden und Ertragen sein und damit Zustände verewigen, die wir überwinden müssen. Unsere Aufgabe wird es sein, bei den nächsten Wahlen von unserer Macht Gebrauch zu machen, um die politischen Verhältnisse von Grund auf zu verändern."[342]

Lisa Korspeter knüpft hier ebenso wie Lore Henkel am Erfahrungshintergrund der Hausfrauen an. Auch sie verweist auf den Zusammenhang ihrer Sorgen mit wirt-

---

[340] Lisa Korspeter: Die Frauen und die freien Preise. GENOSSIN 9/48, S. 153.
[341] Ebd.
[342] Ebd., S. 154f.

schaftspolitischen Fragen und nimmt wiederum als Anknüpfungspunkt politischer Positionierung die den Hausfrauen vertraute Aufgabe familiärer Ordnung. Analog der bereits angeführten Forderung Annedore Lebers, die Ordnung des kleinen Kreises der Familie zum Ausgangspunkt der Ordnung des Staates zu machen, wird hausfrauliches Wirken als Kompetenz angesprochen. Die im Einzelhaushalt der Familie von tüchtigen Hausfrauen verfolgten Bemühungen um eine gute und gerechte Ordnung gelte es, in das politische und wirtschaftliche Leben einzubringen. Der Appell nicht nur Helden im Ertragen und Erdulden zu sein, sondern die politischen Verhältnisse von Grund auf zu verändern, verweist wiederum auf die revolutionäre Aufgabe, vor der die Sozialdemokratinnen der Nachkriegszeit nach ihrer Analyse zu stehen glauben.

Die Bezeichnung Hausfrau ist im Kontext sozialdemokratischer Frauenpolitik, wie die obigen Ausführungen zeigen, positiv besetzt und wird zunächst grundsätzlich auf alle Frauen angewendet, da dieser Bereich generell zu den „Berufen der Frau" zählt. Mit der Hervorhebung hausfraulicher Kompetenzen soll sowohl die gesamtgesellschaftliche Bedeutung der Hausarbeit unterstrichen als auch ein adäquates Bewusstsein für den spezifischen Beitrag der Frau zur Politik des Ganzen geweckt werden.

Für die sozialdemokratische Frauenpolitik der Nachkriegszeit ist es deshalb im Kern unzutreffend von einer an Erwerbstätigkeit ausgerichteten Emanzipationslogik auszugehen. In der Diskussion unter den Sozialdemokratinnen gilt vielmehr „das Ende der Blütenträume des weiblichen Versorgtseins"[343] aufgrund der real gegebenen industriellen, politischen und wirtschaftlichen Entwicklung als erreicht. Unter der Prämisse von der Frauenerwerbstätigkeit als gesellschaftlicher Notwendigkeit wird nach sozial gerechten Lösungsmustern gesucht, die den Frauen nicht nur mehr Arbeit, sondern grundsätzliche Teilhabechancen gewährt. Die Konfliktlinie verläuft dabei nicht entlang Haus- versus Berufsarbeit, sondern auf dem schmalen Grat Gleich- versus Sonderbehandlung. Wie schon im Kontext der Wuppertaler Konferenz deutlich wurde, verweist die zeitgenössische Forderung nach einem bezahlten Hausarbeitstag zur Entlastung der durch Haus- und Erwerbsarbeit überforderten Frauen auf das Problem, den Nöten der Zeit begegnen zu müssen, und dabei grundsätzliche Erwägungen nicht außer Acht lassen zu dürfen.

---

[343] Marie Juchacz: Marie Juchacz grüßt die „Genossin" und die Frauen der Sozialdemokratischen Partei Deutschlands. In: GENOSSIN 5/47, ohne Seitenangabe.

3.2.1. Der Hausarbeitstag

Irmgard Enderle eröffnet im Mai 1948 unter der Rubrik „Politik und Wirtschaft" die interne Diskussion in der GENOSSIN zum Hausarbeitstag. Unter dem Titel „Umstrittener Hausarbeitstag"[344] versucht sie, drei Argumente gegen den bezahlten Hausarbeitstag zu entkräften. Aufgrund der 1942 von den Nationalsozialisten erlassenen Verordnung, Frauen mit eigenem Hausstand bei einer Mindestarbeitszeit von 48 Wochenstunden einen, bei Kinderreichtum auch zwei freie Tage zu gewähren bzw. der 1943 erweiterten Fassung (sogenannte Freizeitanordnung), diese Möglichkeit auch bei kürzerer Arbeitszeit einzuräumen, bestünden in den einzelnen Betrieben unterschiedliche Regelungen. So gebe es sowohl den bezahlten als auch den unbezahlten Hausarbeitstag je nach Betriebsregelung, während in manchen Betrieben versäumt worden sei, eine Regelung zu treffen.

„In manchen Behörden und vor allem von seiten der Gewerkschaften ist man sich klar darüber, daß er ausdrücklich durch ein neues, der Zeit entsprechendes Gesetz verankert werden müßte. Bei den Debatten [...] werden folgende Gegenargumente aufgeführt:

1. Die Frauen verlangen gleichen Lohn für gleiche Arbeit und Leistung. Dann können sie doch nicht gleichzeitig noch eine Vorzugsstellung von den Männern verlangen.

[...]

2. Die Frauen werden sich selbst schädigen, denn sobald Krisen eintreten und Entlassungen auf der Tagesordnung stehen, werden die Frauen, die Lohn beanspruchen für einen Tag, an dem sie gar nicht zur Arbeit kommen, als erste entlassen werden.

[...]

3. In letzter Zeit wurde als ein Gegenargument gegen den bezahlten Hausarbeitstag insbesondere auch angeführt, daß dem die noch immer bestehende Lohnstop-Verordnung im Wege stehe. [alle Hervorhebungen im Original, A.d.V'.]"[345]

Bevor Enderles Einwände gegen diese Argumente vorgestellt werden, soll die in der übernächsten Ausgabe der GENOSSIN erfolgende Kritik von Elisabeth Innis an Enderles Entkräftigungsversuchen hinzugezogen werden, da sie prinzipieller Natur ist und insofern die Liste der Argumente gegen den Hausarbeitstag erweitert. Unter der Rubrik „Frauenerwerbsarbeit" erscheint von Elisabeth Innis der Artikel „Der bezahlte Hausarbeitstag"[346] ausdrücklich als Begründung einer gegenteiligen Ansicht zu Irmgard Enderles Artikel. Innis bedauert, daß der Hausarbeitstag als prinzipielle Forderung auf dem Bielefelder Gewerkschaftskongress angenommen

---

[344] Irmgard Enderle: Umstrittener Hausarbeitstag. In: GENOSSIN Nr. 3, Mai 1948, S. 29-31.
[345] Ebd., S. 29f.
[346] Elisabeth Innis: Der bezahlte Hausarbeitstag. In: GENOSSIN Nr. 5/6, Juli/Aug. 1948, S. 59-61.

worden sei, da es ihres Erachtens richtiger gewesen wäre, „...ihn als zeitgebundene Notmaßnahme so weit wie möglich durchzusetzen. [...] Wir haben keine Aussicht auf die Durchsetzung einer solchen prinzipiellen Forderung, und nach meiner Ueberzeugung auch keinen Rechtsanspruch an die Gewerkschaften, diese Sache für uns durchzufechten." [347] Begründet werde die Forderung nach einem bezahlten Hausarbeitstag schließlich mit der Doppelbelastung der Frauen als Hausfrau/Mutter und Arbeitnehmerin. „Und hier liegt nach meiner Ansicht der Denkfehler. Aufgabe der Gewerkschaften ist es, die Forderungen der Arbeitnehmer den Arbeitgebern gegenüber zu vertreten. **Es ist aber nicht der Arbeitgeber, der der Frau die doppelte Belastung auferlegt.** [H.d.V'.] Wenn der Staat verlangt, daß die Frauen sowohl als Mütter und Hausfrauen als auch als Arbeitnehmer im üblichen Sinne ihre Pflichten erfüllen, so obliegt es dem Staate, die Voraussetzungen dafür zu schaffen, bzw. notwendige Erleichterungen für berufstätige Hausfrauen und Mütter zu gewährleisten. Wohlgemerkt: **Dem Staat** [H.d.V'.], nicht aber dem individuellen Arbeitgeber." [348]

Solche Erleichterungen sind nach Auffassung von Innis eine Frage der Sozialpolitik, die über die politischen Parteien durchzusetzen seien. „Es wäre z.B. Sache der kommunalen Behörden, dafür zu sorgen, [...] daß überhaupt viel mehr häusliche Kleinarbeit zu erschwinglichen Preisen in kommunalen oder staatlichen Großbetrieben erledigt werden kann." [349] Die Gewerkschaft als wirtschaftliche Interessenvertretung der Frauen solle demgegenüber als prinzipielle Forderung für die Frauen die Fünftagewoche und gleichen Lohn für gleiche Leistung vertreten, während eben über die Parteien die Möglichkeit erkämpft werden müsse, die gleichen Leistungen zu produzieren.

Irmgard Enderles Antwort erfolgt umgehend in der nächsten Ausgabe unter der Rubrik „Wir diskutieren" mit dem Titel „Kleine Vorlesung über Politik. Auf Grund der Polemik von Elisabeth Innis". [350] Als grundsätzliche Befürworterin einer „Rationalisierung, ja Revolutionierung des ganzen Privathaushaltswesens" [351] sei sie von der Gegenstandslosigkeit des Hausarbeitstages überzeugt, sobald dieses Ziel erreicht sei. „Aber bis dahin wird insbesondere in Deutschland noch viel Zeit verstreichen." [352]

---

[347] Elisabeth Innis: Der bezahlte Hausarbeitstag. In: GENOSSIN Nr. 5/6, Juli/Aug. 1948, S. 59.

[348] Ebd.

[349] Ebd.

[350] Irmgard Enderle: Kleine Vorlesung über Politik. Auf Grund der Polemik von Elisabeth Innis. In: GENOSSIN Nr. 7, Sep. 1948, S. 111 f.

[351] Ebd., S. 111. Vgl. auch dies.: Die Frauen im Wirtschaftsleben. In: GENOSSIN Nr. 1, Feb./März 1948, S. 3.

[352] Dies.: Kleine Vorlesung über Politik., a.a.O., S. 111.

Innis Behauptung, der Hausarbeitstag stelle sich als Ersatzforderung dar, weist sie mit dem Hinweis auf 'Ziel-, Teil- und Tageslösungen' zurück. „Doch auch die Tageslösung - eine bestimmte Tarifforderung, der Hausarbeitstag u.a. - muß von einer Organisation, die die Interessen der breiten Volksmassen vertritt, angewandt, für ihre Durchsetzung muß gekämpft werden. Die Lage derer, die den großen Kampf für den Sozialismus durchfechten sollen, wird dadurch verbessert und ihre Kampfkraft gesteigert. Eine solche Tageslösung als Ersatzlösung zu bezeichnen, kann deshalb nur verwirren und führt in der Konsequenz praktisch entweder zur Preisgabe des Zieles oder zur Unterschätzung der realen Bedeutung der Behebung von Tagesnöten.“[353]

Dieser Einwand Enderles von der realen Bedeutung der Behebung von Tagesnöten kommt in weiteren Artikeln zum Ausdruck. So schreibt Hermine Berthold unter dem Titel „Bremen nimmt Gesetz über freien Hausarbeitstag an": „Damit ist in Bremen eine Forderung der beruflich und erwerbstätigen Frauen sanktioniert, **die den heutigen sozialen Verhältnissen entspricht** [H.d.V.]. [...] Daß man als Halbtagsbeschäftigte mit einem Haushalt mit Kindern ebenfalls diesen Tag gebraucht, wenn man nicht Raubbau mit seinen Kräften treibt, habe ich am eigenen Leibe erfahren. Es ist nur eine kleine Erleichterung in dem schweren Kampf ums Dasein, den viele alleinstehende Frauen heute führen müssen." [354]

Mit der Bezeichnung des Hausarbeitstages als Äquivalent für die Mehrleistungen, die die Frauen neben ihrer Berufsarbeit noch im Haushalt zusätzlich verrichten, wird denn auch dem Einwand im Antrag weiblicher Delegierter des Angestellten-Verbandes begegnet, der Hausarbeitstag widerspräche der Gleichberechtigungsforderung.[355] Es zeigt sich hieran, unter welchem Rechtfertigungszwang Maßnahmen zur unmittelbaren Erleichterung der Doppelbelastung von Frauen standen. Die offenbare Notwendigkeit, Entlastungs- und/oder Schutzmaßnahmen für Frauen mit der Gleichberechtigungsforderung in Einklang zu bringen, wird ebenso deutlich wie die Befürchtung, dass solche Maßnahmen schließlich wiederum die faktische Benachteiligung von Frauen zur Folge haben könnten.

Anhand der im einzelnen zwischen Innis und Enderle ausgetauschten Argumente konkretisiert sich das Dilemma der Frauenpolitik zwischen Nah- und Fernzielen. Obgleich beide in der langfristigen Forderung nach Revolutionierung des Privathaushaltswesens übereinstimmen[356], ergibt sich ihr Streit aus der unterschied-

---

[353] Irmgard Enderle: Kleine Vorlesung über Politik. Auf Grund der Polemik von Elisabeth Innis. In: GENOSSIN Nr. 7, Sep. 1948, S. 111.
[354] Hermine Berthold: Bremen nimmt Gesetz über freien Hausarbeitstag an. In: GENOSSIN Nr. 5/6, Juli/Aug. 1948, S. 62.
[355] Vgl. „Gewerkschaftsarbeit", ohne Autorenangabe. In: GENOSSIN Nr. 15/16, Okt. 1947, S. 44.
[356] Vgl. Irmgard Enderle: Die Frauen im Wirtschaftsleben. In: GENOSSIN Nr. 1, Feb./März 1948, S. 3; Elisabeth Innis: Der bezahlte Hausarbeitstag. In: GENOSSIN Nr. 5/6, Juli/Aug. 1948, S. 59.

lichen Einschätzung der Folgen von Maßnahmen, die der unmittelbaren Situation Rechnung tragen. Während Enderle die eingangs aufgeführten Gegenargumente zunächst unter dem Aspekt der gegebenen Verhältnisse auf ihre Berechtigung hin diskutiert - „Feststellung einer Tatsache hinsichtlich der Argumentation mancher Unternehmer" - verweist Innis auf mögliche Folgen der Sonderbehandlung. So erwidert Enderle auf den Einwand der Gleichbehandlung (siehe 1. Gleicher Lohn, gleiche Rechte), dass gerade die ungleiche Lage (schlechter Lohn, Arbeitsbelastung) den bezahlten Hausarbeitstag notwendig mache. Innis dagegen fürchtet, daß der Hausarbeitstag als Ausgleichsleistung für die ungleiche Lage die Gleichstellungsforderung schwächen könne.

Während die eine mit Verweis auf die gegebenen Verhältnisse die tagespolitische Forderung stärken möchte, sieht die andere darin eine Schwächung der weiterreichenden Forderung, obgleich sie dem Hausarbeitstag als zeitgebundene Notmaßnahme zustimmt. Entsprechend verhält es sich mit dem zweiten Gegenargument drohender Entlassungen der Frauen bei Bevorzugung. Auch hier argumentiert Enderle mit der faktischen Benachteiligung und der Dauer der Umsetzung weiterreichender Forderungen, während Innis fürchtet, dass die Gegenwehr gegen Entlassungen von Frauen durch Extraforderungen geschwächt würde.

„Vergessen wir auch nicht, daß die Frage des 'Doppelverdienertums' und des Verzichtes zugunsten Kriegsbeschädigter nicht ausgestanden ist. Unsere unverheirateten Kolleginnen stehen keineswegs alle auf dem Standpunkt, daß auch die Verheiratete Anspruch auf den Arbeitsplatz hat. Das wird sich um so deutlicher zeigen, je näher die Gefahr der Entlassungen kommt. Es ist leider so, daß die geschlossene Frauenfront noch nicht besteht. Das können wir bedauern, müssen aber damit rechnen, wenn es sich darum handelt, zu prüfen, wie weit Forderungen mit Aussicht auf Erfolg gestellt werden können. [...] Nehmen wir hinzu, daß viele Betriebsräte (und die meisten sind Männer) nicht einmal von der Gleichwertigkeit der Frauenarbeit überzeugt sind, ganz zu schweigen von der Berechtigung eines bezahlten Hausarbeitstages [...]."[357]

So lässt sich festhalten, dass trotz Übereinstimmung in den Fernzielen grundsätzlich divergierende Einschätzungen des Erfolgs verschiedener Strategien vorliegen. Hieran wird deutlich, dass es sich nicht um einen Zielkonflikt handelt, sondern um das grundsätzliche Dilemma, auf welchen Wegen prinzipielle Gleichheitsforderungen mit der Forderung nach Ausgleich von spezifischen, keineswegs alle Frauen betreffenden Problemlagen zu vereinbaren sind.

---

[357] Elisabeth Innis: Der bezahlte Hausarbeitstag. In: GENOSSIN Nr. 5/6, Juli/Aug. 1948, S. 60.

3.2.2. Die Doppelverdienerkampagne

Die einleitende Erörterung des Begriffs des Doppelverdieners findet sich in drei Artikeln der GENOSSIN im Jahr 1949[358]: so bei „Soll die Ehefrau arbeiten gehen?"[359] von Anna Siemsen; „Arbeitende Ehefrauen sind keine Doppelverdiener"[360] von Elisabeth Innis; „Doppelverdiener trotz Arbeitslosigkeit?"[361] von Elfriede Kämmer. Bereits den Titeln ist zu entnehmen, daß sich die Doppelverdienerkampagne ausdrücklich gegen Ehefrauen wandte, um Arbeitslosigkeit (von Männern) zu bekämpfen.

Entsprechend konzentrieren sich diese Artikel unter der Rubrik Frauenerwerbstätigkeit zunächst darauf, die Erwerbstätigkeit von Ehefrauen gegen den Bezug mehrerer Einkommen abzugrenzen:

„Was ist eigentlich ein Doppelverdiener?

Genau genommen muß man darunter jeden verstehen, der neben einem Hauptberuf auch nebenberuflich bezahlte Arbeit ausübt. Deren gibt es viele."[362]

„Wer ist ein Doppelverdiener?

Eine einzelne Person, die doppelt verdient, das heißt, die zum Beispiel ein Gehalt und außerdem laufendes Einkommen aus einem Geschäft, aus nebenberuflicher Tätigkeit oder aus anderen Quellen bezieht."[363]

„Wer ist denn Doppelverdiener?

Diese zu finden, dürfte nicht schwer sein. Es sind jene, die neben ihren laufenden Einnahmen noch Miet- und Pachtbeträge einziehen oder aus eigenen Unternehmen, die zum Teil auch mit fremdem Personal besetzt sind, profitieren. [...] Doppelverdiener sind auch solche, die sich nach Feierabend

---

[358] Zwei dieser Artikel sind anderen Zeitschriften entnommen. Die Übernahme von Artikeln aus sozialdemokratischen oder der SPD nahestehenden Zeitschriften erfolgt auch bei anderen Themenstellungen. Da dieselben AutorInnen meist auch direkt für die GENOSSIN Artikel verfassen, kann davon ausgegangen werden, daß die Übernahme lediglich dem Zweck der weiteren Verbreitung diente und eine entsprechende Kennzeichnung nicht als Distanzierung zur geäußerten Meinung gewertet werden muß. Meldungen aus nicht-SPD-nahen Zeitungen werden dagegen meist mit kritischen Kommentaren eingeleitet.

[359] Anna Siemsen: Soll die Ehefrau arbeiten gehen? In: GENOSSIN Nr. 2, Feb./März 1949, S. 43 f. (aus: SOZIALDEMOKRAT, 9.1.1949).

[360] Elisabeth Innis: Arbeitende Ehefrauen sind keine Doppelverdiener. In: GENOSSIN Nr. 9, Okt. 1949, S. 261 f.

[361] Elfriede Kämmer: Doppelverdiener trotz Arbeitslosigkeit? In: GENOSSIN Nr. 11, Dez. 1949, S. 331 f. (aus: NORDWESTDEUTSCHE RUNDSCHAU, 29.10.49).

[362] Anna Siemsen: Soll die Ehefrau arbeiten gehen? a.a.O., S. 43.

[363] Elisabeth Innis: Arbeitende Ehefrauen sind keine Doppelverdiener. a.a.O., S. 261.

als Musiker, Kellner, Friseur usw. eine weitere Erwerbsmöglichkeit verschaffen. Es wäre sehr interessant, einmal festzustellen, in welchem Zahlenverhältnis die erwerbstätige Ehefrau mit einfachem Erwerbseinkommen zum tatsächlichen Doppelverdiener steht. Das hieße, das Uebel an der Wurzel packen [...]."[364]

Der Bezug mehrerer Einkommen durch eine Person wird übereinstimmend als Doppelverdienertum gekennzeichnet und vom einfachen Erwerbseinkommen einer verheirateten Frau abgegrenzt. Entgegen dieser Bedeutung des Begriffs „Doppelverdiener" werde in der Diskussion lediglich auf erwerbstätige Ehefrauen verwiesen: „Das öffentliche Interesse wendet sich aber in Zeiten der Arbeitslosigkeit ausschließlich der bezahlten Arbeit der verheirateten Frau zu. Man argumentiert, daß eine Frau, deren Mann arbeitsfähig ist, durch die Ehe versorgt sei und 'kein Recht' habe, einem anderen 'die Stelle wegzunehmen'."[365]

Die soziale Situation gewähre demgegenüber gerade nicht das Versorgtsein durch die Eheschließung. „Bitteres Leid und seelische Bedrückung drängen auf uns ein, wenn wir uns tiefer mit dem Problem beschäftigen. [...] Die besten Frauen ziehen es vor, sich still und fleißig ihren Lebensunterhalt zu verdienen, anstatt in breitester Öffentlichkeit darüber zu reden, daß ihr Mann sie nicht ernähren kann oder will. [...] Sollen alle diese Frauen einer Tradition zum Opfer fallen, die durch die wirtschaftlichen Notwendigkeiten längst überholt ist?"[366]

Entgegen dem Modell der Versorgungsehe seien also viele Frauen zur Erwerbstätigkeit gezwungen. Der Verweis auf bitteres Leid und seelische Bedrückung im Kontext, vom Ehemann nicht versorgt werden zu können, macht deutlich, dass diese Situation häufig nicht nur als sozial prekär, sondern auch als schambesetzt eingeschätzt wird.

Die Einsicht in die Notwendigkeit der Frauenerwerbstätigkeit kristallisiert sich auch bei diesem Thema als eines der zentralen Postulate sozialdemokratischer Frauenpolitik nach 1945 heraus. „Bildlich gesagt, ist die Arbeit der Frau aus der Familie davongelaufen, so daß sie ihr ins Erwerbsleben nachfolgen mußte.
Frauenarbeit ist unentbehrlich. [H.i.O.]
Die Frauenarbeit ist heute - besonders in Deutschland mit seinem gewaltigen Frauenüberschuß - völlig unentbehrlich geworden."[367]

---

[364] Elfriede Kämmer: Doppelverdiener trotz Arbeitslosigkeit? In: GENOSSIN Nr. 11, Dez. 1949, S. 331.
[365] Anna Siemsen: Soll die Ehefrau arbeiten gehen? In: GENOSSIN Nr. 2, Feb./März 1949, S. 43.
[366] Elisabeth Innis: Arbeitende Ehefrauen sind keine Doppelverdiener. In: GENOSSIN Nr. 9, Okt. 1949, S. 261.
[367] Anna Siemsen: Soll die Ehefrau arbeiten gehen? a.a.O., S. 44.

Eine Differenzierung nach Autorinnen erübrigt sich in diesem Kontext, da die Unentbehrlichkeit der Frauenerwerbstätigkeit als Merkmal der sozialen Situation der Nachkriegszeit bzw. grundsätzliches Merkmal moderner Industriegesellschaften die Analyse bestimmt. „Einzig gegen [die; A.d.V`.] gutbezahlten Frauenberufe richtet sich das Schlagwort vom Doppelverdiener."[368] Entsprechend dieser Feststellung findet die Doppelverdienerdiskussion in der GENOSSIN ihren Niederschlag vor allem in der Erörterung der Situation der Beamtin. Hierzu erscheinen Artikel von Liesel Kipp-Kaule „Das Recht der Frau auf Arbeit"[369]; Lisa Korspeter „Sind weibliche Beamte gleichberechtigt?"[370]; Rosel Hillebrand „Aus Hundhammers Reich"[371]; Margarete Hasche „Verheiratete weibliche Beamte"[372] und Helene von Bila „Die Frau im Beamtengesetz"[373].

Aufgrund der grundsätzlichen Übereinstimmung der genannten Autorinnen bezüglich des Rechts der Frau auf Arbeit kann sich die Darstellung exemplarisch auf einen Artikel beschränken, um die immer wiederkehrenden Argumentationsmuster zu zeigen. Hierzu besonders geeignet ist der Artikel von Margarete Hasche „Verheiratete weibliche Beamte", da er den Erlass des sozialdemokratischen Innenministers von Nordrhein-Westfalen vom 13.3.48, Ausnahmebestimmungen gegen weibliche Beamte nicht mehr anzuwenden, zum Anlass nimmt, sich ausführlich mit dieser Frage zu befassen.

Unter Berufung auf die Weimarer Verfassung wird das Recht jeder Frau auf Arbeit „in dem ihr vertraut und lieb gewordenen Beruf"[374] betont. Darauf folgt einer den bereits obengenannten Begriffsklärungen entsprechende Ausführung: „Aber auch das falsche Schlagwort vom ‘Doppelverdienertum’ zerfällt bei näherer Betrachtung in nichts. Wenn in einer Ehe beide Ehegatten arbeiten, dann liegt die Arbeitsleistung von zwei Menschen vor und es ist selbstverständlich, daß jeder von ihnen für seine eigene Arbeitsleistung bezahlt wird. Keiner von beiden erhält eine doppelte Bezahlung. [...] Die zwiefache Belastung durch Haushalt und Beruf wird nicht gesehen [...]."[375]

---

[368] Anna Siemsen: Soll die Ehefrau arbeiten gehen? In: GENOSSIN Nr. 2, Feb./März 1949, S. 44.

[369] Liesel Kipp-Kaule: Das Recht der Frau auf Arbeit. In: GENOSSIN Nr. 7/8, Juni 1947, S. 3, (aus: DER BUND Nr. 3, ohne Datumsangabe).

[370] Lisa Korspeter: Sind weibliche Beamte gleichberechtigt? In: GENOSSIN Nr. 2, April 1948, S. 14 (aus: HANNOVERSCHE PRESSE, 18.3.1948).

[371] Rosel Hillebrand: Aus Hundhammers Reich. In: GENOSSIN Nr. 2, April 1948, S. 15.

[372] Margarete Hasche: Verheiratete weibliche Beamte. In: GENOSSIN Nr. 3, Mai 1948, S. 31-34.

[373] Helene von Bila: Die Frau im bizonalen Beamtengesetz. In: GENOSSIN Nr. 4, Mai 1949, S. 109 f.

[374] Margarete Hasche: Verheiratete weibliche Beamte. a.a.O., S. 31.

[375] Ebd.

Besonders aufschlussreich ist der Verweis auf die für diese Generation von Frauen
prägende Erfahrung von zwei Weltkriegen: „Daß die verheiratete Beamtin infolge
Schwangerschaft und Mutterschaft zeitweilig dem Dienst fernbleiben muß, ist ebenfalls kein durch-
schlagender Grund. Der Mann ist, wie wir nun schon zweimal erlebt haben, durch Kriegsdienst
jahrelang seinem Amt und Beruf entzogen, er bekam als Beamter für diese Zeit sein Gehalt weiter,
jede einzige Stelle beeilte sich, ihm seinen Arbeitsplatz zu sichern. [...] Die Frauen haben in zwei
Weltkriegen bewiesen, daß sie imstande sind, sich überall gleichwertig einzusetzen, wo ihre Kör-
perkräfte ausreichen. Das Rad der Entwicklung kann nicht zurückgedreht werden, alle Sonder- und
Ausnahmebestimmungen solcher Art müssen verschwinden. [...] Ueberall in den Parlamenten müssen unsere Frauen, aber auch die Männer für die Frauen, den Kampf in dieser Richtung aufnehmen
und entsprechende Vorstöße machen."[376]

Entgegen der Behauptung von offensichtlich tiefen Kerben, die die Zeit der NS-
Diktatur in das Selbstbewusstsein der Frauen geschlagen habe[377], zeugt der immer
wiederkehrende Verweis auf die Leistungen der Frauen in Kriegs-und Krisenzeiten
von deutlichem Selbstbewusstsein. „Die Frauen sind ferner in einer Zeit als Erzieherinnen
tätig gewesen, die physisch, seelisch und pädagogisch das Maß der Friedensanforderungen weit
überschritten hat."[378]

„Aber allein die [...] angeführten Beispiele zeigen, daß man mit dem Begriff 'spezifisch weiblicher'
Berufe vorsichtig sein sollte. Stärker noch als der erste Weltkrieg hat der letzte Krieg gezeigt, daß
Frauen [...] in Tätigkeiten verwandt wurden, in die man sie vorher nie hineingelassen hätte [...] Man
kann diese Ausweitung der Erprobung jetzt nicht einfach wieder unterbinden wollen. (Die deutsche
Frau hat in diesem Krieg neben dem Manne sterben dürfen, es ist recht und billig, daß sie jetzt auch
gleichberechtigt neben ihm lebt.) [...]
Es kann sich heute kein Volk leisten, irgendwelche echte Begabung nicht zur Entwicklung kommen
zu lassen, und es ist unwesentlich, ob sie Gestalt gewonnen hat als Mann oder Frau. [...] Es handelt
sich dabei auch gar nicht etwa um eine einseitige Förderung von Fraueninteressen, sondern um eine
Förderung des Ganzen."[379]

Während der wiederholte Verweis auf die Bewährung der Frauen in Kriegszei-
ten das Recht der Frau auf Arbeit aus erbrachten Leistungen abzuleiten versucht,
geht das Argument, es handele sich nicht um Fraueninteressen, sondern eine Förderung des Ganzen, deutlich über diesen Argumentationsrahmen hinaus. Der Frau das
Recht auf Arbeit und Entfaltung ihrer Begabung zu verweigern, wird als volkswirt-

---

[376] Margarete Hasche: Verheiratete weibliche Beamte. In: GENOSSIN Nr. 3, Mai 1948, S. 33 f.
[377] Böttger: Recht auf Gleichheit. S. 118.
[378] Rosel Hillebrand: Aus Hundhammers Reich. In: GENOSSIN Nr. 2, Apr. 1948, S. 15.
[379] Katharina Petersen: Das Frauenstudium in Deutschland. In: GENOSSIN Nr. 8, Okt. 1948, S. 134
ff.

schaftlicher Unsinn eingestuft, denn: „Jede Frau, die sich in den Arbeits- und Wirtschaftsprozeß einreiht, ist ein Gewinn für das Ganze."[380] Als konkrete Forderungen sind den entprechenden Artikeln zu entnehmen: das Recht der Frau auf Arbeit (auch in höheren Positionen), dazu insbesondere Chancengleichheit in Ausbildung, Anstellung und Beförderung, ferner Lohngleichheit und eine Arbeitsgesetzgebung, „...durch die jeder an einen geeigneten Arbeitsplatz gestellt werden kann."[381]

Die Diskussion des Hausarbeitstages und die Abwehr der Doppelverdienerkampagne verweisen stattdessen auf unmittelbar infolge des Krieges gegebene Notlagen und sind als Reaktion auf die demographische Verschiebung im Geschlechterverhältnis zu begreifen.

Das „bürgerliche" Modell vom Mann als Versorger der in Haushalt und Familie tätigen Frau ist durch die gegebenen Verhältnisse jahrelanger Abwesenheit in Frage gestellt. Viele Frauen müssen, das wird in der Diskussion immer wieder betont, arbeiten, um sich und Familienangehörige zu versorgen. Das Kriterium des „offiziellen" Familienstandes – ledig, verheiratet, geschieden, verwitwet – besitzt in diesem Kontext wenig Aussagekraft, da die Sorge für Familienangehörige in vielfältigen Konstellationen sogenannter „unvollständiger" oder „Rest"-Familien erfolgte. Häufig fanden sich weibliche Angehörige zusammen, um gemeinsam für die Kinder und Alten einer Familie zu sorgen.[382] Doch auch in Familien, „in denen ein Mann vorhanden war, aber wegen Krankheit oder Kriegsversehrtheit nicht in der Lage war, eine Berufstätigkeit auszuüben, wurde die Frau berufstätig. Sie übernahm dabei nicht nur die Rolle des Ernährers, sondern versuchte zugleich die durch die Erwerbsunfähigkeit des Mannes drohende Deklassierung der Familie zu verhindern, zumindest jedoch solange aufzuhalten, bis der Mann seine Ernährerrolle

---

[380] Margarete Hasche: Verheiratete weibliche Beamte. In: GENOSSIN Nr. 3, Mai 1948, S. 32.
[381] Elisabeth Innis: Arbeitende Ehefrauen sind keine Doppelverdiener. In: GENOSSIN Nr. 9, Okt. 1949, S. 261.
[382] Zur Familienstruktur siehe auch die bereits angegebene Literatur: Gerhard Baumert: Deutsche Familien nach dem Kriege. Darmstadt 1954; Helmut Schelsky: Wandlungen der deutschen Familie in der Gegenwart. Darstellung und Deutung einer empirisch-soziologischen Tatbestandsaufnahme. Dortmund 1953; Statistisches Bundesamt Wiesbaden (Hg.): Statistische Berichte. Die Frau im wirtschaftlichen und sozialen Leben der Bundesrepublik. Wiesbaden 1951; Hilde Thurnwald: Gegenwartsprobleme Berliner Familien. Eine soziologische Untersuchung an 498 Familien. Berlin 1948; Gerhard Wurzbacher: Leitbilder gegenwärtigen deutschen Familienlebens. Methoden, Ergebnisse und sozialpädagogische Folgerungen einer soziologischen Analyse von 164 Familienmongraphien. Stuttgart 1954.

wieder übernehmen konnte."[383] Neben krankheitsbedingten Erwerbsausfällen von Männern sind laufende Entnazifizierungsverfahren ein mitzubedenkender Faktor.
Als Ergebnisse der Berufszählung von 1946 kommt Dr. Elsbeth Weichmann zu
dem Schluss, dass der Anteil der Frauenarbeit 1946 mit 36,7% ungewöhnlich hoch
gewesen sei und als Ausdruck der wirtschaftlichen Not betrachtet werden müsse.
Die Mehrzahl der Frauen sei in der Landwirtschaft und den häuslichen Diensten,
also Berufsgruppen mit geringer Qualifikation und wenig sozialem Schutz tätig
gewesen. Lediglich 1% der erwerbstätigen Frauen arbeiteten als Beamte und 20%
als Angestellte gegenüber 34,5% mithelfenden Familienangehörigen und ebenfalls
34,5% Arbeiterinnen.[384] Bis zum Juni 1948 habe sich die Frauenerwerbsarbeit
demgegenüber leicht rückläufig entwickelt. Denn: „Die Löhne waren so niedrig, daß sie
meist die Unkosten nicht deckten, die Haushaltsführung so schwer, daß sie alle physischen Kräfte
der Frauen verbrauchte, die Folgen von Hunger, Kälte und Unterernährung so belastend, daß der
Arbeitsmarkt keine neuen Kräfte anzog. [...] Der relative Rückgang der Frauenarbeit wurde von der
Presse und öffentlichen Stellen mit Genugtuung festgestellt und sogar als ein Zeichen der beginnen-
den Konsolidierung der Verhältnisse angesehen. Sehr zu Unrecht. Denn dieser relative Rückgang
war keine Konsolidierungserscheinung, sondern eine Krisenerscheinung."[385]
Demgegenüber drängten nach der Währungsreform auch Frauen wieder zuneh-
mend auf den Arbeitsmarkt. „Frauen gingen arbeiten, weil der Ehemann gefallen, vermißt
oder noch nicht aus der Gefangenschaft zurückgekehrt war; weil sie vom Ehemann geschieden oder
getrennt lebten; weil der Verdienst des Ehemannes nicht ausreichte. Flüchtlinge und Ausgebombte
suchten Arbeit, weil sie das Verlorene durch ihre Mitarbeit ersetzen wollten und junge Mädchen,
weil sie einen eigenen Hausstand gründen wollten. Jüngere Frauen von Akademikern wollten eine
Beschäftigung, weil deren Männer unentgeltlich arbeiteten; Studentinnen brauchten einen Ver-

---

[383] Klaus-Jörg Ruhl: Verordnete Unterordnung. Berufstätige Frauen zwischen Wirtschaftswachstum
und konservativer Ideologie in der Nachkriegszeit. (1945-1963), München 1994, S. 131f. Unter
Verweis insbesondere auf Hilde Thurnwald: Gegenwartsprobleme Berliner Familien. Berlin 1948,
S. 16-18. Thurnwald spricht in diesem Kontext von einem kriegsbedingten Auflösungs- und Um-
schichtungsprozeß, in dem weder vom Beruf noch vom Einkommen her der soziale Status eines
Menschen (bezüglich tatsächlicher Kenntnisse und Bildung) zu erfassen sei.
[384] Vgl. Büro für Frauenfragen in der Gesellschaft zur Gestaltung öffentlichen Lebens (Hg.): Die
Frau in der Wirtschaft. Entwicklung der deutschen Frauenarbeit von 1946-1951. Eine statistische
Übersicht von Dr. rer. pol. Elsbeth Weichmann, Wiesbaden ca. 1951, S. 11f.
[385] Büro für Frauenfragen in der Gesellschaft zur Gestaltung öffentlichen Lebens (Hg.): Die Frau in
der Wirtschaft. Entwicklung der deutschen Frauenarbeit von 1946-1951. Eine statistische Übersicht
von Dr. rer. pol. Elsbeth Weichmann, Wiesbaden ca. 1951, S. 12f.

dienst, um weiterstudieren zu können, und Frauen, die bisher von ihrem Vermögen gelebt hatten und denen durch die Währungsreform die Existenzgrundlage genommen worden war."[386]

Vor diesem Hintergrund wird an den in der GENOSSIN geführten Diskussionen zum Hausarbeitstag und zur Doppelverdienerkampagne deutlich, auf welche Grenzen die Forderung des Rechts der Frau auf Arbeit in der sozialen Praxis stieß. Trotz der faktischen Doppel- und mitunter Überlastung von Frauen durch Haus- und Erwerbsarbeit sind viele Frauen auf Erwerbsarbeit angewiesen. Dabei sind sie überwiegend gering qualifiziert und erreichen im September 1950 im Durchschnitt lediglich 63,6% des Brutto-Stundenlohnes der Männer. Zum Vergleich verdienten männliche Hilfsarbeiter im September 1948 100,9 Pfennige, weibliche Hilfsarbeiter dagegen lediglich 67,3 Pfennige. Im September 1950 war das Verhältnis 118,9 zu 81,5 Pfennigen.[387] Trotz geringerer Entlohnung und größerer Belastung aber scheint die Gewähr eines Hausarbeitstages mit der Gefahr verbunden, als Sonderbehandlung den Frauen wiederum zum Nachteil zu gereichen und Elisabeth Innis verweist in diesem Kontext darauf, dass die Frage des „Doppelverdienertums" auch unter den Frauen längst nicht ausgestanden sei. Auf entsprechende Zusammenhänge verweist Lucie Kurlbaum-Beyer im Interview. So berichtet sie von Erfahrungen im Rahmen ihrer gewerkschaftlichen Tätigkeit:

Lucie Kurlbaum-Beyer: Es gab Diskussionen, die man sich heute gar nicht mehr vorstellen kann. Die Frauen wollen ja nur arbeiten, um sich... Das ist also einer der prägnanten Sätze, die ich von Männern gehört habe oder die vorgebracht wurden: Die wollen sich ja nur Nylonstrümpfe kaufen und deshalb arbeiten sie. Vergess' ich nie, in Oberursel. Da stellte sich raus, dass die Frauen, die da nicht gearbeitet haben, den Männern zusetzten, weil die, die arbeiteten, konnten sich eben mal Nylonstrümpfe kaufen. Das war damals ja der große Hit nach '45.

Heike Meyer-Schoppa: Also das war das Sprachrohr der Frauen sozusagen, die Konkurrenz...

Lucie Kurlbaum-Beyer: Ja, natürlich, natürlich.

Heike Meyer-Schoppa: ...also die Konkurrenz unter den Frauen, die von den Männern dann weiter getragen wurde?

Lucie Kurlbaum-Beyer: Völlig richtig, völlig richtig. Das konnte man feststellen. Wir haben ja dann nachher zusammengesessen, und dann stellte man fest: Na, woher haben die das? Die Männer, die gucken da ja kaum drauf. Das waren die Frauen untereinander! Da wurde die eine gegen die andere

---

[386] Klaus-Jörg Ruhl: Verordnete Unterordnung. Berufstätige Frauen zwischen Wirtschaftswachstum und konservativer Ideologie in der Nachkriegszeit. (1945-1963), München 1994, S. 102.

[387] Vgl. Büro für Frauenfragen in der Gesellschaft zur Gestaltung öffentlichen Lebens (Hg.): Die Frau in der Wirtschaft. Entwicklung der deutschen Frauenarbeit von 1946-1951. Eine statistische Übersicht von Dr. rer. pol. Elsbeth Weichmann, Wiesbaden ca. 1951, S. 25.

ausgespielt. In den Dörfern war das ganz schlimm. Und so hat es also immer wieder Diskussionen gegeben.[388]

Bezeichnenderweise bemühen sich die Autorinnen der GENOSSIN entsprechend um den Nachweis, dass sich diese Kampagne vorrangig gegen qualifizierte Frauen richtet. Wie schwierig diese Debatte jedoch gewesen sei, unterstreicht auch Dr. Lore Henkel im Interview:

Karin Gille: Können Sie sich an die Doppelverdienerkampagne erinnern nach '45?

Lore Henkel: Oh, die war ganz toll, ja. Wenn eben Arbeitslosigkeit drohte, die Doppelverdiener-, das war eine ganz scharfe Kampagne, und jeder hat davon gesprochen, Lieschen Müller hat natürlich selbst gesagt: 'Das ist eine Schweinerei, Doppelverdiener nehmen den Männern die Arbeitsplätze weg.' 'Doppelverdiener', das hört man manchmal auch noch heute.[...] Ja! Böse Geschichten. Und das stärkte natürlich die Aufrechterhaltung der Minderbewertung der Frau. Denn das ging ja immer dagegen, daß die Frauen mitverdienen, Doppelverdiener. D.h. das war eine Familie, wo die Frau mitverdiente, das waren die Doppelverdiener. Und da ja nicht der Mann beanstandet wurde und kritisiert, sondern die Frau, war das also echt gegen die Gleichberechtigung gerichtet, nich'. Und dann war es natürlich schwierig, sozial war das schwierig. Denn wenn das zwei Hochbezahlte waren, also beide, er Ministerialdirektor, sie Oberstudienrätin, und sie dann so wahnsinnig viel Geld hatten und alle Erhöhungen und alle Beamtenvergünstigungen mitbekamen, und so ein armer Hanomag-Arbeiter, Landarbeiter, dem wurden die Krankheitstage abgezogen, der bekam erst später Krankengeld... Das war natürlich schwierig. Also es war keine oberflächliche Debatte, das war zweischneidig. [...] Es war also eine ganz, ganz hochkomplizierte Geschichte, wie man sich da verhalten sollte. Was man auch tat, war irgendwie falsch. Denn man kann ja einer hochverdienenden Beamtin nicht sagen: 'Du mußt zu Hause bleiben, du oder dein Mann.', wenn man für Gleichberechtigung ist, nich'. Andererseits sagt man: 'Mensch, ihr schaufelt da Geld und Geld, und anderen fehlt es.' Das war eine ganz gefährliche Diskussion! Und wurde auch nicht gerne geführt, denn der Begriff 'Doppelverdiener' war eben gegen die Gleichberechtigung. Und gegen unseren Wunsch, die Frauen auch in den Beruf zu bringen.[389]

Der Verweis auf Lieschen Müller bzw. darauf, dass dort, wo die soziale Situation von Kleinverdienern soziale Hilfen verlangt, für die kein Geld zur Verfügung steht, *während hochverdienende Beamtenehepaare jede Menge Geld scheffeln würden*, zeigt das Dilemma der Sozialdemokratinnen zwischen Gleichberechtigungsanspruch und sozialer Frage und verweist auf einen Glaubwürdigkeitskonflikt. So begründet Margarete Hofmann nach Kriegsende, als ihr Mann gut verdiente, immer ehrenamtlich gearbeitet zu haben:

---

[388] Lucie Kurlbaum-Beyer, Interview, S. 14.
[389] Lore Henkel, Interview, S. 87-89.

Margarete Hofmann: Nun war ich damals ja in der glücklichen Lage, daß mein Mann ganz gut verdiente. Und ich hab' immer gedacht: „Vielleicht ist es auch ganz gut, wenn nun nicht alle, die einigermaßen gut sind, auch noch sehen, daß sie was dazu verdienen." Wir kamen aus.

Heike Meyer-Schoppa: Das ist aber schon sehr bescheiden...

Margarete Hofmann: Ja, aber irgendwie denk' ich auch immer, waren doch manche ganz schöne arme Deubel. Und wenn dann einer dazwischen ist, der dann so, „Man nehme..." einfach nimmt, nech. Und es machen bei uns [gemeint ist die Arbeiterwohlfahrt, A.d.V.] heute so viele noch so viel ehrenamtlich. [...] Also manchmal denke ich, man muß da behutsam sein. Wenn's mir dreckig geht, und ich brauch's, um zu leben, ist es wieder anders. Aber wenn mein Mann ganz gut verdient, dann kann ich auch sagen: „Schön. Dann ist es das, was du dazu tust." Es hat mir ja auch Freude gemacht, nicht nur Ärger! Nich', und eine gewisse Befriedigung auch, wenn man sieht, daß man was geschaffen hat, das bleibt, das kann keiner wieder wegrücken![390]

Auch Lore Henkel gab ihre Berufstätigkeit auf, als ihr Mann wieder Beamter wurde:

Lore Henkel: Dann bekam ich auch keine Kinder, und dann hieß es eben: „Quatsch, was brauchen wir noch Kinder?" Zweie hat er. „Und wir, wir müssen jetzt unser Land wieder aufbauen. Alle Kräfte hierfür!" Ich bin auch nie wieder in den Beruf gegangen. Mein Mann hat gesagt: „Ich bin jetzt Oberregierungsrat, das Geld reicht für uns beide, es muß reichen! Und du gehst in die ehrenamtliche Arbeit."[391]

Die Übernahme ehrenamtlicher Arbeit bekundet vor dem Hintergrund der Biographien von Lore Henkel und Margarete Hofmann jedoch nicht das Scheitern des Emanzipationsanspruchs, sondern erweist sich als logische Folge der politischen Überzeugung des gemeinsamen Kampfes für bessere Lebensbedingungen. Analog zu der Analyse Herta Gotthelfs[392] orientieren sich die Lebensschilderungen zur Nachkriegszeit der im Kontext dieser Arbeit befragten älteren Sozialdemokratinnen vornehmlich an der Frage, wie die ungeheure Not der Nachkriegszeit zu bewältigen und soziale Gerechtigkeit zu verwirklichen sei.

Ob sie selbst einer bezahlten oder ehrenamtlichen Arbeit nachgehen, erweist sich demgegenüber als pragmatische Frage der Notwendigkeit eines eigenen Ein-

---

[390] Margarete Hofmann, Interview, S. 67.

[391] Lore Henkel, Interview, S. 25.

[392] „Die sozialdemokratische Frauenbewegung hatte ihre Anfänge nicht in einem Kampf der Geschlechter gegeneinander, wie das bei der bürgerlichen Frauenbewegung der Fall war, sondern sie entstand aus der gemeinsamen Not von Mann und Frau [...] Aus diesem Grunde trennen uns nicht taktische oder sonstige Erwägungen von der nur frauenrechtlerischen Einstellung der bürgerlichen Frauenbewegung, sondern unser Ausgangspunkt und auch unsere Ziele sind grundsätzlich andere." Herta Gotthelf: Fürth. In: GENOSSIN Nr. 9/10, Juli 1947, S. 11.

kommens. Während beispielsweise Frau Hofmann in den Jahren der Erwerbslosigkeit ihres Ehemannes[393] das Einkommen der Familie sicherte, gibt sie an, mit dem Einkommen ihres Mannes nach Kriegsende ausgekommen zu sein, und verweist auf Nachfrage auf die persönliche Befriedigung, die ihr ihre ehrenamtliche Arbeit auch gegeben habe. Dabei ist ihr persönliches Engagement keineswegs gering und bricht durchaus auch mit Rollenerwartungen, wie sich an der Thematisierung des Internatsbesuchs der Tochter zeigt.

Lore Henkel führt für ihre Entscheidung zur Promotion finanzielle Überlegungen an:

Lore Henkel: Dann habe ich, wie gesagt, schnell noch einen Doktor gemacht. Weil mein Mann sagte: „Du hör mal, ich weiß nicht, ich weiß nicht, wenn wir irgend'ne Veranstaltung haben und wir kriegen einen Doktor als Referenten, das ist immer so teuer. Das muß doch ein Geschäft sein." Also ich nach Göttingen![394]

Trotz dieses zum damaligen Zeitpunkt für Frauen ungewöhnlich hohen Bildungsabschlusses geht sie nach der Wiederverbeamtung ihres Mannes[395] jedoch nicht wieder in den Beruf und beschreibt ihren Umgang damit folgendermaßen:

Heike Meyer-Schoppa: Und wie ging Ihnen das damit, daß Sie selbst keinen Beruf mehr hatten, kein eigenes Einkommen?

Lore Henkel: Ja, mein Mann hat das Geld nach Hause gebracht, das kam aufs Konto, und da holte sich jeder, was er brauchte.

Heike Meyer-Schoppa: Das war nie ein Problem für Sie?

Lore Henkel: Aber überhaupt nicht! Und wir haben noch gespart. Wir haben noch soviel gespart, daß wir dann ab 1965 jedes Jahr in Afrika Entwicklungshilfe gemacht haben, auch mit unserem privaten Geld. Das geht."[396]

Lore Henkel engagiert sich in starkem Maße für die Anerkennung der Hausfrauentätigkeit und fordert die Interviewerinnen dazu auf, das Bewußtsein von Frauen vom Wert ihrer Haushaltstätigkeit zu stärken: Lore Henkel: Das ist jetzt eure Arbeit, da müßt ihr die Gehirne freiräumen.[397]

Wie sie selbst versucht habe, Frauen von ihrem Wert zu überzeugen, schildert sie mit den Worten: Lore Henkel: Ein schöner Clou war eben immer, daß die Frauen sich am

---

[393] Er wurde bei Kriegsausbruch entlassen. Frau Hofmann absolvierte die Meisterprüfung und eröffnete eine eigene Schneiderei. Vgl. Kurzvorstellung in Kapitel 1.
[394] Lore Henkel, Interview, S. 22.
[395] Er war nach Angabe von Lore Henkel im Dritten Reich aus dem Lehrerdienst entlassen worden und führte über lange Jahre Wiedergutmachungsprozesse. Vgl. Kurzvorstellung in Kapitel 1.
[396] Lore Henkel, Interview, S. 22.
[397] Ebd., S. 20.

besten zu Königinnen und Kaiserinnen eignen, zur Leitung eines ganzen Volkes. Weil die Frauen durch ihr Schicksal dazu bestimmt sind, alles selber fertig zu machen. Wenn der Mann abends in die Kneipe geht, die Kinder sind im Bett, dann muß die Frau alles, was am Tag passierte, zu Ende, muß es wieder in Ordnung bringen, bevor so ein neuer Tag anging. Hinter den Frauen räumt niemand auf. Also eine Frau ist von ihrem Schicksal her dazu prädestiniert, dafür zu sorgen, daß es auch gemacht wird. Und da waren sie immer sehr glücklich, haben gesagt: „Ja, so isses. Die Kerle..." usw. Das mußte man den Frauen beibringen, die allereinfachsten soziologischen Erkenntnisse. Denn die Nazis haben ja sowas alles nicht gemacht, weil die Frauen ja KKK [gemeint ist die Abkürzung für die Zuständigkeit der Frauen für Kinder, Küche, Kirche als Umschreibung für die Nichteinmischung von Frauen in öffentliche Angelegenheiten, A.d.V`.] sein sollten. [...]
Und dann eins war da, das haben mir sogar ein paar übelgenommen. Ich sagte: „Ihr seid also berufstätig; dann macht ihr den Haushalt; dann habt ihr die Kinder. Wieviele sind da? Dann habt ihr den Mann. Und dann müßt ihr auch noch für dasselbe Taschengeld die Geliebte sein. Er braucht kein Geld auszugeben für eine Nutte, sondern das erledigt ihr auch noch. Stellt euch mal vor, welchen Wert ihr habt! Den Wert einer Frau!" Das habe ich mit Frau Dr. Müller immer gemacht: Was ist eine Hausfrau wert mit Kind und Mann, und was ist eine Hausfrau mit Beruf und Kind und Mann wert. Sag' ich: „Und vergeßt nicht, er braucht kein Geld für die Nutten auszugeben." Hhh, da haben sie sich wohl auch mal beklagt über mich. Aber das öffnete sich ja dann später. Ich sag': „Das müßt ihr auch noch rechnen! Was zahlen denn die Kerls, wenn sie euch nicht verfügbar haben, soviel sie wollen?" Von wegen 'Vergewaltigung in der Ehe', diese Vokabel gab's damals noch nicht. Aber daß sie einen Wert haben, den Wert, den sie da haben, erkennen. Ich sag': „Ihr könnt ja sagen, ihr braucht ihn auch, aber die meisten von euch brauchen das nicht. Also könnt ihr das zurechnen auf das, was ihr leistet!"[398]

Die im Artikel „Auf dem Weg zur vollen Gleichberechtigung" von Lore Leikert alias Lore Henkel angesprochene Notwendigkeit der Teilung des Kampfes um die Gleichberechtigung der Frau - einerseits über die Änderung diffamierender Gesetze, andererseits über die Ebene der Einstellungen – zeigt sich auch in den Artikeln zum Hausarbeitstag und zur Doppelverdienerkampagne: Um das Recht der Frau auf Arbeit zu verwirklichen, sind einerseits diffamierende Gesetze zu beseitigen, andererseits bedarf es grundsätzlicher Perspektivwechsel, um der besonderen Situation von Frauen gerecht zu werden – denn selbst unter den Frauen sind Sonderbestimmungen zum Schutz von Hausfrauen und Müttern umstritten. Dieser in den Artikeln eher angedeutete, im Kontext der Doppelverdienerkampagne insbesondere über die wiederholt explizite Abgrenzung doppelter Einkommensbezüge gegen

---

[398] Lore Henkel, Interview, S. 46f.

Einkommen verheirateter Frauen indirekt zum Ausdruck kommende Rechtfertigungszwang wird in den zitierten Interviewpassagen zur Doppelverdienerkampagne von Lucie Kurlbaum-Beyer und Lore Henkel rückblickend offen thematisiert. Anhand der in der GENOSSIN geführten Diskussionen zeigt sich in noch stärkerem Maße als anhand des Protokolls der Wuppertaler Frauenkonferenz, dass das Recht der Frau auf Arbeit ein unumstrittenes Postulat sozialdemokratischer Frauenpolitik ist. Frauenerwerbsarbeit wird als notwendig betrachtet und ist als solche nicht strittig. Vielmehr werden gleiche Chancen in Bildung und Ausbildung sowie gerechte Entlohnung gefordert und besondere Schutzmaßnahmen als notwendig erachtet, die der Doppelfunktion der Frau Rechnung tragen.

Wie schwierig diese Forderungen durchzusetzen sind, wird jedoch insbesondere auf der Ebene der Einstellungen entschieden. Hier geben die Interviews Einblick, wie tiefgreifend diese Problematik nicht nur die öffentliche Diskussion sondern auch das eigene Leben bestimmt. Als gutverdienendes Ehepaar *jede Menge Geld zu scheffeln*, würde die eigene Glaubwürdigkeit untergraben. Bei gutem Verdienst des Mannes scheint der Weg ins Ehrenamt selbstredend. Daraus resultiert in der Logik des gemeinsamen Kampfes allerdings keine Unterordnung. Vielmehr gilt es, den Wert der Frau unabhängig von Erwerbstätigkeit zu erfassen. Wie an der drastischen Schilderung von Lore Henkel deutlich wird, gilt dies sowohl im privaten respektive intimen Zusammenleben als auch in der gesteigerten Form des besonderen „Clous" von der Eignung der Frau als Lenkerin des Volkes. Prädestiniert für die Politik ist die Frau in diesem Kontext, weil *hinter den Frauen niemand aufräumt.*

3.2.3. Zwischenergebnis: Hinter den Frauen räumt niemand auf

Der Satz: „Hinter den Frauen räumt niemand auf." lässt sich als Sinnbild frauenspezifischer Nachkriegserfahrung begreifen. Die uneingeschränkte Zuständigkeit der Frauen für Haus- und Familienarbeit bestätigt einerseits die Gültigkeit dieses Satzes im kleinen Kreis der Familie – „Ja, so isses die Kerle..." – und gibt diesem Satz andererseits in der Nachkriegssituation eine besondere Plausibilität in der Übertragung auf das Ganze des Staates. Die Einschätzung, dass sich die Frauen durch den Versuch der Aufrechterhaltung der Ordnung im Familiären in besonderer Weise bewährt hätten, findet sich nicht nur in der Diskussion der Genossinnen, sondern ebenso in anderen zeitgenössischen Dokumenten, wie den bereits angeführten Frauenzeitschriften, und Untersuchungen zur Lebenssituation nach 1945. Die „Bewährung der Frauen" bestand demnach darin, in die Lücken von Verwaltung und Organisation zu treten und über die extreme Erweiterung von Hausarbeit einerseits im familiären Kreis das Überleben der Angehörigen, andererseits aber auch durch die Beteiligung an der Organisation von allgemeinen Hilfsleistungen, wie Einrichtung von Nähstuben, weiteren Bevölkerungskreisen das Überleben zu ermöglichen, während große Teile der männlichen Bevölkerung abwesend waren oder sich vielfach auch als handlungsunfähig erwiesen. Ferner übernahmen Frauen, wie auch im Kontext der Doppelverdienerkampagne von Sozialdemokratinnen betont wurde, unter ungleich schwereren Bedingungen der Kriegs- und Nachkriegssituation erfolgreich traditionell männliche Arbeitsbereiche. Insofern erwecken Schilderungen der Situation im zerstörten Deutschland die Assoziation, dass es wiederum die Frauen waren, hinter denen niemand aufräumte, sondern die dafür sorgen mussten, *dass es auch gemacht wird.* In diesem Sinne führt die naturwüchsige Deckung von tagespolitischen Erfordernissen des Überlebens und der traditionellen Zuständigkeit der Frauen für Versorgungsaufgaben zu einer Aufbruchsstimmung, die Frauen zur Lenkung des Ganzen prädestiniert erscheinen lässt.

In zeitgenössischen Frauenzeitschriften findet diese Aufbruchsstimmung ihren Ausdruck häufig in extremen Gegenüberstellungen männlicher und weiblicher Wesensbestimmungen. So heißt es in DER REGENBOGEN beispielsweise:

„Männer führen Kriege – Frauen müssen sie ertragen. Denn der Krieg ist dem Wesen der Frau fremd. Sie, die das Leben trägt und weitergibt, muß ihn, den Töter, hassen als ihren furchtbarsten Feind. Mag diese einfache Wahrheit jahrelang verschüttet gewesen sein, mögen Kriegsgeschrei und Haßgesänge die wahre Stimme des Herzens übertönt haben: Nun aber ist es Zeit, daß wir dieser Stimme lauschen, ihr weiten Raum geben und ihr folgen."[399]

In solchen Entgegensetzungen erscheint der Mann nicht nur als Krieger, sondern auch als abstrakter Denker. So fragt Helene Haluschka: „Ich weiß wirklich nicht, was dir [Adam im Gegensatz zu Eva, der fiktiven Fragenden, A. d. V.`] das Recht gibt, deine Vernunft zum Gott der Welt zu machen, sie als das einzig Entscheidende und Gestaltende auszugeben. Wenn ich mir heute die Welt ansehe, wie du sie dir zurechtgezimmert hast, frage ich mich schüchtern und doch kopfschüttelnd: Großer Adam, bist du wirklich so gescheit? [...] Siehe ich folge deinen Spuren in dem Sande der Geschichte, und ich sehe, wie sie sich von dem errungenen Höhenweg entfernen und immer wieder zum Abgrund zurückkehren, als zöge sie die gähnende Tiefe mehr an denn das Leben. Es will mir scheinen, Adam, es wäre dir das Erdenken des Lebens heiliger als das Leben selbst [....]."[400] Demgegenüber sei die Frau ihrer geistigen Organisation nach, „ein

---

[399] Maria Pfeffer: Unser neuer Weg. In: DER REGENBOGEN Heft 1 Februar 1946, S. 3.
[400] Helene Haluschka: Ist Adam wirklich so gescheit? In: DER REGENBOGEN Heft 1 Februar 1946, S. 22.

Todfeind aller blutleeren Abstraktion, aller Ideen, die keinen realen Untergrund haben, die ohne Verbindung mit den nun einmal für alles irdische geltenden Gesetzen eine Welt für sich aufbauen wollen." Entsprechend gelte: „Wie die Frau, die das Lebendige in die Welt bringt, den lebens- zerstörenden Krieg immer hassen muß, so kann sie auch, wenn sie nur ihrem innersten Empfinden treu bleibt, nie einer Diktatur zustimmen, die stets das Leben einengt, den Menschen zur Tiermaschine, der Ameise herabwürdigt."[401] Aus dieser Argumentation ergibt sich der Befund: „Die Welt des Mannes, den wir zu selbstherrlich werden ließen, hat Schiffbruch erlitten; die Trümmer sind sichtbar genug."[402] Damit scheint geklärt, dass es die Welt des Mannes ist, die scheiterte; die Verantwortung der Frau wirkt demgegenüber gering: Sie besteht in der Unterlassung, das kriegerische und abstrakten Ideen anhaftende Wesen des Mannes nicht rechtzeitig gebremst und damit selbstherrlich habe werden lassen. Entsprechend gibt z. B. Rosina Speicher in der FRAUENWELT auf die Frage, was denn nun der Beitrag der Frauen sein könne, die Antwort: „Das Ziel wird von vielen Frauen erkannt: Die lebensbejahende und lebenschützende Richtung der Frau, die schon einmal in der Geschichte den schweifenden, ruhelosen Mann dem Ackerbau zuführte, muß dem chaotischen, unsicheren Leben wieder Richtung, Ziel und Inhalt geben."[403]

Gegen solche Zuspitzungen finden sich auch kritische Stimmen, wie die Gabriele Streckers in Die WELT DER FRAU: „Es wird immer wieder in unseren eigenen weiblichen Reihen argumentiert mit billigen Schlagworten: Die Frauen als Erhalterinnen des Lebens; die Bewahrerinnen des Heimes; die stärkere Erdverbundenheit der Frau; es wird gleichsam konstruiert, als ob alle Frauen zusammen kraft ihrer bloßen Geschlechtszugehörigkeit und ihrer Funktionen als Gebärerin des Lebens gewissermaßen das natürliche Bollwerk gegen den Krieg wären. Die Frauen sind genauso gespalten in Gegensätze, Interessengruppen und die mannigfaltigsten Verschiedenheiten wie die Männer auch. Aber als M e n s c h e n [Sperrung im Original, A.d.V.] haben sie genau wie die Männer die gleichen Möglichkeiten, den Krieg herbeizuführen oder den Frieden zu erhalten; und ihr Frauentum müßte sie obendrein moralisch und biologisch noch mehr verpflichten, ihre Nachkommenschaft vor der sinnlosen Vernichtung im Krieg zu Bewahren. [sic!]"[404] Doch auch in dieser Kritik obliegt der Frau eine moralisch und biologisch stärkere Pflicht zur Bewahrung des Lebens. Geschlechtsdichotome Wesensbestimmungen kennzeichnen den zeitgenössischen Diskurs um die neue Rolle der deutschen Frau, sich nach der Erfahrung von zwei Weltkriegen in den Aufbau einer neuen Ordnung einzubringen. „Von ihrer Stimme [der Stimme der Frau] wird es ab-

---

[401] Elfriede Ascher: Haben wir Frauen versagt? In: DER REGENBOGEN, Heft 8 August 1946, S. 3.
[402] Ebd.
[403] Rosina Speicher: Grenzen der Emanzipation. In: FRAUENWELT. Zeitschrift für alle Gebiete des Frauenlebens. Heft 17, September 1948, S. 3.
[404] Gabriele Strecker: Was steht im Wege? In: DIE WELT DER FRAU, Heft 1 August 1948, S. 2.

hängen, ob unser geschlagenes und zerstörtes Land sich endgültig frei macht von jenen falschen und mörderischen Idealen, die das sogenannte 'Herrenvolk' in eine leider berechtigte tiefe Erniedrigung gestoßen haben. Ihre Einsicht kann zu einem Wiederaufbau jener Kultur führen, die einstens den wirklichen Ruhm des deutschen Namens gebildet hat. Und sie, die Frau ist es, die einen neuen Krieg verhindern kann. Die stolze, bewunderte männliche Welt hat – warum es leugnen? – ein klägliches Ende gefunden. An der Frau, der ewigen Gebärerin und Schützerin des Lebens ist es nun, eine neue, sinnvollere Welt vorzubereiten. Es ist eine der schwersten Aufgaben, die die Geschichte jemals gestellt hat. Aber Kraft, Güte und ein neues Verantwortungsgefühl der Frau, der Mutter, wird sich ihr gewachsen zeigen."[405]

Im Unterschied zur Diskussion der Sozialdemokratinnen orientiert sich dieser Aufbruch der Frauen am Scheitern der „männlichen" Ordnung. Gemeinsam mit den Sozialdemokratinnen ist diesen Analysen dennoch, die Erfahrungswelt der Frau vorrangig aus der Hausfrauen- und Mutterfunktion abzuleiten und einzufordern, „daß die deutsche Frau in der neuen Demokratie Deutschlands endlich den Platz vom und im Staate bekommen müßte, der ihr aufgrund der harten Eignungsprüfung durch Schicksal, Krieg und Not gebühre."[406]

Insofern kommt der Nachkriegszeit eine frauenspezifische Erfahrungsdimension zu, die in frauengeschichtlichen Untersuchungen immer wieder betont wird. Die begründete Vermutung, „daß historische Entwicklungen und Ereignisse sich auf Frauen und Männer in unterschiedlicher Weise auswirken und von Frauen und Männer[n] in unterschiedlicher Weise erfahren werden"[407], findet in der unmittelbaren Nachkriegszeit eine nahezu idealtypische Bestätigung. Geschlechtsrollenstereotype Deutungsmuster sind in den Jahren *penetranter Männlichkeit* des Nationalsozialismus vorbereitet und treffen auf eine soziale Situation, in der die allgemeine Versorgungs- und Orientierungskrise zur vermeintlich „naturwüchsigen" Deckung von Politik und traditioneller Frauenarbeit im Sinne einer erweiterten Zuständigkeit der Frau für die Versorgung der Familie führen. Zahlreiche frauengeschichtliche Untersuchungen zur Alltagssituation und frauenpolitischen Aktivität von Frauen nach 1945 betonen die daraus

---

[405] Vanna Brenner: Ruf der Mütter. In: DER REGENBOGEN. Heft 7 Juli 1946, S. 3.

[406] Johanna Krüger: Der weibliche Staatsbürger. In: DER REGENBOGEN Heft 7, Juli 1946, S. 2.

[407] Renate Meyer-Braun: Frauengeschichte – Männergeschichte. Geschlechterrollen in der Nachkriegszeit am Beispiel Bremen. In: Wissenschaftliche Einheit Frauenstudien und Frauenforschung an der Hochschule Bremen (Hg.): Neue Ansätze in der Frauenforschung, Bremen 1988, S. 97.

resultierende „Entgrenzung traditioneller gesellschaftlicher Kategorien"[408]. In der Erfüllung der traditionell fürsorgenden Frauenrolle durchbrechen Frauen der Nachkriegszeit diese zugleich, da sich die Bedingungen ihrer Erfüllung verkehrt haben. So findet Hausarbeit zu großen Teilen außerhalb des Hauses statt und Politik scheint (vorübergehend) weniger das Feld widerstreitender Ideologien als vielmehr die Frage, *dass es gemacht werden muß*, im Sinne praktischer Lösungen prekärer Notlagen. Für die Gründung und Mitarbeit in Frauenausschüssen wird das Interesse an praktischen Lösungen betont und Titel wie „Frauen bewältigen den Neuaufbau."[409], „Wie wir das alles geschafft haben."[410], „Wir hatten eine Kraft, das glaubt man nicht."[411] verweisen analog zu den zeitgenössischen Analysen auf den von den Frauen erbrachten Leistungsnachweis in den Jahren der Not.

Diese Entgrenzung traditioneller Kategorien aber, die Frauen „ein kurzes Heldinnenleben"[412] gewährte, erfolgte unter spezifischen Krisenbedingungen. Um die in dieser Entgrenzung angelegte Chance, bisher unausgeschöpfter, gesellschaftlicher Handlungsmöglichkeiten zu erkennen, bedarf es einer differenzierten Betrachtung nachkriegsspezifischer Frauenpolitik. Denn die Konzentration auf den allgemeinen frauenpolitischen Aufbruch birgt die Gefahr analog zu der von Gabriele Strecker an der zeitgenössischen Diskussion formulierten Kritik, die Gespaltenheit von Fraueninteressen zugunsten einer Frauen vermeintlich kraft ihrer Geschlechtszugehörigkeit zukommenden Gegenbewegung zu übersehen. Wenngleich die Diskussion der Sozialdemokratinnen ebenso von geschlechtsspezifischen Zuständigkeiten ausgeht, unterscheidet sie sich, wie im ersten Kapitel gezeigt, in

---

[408] Annette Kuhn: Vorwort. In: Anna-Elisabeth Freier und Annette Kuhn (Hg.): Frauen in der Geschichte Bd. V. „Das Schicksal Deutschlands liegt in der Hand seiner Frauen" – Frauen in der deutschen Nachkriegsgeschichte. Düsseldorf 1984, S. 12.

[409] Vgl. Susanne Fuchs: Frauen bewältigen den Neuaufbau. Pfaffenweiler 1993.

[410] Vgl. Sibylle Meyer und Eva Schulze: „Wie wir das alles geschafft haben." Alleinstehende Frauen berichten über ihr Leben nach 1945. München 1988.

[411] Vgl. Brigitte Denecke: „Wir hatten eine Kraft, das glaubt man nicht" Frauenalltag und Frauenpolitik der Nachkriegsjahre in Dortmund und Hamm. Dortmund 1997.

[412] Diesen Titel wählen Irene Bandhauer-Schöffmann und Ela Hornung: Trümmerfrauen – ein kurzes Heldinnenleben. Nachkriegsgesellschaft als Frauengesellschaft. In: Andrea Graf (Hg.): Zur Politik des Weiblichen. Frauen Macht und Ohnmacht. Beiträge zur Innenwelt und Außenwelt, Wien 1990, S. 93-120. Nach ihrer Analyse führte die Nachkriegssituation nicht zur Emanzipation, sondern zur Überlastung: „Die Frauenarbeit der Nachkriegszeit, die faktisch die geschlechtsspezifisch gezogenen Grenzen sprengte, wurde sowohl von den Männern als auch von den Frauen ausdrücklich als eine begrenzte, vorübergehende Notmaßnahme begriffen. Daher blieb diese Frauenarbeit in Hinblick auf tiefgreifende Veränderungen im Geschlechterverhältnis ohne Konsequenzen." S. 117.

ihrem Zugang zur Nachkriegszeit und damit sowohl in der Ursachenanalyse als auch entsprechend im Lösungsansatz von anderen frauenpolitischen Ansätzen der Nachkriegszeit.

Unter expliziter Nichtbeachtung parteipolitischer Konzeptionen konstatiert Annette Kuhn für die Frauenpolitik der Nachkriegszeit: „Diese Frauen-Politik der Nachkriegszeit war zwar realitätsnah, demokratisch, menschlich; sie stand aber der Durchsetzung der geschlechtsspezifischen Benachteiligungen der Frauen in der kapitalistischen Restaurationsphase, der sich bald nach ´45 sich vertiefenden dualistischen Aufspaltung der Gesellschaft in eine männlich orientierte Produktions- und eine weiblich orientierte Reproduktionswelt als der alleinigen profitsichernden Form der gesellschaftlichen Organisation wehrlos gegenüber."[413]

Nach der bisherigen Analyse lässt sich diese Schlussfolgerung nicht auf die Frauenarbeit der Sozialdemokratie übertragen, da die Beteiligung der Frau am Produktionsprozess als gesellschaftliche Notwendigkeit betrachtet wurde. Inwieweit die sozialdemokratische Konzeption also entsprechend Ansätze zu einer Gesellschaftsalternative birgt, gilt es eingehender zu prüfen.

Das betonte Bekenntnis der Sozialdemokratinnen zum Recht der Frau auf Arbeit und die Überzeugung von der gesellschaftlichen Notwendigkeit der Frauenerwerbstätigkeit steht einer bereitwilligen Zustimmung zur Aufspaltung in einen männlichen Produktions- und einen weiblichen Reproduktionsbereich entgegen. Dennoch zählt, nach den bisherigen Untersuchungsergebnissen, Reproduktion im sozialdemokratischen Entwurf explizit zu den „Berufen der Frau" und Sozialdemokratinnen leiten ebenfalls vorrangig aus dem Bereich der Hausfrauen- und Mutterfunktion die besondere Rolle der Frau in Familie, Staat und Gesellschaft ab. Vor diesem Hintergrund ist es notwendig, die zeitspezifische Bedeutung dieses Erfahrungshintergrundes näher zu betrachten.

Mit den Worten „Wie man lebte, als es gar keine staatliche Ordnung mehr gab..." umschrieb Antje Huber ihr Erleben des Kriegsendes. Während die übrigen im Kontext dieser Arbeit befragten Sozialdemokratinnen bereits vor 1945 politisiert waren und sich die Nachkriegssituation in ihren Schilderungen in erster Linie als Herausforderung des Neubeginns politischer Arbeit darstellt, deckt sich die von Antje Huber gewählte Formulierung mit anderen Beschreibungen des Kriegsendes und der Nachkriegszeit als quasi vorpolitische oder politiklose Übergangszeit. Die Dominanz des Privaten als übergreifende Tendenz gilt in vielen Beschreibungen

---

[413] Annette Kuhn: Vorwort. In: Anna-Elisabeth Freier und Annette Kuhn (Hg.): Frauen in der Geschichte Bd. V. „Das Schicksal Deutschlands liegt in der Hand seiner Frauen" – Frauen in der deutschen Nachkriegsgeschichte. Düsseldorf 1984, S. 13.

als Charakteristikum der Nachkriegsgesellschaft. Denn für das persönliche Überleben waren individuelle Bewältigungs- und Versorgungsstrategien im Regelfall erfolgreicher als die Befolgung allgemeiner gesellschaftlicher Normen und Werte. Diese schienen vielmehr vorübergehend außer Kraft gesetzt bzw. den Notwendigkeiten des Überlebens weniger angemessen. „Schon in der chaotischen demographischen Bewegung um das Kriegsende herum wurde die Disparatheit einer Gesellschaft deutlich, die sich nur noch auf wenig Gemeinsames und auf nur minimale staatliche Hilfe verlassen konnte; die Flüchtlinge, Vertriebenen, Ausgebombten, Evakuierten, Kinderlandverschickten, Kriegsgefangenen, Internierten, die Untergetauchten, ja sogar die ʿDisplaced Personsʾ erlebten die Individualität des Kriegsendes und suchten vorpolitische Sicherheit: Sie strebten nach der alten oder einer neuen Heimat, zu ihren alten Wohnungen und vor allem zu ihren näheren und weiteren Verwandten. Die Familie war gleichsam der Magnet, dessen Feld Strukturen in die chaotische Bewegung brachte."[414] In der allgemeinen Orientierungs- und Versorgungskrise erscheinen familiäre Bindungen zunächst als quasi naturwüchsige Ordnungsstruktur, an denen sich die Bewegung der Menschen orientiert.

An den im Vorhergehenden gezeigten Diskussionen der Sozialdemokratinnen zum Zusammenhang von „Kochtopf und Politik", Hausarbeitstag und Doppelverdienerkampagne wird jedoch deutlich, dass der vermeintlich „vorpolitische" Raum familiärer Ordnung und Versorgung keineswegs als politikfreie Zone wahrgenommen wurde. Wiederholt wird nicht nur auf die gegenseitige Bedingtheit von Politik und Hauswirtschaft verwiesen, sondern explizit der Vorbildcharakter der Ordnung des kleinen Kreises für die Ordnung des Ganzen thematisiert. Die Bewährung der Frauen besteht in diesem Kontext nicht in einer qua Gebärfähigkeit gegebenen Nähe zum Leben[415], sondern darin, sich den Erfordernissen des Überlebens angenommen und diese unter widrigsten Bedingungen bewältigt zu haben. Der Anspruch sozialdemokratischer Frauenarbeit, Frauenfragen als Lebensfragen des ganzen Volkes zu betrachten, erhält vor diesem Hintergrund eine besondere zeitspezifische Plausibilität. Diesen Anspruch aber leiten Sozialdemokratinnen nicht erst aus der besonderen vermeintlich naturwüchsigen Deckung von Überlebensarbeit und Ta-

---

[414] Alexander von Plato: Nachkriegsgesellschaft. Erfahrungsstrukturen und „Große Politik". In: Deutsches Institut für Fernstudien an der Universität Tübingen (Hg.): Deutsche Geschichte nach 1945. Teil 1: Nachkriegsjahre und Bundesrepublik Deutschland. Studienbrief 3, Tübingen 1987, S. 21.

[415] Siehe auch die Kritik von Gabriele Strecker an den „billigen" Argumenten weiter Frauenkreise. Inwieweit diese Argumentation und die krasse Entgegensetzung männlicher und weiblicher Wesensbestimmung der politischen Entlastung diente, wäre eine wichtige Frage, die im Rahmen dieser Arbeit jedoch nicht geklärt werden kann.

gespolitik in der Nachkriegssituation ab. Vielmehr ist, so Marie Juchacz, das, was immer als Frauenprobleme bezeichnet wurde, ins Unendliche gewachsen. Deshalb zeigt die Nachkriegssituation in besonderer Eindringlichkeit die Notwendigkeit, das Bemühen der Hausfrau um eine gute und gerechte Ordnung zum Maßstab politischen Handelns für das Ganze zu machen.

Im Unterschied zur anhand anderer zeitgenössischer Frauen-Zeitschriften gezeigten Aufbruchsstimmung einer neuen Rolle der deutschen Frau erfolgt von den Sozialdemokratinnen keine Pauschal-Schuldzuweisung an Männer oder Männerpolitik. Im Zentrum der Kritik steht vielmehr die politische Apathie weiter Frauenkreise, deren Werbung die Hauptaufgabe der Frauenarbeit ist, während die Lösung der Sachfragen als Aufgabe der Gesamtpartei betrachtet wird. Welche Konfliktlinien sich in diesem Kontext ergeben, soll im Folgenden an zentralen zeitgenössischen Diskussionen eingehender betrachtet werden.

3.3. Probleme des „Frauenüberschusses" - sozialistische versus bürgerliche Moral

Der sogenannte „Frauenüberschuss" einer weiblichen Bevölkerungsmehrheit bildet den Ausgangspunkt verschiedener politischer Diskussionen der Nachkriegszeit. Dennoch, so Marta Schanzenbach im Redebeitrag der Wuppertaler Frauenkonferenz, falle es manchmal schwer, die mit dem Frauenüberschuß verbundenen Probleme in der Öffentlichkeit zu diskutieren. „Es kann sogar vorkommen, daß, wenn man das Problem des Frauenüberschusses angreift, es in die Öffentlichkeit trägt, die damit verbundenen Dinge sagt, die gesagt sein müssen, man in den Verdacht gerät, ein parteischädigendes Verhalten an den Tag zu legen, wenn man die Dinge beim rechten Namen nennt."[416] In diesem Kontext verweist sie insbesondere auf die Stellung der unehelichen Mutter, der nicht nur materiell geholfen werden müsse. Sie fordert die absolute gesellschaftliche Anerkennung der unehelichen Mutter als Mutter und verweist auf die traditionelle, moralische Ächtung unehelicher Mütter seitens der katholischen Kirche. Diese Einstellung habe sich nicht geändert und erst kürzlich habe ein Pfarrer erklärt, die uneheliche Mutter sei eine Ehebrecherin.

Wie schon Selbert in ihrem Referat zur Rechtsstellung der Frau ausführt und in ihrer in der GENOSSIN abgedruckten Rededisposition ebenfalls deutlich macht, folgt aus dem Frauenüberschuss eine sich „zwangsweise ergebende Ehelosigkeit. [...] Fol-

---

[416] Marta Schanzenbach, Redebeitrag Protokoll der Wuppertaler Frauenkonferenz, S. 69f.

gen des Krieges, wirtschaftliche Not, Frauenüberzahl und Differenziertheit der Menschen verlangen nach neuen Lebensformen."[417]. Doch nicht nur die Frage, ob deshalb viele Frauen auf Mutterschaft verzichten sollten, wurde von Selbert thematisiert. Den Genossinnen sei, so Selbert, sicher nicht entgangen, „daß wir gerade jetzt nach dem Zusammenbruch und nach dem zweiten Weltkrieg mehr als nach dem ersten eine ungeheure Krise der Ehe erleben. (Zustimmung.)"[418] Vor diesem Hintergrund sei der Schutz der Frau, gerade der älteren Frau das Primäre. Denn viele Ehen würden auch daran scheitern, „daß noch einmal ein Lebenswille in den Menschen aufflammt, der eine Reaktion auf die langjährige Entbehrung und auf die unglücklichen Zeiten darstellt. Wir erleben bei Männern einen Lebenswillen ungewöhnlicher Art, der natürlich dazu führt, daß die ältere Frau sehr oft einer jüngeren Frau Platz machen muß."[419]

Vor diesem Hintergrund wäre es verkürzt, das Geschlechterverhältnis in der Nachkriegszeit allein unter dem Aspekt der zu leistenden Überlebensarbeit zu betrachten. Männer und Frauen begegnen sich in einer geschlechtshierarchisch, arbeitsteiligen Gesellschaft nicht nur als Konkurrenten am Arbeitsmarkt, in geschlechtsdichotomen Rollen als väterlicher Familienernährer und mütterlich sorgende Hausfrau, sondern auch als potenzielle Sexualpartner, wobei gerade diese Art der Begnung als grundlegend für die Gestaltung weiterer Lebensbereiche zu betrachten ist. Gesellschaftliche Normen zur Regelung der Sexualität entscheiden insofern über Lebenschancen und Gestaltungsmöglichkeiten, als sie mehr oder weniger rigide vorgeben, was eine männliche bzw. weibliche Normalbiographie ausmacht. Die in Wuppertal formulierte Forderung nach dem Ende der Versorgungsehe beinhaltet demnach bereits eine grundlegende Kritik an zeitgenössischen Moralvorstellungen. Wenngleich die Frau qua Geschlecht zur Haus- und Familienarbeit berufen scheint, eröffnet die Forderung der Berufsertüchtigung Frauen die Option, sich unabhängig von der Versorgungsfrage für oder gegen eine Ehe zu entscheiden. Entsprechende Wahlmöglichkeiten erschließt die Forderung nach *absoluter* Anerkennung der unehelichen Mutter als Mutter.

Was sich in den Ausführungen Selberts in Wuppertal bereits andeutet, sind aus dem „Frauenüberschuss" resultierende Problemstellungen, die das Geschlechterverhältnis in der Nachkriegszeit in besonderer Weise problematisch scheinen lässt. Die Aussicht junger Frauen auf Heirat eines etwa gleichaltrigen Mannes war

---

[417] Elisabeth Selbert: Rededisposition zu dem Vortrag „Rechtsstellung der Frau". In: GENOSSIN Nr. 8, Oktober 1948, S. 123.
[418] Elisabeth Selbert, Referat, Protokoll der Wuppertaler Frauenkonferenz, S. 50.
[419] Elisabeth Selbert, Schlußwort, Protokoll der Wuppertaler Frauenkonferenz, S. 80.

kriegsbedingt gering[420], und die Zahl der Eheauflösungen ging sprunghaft in die Höhe.[421] Hinter entsprechenden statistischen Erhebungen verbirgt sich eine Vielfalt menschlicher Schicksale. So erklärt Marta Fuchs in Wuppertal, ihr sei durch die Ausführungen Selberts mit erschreckender Deutlichkeit klar geworden, „daß die gesamten Fragen des Rechtes in keinem Verhältnis mehr stehen zu unseren augenblicklichen Verhältnissen, die sich aus dem Geschehen durch zwei Kriege ergeben haben. [...] Es ist natürlich schwierig, den Männern klarzumachen [...], daß die Frau durch diese Verhältnisse eben eine andere geworden ist, daß sie geformt worden ist. Und auf der anderen Seite – mir ist es noch nie so erschreckend klar geworden wie in den 17 Monaten meiner Tätigkeit als Flüchtlingskommissar – haben die Frauen nicht nur erlebt, daß ihr materieller Boden ihnen unter den Füßen davonrutschte, sondern daß [...] der Frau zum Erlebnis wurde: der Begriff `mein Mann' - und den Männern `meine Frau' - ist eben heute nicht mehr für alle Zeiten bis zum goldenen Hochzeitstag vorhanden."[422]

Im Interview betont Elfriede Eilers, dass sie die Gespräche in ihrer damaligen Ortsfrauengruppe als durchaus anspruchsvoll erlebt habe und verbindet ihre Schilderung mit einer Anekdote zum Frauenüberschuss:

Elfriede Eilers: Ja, ich sage, vom Inhaltlichen war es durchaus anspruchsvoll. Ich erinnere mich an eine Sache, wo wir uns mal in der Gruppe, in der ich also nun räumlich zu Hause war, unterhalten haben über die Frauen, die allein zurückgeblieben waren, deren Männer entweder noch nicht oder überhaupt nicht wiederkamen, und das Ungleichgewicht der Geschlechter. Es waren ja weniger Männer, Millionen sind im Krieg getötet worden, es gab einen Überschuß von Frauen... Alle Hausfrauen waren voll Verständnis und Mitgefühl diesen Frauen, die alleinstehend waren, gegenüber und daß sie ja auch ein Anrecht auf Leben hatten, und ich hab' mir dann erlaubt, so als 25/26jährige zu sagen: „Ja, ich empfinde das genauso. Aber wie soll das geregelt werden? Seid ihr bereit, euren Mann mal auszuleihen?" Das war'ne Katastrophe, so was auszusprechen! *Schmunzeln* Meine Mutter hat hinterher gesagt: „Mußt du denn nun, du junges Ding..." *Lachen*
Ich meine nur, auch solche Konfliktfragen kamen mal auf. Aber ich sage, es ging wirklich von pädagogischen Fragen hin bis in die diffizilsten Fragen, wie wird Wohnraum bewirtschaftet, wie kön-

---

[420] So wurde für das Jahr 1950 für die Darstellung der theoretischen Heiratsaussichten von Frauen der Jahrgänge 1921-1925 bei einem durchschnittlich angenommenen Altersunterschied von vier Jahren errechnet, dass auf 1000 Männer 1646 Frauen kamen. Siehe: Statistisches Bundesamt Wiesbaden (Hg.): Statistische Berichte. Die Frau im wirtschaftlichen und sozialen Leben der Bundesrepublik. Wiesbaden 1951, S. 2, Tabelle 5.

[421] So ergingen rechtskräftige Urteile auf Ehelösung 1939 – 62 992, 1946 - 48 896, 1947 – 77 109, 1948 – 88 374, 1949 – 80 937. Der Prozentsatz verwitweter oder geschiedener Frauen in der Altersgruppe der 20 bis 45 Jährigen steigerte sich von im Jahre 1939 3,1% auf 8,5% im Jahre 1950.

[422] Marta Fuchs, Redebeitrag, Protokoll der Wuppertaler Frauenkonferenz, S. 74f.

nen sich die Frauen vor Geschlechtskrankheiten schützen, wenn Männer zurückkommen, man weiß nicht, was mit ihnen geschehen war. Wie kann man sich vor Geschlechtskrankheiten schützen bzw. wie kommen die in Erscheinung, wie ist das... und muß man da nicht bereit sein, diese Scheu zu überwinden, auch mit einem Arzt sofort darüber zu sprechen? Also, das waren ja Dinge, die man sich heute nicht vorstellen kann, daß breite Bevölkerungsschichten von solchen Dingen betroffen waren.[423]

Die Betroffenheit breiter Bevölkerungsschichten von Fragen des weitgehend tabuisierten Bereichs Sexualität ist vielfältig. So entspricht der Frauenüberschuss dem Männermangel insbesondere in eben den als heiratsfähig bezeichneten Altersstufen, deren *Anrecht auf Leben* insbesondere die Gründung einer Familie beinhalten würde. Doch neben dem öffentlich leichter zu thematisierenden Problem des erzwungenen Verzichts auf Mutterschaft, verbergen sich hinter dieser Problematik natürlich auch grundsätzlichere Bedürfnisse nach Liebe, Lust und Geborgenheit. Aus diesem Zusammenhang bezieht die Frage: „Seid ihr bereit, euren Mann mal auszuleihen?" ihre moralische Anrüchigkeit. Während der Mangel an Bedarfsgütern vorübergehend allgemein akzeptierte Eigentumsnormen relativierte und tendenziell das sogenannte „Organisieren" bagatellisierte, waren gerade Fragen sexueller Moral von geschlechtsspezisch divergierender Strenge geprägt. So konzentrierte sich die Bekämpfung der Ausbreitung von Geschlechtskrankheiten auf die weibliche Bevölkerung. Das Thema „gefährdete Jugend" war dementsprechend vorwiegend ein Prostitutionsproblem weiblicher Jugend.

Die sexuellen Probleme der Nachkriegsgesellschaft aber waren vielfältig: Man wusste nicht, *was mit den zurückkehrenden Männern geschehen war* und Entfremdung, Auszehrung und Kriegsvergewaltigungen belasteten zahlreiche Ehen.[424] Was Frauen beim Einzug der „Sieger" erlebten, führte im Gegenzug zu der Frage, was deutsche Männer während des Krieges getan hatten. So schließt beispielsweise eine Frau ihre Schilderung von Kriegsvergewaltigungen mit den Worten ab: „... ich hab sehr gelitten. Aber wenn ich das mit Verstand betrachte, sage ich mir, wahrscheinlich war alles nur ein furchtbares Heimzahlen von dem, was unsere Männer auch in Rußland angerichtet haben."[425] Diese Ereignisse wurden weitgehend tabuisiert. Folgeerscheinungen wie Ge-

---

[423] Elfriede Eilers, Interview, S. 15.

[424] Siehe zur Problematik von Ehe und Partnerschaft in der Nachkriegszeit beispielsweise auch Sibylle Meyer und Eva Schulze: „Von Liebe sprach damals keiner." Familienalltag in der Nachkriegszeit. München 1985.

[425] Charlotte Wagner, Jahrgang 1922, eine Lebensgeschichte. In: Sibylle Meyer und Eva Schulze: „Wie wir das alles geschafft haben." Alleinstehende Frauen berichten über ihr Leben nach 1945, S. 50f.

schlechtskrankheiten oder Schwangerschaften ließen sich dagegen nicht leugnen und mussten entsprechend öffentlich diskutiert werden. Anhand der Themen Schwangerschaftsabbruch und Unehelichenrecht soll deshalb im Folgenden die Politik der Sozialdemokratinnen eingehender betrachtet werden. Analog zu den Themen Hausarbeitstag und Doppelverdienerkampagne handelt es sich um zentrale Problembereiche der Nachkriegsgesellschaft. Wie Sozialdemokratinnen die Arbeitsleistung und –überlastung von Frauen der Nachkriegszeit thematisierten, hat die vorherige Behandlung dieser Themen gezeigt. Der Bereich der Reproduktion ist jedoch vom Bereich der Sexualität nicht zu trennen, vielmehr regeln insbesondere Sexualnormen, welche Lebensformen Männern und Frauen offenstehen.

3.3.1. Die Diskussion um den § 218

Als Ausdruck einer doppelten Moral und Leugnung der sozialen Wirklichkeit wird nach den Beiträgen in der GENOSSIN die öffentliche Diskussion um den §218 betrachtet. Am 4. und 5. Oktober 1947 tagte in Bielefeld ein Sachverständigen-Ausschuss der Sozialdemokratischen Partei Deutschlands, in dem nach Darstellung in der GENOSSIN Nr. 15/16 vom Oktober 1947 alle Meinungen zum § 218 vertreten waren: „Für völlige Freigabe, für Freigabe in den ersten drei Monaten, für und gegen die soziale Indikation.“[426] Dennoch gelang es, eine gemeinsame Erklärung einstimmig zu verabschieden, in der der Kampf um die Besserung der sozialen Verhältnisse als eigentliche Ursache der Not der Frauen zum uneingeschränkten Ziel sozialdemokratischer Politik erklärt wird. Die akute Not weiter Frauenkreise erfordere eine sofortige Anpassung der Gesetze an die tatsächlichen Verhältnisse, da sie in ihrer jetzigen Form Leben und Gesundheit unzähliger Frauen und das Glück der Familien nicht mehr schützten, sondern gefährdeten und untergruben. Da jedoch formale Maßnahmen einer Gesetzesänderung allein diese Not nicht beheben könnten, wird systematische Aufklärung und Beratung gefordert: „Zur Erfüllung dieser Aufgabe sind in allen Stadt- und Landkreisen Erziehungs-, Jugend-, Ehe- und Lebensberatungsstellen zu schaffen, die allen Ratsuchenden unentgeltlich zur Verfügung stehen.“[427] Ferner wird die Aufhebung der Gesetzgebung der Nationalsozialisten zum Verbot des Vertriebs von Präventivmitteln gefordert. Ergänzend zu dieser Tagungsresolution wird ein Kommentar

---

[426] § 218-Tagung. In: GENOSSIN 15/16 Oktober 1947, S. 37. Ohne Autorenangabe vermutlich Herta Gotthelf, da es sich um den Leitartikel der entsprechenden Ausgabe handelt.
[427] Ebd.

von Paula Westendorf als Erklärung der Hamburger Genossinnen abgedruckt.
Darin heißt es: „Der Kern des Problems ist, daß trotz § 218, trotz schärfster Strafandrohung abgetrieben wird. Unter für sie unerträglichen Umständen nimmt jede Frau für sich das Recht in Anspruch, ein Kind, das sie empfangen hat, nicht auszutragen. Wenn sie sich – nach schweren Erschütterungen – dazu entschlossen hat, hält kein Strafgesetzparagraph sie davon ab. Ist ihr ärztliche Behandlung verschlossen, wird der Versuch vielfach mit untauglichen Mitteln und von Kurpfuschern vorgenommen. Eine hohe Sterblichkeit ist die Folge. Um nun wenigstens einem Teil dieser Gesetzesübertreter eine ärztliche oder klinische Behandlung zu ermöglichen und ihrer seelischen Belastung nicht noch die Angst vor Strafe hinzuzufügen, setzen wir uns für die Anerkennung der sozialen Indikation ein."[428]

Zweifel am Begriff der sozialen Indikation meldet unter der Rubrik „Wir diskutieren." eine mit Kürzel –s. gekennzeichnete Person an. Auf der Grundlage ihr vorliegenden Zahlenmaterials aus einem ländlichen Bezirk mit 250 000 Einwohnern, in dem 51 Fälle darunter drei mit Todesfolge, von der Polizei aufgedeckt wurden, berichtet sie, dass nur in sechs Fällen soziale Not als Tatgrund angegeben worden sei. 40% der Fälle seien auf Kriegsfolgen, nämlich den Verkehr mit Angehörigen der Besatzungsmacht bzw. anderen Ausländern, vorwiegend Polen zurückzuführen. Die besondere Not der Zeit zeige sich zudem an den acht Fällen verheirateter Frauen, deren Männer sich in Gefangenschaft befänden, und dem Gegenstück von vier ledigen Frauen, die nicht das Kind eines verheirateten Mannes bekommen wollten.
„In 26 Fällen, also bei gut 50 vH. [sic!], handelt es sich um ledige Frauen, fünf sind verwitwet bzw. geschieden und zwanzig sind verheiratet. Diese Zahlen müssen uns Veranlassung sein, das ganze Problem neu zu überdenken. Auch sie zeigen durch die drei Todesfälle, daß jeder Lösungsversuch zunächst das Ziel haben muß, die Frauen den Händen der Kurpfuscher zu entreißen."[429]

Auch andere AutorInnen, wobei die Beteiligung von Männern an dieser Diskussion auffällt, kommen zu dem Schluß, dass „eine Frau, die die Folgen einer Empfängnis beseitigen muß, und sie muß es, sie tut es niemals aus Uebermut, wird, je mehr man ihr dazu die Möglichkeit nimmt, desto gefährlichere Wege gehen."[430] Martha Strohmeyer berichtet aus einem Abtreibungsprozess, in dessen Verlauf eine Frau berichtete, vom Arzt dazu aufgefordert worden zu sein, den Anfang zu machen, das Ende würde er dann schon erledigen[431] und Rudolf Gottschalk führt Fehlgeburten, deren Zahl nach seiner Angabe seit 1945 rapide gestiegen sei, nicht auf biologische Störungen, son-

---

[428] Kommentar von Paula Westendorf. Abgedruckt in: GENOSSIN 15/16 Oktober 1947, S. 38.
[429] Kürzel „-s.": Zur Diskussion über den § 218. In: GENOSSIN Nr. 2 April 1948, S. 17.
[430] Rudolf Gottschalk: Man nennt es Fehlgeburt. In: GENOSSIN Nr. 5 Juni 1949, S. 147.
[431] Vgl. Martha Strohmeyer: Sieben Frauen im Gerichtssaal und jede schon vorbestraft oder straffällig. In: GENOSSIN Nr. 5 Juni 1949, S. 145.

dern auf den Erfolg eines konsequent durchgeführten Entschlusses zurück. Willi Eichler schreibt dazu: „Im allgemeinen wird eine Frau sich nur dann entschließen, eine Unterbrechung der Schwangerschaft zu wünschen, wenn sie keinen Ausweg aus den Schwierigkeiten sieht, die ihr im wesentlichen durch andere bereitet werden. Wenn sie aber einmal diesen Entschluß gefaßt hat, dann fragt sie nach der Existenz dieses Paragraphen überhaupt nicht; sie wird immer Mittel und Wege finden, eine Unterbrechung zu erreichen."[432] Da die vollständige Abschaffung des Paragraphen politisch nicht durchsetzbar sein dürfte, fordert er, zumindest seine ganz unerträglichen Härten durch die Einführung der sozialen Indikation zu beseitigen. Nach seiner Analyse handelt es sich generell um ein Symptom der Doppelmoral, die den Frauen der Armen die Heiligkeit des Lebens predige, aber nicht von der Heiligkeit erwachsenen Lebens rede, wenn ihre Söhne im Krieg niedergemetzelt würden. Reiche hätten demgegenüber schon immer weniger unter diesem Paragraphen zu leiden gehabt, da in ihren Lebensverhältnissen Geburtenkontrolle, Aufklärung und nötigenfalls ein hilfreicher Arzt leichter zu erreichen seien.

An den Beiträgen in der GENOSSIN zeigt sich eine insbesondere an der Einschätzung, dass Schwangerschaftsabbrüche unabhängig von der Gesetzeslage vorgenommen werden, orientierte Diskussion. Obwohl auf der Bielefelder Sachverständigen-Tagung alle Positionen vertreten worden seien, überwiegt deutlich die Einschätzung, dass auch im Interesse der Volksgesundheit „der Paragraph wesentlich gemildert werden muss."[433] Denn: „Was hilft es, sich hinter bestimmte Vorstellungen zu verschanzen, wenn jährlich bis 2 Millionen kriminelle Abtreibungen vorgenommen werden, gegen die die Justiz nahezu machtlos ist, aus denen hunderttausende zerrüttete Ehen hervorgehen und denen tausende Frauen ihr Leben und ihre Gesundheit opfern, da die Heimlichkeiten und ein radikales Verbot trotz bestehender, auf äusserster sozialer Not beruhender Lebensgefahr diese Frauen in ihrer Angst in die Hände gewissenloser unkundiger Geschäftemacher treiben?"[434]

Die Arbeitsgemeinschaft sozialistischer Ärzte steht in diesem Kontext in intensivem Kontakt mit Herta Gotthelf. Es findet ein reger Austausch an Informationsmaterial und Informationen statt. So werden nicht nur zu veröffentlichende Artikel und Materialien ausgetauscht, sondern auch Informationen weitergegeben, die nur in der internen Diskussion benutzt werden können. Mit der Abschrift eines Bitt-

---

[432] Willi Eichler: Der Paragraph 218. In: GENOSSIN Nr. 3 Mai 1948, S. 28.

[433] Brief von Herta Gotthelf an Dr. Hermann Karl vom 4.2. 1948, AdsD, BKS 170.

[434] „Um den Paragraphen 218", Artikelmanuskript von Dr. Hermann Karl zum Auftakt einer öffentlichen Diskussion um den § 218 von Seiten der Arbeitsgemeinschaft sozialistischer Ärzte. AdsD, BKS 170. Vgl. dazu auch den Brief von Dr. Hermann Karl an Herta Gotthelf vom 21.10.1947, AdsD, BKS 170.

briefes bemüht sich beispielsweise Dr. Carl Crede, Herta Gotthelf die Bedrängnis der Ärzteschaft zu verdeutlichen. In seinem Begleitbrief gibt er deutlich zu erkennen, dass er den gewünschten Abbruch vornehmen wird: Er verweist auf öffentliche Angriffe, in denen die für eine Milderung des § 218 engagierten Vertreter der Ärzteschaft bezichtigt würden, „... wir wären in Bezug auf Achtung des Lebens ungefähr ähnliche Verfechter wie die Nazis; aber ich werde ihr dienen.“[435] Eindrücklich bittet er Herta Gotthelf, diesen Informationsaustausch diskret zu behandeln und verweist auf sein Berufsgeheimnis. Da diese Abschrift die bereits in der GENOSSIN angesprochene Problematik der in Folge des Krieges schwierigen Definition „sozialer Notlage“ verdeutlicht, erfolgt hier der Abdruck in ganzer Länge:

„ Abschrift!

Sehr geehrter Herr Dr. Crede.

Da ich bei Ihnen in Behandlung bin u. bereitz im 4 Monat geh, hab ich geglaubt, Sie könnten mir helfen, daß es vielleicht absterben würde, es ist schlecht von mir so zu denken, aber ich bin in einer Unglücklichen Lage, ich bin 40 Jahre Alt noch nicht Verheiratet, aber schon 8 Jahren verlobt, ich habe ein Mädchen von 2 Jahre und ich habe schon 3 Jahren nichts von meinem Verlobten gehört, jetzt habe ich schon die Sorgen für das eine Kind für meine Mutter muß ich sorgen die ist 73 Jahre alt und noch für mich, ich hatte bis jetzt kein Einkommen, sondern nur von meinem Ersparniß gelebt

jetzt ist das Geld auch alle, ich sollte im März in der Französischen Zone Arbeit bekommen, aber jetzt hintert das ab meine Schwangerschaft und dann nachher, wenn mein Verlobter wieder kommt, so könnte ich meinem Kind den Ehrlichen Namen geben, aber nicht mit ...andere Kind. Ich hatte hier meinen Freund vohr Weihnachten im Oktob. gennen gelernt, durch meinen Schwager. Er nahm an, daß seine Frau Tot oder Vermißt sei und so wollten wir Heiraten, aber jetzt hat Er eine Nachricht u seine Frau soll im April auch mit 3 Kindern kommen, also muß ich doch zurück treten, seine Frau geht doch vohr, so sind wir beide eben im Unglück und wissen nicht, was nunanfangen, sollen, könnt Sie mir noch helfen, eine kleine Anergennung möchte ich Sie durch 30 Englische Cigaret und ½ Pfd. Butter geben, ich vertraue Ihnen als Arzt mein großes Leid an. ......

Schluß muß weggelassen werden aus Gründen der Wahrung des Berufsgeheimnisses.“[436]

Neben materiellen Nöten macht dieser Brief anschaulich, welche menschlich-sozialen Nöte sich u.a. hinter Begriffen wie der „chaotischen demographischen Bewegung um das Kriegsende herum“[437] verbergen können. Elisabeth Selbert spricht in Wuppertal

---

[435] Brief von Dr. Carl Crede an Herta Gotthelf vom 26.2.1947, AdsD, PV 0118.

[436] Briefabschrift von Dr. Carl Crede, AdsD, PV 0118.

[437] Alexander von Plato: Nachkriegsgesellschaft. Erfahrungsstrukturen und „Große Politik“. In: Deutsches Institut für Fernstudien an der Universität Tübingen (Hg.): Deutsche Geschichte nach

das Aufflammen eines neuen Lebenswillens nach langjähriger Entbehrung in eindeutig sexuellem Kontext an. Die Zerrissenheit der Familien ist auch vor dem Hintergrund des Nicht-Wissens um das Schicksal von Ehepartnern und Verlobten ein menschlich folgenschweres Problem. Für verheiratete Frauen, deren Männer sich in Gefangenschaft befinden oder ledige Frauen, die nicht das Kind eines verheirateten Mannes austragen wollen, entstehen Dilemma-Situationen, die über Fragen materieller Not hinausweisen.

Solchen Problemen aber steht eine insbesondere kirchlicherseits vertretene, rigide Sexualmoral gegenüber und aus der Korrespondenz Herta Gotthelfs geht deutlich hervor, dass politische Gegner vorzugsweise Stellungnahmen zum Thema § 218 gegen die SPD ins Feld bringen. Wiederholt wird darauf verwiesen, dass auch unter parteistrategischen Aspekten die Bereitstellung tauglicher und hygienisch einwandfreier Verhütungsmittel sowie die Einrichtung von entsprechenden Beratungsstellen den Schwerpunkt der Arbeit bilden müsse, um dem politischen Gegner weniger Angriffsfläche zu bieten. Welche Bedeutung dieses Problem gehabt haben muss, wird u.a. an der Reaktion von Susie Miller deutlich, die auf die Frage, ob sie an der Frauenarbeitstagung im November 1946 in Frankfurt teilgenommen habe, antwortet: *Susie Miller:* Ach, die berühmte, ja. An der habe ich nicht teilgenommen. Die ist von der CDU enorm aufgebläht worden, weil die Frauen da über Geburtenverhütung gesprochen haben. Ich weiß jedenfalls, daß diese Frauenversammlung in der Propaganda der CDU eine ganz große Rolle gespielt hat.[438]

Obwohl sie nicht teilgenommen hat, erinnert sie sich unmittelbar an die propagandistische Bedeutung dieser Tagung, auf der folgende Resolution zur Frage des § 218 verabschiedet wurde: „Die Frauen der Sozialdemokratischen Partei Deutschlands fordern, dass zu allen Beratungen über eine Neugestaltung des § 218, Frauen herangezogen werden. Wir fordern, dass neben der medizinischen auch die soziale Indikation im Gesetz verankert wird, dass darüber hinaus in öffentlichen Eheberatungsstellen von verantwortlichen Ärzten und Fürsorgerinnen Rat und Hilfe über empfängnisverhütende Mittel erteilt werden. Da jede Schwangerschaftsunterbrechung einen schweren Eingriff bedeutet, fordern wir, dass sie von qualifizierten Ärzten vorgenommen werden muss."[439]

Obwohl in dieser Resolution nichts gefordert worden sei, „was die Partei nicht bereits vor 1933 vertrat und was im Augenblick in Anbetracht der entsetzlichen Verhältnisse [...] für

---

1945. Teil 1: Nachkriegsjahre und Bundesrepublik Deutschland. Studienbrief 3, Tübingen 1987, S. 21.
[438] Susie Miller, Interview I, S. 27.
[439] Anlage zum Rundschreiben Nr. 12/46 vom 11.11.1946 „Konferenzbericht und Resolutionen", AdsD, PV 0126 A.

viele Frauen heute wirklich eine Frage von Leben und Sterben ist"[440], antwortet Herta Gotthelf auf die besorgte Anfrage einer Frauensekretärin der Partei hinsichtlich negativer Folgen der öffentlichen Diskussion dieser Frage für die Frauenwerbung, sie habe die Bezirke gebeten mit Rücksicht auf die Wahlen von öffentlichen Stellungnahmen dazu abzusehen. Trotz dieser Beugung unter die öffentliche Meinung sei sie jedoch überzeugt, dass Frauen für eine Hilfe in der Not dankbar seien, gleich welcher Weltanschauung sie angehörten, und sie fügt hinzu: „Unsere parteigenössischen Ärzte versichern uns immer wieder, dass unter den Tausenden von Frauen, die sie um Hilfe anflehen, sehr viel kirchlich gebundene Frauen sind."[441]

Es liegt in der Natur der Sache, dass kein zuverlässiges Zahlenmaterial über die Praxis der Schwangerschaftsunterbrechung in der unmittelbaren Nachkriegszeit vorliegt. Ebenso unsicher sind Angaben zur gesetzlichen Grundlage und Handhabung des Problems ungewollter Schwangerschaften. Formal müsste der § 218 in seiner Fassung vom 18.5.1926 gegolten haben, da alle NS-Gesetze, sofern sie von nationalsozialistischen Lehren geprägt waren, durch den Alliierten Kontrollrat außer Kraft gesetzt worden waren[442], tatsächlich aber herrschte allgemeine Verunsicherung. So bedankt sich beispielsweise Herta Gotthelf bei Friedel Schlichtinger für den Hinweis über die Handhabung der Meldepflicht von Schwangerschaftsunterbrechungen in Bayern mit den Worten: „Es ist ja so, daß selbst die sogenannten Experten sich heute nicht mehr durch unseren Gesetzeswald durchfinden, da kein Mensch mehr weiß, was für Gesetze noch in Kraft, schon wieder in Kraft oder neu in Kraft gesetzt sind."[443]

Hinweise auf eine gelockerte Handhabung des § 218 konnten insbesondere im Kontext von Forschungen zum Problem von Vergewaltigungen durch Besatzungssoldaten zwar nicht durch offizielle Erlasse bestätigt werden, dennoch fanden verschiedene Untersuchungen diverse Indizien für eine entsprechende Praxis. So gibt Erich Kuby an, der Frage nachgegangen zu sein, „ob nach der Kapitulation deutsche Behörden im Bereich von Groß-Berlin den Abtreibungsparagraphen formell und in schriftlicher Form außer Kraft gesetzt haben. Ein Beweis dafür war nicht zu finden, aber das bedeutet nicht, daß es eine solche Verordnung nicht doch gegeben haben könnte."[444] Neben verschiedenen Zeitzeu-

---

[440] Brief von Herta Gotthelf an Luise Schweikert vom 28. März 1947, AdsD, BKS 186.

[441] Ebd.

[442] Vgl. Doris Schubert: Ehrfurcht vor dem Leben? – Zur Diskussion um die Reform des § 218 in der deutschen Nachkriegszeit. In: Beiträge zur feministischen Theorie und Praxis Nr.14 (1985), S. 100-106.

[443] Brief von Herta Gotthelf an Friedel Schlichtinger vom 6.11.1947, AdsD, BKS 181.

[444] Erich Kuby: Die Russen in Berlin 1945, Bern/München 1965, S. 317.

gInnen, die eine Praxis des „Tuns und Nicht-Darüber-Redens" bestätigen, führt er die Berliner Justizpressestelle an, nach deren Angaben niemand wegen Eigen- und Fremdabtreibung verfolgt worden sei. „Es herrschte in Berlin ein stillschweigendes Abkommen, nicht einzugreifen. Eine Direktive an die Strafverfolgungsbehörden, sich passiv zu verhalten, läßt sich nicht nachweisen. Schriftliche Anweisungen sind auf keinen Fall erteilt worden."[445] Ingrid Schmidt-Harzbach verweist in diesem Kontext auf die Erinnerungen von Probst Heinrich Grüber: „Wir haben auch für diese Zeit den § 218 des Strafgesetzbuches, soweit es sich um ethische Indikationen handelte, außer Kraft gesetzt, denn wir wollten es den deutschen Gefangenen nicht zumuten, daß sie nach der Entlassung unter ihren Kindern ein fremdes vorfanden. Das hätte nach unserer Überzeugung nur Haß und Feindschaft gesät."[446] Helke Sander gibt an, dass von den schätzungsweise zwei Millionen vergewaltigter Frauen mindestens 300 000 schwanger gewesen sein müssten. Als gesichert könne dagegen lediglich die Zahl von 60 000 Besatzungskindern gelten.[447]

Während das Problem ungewollter Schwangerschaften und die Angst vor Geschlechtskrankheiten im Kontext von Kriegsverwaltigungen bei Kriegsende vermutlich vorübergehend eine großzügigere Praxis des Schwangerschaftsabbruchs und der medizinischen Hilfe zur Vorbeugung von Geschlechtskrankheiten eröffnete, wandelt sich das Problem im Laufe der Zeit. Die Anwesenheit der Besatzungssoldaten führt zu Liebes- und Prostitutionsverhältnissen zwischen ihnen und deutschen Frauen und Mädchen. Es entsteht das Problem der „gefährdeten weiblichen Jugend" und neben der Angst vor Geschlechtskrankheiten zunehmende Sorge um die Sexualmoral der deutschen Frau. So schreibt eine Mitarbeiterin der Berufsfürsorge für Kriegsversehrte unter der Rubrik „Die Aussprache" in DER REGENBOGEN: „Ich unterhalte mich in meiner Dienststelle [...] oft mit jungen Leuten. Dabei kommen wir immer wieder, oder besser gesagt, fast nur auf die zwei großen Themen: Kalorien und die Liebe deutscher Frauen zu Ausländern. [...] Das zweite Problem, das von den jungen deutschen Männern und einem Teil der sogenannten `anständigen` weiblichen Jugend vielfach erörtert wird, sind Freundschaften zwischen deutschen Frauen und Angehörigen der Besatzungsmächte, bzw. Aus-

---

[445] Erich Kuby: Die Russen in Berlin 1945, Bern/München 1965, S. 318.

[446] Probst Heinrich Grüber: Erinnerungen aus sieben Jahrzehnten. Köln/Berlin 1968. Zitiert nach: Ingrid Schmidt-Harzbach: Eine Woche im April. Berlin 1945. Vergewaltigung als Massenschicksal. In: Feministische Studien 3 (1984), S. 60.

[447] Vgl. Helke Sander und Barbara Johr (Hg.): BeFreier und Befreite. Krieg, Vergewaltigungen, Kinder. München 1992, S. 58-65 sowie S. 188. Diese Zahlen basieren auf den Schätzungen des Statistikers und Sachverständigen Dr. Gerhard Reichling bezüglich vollzogener Vergewaltigungen (Die deutschen Vertriebenen in Zahlen, Bd.I und II, Kulturstiftung der deutschen Vertriebenen, Bonn 1986 und 1989) und aus den für Berlin vorliegenden Dokumenten abgeleiteten Hochrechnungen der Zahl wahrscheinlicher Schwangerschaften.

ländern. [...] Weshalb ist es eine Schande, wenn man einen Mann liebt, der nicht deutscher National-ität ist? Verrät die Frau wirklich dadurch die Heimat, wenn sie mit einem Menschen, der unter einer anderen Sonne geboren ist, sich befreundet? Deshalb, weil wir den militärischen und wirt-schaftlichen Krieg an Stärkere verloren haben?"[448]

Die als „Frollein-Wunder" bezeichnete Zunahme sogenannter „Ami-Lieb-chen"[449] stieß häufig auf Ressentiments. Klaus Jörg Ruhl zitiert in diesem Kontext einen Spezialbericht der „Tat" über „Das sexuelle Problem in Deutschland": „Eines der größten sozialen Probleme, welches sich dem geschlagenen Deutschland heute stellt, hängt mit dem Geschlechts- und Familienleben der deutschen Frauen zusammen."[450] Vier Gründe werden in diesem Artikel für den Verfall der Moral angeführt: 1. die Sexualmoral des NS-Zeit, 2. der psychologische Einfluss der Niederlage („Eine Niederlage bringt immer eine fatalistische Geistesverfassung hervor, die sich im Geschlechtsleben des Volkes widerspiegelt. Ein Land ohne Zukunft ist auch ein Land der Zügellosigkeit."), 3. der Mangel an potenziellen Ehegatten für deutsche Frauen und 4. die Armut („Schon jetzt kann man beobachten, daß diese Frauen sich jedem Mann hingeben, der ihnen nur einen Laib Brot oder eine Büchse Fleisch verschaffen kann.").

Neben nationalistisch/rassistischen Ressentiments, die insbesondere die Locke-rung der Abtreibungspraxis im Kontext der Vergewaltigungen durch russische Be-satzungssoldaten in Berlin begünstigten[451] und sich vor allem im Umgang mit Kin-dern schwarzer Besatzungssoldaten zeigten, treibt die Angst vor der Ausbreitung von Geschlechtskrankheiten das Thema sexueller Zügellosigkeit deutscher Frauen an. Dabei, so Friedel Schlichtinger, „sind es vielfach Jugendliche, die sich der Tragweite ihres Handelns nicht bewusst sind, die nicht wissen, dass sie für ein Stückchen Schokolade oder ein paar Zigaretten Gesundheit und Lebensglück auf's Spiel setzen."[452] Sie empfiehlt nach einer Darstellung ihrer Eindrücke bei der Besichtigung eines Spezialkrankenhauses für geschlechtskranke Frauen, in der sie vor allem die Krankheitssymptome durch ihre Mütter infizierter Kinder beschreibt: „M.E. wäre es ein ausgezeichnetes Erziehungsmittel,

---

[448] Elfriede Habermeier: Zur Aussprache der Jugend. In: DER REGENBOGEN Heft 8, 1947, S. 3.
[449] Entsprechend gab es je nach Zone „Russen-Liebchen" etc. , die sich nach Aussagen von Zeitzeu-gInnen den Angehörigen der jeweiligen Besatzungsmacht „an den Hals warfen". Vgl. z.B. die Be-fragung von Zeitzeuginnen in: Renate Meyer-Braun: Bremerinnen begegnen der Besatzungsmacht. In: Beate Hoecker und Renate Meyer-Braun: Bremerinnen bewältigen die Nachkriegszeit. Bremen 1988, S. 22-46.
[450] „Das sexuelle Problem in Deutschland" in „Die Tat" vom 3. Juli 1945 zitiert nach: Klaus-Jörg Ruhl (Hg.): Unsere verlorenen Jahre. Frauenalltag in Kriegs- und Nachkriegszeit 1939-1949 in Berichten, Dokumenten und Bildern. Darmstadt/Neuwied 1985, S. 151.
[451] Vgl dazu Erich Kuby a.a.O. und Ingrid Schmidt-Harzbach a.a.O..
[452] Ein offenes Wort. Artikelmanuskript von Friedel Schlichtinger. AdsD BKS 181.

die aufgegriffenen Mädchen und ihre Erziehungsberechtigten durch solche Abteilungen von Kran-
kenhäusern für Geschlechtskranke zu führen und sie auf die Verantwortungslosigkeit ihres Tuns
durch diesen furchtbaren Anschauungsunterricht hinzuweisen."[453]

Welch nachhaltigen Eindruck diese Probleme bei Lucie Kurlbaum-Beyer hin-
terließen, wird daran deutlich, dass sie in einem völlig anderen Kontext, nämlich
der Frage der Berufsausbildung junger Frauen, auf dieses Thema zu sprechen
kommt:

Lucie Kurlbaum-Beyer: Und das andere war: Ich hatte natürlich in der Sozialabteilung auch mit
Frauen zu tun, die - ach ja, ich will nicht sagen - Prostituierte waren. Wir hatten eine Amerikaner-
Kaserne in Girmes und oben Schwarze. Und die Schwarzen waren ja viel mehr... das war nichts
Sexuelles, sondern die waren freigiebiger. [...] Ja, und das hat dazu geführt, dass da auch sexuelle
Beziehungen entstanden. Und da musste ich *hustet* natürlich in die Kasernen, weil die Eltern die als
vermisst meldeten...

Heike Meyer-Schoppa: Die Mädchen?

Lucie Kurlbaum-Beyer: Die Mädchen, ja. Und da lernte ich dann natürlich auch die Seite kennen.
Das waren oft Mädchen, die auch behütet aufgewachsen waren, und ich bin sicher – *sehr betont*
heute noch, dass die Eltern froh waren, wenn die ihnen Schokolade oder Butter oder Gott weiß was
brachten. Aber was sie dafür getan haben, da kümmerten sie sich nicht drum. Erst dann, wenn sie
mal zwei Tage nicht zu Hause waren. Und dann musste ich also in die Kasernen, um da festzustellen... Ich durfte die ja oder musste die ja durch Polizeischutz natürlich... Also da habe ich auch die
Seite kennen gelernt, wie junge Mädchen, wenn sie hübsch sind, in einer Zeit, wo die Menschen
arm sind, dass da durchaus die Eltern ein Auge zu drücken, wenn sie ihnen was zu essen bringen.
Aber das, was dahinter stand, da wurde gar nicht drüber geredet. [...] Und das war für mich dann
eine zusätzliche Erfahrung, dass ich sage: „Mädchen müssen nicht nur schulisch, sondern auch
ausbildungsmäßig gefördert werden." Und das hat dann in der Bundesanstalt natürlich viele Möglichkeiten gegeben, auch die Ausbildung zu verändern.[454]

Die betonte Feststellung, sie sei sich noch heute sicher, dass die Eltern froh über
die Nahrungsmittel gewesen seien, ohne das, „*was dahinter stand*", zu problematisieren, verweist auf die Diskrepanz zwischen öffentlicher Empörung einerseits und
Tabuisierung andererseits. Von zwiespältigen Gefühlen in diesem Kontext berichtet auch Margarete Hofmann:

Margarete Hofmann: Wir hatten hier im Sozialamt eine Betreuerin, eine Sozialarbeiterin, 'ne Fürsorgerin, die die gefährdete Jugend betreut hat. Und als hier die Besatzung kam, und es gab ja, es
gab ja nichts zu kaufen... Auch die jungen Mädchen hatten ja wirklich eine schlechte Zeit hinter
sich. Aber die Besatzer hatten alles. Und die haben das natürlich auch benutzt, um mit jungen Mäd-

---

[453] Ebd.
[454] Lucie Kurlbaum-Beyer, Interview, S. 56f.

chen Kontakte zu schließen. Schokolade, Strümpfe und was weiß ich alle. Und da bin ich mit Thea Heuer, das war diejenige hier - in der Stadt sagte man, die 'Nuttendirectrice' *lacht* - mit der bin ich also manche Nacht unterwegs gewesen. Und dann haben wir auch Lokale abgeklappert und haben geguckt, ob junge Mädchen, die noch unter einem bestimmten Alter waren, da waren. Und die haben wir eingesammelt, wir hatten dann meist einen größeren Wagen mit, und haben sie mitgenommen ins Krankenhaus II, Krankenhaus für Geschlechtskranke. Und ich war im Anfang auch geschockt. Aber die Thea Heuer hat mir das dann klar gemacht: „Weißt du, vielleicht ist es noch der richtige Augenblick, und wir können den Mädchen helfen. Und wenn sie geschockt sind, merken sie vielleicht, auf welchem Weg sie sind." Aber das war 'ne ganz Resolute, die Thea Heuer. Und wenn wir dann zusammen, also wo wir überall gewesen sind... War ich auch manchmal geschockt. Und das war nach dem Krieg besonders gefährlich... Weil es ja nichts gab, und die waren ausgehungert. Nech, und jetzt war mit'm Mal die Besatzung hier. Und die konnten den Mädchen was bieten. Das waren alles so Probleme, die man vorher gar nicht gesehen hat!

Heike Meyer-Schoppa: Und Sie meinen nicht, daß das Liebesverhältnisse waren, sondern wirklich mehr die Armut, die die Mädchen...

Margarete Hofmann: Sicher auch Liebesverhältnisse. Aber wenn nun so 'ne Besatzung hierher kommt. Die kommen hierher, die sind doch dran interessiert, sich in der Zeit zu amüsieren, solange sie hier als Besatzungsmitglied sind. Aber diese Mädchen sind hier! Und wenn dann vielleicht vorher ein dauernder Wechsel stattgefunden hat, glauben Sie, daß sie sich nachher noch fangen? ... Und ohne Hilfe? ... Das sind alles Fragen, man steht davor, und da weiß ich auch nicht... Mit Thea Heuer hab' ich oft diskutiert. Und sie hat gesagt: „Glaub' es mir, es ist wirklich 'ne Hilfe. Sie kriegen solchen Schock und gehen so schnell nicht wieder mit jemandem mit." [...] Nein, aber das war nach'm Krieg schlimm, das war nach'm Krieg schlimm... Ich bin nachts mit ihr wirklich durch die Stadt gefahren, in Lokale gegangen...

Heike Meyer-Schoppa: Und wie war das mit unehelichen Kindern? Dann müssen ja auch viele Besatzungssoldaten eigentlich die Väter gewesen sein.

Margarete Hofmann: Also mit den unehelichen Kindern weiß ich gar nicht, daß das nu' so auffallend gewesen wäre. Aber Geschlechtskrankheiten, es waren ja viele Dinge, die gefährlich waren.[455]

Das Thema Armut und Geschlechtskrankheiten überwiegt auch in der Schilderung von Margarete Hofmann und der Verweis auf häufige Diskussionen mit Thea Heuer sowie die mehrfache Erwähnung ihres persönlichen Schockiertseins deuten den Zwiespalt von Margarete Hofmann an. Auf Nachfrage gibt sie an, dass sicher auch Liebesverhältnisse darunter gewesen seien. Der Hinweis aber, die Besatzungssoldaten seien doch daran interessiert gewesen, sich zu amüsieren, solange sie hier waren, die Mädchen aber seien (im Sinne von blieben) hier und der unmit-

---

[455] Margarete Hofmann, Interview, S. 44f.

telbare, wiederholte Bezug zur Armut lässt erkennen, dass sie die Situation eher als Ausnutzungsverhältnis einschätzt. Das Thema unehelicher Mutterschaft ist ihr in diesem Kontext nicht als auffällig erinnerlich, obwohl sie sich später in diesem Bereich über die Einrichtung eines Heims für ledige Mütter sehr engagiert hat. Grundsätzlich ist jedoch davon auszugehen, dass der „neu aufflammende Lebenswille", die „chaotisch demographische Situation" sowie Liebes- und Prostitutionsverhältnisse mit Besatzungssoldaten auch zum Anstieg der Zahl unehelich geborener Kinder führte. Tatsächlich stieg der Anteil unehelich geborener Kinder von 7,6 % im Jahr 1938 auf 16,4 % im Jahr 1946. In den Folgejahren nahm die Zahl unehelich geborener Kinder allmählich wieder ab: 1947 waren es 11,9 %, 1948: 10,2 %, 1949: 9,3 %.[456] Die Themen Schwangerschaftsabbruch und Unehelichenrecht verweisen insofern aufeinander, als nicht nur unmittelbar materielle Notlagen im Sinne einer engen Auslegung des Begriffs der sozialen Indikation die zeitgenössische Diskussion um den § 218 prägen. Verschiedene Indikatoren weisen vielmehr darauf hin, dass in der unmittelbaren Nachkriegszeit der Anstieg unehelicher Schwangerschaften und insbesondere die Sexualmoral der deutschen Frauen und Mädchen mit Argwohn betrachtet wurde. Während die Sozialdemokratinnen, wie Herta Gotthelf betont, auf ihrer Frankfurter Tagung nichts forderten, was die Sozialdemokratie nicht schon bereits vor 1933 gefordert habe, scheint der Zeitpunkt für eine entsprechende, öffentliche Diskussion parteistrategisch ungünstig. Wiederholt wird auf seitens der CDU erfolgte Angriffe verwiesen und Herta Gotthelf erteilt Weisungen, sich im Kontext bevorstehender Wahlen auf die Themen Aufklärung und Verhütung zu beschränken. Wie aus Hinweisen auf eine gelockerte Handhabung des § 218 im Kontext von Kriegsvergewaltigungen zu schließen ist, wird diese Debatte von konservativer Seite jedoch weniger von Aspekten der „Heiligkeit des Lebens" geleitet, als vielmehr von Ängsten gegenüber Anzeichen eines zügellosen Geschlechtslebens in Anbetracht der „Niederlage".

3.3.2. Das Unehelichenrecht

Vor diesem Hintergrund erregten die 14 Thesen von Dr. Dorothea Klaje zur Mutterfamilie in der Öffentlichkeit großes Aufsehen.[457] In ihren Thesen grenzt sie, wie

---

[456] Vgl. Statistisches Bundesamt Wiesbaden (Hg.): Statistische Berichte. Die Frau im wirtschaftlichen und sozialen Leben der Bundesrepublik. Wiesbaden 1951, S. 4.

[457] Siehe zur öffentlichen Diskussion auch Angela Seeler: Ehe, Familie und andere Lebensformen in den Nachkriegsjahren im Spiegel der Frauenzeitschriften. In: Anna-Elisabeth Freier und Annette

im Kontext der Wuppertaler Frauenkonferenz bereits erläutert, den Begriff der Ehe als Gemeinschaft eines gegengeschlechtlichen Paares gegen den der Familie als Gemeinschaft von Erwachsenen mit Kindern zum Zweck der Erziehung und Aufzucht ab und fordert die Einführung der Mutterfamilie, in der die Mutter den Familienvorstand innehat. Entsprechend sei das Namensrecht zu ändern, und Müttern sollten Berufe gegeben werden, „die nur die Hälfte der jetzigen Arbeit von ihr verlangen. Die Kinder werden durch Kindergelder des Staates erhalten, die in Form von Steuern von Männern und kinderlosen Frauen aufgebracht werden."[458]

Elisabeth Selbert nimmt, wie schon gezeigt, auf der Wuppertaler Frauenkonferenz diese in der Öffentlichkeit um das Mutterrecht geführte Diskussion zum Ausgangspunkt ihres Referates. Auch in ihrer Rededisposition, abgedruckt in der GENOSSIN Nr. 8 Oktober 1948, folgt auf eine kurze geschichtliche Übersicht eine Stellungnahme zu „Mutterrecht und Mutterfamilie. Reformvorschläge von Dorothea Klaje u.a."[459]. Darin kommt sie zu dem Schluß, dass die Mutterfamilie als gleichwertige Institution mit vollem staatlichen Schutz neben die bisherige Form der Familie und Ehe treten könne. Während die Folgen des Krieges, die wirtschaftliche Not, die Frauenüberzahl und die Differenziertheit der Menschen nach neuen Lebensformen verlange, müsse jedoch auch bedacht werden, dass die Mutterfamilie hohes Verantwortungsbewusstsein, Reife der Persönlichkeit, wie überhaupt entsprechende sittliche und charakterliche Qualitäten voraussetze. Die Sanktionierung der Mutterfamilie sei zu erreichen durch die rechtliche Gleichstellung der unehelichen Mutterschaft und des unehelichen Kindes. In ihren konkreten Forderungen zur Umsetzung geht sie jedoch nicht so weit wie der Vorschlag Dorothea Klajes. Ihr Reformvorschlag verlangt die Übertragung des Vertretungsrechtes auf die uneheliche Mutter statt einer Amtsvormundschaft durch das Jugendamt und die Anerkennung des Verwandtschaftsverhältnisses zwischen Kind und unehelichem Vater, woraus die Unterhaltspflicht des Erzeugers in gleicher Weise wie gegenüber ehelichen Kindern gegeben sei statt einer bloßen Orientierung des Unterhalts an der Stellung der unehelichen Mutter.

Doch bereits diese im Verhältnis zu den Vorstellungen Klajes deutlich abgeschwächteren Reformvorschläge führten in Wuppertal zu heftigem Widerspruch

---

Kuhn (Hg.): Frauen in der Geschichte V. „Das Schicksal Deutschlands liegt in der Hand seiner Frauen" – Frauen in der deutschen Nachkriegsgeschichte. Düsseldorf 1984, S. 90-121. Zur Mutterfamilie insbesondere S. 102-113.

[458] Dr. Dorothea Klaje: Die Mutterfamilie. Kopie in AdsD BKS 170.

[459] Elisabeth Selbert: Rededisposition zu dem Vortrag „Rechtsstellung der Frau". In: GENOSSIN Nr. 8 Oktober 1948, S. 123.

des Genossen Hermsdorf, der das Erziehungsrecht auch beim unehelichen Kind bei Mann und Frau forderte. Während Selbert die Dinge allein vom Standpunkt der Frau aus entwickelt habe, gab er in Wuppertal zu bedenken, dass sich die deutschen Frauen den aus dem Krieg heimkehrenden Männern auch nicht nur positiv dargestellt hätten. Statt die Situation aus Frauen- oder Männersicht zu diskutieren, sei es Aufgabe von Sozialisten, der durch den Krieg verursachten moralischen Erschütterung durch gemeinschaftliches Handeln zu begegnen. Doch trotz der Zustimmung, die Hans Hermsdorf in Wuppertal für diesen Beitrag erhielt, war ein Ergebnis der dortigen Diskussion, die in der Partei seit langem diskutierte Frage des Unehelichenrechts endlich zum Abschluß zu bringen. Über das Erziehungsrecht unehelicher Väter wurde nicht weiter diskutiert.

Die Haltung zum Unehelichenrecht scheint vielmehr trotz der Reaktion auf den Beitrag von Hans Hermsdorf von der Sicht auf die Notlage vieler Frauen bestimmt. Denn obwohl in Wuppertal keine Resolution zum Thema verabschiedet wurde, brachte die SPD-Fraktion schließlich über Frieda Nadig im Parlamentarischen Rat einen der Selbertschen Forderung in Wuppertal entsprechenden Antrag ein: „Das uneheliche Kind steht dem ehelichen gleich. Es gilt mit seinem natürlichen Vater als verwandt, das Recht der gesetzlichen Vertretung liegt bei der Mutter."[460] Wie schon in der Weimarer Republik, so Frieda Nadig, sei dieser Antrag jedoch an der doppelten Moral der bürgerlichen Parteien gescheitert.[461] „Diese Kreise gehen an der Wirklichkeit und dem Geschehen der letzten Jahre vollkommen vorbei. Man will nicht wahr haben, daß die Millionen mehr Frauen als Männer im heiratsfähigen Alter naturgemäß zur Veränderung der gesellschaftlichen Struktur führen müssen."[462]

Die Reaktion in Frauenzeitschriften verweist auf entsprechende Konfliktlinien. So heißt es in der STIMME DER FRAU unter dem Titel „SOS für den Frieden der Ehe": „Einen Schatten über alle Ehen werfen die Erbansprüche der unehelichen Kinder, wenn der Bonner Antrag [gemeint ist der Antrag der SPD-Fraktion, A.d.V.] jemals Gesetz würde; denn das uneheliche Kind sollte nunmehr erbberechtigt werden, auch beim Vater. Ganz abgesehen davon, daß keine Gesetzesänderung den Familienfrieden so bedrohen darf, woher kann jemals das uneheliche Kind seinen Anspruch ableiten? [...] Die Familie des Vaters bildet eine enge Gemeinschaft, in der häufig der Ehemann, die Ehefrau und seine ehelichen Kinder gemeinsam alles erarbeitet haben.

---

[460] Frieda Nadig: Um das Recht des unehelichen Kindes. In: GENOSSIN Nr. 1 Januar 1949, S. 25.
[461] Ebd., S. 25-26. Sowie dies.: Das Unrecht am unehelichen Kind. In: NEUER VORWÄRTS vom 26.2.1949 und abgedruckt in: GENOSSIN Nr. 3 April 1949, S. 89-90.
[462] Dies.: Um das Recht des unehelichen Kindes, a.a.O., S. 26.

Das uneheliche Kind hat mit all dem nichts zu tun. Woher sollte es seinen Erbanspruch nehmen und müssen sich nicht alle Ehefrauen dagegen wehren, für ein fremdes Kind ein Erbe zu mehren."[463]
Der Erbanspruch unehelicher Kinder gegenüber dem leiblichen Vater wird als Bedrohung familiären Friedens beschrieben, indem das uneheliche Kind ohne Eigenleistung zum Nutznießer der Leistung von Ehefrauen und ehelichen Kindern würde. Der „Normalfall" Familie erscheint bedroht, denn: „Auch wenn man immer wieder ausdrücklich versichert, daß man das nicht wolle, so wendet sich solche Bestrebung doch gegen den Bestand der Familie. Man legt eine Bresche in das naturgegebene Gefüge von Eltern und Kindern, das in seiner idealen Form als der angeborene Schutz des Menschen aus einer jahrtausendealten Tradition so fest in unser Bewußtsein eingegangen ist, daß es trotz sowjetischer und nazistischer Versuche von uns allen einzig als Normalzustand empfunden wird."[464] Als Gegenpol zur naturgegebenen Ordnung werden „sowjetische und nazistische Versuche", den Wert „Familie" zu untergraben, angeführt. Auch Gabriele Strecker verweist in diesem Kontext darauf, dass „Nationalsozialismus sowie die gleichermaßen die Familie untergrabende Lehre radikaler Heilsprediger, ohne daß wir uns selbst immer Rechenschaft geben, die öffentliche Meinung und die vieler Wortführer so weitgehend von allen Fesseln entblößt [haben], daß Mut hat, wer heute ein `Zurück zu Bindungen` auszusprechen wagt. [...] Da wir uns alle zu sehr in einem moralischen Niemandsland bewegen ohne feste Wertmaßstäbe, darf man sich nicht wundern, wenn gerade bei der Diskussion um das uneheliche Kind in Anbetracht der großen Zahl von `Betroffenen` notwendig jede Auffassung, die sich ruhig zur Bindung und zur Familie bekennt, auf Widerspruch stößt."[465] Das Bild einer allgemeinen moralischen Zersetzung wird auch hier mit Nationalsozialismus und „radikalen Heilslehren" verbunden. Da es sich um einen Kommentar zur Diskussion um den Vorschlag der Mutterfamilie handelt, der, wie bereits ausgeführt, von der Sozialdemokratie über den Weg der Gleichstellung des unehelichen Kindes in abgeschwächter Form vertreten wurde, richtet sich der Vorwurf allgemeiner moralischer Zersetzung wie in der Stellungnahme der Redaktion der WELT DER FRAU ebenfalls gegen die Sozialdemokratie. Auf diese Weise führt die Diskussion in fatal verflachender Weise zu einer Gleichsetzung von sozialistisch, nationalsozialistisch und sowjetisch. Um gegen die Untergrabung der bürgerlichen Familie aufzutreten, bedürfe es demgegenüber aufrechten Mutes.
Aus Sicht der „Betroffenen" stellt sich dieses Problem jedoch anders dar. Welcher moralischen Bedrängnis ledige Mütter ausgesetzt sind, zeigt sich an Diskussi-

---

[463] Frau Haering-Hessel: SOS für den Frieden der Ehe. In: STIMME DER FRAU Heft 11, 1949, S.4.

[464] Die Redaktion: Uneheliches Kind im Grundgesetz. In: DIE WELT DER FRAU Heft 1, Juli 1949, S. 29.

[465] Gabriele Strecker: Das uneheliche Kind. In: FRAUENWELT Heft 17, September 1948, S. 4.

onsbeiträgen betroffener Frauen. So verweist eine ledige Mutter zunächst auf die positive Entwicklung ihres Sohnes, bevor sie ausführt, dass die Freude über ihr Kind lange Zeit zu ersticken drohte „durch die vielen Widerwärtigkeiten, die meine Umwelt (angefangen in der eigenen Familie) mir und meinem Kind bereitete. Nicht die Paragraphen des BGB waren es, die mir das Leben mitunter recht schwer machten, sondern Bemerkungen, abfällige Äußerungen und kleine, lieblos hingeworfene Bosheiten, die mir immer wieder vor Augen führen sollten, was für ein ʼleichtsinnigesʼ Wesen ich war."[466] Eine junge Frau, deren Verlobter im Krieg fiel und die für sich keine Heiratsaussichten sieht, aber ihren drängenden Kinderwunsch in die Diskussion bringt, erhält u.a. die Antwort: „Ein Kind ist auf alle Fälle nur da berechtigt, wo es aus einem unbedingten Zusammengehörigkeitsgefühl mit dem Mann entstand. [...] Und kommt ein Kind der Liebe ohne Heirat, ist trotz aller Reinheit der Gefühle doch Schuld da – eine tragische Vereinigung und Trennung mit inneren und äußeren Konflikten – auch für das Kind."[467] Die Ausführungen von Gabriele Strecker: „Das Kind um jeden Preis [...] ist ebenso eine Schändung der Person des Menschen, wie des Mannes, der zum bloßen Erzeuger herabgewürdigt wird, oder wie die vom Mann verantwortungslos im Stich gelassene Mutter, oder wie die Frau, die nicht weiß, wer unter vielen der Vater ihres Kindes ist."[468] erklären den auf der Wuppertaler Frauenkonferenz erfolgten Zuruf: „Strecker!", als Elisabeth Selbert anführte, dass bürgerliche Kreise von moralischer Haltlosigkeit im Zusammenhang mit dem Thema unehelicher Kinder sprächen.[469]

Bei der Behandlung von Fragen des Unehelichenrechts und des Schwangerschaftsabbruchs in der GENOSSIN wird dagegen deutlich, in welchem Maße auf die sozialen Verhältnisse Bezug genommen wird. Wie der Hinweis von Marta Schanzenbach, aus dem „Frauenüberschuss" folge eine große revolutionäre Aufgabe, die Schlussfolgerung Selberts, die Folgen des Krieges verlangten nach neuen Lebensformen und der Vorwurf Nadigs, die bürgerlichen Kreise wollten nicht wahrhaben, dass die Frauenmehrheit im heiratsfähigen Alter zur Veränderung der gesellschaftlichen Struktur führen müsse, zeigen, betrachten sozialdemokratische Funktionärinnen die in Folge des Krieges gegebenen sozialen Verhältnisse als Aufforderung zu grundlegenden gesellschaftlichen Veränderungen im Geschlechterverhältnis.

---

[466] G.R.: Ja zum unehelichen Kind. In: Meinung und Austausch. Das uneheliche Kind im Grundgesetz. In: DIE WELT DER FRAU Heft 3, September 1949, S. 46.

[467] Marianne Essig: Recht auf Mutterschaft. In: Meinung und Austausch. In: DIE WELT DER FRAU Heft 5, November 1949, S. 46.

[468] Gabriele Strecker: Das uneheliche Kind. In: FRAUENWELT Heft 17, September 1948, S. 4.

[469] Vgl. Kapitel 2.3.: Die Rechtsstellung der Frau.

Dabei besteht auch in diesem Kontext, wie durch die Stellungnahme des Genossen Hermsdorf in Wuppertal deutlich wird, eine Divergenz zwischen dem grundsätzlichen Bekenntnis zur partnerschaftlichen Lösung von Problemen und den Erfordernissen der sozialen Situation.

Denn obwohl Hans Hermsdorf Beifall für seinen Appell zum gemeinsamen Handeln von Sozialisten und Sozialistinnen erfährt, findet seine Forderung nach dem Erziehungsrecht auch des unehelichen Vaters keine Beachtung. Auf der Konferenz wird vielmehr in direktem Bezug zur Weimarer Republik übereinstimmend festgestellt, dass endlich eine Gleichstellung der unehelichen Mutter und ihres Kindes erfolgen müsse und, obwohl es diesbezüglich keine Resolution gab, wird über Frieda Nadig ein entsprechender SPD-Antrag im Parlamentarischen Rat verhandelt. Mit dieser Forderung befindet sich die SPD ebenso wie in der Diskussion um den §218 in Frontstellung zu den bürgerlichen Kreisen und Parteien einschließlich deren weiblichen Vertreterinnen. Frieda Nadigs Appell, die Frauen und Mütter sollten aus der Ablehnung des Antrags zur Änderung des Unehelichenrechts „die Lehre ziehen und endlich erkennen, wie die sogenannten bürgerlichen Parteien in der Praxis `soziales Recht`vertreten"[470], verweist auf die Konfliktlinie zwischen bürgerlich-christlicher Morallehre und sozialdemokratischen Auffassungen. Dieser Konflikt kommt insbesondere in der Diskussion des § 218 zum Ausdruck. Trotz divergierender Positionen bezüglich der Freigabe des Schwangerschaftsabbruchs erfolgt auch hier wiederholt der Hinweis auf die „tatsächlichen Verhältnisse", die Notlage der Frauen und die negativen Auswirkungen des Strafgesetzes, die insbesondere minderbemittelte Frauen in die Hände von Kurpfuschern treibe.

In beiden Themenfeldern erfolgen direkte Angriffe auf die Doppelmoral der bürgerlichen Gesellschaft, die „den Armen die Heiligkeit des ungeborenen Lebens predige", sich aber „der Not erwachsenen Lebens" nicht anzunehmen bereit sei. Das Selbstverständnis, Sprachrohr der sozial Benachteiligten zu sein, deren Rechte und nicht Almosen einzufordern, kommt hier zum Tragen. Wenngleich bei diesen Diskussionen die Situation von Frauen im Vordergrund steht, verlaufen die Konfliktlinien nicht zwischen Männern und Frauen. Auch findet sich in der Diskussion kein Hinweis auf einen „frauenrechtlerischen" Verdacht, denn im Kern dreht sie sich um die Frage der Moralität sozialistischer versus bürgerlicher Weltanschauung und es sind die gesellschaftlichen Verhältnisse der Not breiter Bevölkerungskreise, denen von Seiten der Sozialdemokratie die Empörung gilt.

---

[470] Frieda Nadig: Um das Recht des unehelichen Kindes. In: GENOSSIN Nr. 1 Januar 1949, S. 26.

3.3.3. Zwischenergebnis: Sozialismus, Moral und Familie

„Der Hauptvorwurf, der von katholischer Seite – und ich möchte hier der Einfachheit halber nicht unterscheiden, ob das von der Kanzel herunter, in Gemeindeblättern oder durch die Publizistik der CDU erfolgt – gegen die Sozialdemokratie erhoben wird, läßt sich kurz so zusammenfassen, daß unsere Partei gegen die Moral, die Familie und die Religion sei."[471] Diesen Vorwurf, so Susie Miller, leiteten katholische Propangandisten in erster Linie davon ab, dass die marxistische Lehre eine materialistische sei. Da es in einer Frauenversammlung aber wenig Sinn mache, auf den Unterschied zwischen materialistischer Philosophie und materialistischer Haltung zum Leben einzugehen, habe es viel mehr Sinn, „auf den groben Unsinn und die böswillige Verleumdung hinzuweisen, die darin bestehen, Menschen, die während des Dritten Reiches die größten Opfer an persönlicher Sicherheit, Freiheit und Leben gebracht haben, als Materialisten zu bezeichnen."[472] Dieselben sittlichen Gefühle, die zum Widerstand gegen das NS-Regime geführt haben, beseelten gegenwärtig den Widerstand der Partei gegen den Druck der Kommunisten in Berlin.

Auch der Vorwurf, Sozialisten seien gegen die Familie, sei absurd. „Die Zerrüttung des Familienlebens in unserer Zeit ist zwar eine Tatsache, wir müssen aber fragen, worauf sie zurückzuführen ist. Wir werden sicherlich auf die Zustimmung a l l e r Frauen stoßen, wenn wir feststellen, daß die größte Bedrohung des Familienlebens durch den Krieg erfolgte, der die Familien nicht nur physisch auseinanderriß und vielfach vernichtete, sondern die Ehepartner und die Kinder solch entsetzlichen moralischen Belastungen ausetzte, daß sie sich ihnen gegenüber oft als zu schwach erwiesen. Neben dem Krieg ist es die wirtschaftliche Not, die die Harmonie des Familienlebens gestört und oft seinen Bestand ganz untergraben hat; wir brauchen in diesem Zusammenhang nur an die verheerende Wirkung der Arbeitslosigkeit zu erinnern. Es ist aber gerade das Ziel unserer Partei, diese beiden ärgsten Bedrohungen eines gesunden und glücklichen Familienlebens, den Krieg und die Wirtschaftsnot, aus der Welt zu schaffen. Fallen diese beiden Geißeln der Menschheit, die das Leben gerade der Frauen in unserer Gesellschaft so schwer und bitter gemacht haben, weg, da brauchen wir uns wohl nicht mehr viel Sorgen zu machen über die Bereitschaft der Frauen, Kinder zu haben, und auch nicht über die der Männer, für die Familie in anständiger Weise zu sorgen."[473]

Mit dieser Stellungnahme gibt Susie Miller Antwort auf beide zuvor behandelte Themenkomplexe. Den Vorwurf der Amoralität gibt sie hingegen zurück, indem sie ihn gegen die Lebensverhältnisse wendet. Die sittlichen Gefühle der Sozialde-

---

[471] Susie Miller: „Die Gewinnung der katholischen Frau." In: GENOSSIN Nr. 7 September 1948, S. 94f.
[472] Ebd., S. 95.
[473] Ebd.

mokratInnen hätten sich hingegen gerade im Widerstand gegen den Nationalsozialismus und im Einsatz für Freiheit und soziale Gerechtigkeit bewährt. Welches Gewicht der Vorwurf, die Sozialdemokratie sei gegen Religion, Moral und Familie, in der zeitgenössischen Diskussion hatte, zeigt sich u.a. an weiteren unmittelbaren Auseinandersetzungen mit christlicher Lehre und sozialdemokratischer Weltanschauung. So zieht Herta Gotthelf eine Parallele zwischen Christentum und Sozialismus: „Die Begründer des Christentums und die Begründer des Sozialismus hatten eines gemeinsam: sie setzen sich ein für die Unterdrückten und Ausgebeuteten und sie verkündeten die Lehre von der Verantwortung jedes einzelnen seinen Mitmenschen gegenüber."[474] Einen ähnlichen Vergleich liefert Annedore Leber als Antwort auf die Frage, ob man zugleich Katholikin und Sozialistin sein könne: „Bei meinem Bestreben um eine aktive Teilnahme am öffentlichen Geschehen, sehe ich im freien und demokratischen Sozialismus die Form, die meiner christlichen Konzeption ihrer Natur nach gleicht. Auch hier steht der Mensch im Mittelpunkt aller Betrachtungen, den nicht eine staatliche Macht vergewaltigen darf, sondern in dessen fürsorglichem Dienst der Staat funktionieren muß. (...) Beide Ideen richten sich an die Menschen aller Welt. Welche weltumspannende Kraft würden sie sein; wenn sie sich einigen könnten, um diese von Haß verzerrte Welt in eine der friedlichen Ordnung zu verwandeln. Und wenn auch mitunter Menschenwerk nicht das aus einer der beiden Ideen macht, was sie der Substanz nach ist, so ändert das nichts an ihrem Gehalt."[475] Vielfach wird gerade dem Argument, wirkliche Nächstenliebe führe zum Sozialismus, besondere Werbekraft unter den Frauen beigemessen. Dass diese Diskussion geführt wird, zeigt jedoch in erster Linie, unter welchem Rechtfertigungszwang sich Sozialdemokratinnen der Nachkriegszeit befinden. Auffallend häufig findet sich im Kontext der Themen Geburtenkontrolle, Unehelichenrecht und Schwangerschaftsabbruch denn auch die Verwendung der Begriffe „sauber", „anständig" und „gesund". Ausdrücklich wird das sozialdemokratische Bekenntnis zur Ehe bekräftigt: „... denn es ist und bleibt so, daß wir die Ehe niemals eine überholte Angelegenheit nennen können. Sie ist und bleibt das Nest, in dem die Jungen der menschlichen Gesellschaft gesund und frei dem Leben sich entfalten. (Lebhafter Beifall.)"[476] Entsprechend wird ausdrücklich betont, dass die uneheliche Mutterschaft hohes Verantwortungsbewusstsein, Reife der Persönlichkeit sowie sittliche und charakterliche Qualitäten voraussetze.[477]

---

[474] Herta Gotthelf: Resignieren oder...? In: GENOSSIN Nr. 7 September 1948, S. 85.

[475] Annedore Leber: Katholikin und Sozialistin. In: GENOSSIN Nr. 9 November 1948, S. 177f.

[476] Johanna Spangenberg, Redebeitrag, Protokoll der Wuppertaler Frauenkonferenz, S.74.

[477] Vgl. Elisabeth Selbert: Rededisposition zu dem Vortrag „Rechtsstellung der Frau". Abgedruckt in: GENOSSIN Nr. 8 Oktober 1948, S. 123.

„Im Ringen um neue Lebensformen" bedarf es offenbar besonderer moralischer Glaubwürdigkeit. Dabei steht das grundsätzliche Bekenntnis zu Ehe und Familie im sozialdemokratischen Programm keineswegs in Frage, vielmehr wird immer wieder nachdrücklich betont, dass es gelte, den realen Lebensbedingungen der Menschen Rechnung zu tragen und die Not der Zeit zu meistern.

Entsprechend sind weder Schwangerschaftabbrüche noch die Geburt unehelicher Kinder Ziele sozialdemokratischer Politik, sondern reale Gegebenheiten. Im Unterschied zur moralischen Empörung konservativer Kreise aber richtet sich die Empörung der Sozialdemokratie gegen soziale Benachteiligung und die Betrachtung wirtschaftlicher Not als selbstverschuldetes Schicksal. Vielfach speist sich diese Empörung aus selbst erlebter Zurücksetzung als Kind aus einfachen Verhältnissen. So bemerkt beispielsweise Grete Schmalz in einem Bericht an Herta Gotthelf über ihren Besuch einer überparteilichen Frauenversammlung: „Weisst Du, ich habe dir schon mal geschrieben, dass wir – meine Geschwister und ich wegen hoffnungsloser Armut von Damen des vaterländischen Frauenvereins `behandelt´ worden sind. Die Töchter dieser Damen sassen neben mir auf der Schulbank und liessen sich die Antworten vorsagen und ich musste ihre Kleider auftragen. Seitdem habe ich Gegengefühle und ich sass darum von Anbeginn der Vorstellung mit gesträubten Rückenstacheln. Vielleicht ziehst Du darum einige Prozente meiner Schilderung ab."[478]

Wie diese selbstkritische Äußerung von Grete Schmalz zeigt, ist auch die Wahrnehmung und Interpretation sozialer Notlagen der Nachkriegszeit durchaus von der Kontinuität der eigenen biographischen Erfahrung geprägt. Wenngleich die Not breite Bevölkerungskreise betraf, besteht ein wesentlicher Unterschied in der Wahrnehmung derselben darin, auf welche Erfahrungshintergründe sie trifft. In der Wahrnehmung sogenannter Frauenfragen durch Sozialdemokratinnen besteht insofern Kontinuität, als ihre Forderungen an das wieder anknüpfen können, was sie bereits vor 1933 vertraten. Deshalb ist es nicht erst die Nachkriegsnot, aus der sich ihre Forderungen ableiten, sondern das, „...was immer als Frauenprobleme bezeichnet wurde, was aber in Wirklichkeit menschliche Probleme sind, ist ins Unendliche gewachsen."[479]

In dieser Kontinuität besteht ein weiterer Schlüssel zum Verständnis sozialdemokratischer Frauenpolitik nach 1945: Die Sozialdemokratie hat sich aus Sicht der Sozialdemokratinnen nicht nur im Widerstehen gegen den Nationalsozialismus bewährt, sondern ihre Analyse, nach der Fragen sozialer Not und Frauenfragen

---

[478] Brief von Grete Schmalz an Herta Gotthelf vom 16.5.1947, AdsD PV 0244 A.
[479] Marie Juchacz: Marie Juchacz grüßt die „GENOSSIN" und die Frauen der Sozialdemokratischen Partei Deutschlands. In: GENOSSIN Nr. 5, Jg. 10, Mai 1947, S. 2.

zusammenfallen, findet erneute Bestätigung in der Nachkriegszeit. Die Abwehr der „Frauenrechtlerei" dient deshalb nach innen gegenüber den Genossen der Bestätigung der Gemeinsamkeit und nach außen gegenüber den Frauen, die der Partei (noch) fernstehen, als Nachweis dafür, dass es wie schon vor 1933 gelte, „die Partei, die als erste die Gleichberechtigung der Frau auf ihre Fahnen geschrieben hatte, gross zu machen."[480] Fortschrittliche, sich ihrer Frauenwürde und Gleichwertigkeit bewusste Frauen, so Elisabeth Selbert, gehörten entsprechend nicht in überparteiliche Frauenverbände, sondern in die Reihen der sozialdemokratischen Partei.[481]

3.4. Moral und Politik – eine Annäherung an den „revolutionären Entwurf"

3.4.1. So sieht eine Sozialistin (nicht) aus

Auf der Frauenkonferenz in Wuppertal kommt Mine Härdle aus Köln zu dem Schluss: „Ich habe mir gestern nachmittag während der Debatte notiert, was eine sozialistische Frau alles haben soll. Sie soll politische Parteiinteressen, gewerkschaftliche Schulung, genossenschaftliche Schulung haben. Das sind die drei Säulen, die wir darzustellen haben. Sie soll aber auch beruflich, sachlich und fachlich, sie soll häuslich, sie soll erziehlich und nicht zuletzt – denkt an Elisabeth Selber[t] -,sie soll weiblichen Charme haben und sich bei jeder Gelegenheit nicht verdrießen lassen, ihn zu versprit(abgeschnitten) Infolgedessen: wir fordern von der sozialistischen Frauenpersönlichkeit einfach alles und alles. (Zuruf: Einen vollständig normalen Menschen!)"[482]

Trotz dieses Zurufs, dass die Beschreibung einen vollständig normalen Menschen darstelle, bestätigt sich Mine Härdles kritische Feststellung, von der Sozialistin werde Übermenschliches gefordert, bei Sichtung der GENOSSIN. So schreibt Herta Gotthelf: „Sozialist sein heißt Kämpfer sein. Kämpfer für menschliche Freiheit und für soziale Gerechtigkeit und vor allem Kämpfer gegen die Trägheit des Herzens bei uns selbst und bei anderen. Wir sollen nicht im Kampf stehen, weil wir für uns selber eine materielle Besserung aus den Erfolgen dieses Kampfes erhoffen, sondern wir sollen arbeiten und kämpfen, weil uns die Sache des anderen ebenso am Herzen liegt wie unsere eigene. (...) Wenn wir Unrecht sehen, wenn wir Not sehen, sollen wir uns immer wieder fragen: Habe ich, ich persönlich auch wirklich a l l e s getan, was getan werden muß?"[483]

---

[480] Elisabeth Selbert: Zur Frage der Frauenausschüsse. Manuskript, AdsD BKS 179, S. 2.

[481] Vgl. Elisabeth Selbert: Überparteiliche Frauenbewegung? Manuskript, AdsD BKS 179, S. 4.

[482] Mine Härdle, Redebeitrag, Protokoll der Wuppertaler Frauenkonferenz, S. 188f.

[483] Herta Gotthelf: Gegen die Trägheit des Herzens. In: GENOSSIN Nr. 5/6 Juli/August 1948, S. 53.

Dieser an Männer und Frauen der Partei gerichtete Appell zeugt von besonders hohen moralischen Ansprüchen an die sozialistische Persönlichkeit. Welche Zuspitzung diese Anforderungen bezüglich des Erscheinungsbildes einer Sozialistin erfahren, geht aus einer Diskussion hervor, die mit einem Briefwechsel zwischen Herta Gotthelf und Willi Balderer beginnt:

„Liebe Herta,

Beiliegend sende ich dir den Gedankengang eines bedrängten Herzens. Er stammt von einer Genossin, die jung ist und aus diesem Grunde etwas mit der modernen Zeit geht, d.h. sie gebraucht ab und zu mal den Lipeenstift. Sie ist Funktionärin unserer Partei und dabei keine der schlechtesten. Man hat sie nun in den Kreisen unserer alten Kaktusständer unserer Partei wegen dieser Angelegenheit nicht nur scheel von der Seite angesehen, sondern darüberhinaus – man hatte nicht den Mut, ihr das selbst zu sagen – ihr durch einen Kreis dazu bereiter Genossen ihr sagen lassen, daß diese Sache einer Sozialistin unwürdig sei. Aus dieser Situation wurde beiliegendes Schreiben verfasst. Ich stelle es Dir zur Verfügung, vielleicht hältst Du es für nötig, diese Gedanken einem grösseren Kreis zugänglich zu machen, da ich der Meinung bin, daß solche Trauerweiden noch mehrere in der Partei vorhanden sind."[484]

Herta Gotthelf antwortet, dass sie den Artikel in der GENOSSIN bringen wolle und er ihr viel Spass gemacht habe, da sie daran habe denken müssen, „wie wir früher Krach hatten mit unseren Alten in der Partei, weil sie sich darüber aufregten, dass wir zu „zünftig" herumliefen, wie das damals in der Arbeiterjugend üblich war. Heute nun muss sich die Jugend sagen lassen, dass sie zu elegant ist. Andere Zeiten, andere Sitten!"[485]

In der GENOSSIN Nr.1 Januar 1949 erfolgt in der Rubrik „Wir diskutieren" der Abdruck des Artikels: „So sieht eine Sozialistin nicht aus." Die Autorin vertritt die Position, dass es auf das Handeln eines Menschen und nicht auf Äußerlichkeiten ankäme. Als Jungsozialistin behalte sie sich die Freiheit vor, sich nach der Mode zu kleiden, Schmuck zu tragen und sich die Fingernägel zu lackieren. „Die Zeiten sind vorbei, wo es hieß: `Eine deutsche Frau raucht nicht!` - `Eine deutsche Frau muß blond und blauäugig sein!` - Na, ihr kennt ja sicher noch all diese Schlagworte. Wollt ihr das auch nachzwitschern? Eure Sorgen möchte ich auch einmal haben, daß ich mich über solche Äußerlichkeiten aufregen könnte (...) Jedenfalls werde ich, so lange es die Polizei erlaubt, unverändert in der gleichen `Aufmachung` meine Pflicht tun! Freundschaft!"[486]

In GENOSSIN Nr. 3 April 1949 erscheint ebenfalls in der Rubrik „Wir diskutieren" eine Erwiderung, in der Ton und Haltung der jungen Genossin scharf kritisiert werden. Die Frage, wie Sozialisten zu der Mode mit all ihren Begleitumständen

---

[484] Brief von Willi Balderer an Herta Gotthelf vom 22.12.1948, AdsD BKS 182.
[485] Brief von Herta Gotthelf an Willi Balderer vom 29.12.1948, AdsD BKS 182.
[486] Kürzel „Gb.": So sieht eine Sozialistin nicht aus! In: GENOSSIN Nr. 1 Januar 1949, S. 32.

stünden, habe schon seit Bestehen der Bewegung die Gemüter bewegt, da Jungsozialisten, SAJ usw. ernsthaft darum bemüht gewesen seien, einen neuen Lebensstil
zu finden und zu gestalten, was es jedoch nicht gegeben habe, sei die Art und Weise, „wie die Genossin Gb. glaubt, Diskussionen führen zu müssen. Eine derartige Arroganz kann
nur Beweis dafür sein wie weit sie noch davon entfernt ist, Sozialistin zu sein. (...) Wir sehen das
Problem nicht in der Frage, wie eine Sozialistin aussehen soll, sondern darin wie sie sein soll."[487]
Als ihre Generation aus freiem Entschluß nicht geraucht habe, den Alkohol gemie-
den habe und dem Tanzboden fern geblieben sei, habe es Hänseleien von den Alten
gegeben, aber man habe sich nicht angepöbelt. Schließlich käme es auch nicht darauf an, den Anschluss an die heutige Kultur aufrecht zu erhalten, sondern eine eigene, sozialistische Kultur aufzubauen. „Eine Sozialistin, sie mag alt oder jung sein, hübsch
oder häßlich, die von dieser Erkenntnis heraus an die Dinge herantritt, wird auch immer die richtige
Lösung finden: In Aussehen und Haltung ein anständiger und sauberer Mensch zu sein."[488]

Was diese Erwiderung von der belustigten Haltung Balderers und Gotthelfs in
ihrem Briefwechsel unterscheidet, ist der Bezug zur inneren Haltung der jungen
Genossin, die sich im Ton ihres Schreibens offenbare. In Kenntnis des Briefwech-
sels zwischen Balderer und Gotthelf und damit der dem Schreiben vorausgehenden
Ereignisse lässt sich der Ton als provozierte Reaktion einer jungen Frau auf das
zweifelhafte Vorgehen der von Balderer als „Kaktusständer und Trauerweiden"
bezeichneten GenossInnen erklären. Unter Berücksichtigung von Interviewaussa-
gen älterer Sozialdemokratinnen, die mehrfach auf die Bedeutung des Vorbildcharakters der Politikerin verwiesen und explizit die Wichtigkeit des Erscheinungsbildes ansprachen, lohnt sich jedoch eine genauere Betrachtung dieses Dialogs.

Während die Jüngere von Freiheit und Äußerlichkeiten spricht, mahnt die ältere,
zu bedenken, ob es für eine Sozialistin erstrebenswert sei, „einer Kultur das Wort zu
reden, in der auf der einen Seite eine kapitalistisch orientierte Industrie durch Kosmetik, Schmuck
und Mode riesige Summen verdient, während auf der anderen Seite Tausende nicht den notwendig-
sten Lebensbedarf decken können. Muß der Ausgangspunkt für jede unserer Ueberlegungen nicht
der sein, daß wir uns fragen: was nutzt es der Gemeinschaft?"[489]

Eine Frage, die den eingangs zitierten Überlegungen Gotthelfs, was Sozialist
sein bedeute, sehr nahe kommt und eher dem üblichen Ton von Beiträgen in der
GENOSSIN entspricht als der Ton der jungen Genossin, die sich nicht scheut, mit
einer Anspielung auf das nationalsozialistische Frauenbild in einer Zeitschrift zu
provozieren, die regelmäßig unter der Rubrik „Damit wir nicht vergessen" über

---

[487] Kläre Schölz: So sieht eine Sozialistin nicht aus! In: GENOSSIN Nr. 3 April 1949, S. 94.
[488] Ebd., S. 95.
[489] Ebd., S. 94.

Schicksale im Nationalsozialismus verfolgter Menschen berichtet. Der sich hier zwischen jung und alt abzeichnende Konflikt - dessen Ursprung, wie der Briefwechsel zeigt, auf zwischenmenschliche Probleme zurückgeht - lässt sich vor diesem Hintergrund eher als Beleg für die grundsätzlich moralische Anspruchshaltung unter den Genossinnen werten. Moralisch argumentiert auch die Jüngere, indem sie den Wert von Handlungen gegenüber Äußerlichkeiten betont.

3.4.2. Die sozialistische Familie als Vorbild des Staates

Im Ringen um Glaubwürdigkeit gegenüber moralischen Anfeindungen wird von der Sozialistin erwartet, sich selbst jeder Zeit hinsichtlich der Konsequenzen ihres Handelns für die Allgemeinheit und die Partei zu befragen. Die Aufforderung in äußerer und innerer Haltung stets ein sauberer und anständiger Mensch zu sein, verlangt von sozialistischen Frauen im Speziellen, sich des Vorbildcharakters einer Sozialistin als Mutter, Ehefrau, Hausfrau, Berufstätige und Politikerin bewusst zu sein. In einer Reihe von Beiträgen zur sozialistischen Erziehung wird ihr in der GENOSSIN nahegelegt, „als erste Erzieherin" ihren Einfluß auf das Kind zu bedenken und das Familienleben „wirklich nach den Grundsätzen der Gleichberechtigung, der gegenseitigen Hilfe und der Solidarität [zu gestalten]."[490]

Der Sozialismus beginnt in diesem Sinne im Privaten, denn so Willi Henkel, Sozialist sei niemand durch Abstammung oder Geburt. „Sozialist kann man nur werden, wenn man dazu erzogen wird oder wenn man sich selbst dazu erzieht."[491] Die Zeiten August Bebels, in denen der Sozialismus ein ferner Traum gewesen sei, seien längst vergangen und die Verwirklichung des Sozialimus zur Gegenwartsaufgabe geworden. Der Sozialismus aber könne nur durch Sozialisten verwirklicht werden. „So wenig nun etwa ein alkoholfreies Leben von Säufern [...] gestaltet werden könne[...], so wenig kann der Sozialismus von Kapitalisten verwirklicht werden. Wer in kapitalistischer Denkweise befangen ist, wer in sich Bereitschaft trägt auf Kosten anderer Menschen sein Dasein zu sichern, wer zur Anwendung von Gewalt um des eigenen Vorteiles willen fähig ist, kann gar nicht an der Durchführung eines Werkes mitwirken, das Opferfähigkeit, Anerkennung der Gleichberechtigung aller Menschen und Beseitigung aller Privilegien und Standesvorteile voraussetzt."[492]

---

[490] Vgl. Willi Henkel: Sozialistische Erziehung im Elternhaus. In: GENOSSIN Nr. 2 Febr./März 1949, S.62f.; sowie ders.: Die Mutter ist die erste Erzieherin. In: GENOSSIN Nr. 8 Oktober 1948, S. 136-138

[491] Ders.: Erziehung zum Sozialismus. In: GENOSSIN Nr. 9 November 1948, S. 166.

[492] Ebd.

Diesen emphatischen Worten von Willi Henkel über den Beginn des Sozialismus im Persönlichen, im Privaten und in der Familie steht eine Praxis gegenüber, die seine Ehefrau Lore Henkel mit folgenden Worten beschreibt:

Lore Henkel: Ja, wenn ich da mal drei Tage in der Gewerkschaftsschule Luisenhöhe war oder Kochel, ich weiß gar nicht, dann hat mein Mann sich allein versorgt [...] Er stammt ja aus der Jugendbewegung, mit Koedukation für Mädchen und Jungen, gleicher Erziehung, so wie in Schweden damals, die Jungen Handarbeit und Kochen, wie wir das noch immer propagiert haben. Wird ja auch heute noch versucht, den Jungen und Mädchen genau den gleichen Schulunterricht zu erteilen, daß sie Kinderpflege und sowas alles lernen, daß alles völlig gleichberechtigt nebeneinander sein sollte. Und diese Männer haben das gefordert und in ihren Bewegungen propagiert. Aber so wie heute, daß die Väter wirklich einen Kinderwagen schieben und wickeln, so war es dann praktisch nicht. Ich wüßte nicht, daß von unseren ganz großen politischen Führern welche auch schon die Säuglinge gewickelt haben, nich', das war dann eben eine Pause für die Frau usw. Aber sonst, im Haushalt sich selber versorgt und so. Das ist heute ein Thema, das war damals keins. Steht in der GENOSSIN ein Artikel, daß die Männer auch aufwaschen sollen und Wäsche machen, ihre eigenen Sachen waschen?

Karin Gille: Nein.

Lore Henkel: Siehste. Das war nicht.

Karin Gille: Es steht mal ein Aufruf drin, daß die Männer der Frau auch eine halbe Stunde am Tag gönnen sollen, wo sie lesen kann und nicht den Haushalt macht.

Lore Henkel: Also das wenige, das bißchen. Also das ist nicht da. Ihr seid erstaunt, aber ich muß sagen, das ist nicht dagewesen! Und, ja, wenn das anständige Kerle waren, dann ergab sich das, daß es geht. Und dann haben die Männer auch gesagt: „Und die Bettwäsche kommt in die Wäscherei, die wäschst du nicht, dazu ist deine Zeit zu Schade." So ging das dann.[493]

Die von Lore Henkel agitatorisch genutzte Formel „hinter den Frauen räumt niemand auf" kennzeichnet nach ihrer Darstellung auch die Lebenspraxis jener Genossen, die die Anerkennung der Gleichberechtigung aller Menschen und Abschaffung aller Privilegien als Bedingung des Sozialismus propagieren. Heute, so Lore Henkel, sei das ein Thema, aber damals sei es das nicht gewesen. In ihrer einleitend zum ersten Kapitel zitierten Feststellung bringt Lore Henkel die Wahrnehmungsunterschiede zwischen „heutiger" und „zeitgenössischer" Sicht deutlich zum Ausdruck: „Aber es ist interessant, ihr seht die Dinge heute ganz anders, und auch euer Blick auf die andere Zeit ist anders, ihr stellt ganz andere Fragen, als ich euch beantworten kann. Weil ich sage, das war einfach nicht. Da haben wir nicht dran gedacht, das war in unseren Köpfen nicht drin."[494]

---

[493] Lore Henkel, Interview, S. 57f.
[494] Ebd., S. 63.

Eine Reihe von Themen, die aus „heutiger" Sicht auf die Nachkriegszeit relevant erscheinen, wie beispielsweise die Anerkennung vergewaltigter Frauen als Kriegsbeschädigte[495], werden in der GENOSSIN nicht thematisiert. Probleme der Nachkriegsgesellschaft wie die Arbeitsbelastung und – überlastung der Frauen und die in Folge des Krieges gegebenen Verschiebungen im Geschlechterverhältnis, des sogenannten „Frauenüberschusses", sind aus „heutiger" Sicht eindeutige Krisensymptome einer patriarchal organisierten Gesellschaft. Die dualistische Spaltung in eine männlich orientierte Produktions- und eine weiblich orientierte Reproduktionswelt trat jedoch nur vorübergehend außer Kraft. Dabei erwiesen sich in der Phase des Überlebens vorrangig jene Verhaltensweisen als sinnvoll, die der Logik des Reproduktionsbereichs entsprechen.

Hierin liegt der Sinn der Bezeichnung der unmittelbaren Nachkriegszeit als der „Stunde der Frauen": „Im Untergang aber, wenn er unversehens denn eintritt, verliert das einseitig männliche Prinzip jeden Glanz. Auf einmal taugt es nicht mehr, niemand kann es noch brauchen, es zerbricht. Zum Überleben im Untergang wie zum Leben überhaupt ist anderes nötig."[496]

Die auch in zeitgenössischen Frauenzeitschriften verstärkt geführte Diskussion um das Wesen des Mannes im Gegensatz zum Wesen der Frau umschreibt „den Mann" als abstrakten, dem Leben selbst entfremdeten Denker, „der Frau" dagegen wird praktische Verbundenheit zum Leben bescheinigt. Hinter dieser dichotomen Annahme, in der sich Kriegs- und Nachkriegserfahrung insofern widerspiegeln, als den Frauen in stärkerem Maße die Sorge um Leben und Überleben oblag, verbirgt sich der tiefere Sinn der Rede vom „Scheitern der Männerpolitik" als Scheitern des patriarchalen Ordnungssystems. Die zeitgenössische Diskussion greift die dichotome Aufspaltung in männliche und weibliche Geschlechtscharaktere jedoch nicht an, sondern auf und bedient sich ihrer zur Begründung eines besonderen Beitrags der Frau zur Politik. Hierin liegt der entscheidende Unterschied zur „heutigen" feministischen Diskussion, die im Zusammenbruch patriarchaler Ordnung zunächst die Chance zum frauenpolitischen Aufbruch sah und schließlich lediglich eine kurze Phase des „erzwungenen Matriarchats" meinte ausmachen zu können.

Sowohl Elisabeth Selbert als auch ihre Weggefährtinnen in der Partei sehen sich am Ende des zweiten Weltkrieges weniger vor dem Zusammenbruch patriarchaler

---

[495] Auf die entsprechende jedoch nur von wenigen Frauen genutzte Möglichkeit nach dem Bundesversorgungsgesetz verweist Helke Sander: BeFreier und Befreite. Krieg, Vergewaltigung, Kinder. München 1992, S. 192ff.

[496] Christian Graf von Krockow: Die Stunde der Frauen. Bericht aus Pommern 1944 bis 1947. Stuttgart 1988, S. 9.

Ordnung als vielmehr in einer allgemeinen Notsituation, die auf dem Scheitern von Faschismus, Kapitalismus und Nationalismus basiert. Sie erleben die Genossen als Verbündete im Kampf gegen Krieg und wirtschaftliche Not. Sozialisten sind darüber hinaus Verbündete im Kampf gegen jene „bürgerlich-christliche Moral", die der Not weiter Frauenkreise zum Trotz die Folgen des menschlichen Bedürfnisses nach Sexualität ignoriert. In diesem Kontext greift die bereits von Bebel vorgelegte Analyse der Unterdrückung der Frau als Geschlechtswesen. Das Problem der gefährdeten weiblichen Jugend konzentriert sich in der Wahrnehmung von Sozialdemokratinnen entsprechend auf den Zusammenhang von Armut und Prostitution und die Bekämpfung von Geschlechtskrankheiten in fürsorgerischer Absicht. Wenngleich in diesem Sinne die soziale Frage im Vordergrund steht, verweist sie insofern auf emanzipatorische Potenziale, als sie mit der Lockerung des § 218 und der Gleichstellung unehelicher Kinder Frauen aus sozialen Notlagen befreit und sozialer Ächtung entgegenwirkt.

Auch die Einsicht in die Notwendigkeit der Frauenerwerbstätigkeit resultiert aus der Analyse der sozialen Situation, wenngleich die Forderung nach der grundsätzlichen Anerkennung des Rechts der Frau auf Arbeit über eine der Not geschuldete Einsicht hinausgeht. Die Forderung nach Abschaffung der Versorgungsehe entspringt ebenfalls der sozialen Frage, insofern die Abhängigkeit der Ehefrau vom Ehemann die Würde der Frau untergräbt und gefährdet. Die gesellschaftliche Doppelfunktion der Frau ist dabei jedoch keineswegs in Frage gestellt. Um neben dem Beruf die „Berufe der Frau" zu ermöglichen, wird vielmehr entsprechende gesellschaftliche Entlastung gefordert.

Sozialdemokratische Frauenpolitik der Nachkriegszeit überträgt die Ordnung des kleinen Kreises der Familie auf das Ganze des Staates, indem die Sozialdemokratinnen die Logik des Reproduktionsbereichs und die familiäre Geschlechtsrollenzuweisung von Vater und Mutter zugleich als sinnvolles Ordnungsprinzip auch des Staates betrachten. Im Zentrum dieser Vorstellung steht das Bild gerechter Eltern, die alle Kinder nach Bedürfnis und Begabung fördern. Übertragen handelt es sich um eine gerechte, aus Männern und Frauen bestehende Volksvertretung, die alle Bürger und Bürgerinnen nach Bedarf und Begabung in einem demokratischen System sozialistischer Planwirtschaft fördert. Die Bewährung der Frauen der Nachkriegszeit besteht in dieser Sicht in der großen Mehrzahl der Frauen, die eine entsprechende Ordnung im kleinen Kreis der Familie unter widrigsten Bedingungen aufrechterhielten, indem sie ihren kleinen Haushalt so planten, dass alle Familienangehörigen etwas abbekamen. Die Aufforderung, diese Haltung für das Ganze nutzbar zu machen, beinhaltet demnach die Erwartung eines spezifischen Beitrags der Frauen zur Politik, der aus der besonderen Kompetenz der Frauen im Reproduktionsbereich abgeleitet wird, und verweist auf ein entsprechend frauenspezifisches Politikverständnis.

Inwieweit diese Vorstellung eines demokratischen Sozialismus von den Genossen geteilt wurde, erscheint insofern fraglich, als die Ordnung des kleinen Kreises eben doch vorrangig den Frauen oblag und zugänglich war. Zwar erweist sich entsprechend dem Modell der gerechte Vater auch als gerechter Ehemann, der die Leistung der Frau zu würdigen weiß, ob er jedoch darüber hinaus, den spezifischen Beitrag der Frau für das Ganze zu schätzen wüsste, wäre eine weitergehende Frage, die im Rahmen dieser Arbeit nicht geklärt werden kann. Auffällig aber ist der Befund einer sowohl in den Beiträgen von Männern als auch in den Beiträgen von Frauen auszumachenden besonderen Emotionalität und Emphase nach den Erfahrungen des Nationalsozialismus, die Verwirklichung des Sozialismus als Gegenwartsaufgabe zu begreifen und sich selbst in besonderer moralischer Verantwortung zu sehen. Geschlechtsspezifische Zuschreibungen greifen dabei insofern in besonderer Weise in die Politik hinein, als weder die Genossen noch die Genossinnen Wesensunterschiede zwischen Männern und Frauen in Frage stellen, aus denen wiederum unterschiedliche Ansprüche resultieren. Für die Sozialistin ergibt sich daraus eine Vielfalt moralischer Verpflichtung bis hin zum Erscheinungsbild, dem Sozialismus zu dienen und sich als Mutter, Ehefrau, Berufstätige, Politikerin und Hausfrau ihrer Vorbildfunktion bewusst zu sein. Feministischer Kritik am bürgerlichen Familienmodell hält dieser „revolutionäre Entwurf" nicht stand. Die Kritik an patriarchalen Zuschreibungen aber war „in den Köpfen" der Sozialdemokratinnen nicht „drin" – „der" Sozialist als Ehemann war nach den Beschreibungen von Vätern, Ehemännern und Lebensgefährten vielmehr Vorbild und Förderer des Weges von Frauen in die Politik.

Wenngleich die Ordnung des kleinen Kreises der Familie ein häufig auftretendes Motiv in der Argumentation sozialdemokratischer Frauenarbeit der Nachkriegszeit ist, findet sich bezüglich der Gestaltung des ehelichen Lebens zwischen Mann und Frau in der GENOSSIN der Jahre 1947 bis 1949 lediglich ein Artikel in der Rubrik „Wir diskutieren". Im Zentrum dieses Artikels steht die Frage nach dem Verhältnis der berufstätigen Frau zum Ehemann. Die Autorin Friedl Widera geht davon aus, dass im mächtigen Aufbruch der Frauenbewegung um die Jahrhundertwende die Bedeutung von Gleichberechtigung und Gleichwertigkeit im Überschwang verwechselt worden seien und sie mahnt: „Uebersehen wir bitte nicht, daß die Persönlichkeitswerte von Mann und Frau gänzlich verschieden waren, sind und bleiben werden. Das heißt nicht, daß die Frau minderwertig ist, aber Liebe, Ehe und Mutterschaft haben ihr Wesen anders geprägt. Das ist kein Nachteil, im Gegenteil, hierin gerade liegt vielleicht ihre größte Stärke.“[497] Die berufstätige Frau aber habe es ungleich schwerer als die Nur-Hausfrau, da ihr Selbstbewusstsein gestärkt sei und dies nicht alle Männer vertragen und verstehen. Die kluge Frau werde deshalb dafür sorgen, dass sein heimisches Behagen nicht leide, indem sie genügend Spannkraft aufbrächte, „für eine geräuschlose Abwicklung des Hauswesens selbst zu sorgen oder daß sie eine Hilfe für alle Dinge heranzieht, für die ihre Kraft oder Zeit nicht ausreichen. (...) Auch wird sie nicht vergessen, daß sie in erster Linie Frau ist (...) Sie wird Zeit haben für ihn, wenn es auch manchmal schwer für sie ist, und sie soll auch nicht vergessen, für ihn „schön" zu sein.“[498] Der Mann werde dankbar anerkennen, wenn seine Frau selbstbewusst, stolz und frei von wirtschaftlicher Abhängigkeit trotzdem ganz Frau bleibe. In Zeiten des „Frauenüberschusses" dürfe dieses Glück nicht durch falsch verstandene Gleichberechtigung gefährdet werden.

Barbara Böttger führt diesen Artikel als Beleg für die Feststellung an, dass die Konfliktlinien in der öffentlichen Diskussion nicht so sehr zwischen CDU und SPD verliefen, sondern zwischen Männern und Frauen. „Einen Blick in das Innenleben eines – wie ich fürchte – durchschnittlichen männlichen Sozialdemokraten gestattet folgender Ausschnitt eines Artikels mit der Überschrift `Die Gleichberechtigung der Frau – einmal anders gesehen`. Nachdem von den gänzlich verschiedenen `Persönlichkeitswerten der Frau` und dem Geweckten Selbstbewußtsein der Frauen, das zu Konflikten führen könne die Rede ist, heißt es unverblümt: `Er` möchte doch der Führende in dem Verhältnis zu seiner Frau sein, sich als Mann anerkannt sehen und das ist ganz natürlich. Die kluge Frau wird sich diesem Verlangen ihres Mannes anpassen, was ihr, wenn sie ihn wirklich liebt, auch nicht schwer fallen dürfte.` Der größte Skandal dieses Artikels liegt für mein Empfinden in der Tatsache, daß solch ein Verständnis von `Frauenbefreiung` von der Redakteurin der `Genossin`, dem Informationsblatt für Funktionärinnen, nicht als reiner Hohn zurückgesandt, sondern als druckenswerte Meinungsäußerung veröffentlicht wird. Die einzige Begründung kann doch wohl darin bestehen, daß hier – mal ganz offen – ausgesprochen wird, was so `normal` ist, daß es offenbar nicht einmal von der Genossin selbst als unrechtmäßig empfunden wird. Durch diesen Text wird darüber hinaus zum einen deutlich, wie groß der Abstand der neuen Verfassungsnorm gegenüber der Allgegenwart des ungebrochenen patriarchalen Gewohnheitsrechtes war, und zum anderen, wie wenig Solidarität sich die Frauen tatsächlich von ihren sozialdemokratischen Genossen trotz all der verbalen (An-)Sprüche erhoffen konnten.“[499]

---

[497] Friedl Widera: Die Gleichberechtigung der Frau – einmal anders gesehen. In: GENOSSIN Nr. 3 April 1949, S. 95.
[498] Ebd.
[499] Böttger: Recht auf Gleichheit, S. 234.

Entgegen Böttgers Vermutung, dass es sich um einen Blick in das Innenleben eines durchschnittlichen männlichen Sozialdemokraten handelt, ist Friedl Widera eine Genossin, die in diesem Artikel beschreibt, wie sich ihres Erachtens das persönliche Verhältnis von Mann und Frau in einer Zeit gestalten solle, die der Frau ihre Fesseln genommen habe. „Wenn die Frau es versteht, sich ihrem Manne anzupassen und seine Gefährtin in guten und bösen Tagen zu sein, ihm nicht die Führerrolle in der Ehe zu nehmen, dann wird dies die schönste Bestätigung ihrer von den gesellschaftlichen und wirtschaftlichen Fesseln der Vergangenheit befreiten Persönlichkeit sein."[500]

Dieses von Friedl Widera entworfene Bild stellt lediglich einen Diskussionsbeitrag dar. Es kann also nicht als repräsentative Gleichberechtigungsvorstellung sozialdemokratischer Frauenpolitik gewertet werden. Naheliegender ist vielmehr, dass sich im beschriebenen Idyll die Sehnsucht einer Frau ausdrückt, die, wie sie in einem anderen Beitrag schreibt, als Ostflüchtling alles verlor – auch die geliebten Menschen.[501] Die Generation zwischen 40 und 50 schreibt Friedl Widera im Februar/März 1949 in der Rubrik „Probleme der Zeit" „ist losgelöst vom Gestern und im Morgen noch nicht verankert, es gibt dafür schlechthin kaum eine Orientierung."[502] Eine Orientierung am Leben der Mütter sei nicht möglich, da diese im Alter zwischen 40 und 50 ein gesichertes Dasein führten, das in geregelten Bahnen verlief. „Unser eigenes Leben aber läßt jede Sicherheit des Daseins vermissen. Millionen von uns kommen aus dem Osten, haben keinen Mann mehr, müssen allein für die Kinder sorgen, wohnen behelfsmäßig, viele sind total ausgebombt, unsere Söhne sind oftmals verschollen und da, wo für unsere Mütter ein gewisses Behagen im Leben anfing und sie die Hauptarbeit als getan betrachten konnten, da fangen wir ganz neu an, müssen für alles geradestehen und uns mit Dingen auseinandersetzen, die unsere Mütter nie gekannt haben. Das Erwerbsleben hat uns erfaßt, kurz, alles ist anders, als es früher war und sehr viel anders, als wir es uns noch wenige Jahre [zuvor] gedacht oder erträumt hatten."[503]

Das von Friedl Widera beschriebene Leben der Frau zwischen 40 und 50 scheint beladen mit schmerzhaften Verlusten und schwer zu tragender Sorge. Es sind dies offensichtlich ihre eigenen Lebensumstände. Wie Marga Tylinski im Interview angab, war Friedl Widera eine schlesische Genossin, die nach der Flucht in Essen

---

[500] Friedl Widera: Die Gleichberechtigung der Frau – einmal anders gesehen. In: GENOSSIN Nr. 3 April 1949, S. 96.
[501] Vgl. Friedel Widera: Eine schlesische Genossin schreibt. In: GENOSSIN Nr. 3 Mai 1948, S. 34.
[502] Friedl Widera: Die Generation zwischen 40 und 50. In: GENOSSIN Nr. 2 Febr./März 1949, S. 58.
[503] Ebd., S. 59.

lebte, und weil es ihr wirtschaftlich sehr schlecht ging, von Herta Gotthelf für das Frauenbüro beschäftigt wurde.[504]

Neben der persönlichen Bekanntschaft zwischen Friedl Widera und Herta Gotthelf sowie Gotthelfs Bemühen, die Genossin zu unterstützen[505], könnte als Beweggrund zum Abdruck ihres als solchem auch gekennzeichneten Diskussionsbeitrag die Hoffnung Gotthelfs auf eine Diskussion des Themas bestanden haben. Dieser Beitrag führte im Gegensatz zum beispielsweise ebenfalls in der Rubrik „Wir diskutieren" abgedruckten Beitrag „So sieht eine Sozialistin (nicht) aus" jedoch nicht zu einer breiteren Diskussion.

In der Sehnsucht nach Harmonie und Idylle, die im Entwurf des ehelichen Lebens bei Friedl Widera zum Ausdruck kommt, zeigt sich jedoch ein typisches Merkmal von in der GENOSSIN geführten Diskussionen. Die Beschreibung der tatsächlichen Lebensumstände geht von zerrütteten Familienverhältnissen, einer ungeheuren Krise der Ehe, Überlastung der Frauen, sozialer Not und moralischen Erschütterungen der Zeit aus. Während diese Verhältnisse als Folgen von Krieg und kapitalistischer Wirtschaftsordnung gewertet werden, verkörpert den Gegenpol zur rauhen Wirklichkeit die Hoffnung eines demokratischen Sozialismus, in dessen Zentrum die Bedürftigkeit des Menschen steht. Sich dieser Bedürftigkeit anzunehmen, dafür gilt die Frau in besonderer Weise als berufen. Als Hüterin der Familie hat sie sich in weiblicher Eigenart bewährt, die Ordnung des kleinen Kreises aufrechtzuerhalten. Nun geht es darum, ihr die Augen zu öffnen und den wahren Feind der Familie zu erkennen, der all ihre Bemühungen zunichte macht. Die Ordnung des kleinen Kreises der Familie auf den Staat und seine Organe zu übertragen, gilt als der ihr zukommende Beitrag zur Politik. Um die Frau für diesen Einsatz zu gewinnen, bedarf es der Sichtbarmachung des Zusammenhangs zwischen Kochtopf und Staatsführung, zwischen ihrer Not und der staatlichen Wirtschaftspolitik. Sie gilt in besonderer Weise als ansprechbar für das Leiden anderer Menschen.

---

[504] *Marga Tylinski:* „Ich weiß nicht, ob es das heute noch gibt, es gab früher Zeitungsausschnittdienste, die konnte man abonnieren und bekam zu einem bestimmten Thema immer bergeweise Material zugeschickt. Ein solches Abonnement hatten wir auch, und das hat die Herta Gotthelf der Friedel Widera zur Auswertung geschickt, und die hat das dann sortiert." Interview II mit Marga Tylinski, S. 2. Antje Huber bestätigte, dass Friedl Widera später für die Neue Ruhrzeitung tätig war. Nähere Lebensumstände waren ihr allerdings nicht bekannt. Der Versuch der Kontaktaufnahme zu ihrem Sohn blieb leider ergebnislos. Aus Datenschutzgründen konnte seine Adresse nicht mitgeteilt werden.

[505] Der Abdruck von Artikeln wurde mit einer Aufwandsentschädigung vergütet. Nach Angabe von Marga Tylinski und Abrechnungsbelegen des Aktenbestandes betrug die Aufwandsentschädigung nach der Währungsreform ca. 10,-DM pro Druckseite.

Lucie Beyer (später Kurlbaum-Beyer) führt in diesem Kontext eine ihrer Erfahrungen als Vorsitzende einer Spruchkammer zur Entnazifizierung an, um zu belegen, dass nicht Interesselosigkeit, sondern politische Unkenntnis Frauen für die Propaganda des Dritten Reiches empfänglich gemacht habe: „Ich vergesse nie eine Verhandlung gegen eine Frauenschaftsleiterin, die plötzlich unter Tränen erklärte: 'Der Zusammenbruch im Jahre 1945 war eine Erlösung und erst der Tag, an dem zum ersten Mal wieder die Luftschutzsirene ertönte, um einen Alarmzustand anzuzeigen, brachte mir mein Ausgestoßensein zum Bewußtsein. Ich ergriff rein automatisch mein Verbandszeug, meinen Eimer und alles, was ich verpflichtet war mitzubringen und wollte zur Meldestelle rennen. Erst auf der Treppe fiel mir ein, daß die Zeit längst vorbei und der erste Transport von Flüchtlingen eingetroffen sein mußte.' Leise fügte sie dann noch hinzu: 'Dabei hätte ich so gerne wieder mitgeholfen.'"[506] Die große Beteiligung von Frauen in den Frauengruppen der NSDAP, so Lucie Kurlbaum-Beyer, sei eine der schmerzlichsten Feststellungen nach 1933 für sie gewesen. Es sei ihr jedoch zur Gewissheit geworden, dass insbesondere die politische Unkenntnis der Frauen dazu geführt habe.

Über politische Schulung das soziale Empfinden der Frauen in die richtigen Bahnen zu lenken, ist entsprechend die Aufgabe der Frauenarbeit. Zentrale Elemente dieser Lenkung sind die Sehnsucht nach Frieden und die Aussicht auf menschenwürdige Verhältnisse, in denen die Kinder zu anständigen und sauberen Menschen heranwachsen können.[507] Grundlegend für diesen Ansatz der Frauenarbeit ist die Annahme eines Wesens der Frau, das dazu berufen ist, für andere zu sorgen und dessen ureigenster Bereich in natürlicher Bestimmung und historisch gewachsener Arbeitsteilung der Geschlechter Haushalt und Familie sind.

Die Frage der Vereinbarkeit von „Berufen der Frau" mit Politik und Erwerbstätigkeit stellt sich aus Sicht der Sozialdemokratinnen jedoch nicht als Herausforderung im individuellen Bereich gegenüber dem eigenen Mann, sondern als Herausforderung der staatlichen Ordnung, allen Menschen angemessene Lebensverhältnisse zu ermöglichen und dementsprechend der Frau ihrer Doppelfunktion entsprechende Entlastungen zu gewähren. Denn die Leistungen von Frauen in Haushalt und Familie werden als Leistungen nicht nur für die eigene Familie, sondern als wertvoller Beitrag für „das Ganze" gewertet. Gerade in der Not der Kriegs- und Nachkriegsjahre habe sich gezeigt, welche Bedeutung dieser Beitrag habe. Hierin liegt der Sinn der Rede von der „Gleichwertigkeit, die die Andersartigkeit aner-

---

[506] Lucie Beyer (Luzie Beier): Politische Schulung als Lehrfach. In: GENOSSIN Nr. 4 Mai 1949, S. 120.

[507] Diese Motive finden sich vielfach im Werbematerial. Vgl. Ordner Bundestagswahl AdsD PV I 0258 sowie Ordner Rundschreiben AdsD PV 0126 und 0127.

kennt"[508]: Die Anerkennung des Beitrags der Frau für die Gemeinschaft verlangt, ihr die entsprechende Teilhabe am öffentlichen Leben zu ermöglichen. Erst vor diesem Hintergrund ist das von Friedel Widera entworfene Bild repräsentativ für Positionen sozialdemokratischer Frauenpolitik der Nachkriegszeit. Die Zuständigkeit der Frau für Haushalt, Kinder und Versorgung des Ehemanns ist nicht grundsätzlich in Frage gestellt, vielmehr erwächst gerade aus dieser besonderen Prägung des Wesens der Frau ihre größte Stärke, die sie nach der Erfahrung von Krieg und Zerstörung prädestiniert scheinen läßt, einen spezifischen Beitrag für „das Ganze" zu leisten.

Diverse Beiträge in der GENOSSIN beschäftigen sich mit der planvollen Gestaltung der Hausarbeit, um Freiraum für Bildung und politische Betätigung zu schaffen.[509] Ruth Samtleben, die sich selbst als Mutter vieler Kinder, die sie durch einen Beruf ernähren müsse, und aktive Politikerin beschreibt, gibt zusätzlich den Tipp, innerlich „ja" zu sagen, „zu aller Rennerei und Arbeit aus dem Bewußtsein heraus, wie reich man eigentlich noch ist, für jemanden sorgen zu dürfen und wie leer alles um einen wäre, wenn die Voraussetzungen der häuslichen Plage plötzlich wegfielen, das würde unseren Frauen weiterhelfen und sie freimachen für ihre tätige Mitarbeit auch außerhalb ihrer eigenen engen vier Wände."[510]

Wie Friedel Widera auf die Gefahren falsch verstandener Gleichberechtigung in Zeiten des Frauenüberschusses verweist, so betont Ruth Samtleben, wie leer es um einen wäre, wenn die Voraussetzungen der „häuslichen Plage" wegfielen. Die Auf-

---

[508] Elisabeth Selbert in der 42. Sitzung des Hauptausschusses des Parlamentarischen Rates am 18.1.1949: „Es ist ein grundlegender Irrtum, bei der Gleichberechtigung von der Gleichheit auszugehen. Die Gleichberechtigung baut auf der Gleichwertigkeit, die die Andersartigkeit anerkennt. Mann und Frau sind nicht gleich." Parlamentarischer Rat: Stenographische Protokolle der Verhandlungen des Hauptausschusses. Bonn 1948/49, S. 540.

[509] Vgl. z.B. E.St.: Wie kann man der Hausfrau Erleichterungen verschaffen. In: GENOSSIN Nr 2 Febr./März 1949, S. 46f.; Marta Giesemann: Methodik im Haushalt. In: GENOSSIN Nr. 4 Mai 1949, S. 124f.

[510] Ruth Samtleben: Noch einmal: Hausfrauen-Stundenplan. In: GENOSSIN Nr 5 Juni 1949, S. 144.

forderung innerlich „Ja" zu sagen wird mit dem Verweis verknüpft, welche Erfüllung die Sorge um den Ehemann bzw. die Kinder bedeuten würde. In Anbetracht
der großen Zahl alleinstehender oder allein zurückgebliebener Frauen erscheint die
„häusliche Plage" als Privileg. Auch hierin liegt möglicherweise ein Moment der
Überlebensarbeit, der vielen Frauen die Kraft für die aus „heutiger" Sicht unglaub-
lichen Über-Lebensleistungen gab.

Schlussbetrachtung
Zwischen Überleben und Utopie
Emanzipatorische Potenziale sozialdemokratischer Frauenpolitik der Nachkriegszeit

Die Sozialdemokratinnen der Nachkriegszeit haben keinen ausgearbeiteten „revolutionären Entwurf" des demokratischen Sozialismus hinterlassen, aus dem hervorgeht, wie sich das alltägliche Leben von Frauen in einem „integralen, sozialistischen System" gestaltet. Ihre Politik orientiert sich vielmehr an den gegebenen Verhältnissen sozialer Not und der Suche nach Möglichkeiten zu deren Bewältigung.

Dabei speist sich die Gleichberechtigungsvorstellung von Sozialdemokratinnen der Nachkriegszeit aus dem Gedanken einer allen Menschen gleichermaßen zukommenden Menschenwürde. Geschlechtsspezifische Zuschreibungen stehen diesem Anspruch nicht entgegen, sondern werden als Ausprägung historisch gewachsener, geschlechtsspezifischer Arbeitsteilung akzeptiert. Gleichberechtigung ist deshalb nicht gleichbedeutend mit Gleichheit, sondern basiert auf der Gleichwertigkeit, die die Andersartigkeit anerkennt. Entsprechend erwächst aus den besonderen Lebensbedingungen der Frau und ihrer Doppelfunktion für die Gesellschaft als Staatsbürgerin und Mutter eine besondere Frauenwürde. Um dieser Würde gerecht zu werden, bedarf es eines spezifischen Ausgleichshandelns der Gesellschaft, das Frauen die Erfüllung ihrer Doppelfunktion ermöglicht, ohne sie von der Teilhabe an der Gestaltung des öffentlichen Lebens auszuschließen. Denn Frauen leisten im Bereich der Reproduktion nicht nur einen wesentlichen Beitrag zum „Ganzen", sondern verfügen in diesem Kontext über Kompetenzen, deren Nutzung ebenfalls ein Gewinn für das „Ganze" darstellt. Darüber hinaus bedeutet Demokratie, allen Menschen die gleichen Rechte und Chancen zu gewähren. Um Freiheitsrechte wahrnehmen zu können, bedarf es jedoch sozialer Voraussetzungen. Insofern ist auch die Frauenfrage eine soziale Frage.

Im demokratischen Aufbruch nach 1945 sehen sich Sozialdemokraten und Sozialdemokratinnen in besonderer Weise zur Übernahme von Regierungsverantwortung prädestiniert. Die Verwirklichung des demokratischen Sozialismus erscheint als Gegenwartsaufgabe, um die soziale Not der Nachkriegszeit zu bewältigen. Die Gegnerschaft zum Nationalsozialismus ist zudem die moralische Plattform, aus der sich Berufung und Verpflichtung gleichermaßen ergeben. Von diesen Voraussetzungen ist auch die Sicht Elisabeth Selberts geprägt. Wie viele ihrer Genossen und Genossinnen fühlt sie sich nach dem Erleben des Nationalsozialismus berufen, am Aufbau eines demokratischen Rechtsstaates mitzuwirken. Die Absicherung von Frauenrechten ist dabei ein selbstverständlicher Bestandteil. Die Hoffnung ihrer Umsetzung aber konzentriert sich auf den Ausgang der ersten Bundestagswahlen, denn die Gestaltung der Sozialordnung ist das zentrale Instrument, um Frauen Teilhabechancen zu sichern. Deshalb gilt es, die Partei zu stärken, die, wie Elisabeth Selbert betont, als erste „die Gleichberechtigung auf ihre Fahnen schrieb", und die Frauen zur aktiven Mitarbeit in der Partei zu gewinnen. Denn für die bestehende Kluft zwischen Programmatik und Realität sind die Frauen insofern mitverantwortlich, als sie die Mitarbeit verweigern: „Wenn wir nicht anerkennen wollen, dass unser Platz in den politischen Parteien ist, um dort für unsere Frauenforderungen zu werben, dann haben wir auch kein Recht, den Parteien mangelndes Verständnis für unsere Ansprüche vorzuwerfen."[511]

Dabei erweisen sich die Frauenforderungen der Sozialdemokratinnen nach 1945 nicht als eine neue Qualität frauenpolitischer Herausforderung, sondern knüpfen ungebrochen an vor 1933 vertretene Positionen an. Diese Kontinuität findet ihren Ausdruck in der Losung, dass das, was immer als Frauenfragen bezeichnet worden sei, ins Unermeßliche gewachsen und in Wirklichkeit als Lebensfragen des gesamten Volkes zu betrachten sei. Die Bedeutung von Überlebensarbeit und Überlebenspolitik in der Nachkriegszeit bestätigt vor diesem Hintergrund lediglich die sozialdemokratische Analyse, nach der die Lösung der Frauenfrage mit der Lösung der sozialen Frage zusammenfiele.

Überleben und Sozialdemokratie

Überleben aber bedeutet in der unmittelbaren Nachkriegszeit zunächst einmal „überlebt zu haben" im ursprünglichen Sinne des Wortes. In Beschreibungen erster Zusammentreffen und Versammlungen von Sozialdemokraten und Sozialdemokratinnen nach dem Krieg wird die Besonderheit dieser Stimmungslage immer wieder betont. Auch Elisabeth Selbert gibt an, bei der ersten Zusammenkunft im Unterbezirk Kassel unbedingt dabei gewesen sein zu wollen. Sie legte den Weg von Melsungen nach Kassel zu Fuß zurück. „In einem der Säle traf ich dann die alten politischen Freunde, natürlich nur teilweise. Wir registrierten, wer nicht da war, wer wo wie geblieben war. Wir hatten Leute, die vom ersten Kriegstag bis zum letzten in Oranienburg gewesen waren und auf un-

---

[511] Elisabeth Selbert: Zur Frage der Frauenausschüsse. Manuskript, AdsD BKS 179, S. 2.

wahrscheinliche Art überlebt hatten. Da habe ich Männer weinen sehen. [...] In der Partei war die Zusammenarbeit damals sehr kameradschaftlich und menschlich nahe, denn wir standen ja noch unter diesem gewaltigen Erlebnis des Dritten Reiches und waren noch einmal davongekommen."[512]

Die Bedeutung des Überlebens von Krieg und Nationalsozialismus für die Politik der Sozialdemokratinnen ist im ersten Kapitel dieser Arbeit gezeigt worden. Über die Analyse von biographischen Zugängen zur Sozialdemokratie der Nachkriegszeit wurde ersichtlich, dass das Erleben des Nationalsozialismus eine prägende Zugangserfahrung für die Wahrnehmung der Nachkriegszeit darstellt. Das Ende des Krieges ist für viele Sozialdemokraten und Sozialdemokratinnen der lang ersehnte Neubeginn und Aufbruch in die Demokratie. „Fast poetisch wird Elisabeth Selbert ein Jahr später in der *Frankfurter Rundschau* schreiben, daß >mit Sehnsucht das Morgenrot der Befreiung und der Demokratie herbeigesehnt< wurde."[513] Die Erfahrung der Bedrohung demokratischer Grundrechte und die im Gegenzug erlebten Vorbilder des Widerstehens und der Solidarität festigen die Bezüge im persönlichen sozialdemokratischen oder der Sozialdemokratie nahestehenden Umfeld. Die politische Überzeugung erfährt im persönlichen Erleben ihre Bestätigung oder vermittelt sich über nahestehende, sozialdemokratisch orientierte Personen als bewährte Haltung.

Die Not der Nachkriegszeit erscheint in den Schilderungen älterer Sozialdemokratinnen als eine Herausforderung, die es im Interesse des demokratischen Aufbaus zu bewältigen gilt. Soziale Arbeit ist in diesem Kontext eminent politisch im Sinne eines Beitrags zur Schaffung einer stabilen Demokratie. Neben der materiellen Not gilt der politischen Schulung und der Entnazifizierung besondere Aufmerksamkeit. Diese Aufgabe umfasst außer Entnazifizierungsverfahren auch das „Nachholen des Loches von 33 bis 45", die Sorge um „internationale Verständigung" und schließt die Absicherung von Frauenrechten, wie die Analyse der Wuppertaler Konferenz belegt, ebenfalls ein.

Vorbehalte gegenüber überparteilicher Frauenarbeit ergeben sich u.a. aus einer vom „Scheitern der Männerpolitik" abweichenden Analyse der Ursachen von Krieg und Nationalsozialismus. Die Beteiligung von Frauen an Frauengruppen der NSDAP ist ebenso gegenwärtig wie „schlechtes Benehmen": War neben mir eine Frau, der hatten sie sie [eine Wohnung im stark zerstörten Hannover. A.d.V.] schon gegeben, und die hatte in unserer Gegend - das war wirklich eine Frau von den Nationalsozialisten und die hatte viele verpfiffen - und die hatte die Wohnung gekriegt, und da habe ich gesagt: „Stop, wir sind im Wider-

---

[512] Elisabeth Selbert zitiert nach Böttger: Recht auf Gleichheit, S. 147.

[513] Heike Drummer und Jutta Zwilling: Elisabeth Selbert. Eine Biographie. In: Die Hessische Landesregierung (Hg.): Ein Glücksfall für die Demokratie. Elisabeth Selbert (1896-1986). Die große Anwältin der Gleichberechtigung. Frankfurt a.M. 1999, S. 61.

stand gewesen, wir haben leiden müssen. Heute kriegen die Nationalsozialisten nicht erst die Wohnung, sondern erst wir. Ich gehe nicht hier weg, und ich mache Krieg." Und ich habe immer gedacht: „Die war ja auch eine Frau mit Kindern." Und trotzdem, wir haben den Gefangenen auf die Aschenkisten mal ein Butterbrot gelegt oder Roggenkeks oder was, und die haben sie mit Steinen beworfen, und ich hatte das gesehen, und da habe ich gedacht: „Jemand, der sich so schlecht benommen hat. Also das ist dir nun auch egal." Aber es hat mich oft belastet, daß ich gedacht habe: „Die Kinder müssen ja auch drunter leiden."⁵¹⁴

In der Einschätzung des Erlebens und Verhaltens im Nationalsozialismus verlaufen die Konfliktlinien nicht zwischen Männern und Frauen. Diese Erfahrung aber bestimmt den Zugang zur Sozialdemokratie der Nachkriegszeit und macht die Schaffung einer stabilen Demokratie zur zentralen Aufgabe.

Demokratie und Frauenrechte

Die Verankerung von Frauenrechten in einer künftigen Verfassung ist, wie anhand des Protokolls der Wuppertaler Frauenkonferenz gezeigt wurde, ein zentrales Anliegen sozialdemokratischer Frauenarbeit und wesentlicher Bestandteil ihrer Demokratievorstellung, nach der allen Menschen die gleichen Möglichkeiten und Chancen gebühren. Die Demokratie aber scheint von kapitalistischen und kommunistischen Interessen bedroht. Währungsreform und Berlin Blockade sind die historisch konkreten Erfahrungen dieser Bedrohung. Lokaler Brennpunkt dieses Erlebens ist Berlin. An den Berichten von Genossen und Genossinnen aus Berlin und der Haltung der Berliner Bevölkerung respektive der besonderen Leistung der Berliner Hausfrauen konkretisiert sich aus Sicht von Sozialdemokraten und Sozialdemokratinnen der Freiheitswille der Bevölkerung gegen diktatorische Maßnahmen. In der Genossin Louise Schröder als Oberbürgermeisterin von Berlin findet die Losung von der „Bewährung der Frauen in Zeiten der Not" ihre politische Bestätigung.

Die Gleichberechtigung von Männern und Frauen gilt unter den Genossinnen als nicht mehr diskutabel, diskutabel ist vielmehr, welche Maßnahmen zur Linderung der Not breiter Bevölkerungskreise zunächst zu ergreifen sind. Die Rechtsstellung der Frau und Fragen der Frauenerwerbstätigkeit greifen aktuelle Problemlagen auf, in denen sich die immer als Frauenfragen bezeichneten ins Unermeßliche gewachsenen Lebensfragen des Volkes zeigen. Unter anderem im Scheidungsrecht, an der

---

⁵¹⁴ Margarete Hofmann, Interview, S. 17f.

Stellung unehelicher Kinder, in der Arbeitsüberlastung der Frauen mit Haus- und Erwerbsarbeit, an der ungleichen Entlohnung von Männern und Frauen zeigt sich, welche Probleme die Alltagsbewältigung in der Nachkriegsgesellschaft im besonderen den Frauen bereitet. Diese Probleme aufzugreifen gilt im Sinne parteiinterner Arbeitsteilung als Aufgabe der Frauenarbeit.

Herta Gotthelf koordiniert als zentrale Frauensekretärin und Leiterin des Frauenbüros beim Parteivorstand, welche Genossinnen welche Themen im Sinne sozialdemokratischer Frauenpolitik vorzugsweise vertreten. Elisabeth Selbert gehört, wie das Protokoll der Wuppertaler Frauenkonferenz eindrücklich belegt, zu diesem Kreis ausgewiesener Funktionärinnen. Die von ihr in Wuppertal vorgetragenen Positionen entsprechen dem unter den Delegierten bestehenden Konsens, dass die Verwirklichung der vollen Gleichberechtigung nur über den Aufbau einer demokratischen und sozialistischen Gesellschaftsordnung erreicht werden könne. Die Forderung nach der Abschaffung der Versorgungsehe als langfristiges Ziel sozialdemokratischer Frauenpolitik korrespondiert folgerichtig mit einer Analyse zeitgenössischer Probleme der Frauenerwerbstätigkeit, die langfristig über gezielte Ausbildungs- und Berufslenkung zu beheben wären.

Flankierende Maßnahmen, wie die Einrichtung von Kindertagesstätten zur Lösung divergierender Ansprüche von „Berufen der Frau" und Erwerbstätigkeit, werden in diesem Kontext zwar angesprochen, ihnen gilt angesichts der bevorstehenden Weststaatsgründung unter dem Eindruck der Restauration des Kapitalismus jedoch weniger Augenmerk. Als vordringlich erscheint es, die bevorstehenden Wahlen zu gewinnen und damit den entscheidenden Einfluss auf die Gestaltung des Staates ausüben zu können. Frauen für die Sozialdemokratie zu gewinnen entspringt vor diesem Hintergrund dem intrinsischen Motiv frauenpolitische Positionen der Sozialdemokratie durchsetzen zu können.

Frauen und Sozialismus

Der Feststellung der Sozialdemokratinnen, die Mehrheit der Frauen stehe der Partei fern, steht die feministische Analyse gegenüber, die Parteien stehen den Interessen der Mehrheit der Frauen fern. Am Beispiel sozialdemokratischer Frauenarbeit der Nachkriegszeit zeigt sich, welchen Problemen die Übersetzung von Fraueninteressen in Strukturen traditioneller Politikträger unterliegt. Wenngleich der Parteitag der SPD 1948 in Düsseldorf die Resolution der Frauenkonferenz, die Verwirklichung der vollen Gleichstellung der Frau als vordringlichste Aufgabe der Gesamtpartei zu betrachten, gleichlautend einstimmig verabschiedete, stellt sich die Frage nach der Kluft von Programmatik und Realität ebenso wie die Frage nach geschlechtsspezifischen Wahrnehmungsunterschieden.

Während innerhalb der sozialdemokratischen Frauenarbeit der Nachkriegszeit, wie die Analyse der GENOSSIN bestätigt, die Diskussion von Fragen der Alltagsbewältigung dominiert wird, steht auf dem Programm der sogenannten „großen Politik" die Lösung der „deutschen Frage" im Kontext des sich abzeichnenden Ost-West-Konflikts. In diesem Sinne gilt die Losung von der naturwüchsigen Deckung von Überleben(-sarbeit) und (Überlebens-)Politik in der Nachkriegszeit nur bedingt, denn, wie anhand des Wuppertaler Konferenzprotokolls und Beiträgen in der GENOSSIN gezeigt werden konnte, bleiben die Fragen der Alltagsbewältigung an politische Vorgaben geknüpft.

Doch so sehr sich Männer und Frauen in zeitgenössischen Frauenzeitschriften um die Beteiligung von Frauen an der Politik bemühen und so sehr die sozialdemokratische Frauenarbeit auf die Besonderheiten des Frauenlebens einzugehen bemüht ist, parteipolitisch engagiert ist lediglich eine Minderheit der Frauen. Dieses Missverhältnis der Geschlechtervertretung gereicht gerade denen zum Nachteil, denen, wie Herta Gotthelf und Genossinnen, die Werbung der Frauen als vordringliche Aufgabe obliegt. Das Fehlen von 200 Stimmen für ein Mandat von Elisabeth Selbert im ersten deutschen Bundestag gibt der Wählerinnenmehrheit der Nachkriegszeit und deren „frauenpolitischem Aufbruch" eine denkwürdige Note.

Der demokratische Aufbruch von Sozialdemokraten und Sozialdemokratinnen ging demgegenüber von der Hoffnung auf einen Wahlsieg aus. Elisabeth Selbert, die sich bereits um eine Wohnung in Bonn bemüht hatte[515], schreibt in einer Antwort an Herta Gotthelf über den Ausgang der ersten Bundestagswahl: „Dass ich meine grosse Aufgabe, die ich mir gerade als weiblicher Anwalt seit vielen Jahren gestellt hatte, nun anderen überlassen muß, tut mir herzlich weh. [...] Du weißt, ich bin nicht ehrgeizig, liebe Herta, mir steht die Partei über allem. [...] Es geht hier nur um die grosse Aufgabe, für die ich zusätzlich zu meiner enormen Belastung zu jedem Opfer bereit war."[516]

In den Beratungen des Parlamentarischen Rates war die Gestaltung der Sozialordnung bewusst ausgeklammert worden, um eine schnelle Einigung der widerstreitenden Parteien zu ermöglichen. Der Wahlausgang ist vor diesem Hintergrund ein mehrfacher Rückschlag für die sozialdemokratische Frauenarbeit. Die SPD ist

---

[515] Vgl. den Briefwechsel zwischen Elisabeth Selbert und dem Fraktionssekretär der SPD im Parlamentarischen Rat im Juli 1949, AdsD BKS 241.
[516] Brief von Elisabeth Selbert an Herta Gotthelf vom 22.8.1949, AdsD PV I 0258.

weder Regierungspartei noch gelang Elisabeth Selbert der Einzug in den Bundestag. Der Kampf um die Gleichberechtigung verschaffte der SPD trotz des sogenannten „Frauenüberschusses" nicht die ersehnte Stimmenmehrheit.

Wie sehr sich Funktionärinnen der Sozialdemokratie insbesondere um Probleme bemühten, die sich aus der demographischen Verschiebung im Geschlechterverhältnis ergaben, belegen sowohl das Protokoll der Wuppertaler Frauenkonferenz als auch in der GENOSSIN geführte Diskussionen. Mit der in Wuppertal als Fernziel deklarierten Forderung nach Abschaffung der Versorgungsehe korrespondieren sowohl die Auseinandersetzungen um den Hausarbeitstag und die Doppelverdienerkampagne als auch die Behandlung der Themen Schwangerschaftsabbruch und Unehelichenrecht in der GENOSSIN.

Als aktuelle tagespolitische Fragen greifen diese Themen akute Notlagen von Frauen auf, die sich aus der traditionellen Vorstellung weiblichen Versorgtseins über Eheschließung und einer dieser Annahme entgegenstehenden Situation ergeben. Frauen müssen demnach, so die Analyse der Sozialdemokratinnen, erwerbstätig sein, um sich und Familienangehörige zu versorgen, weil sie keinen Ehemann haben, weil ihr Ehemann nicht ausreichend verdient oder weil er nicht willens oder fähig ist, ein ausreichendes Einkommen für den Familienunterhalt zu erzielen. Die zusätzliche Belastung durch Hausarbeit verlange entsprechende Entlastung. Die Doppelverdienerkampagne richte sich demgegenüber vorwiegend gegen qualifizierte Frauen und damit gegen das demokratische Prinzip gerechter Vergabe von Bildungs- und Aufstiegschancen.

Entsprechend an der sozialen Situation orientiert sich die Diskussion um Schwangerschaftsabbruch und Unehelichenrecht. In Not geratenen Frauen müsse durch Abmilderung des § 218 geholfen werden, um gesundheitlichen Schaden abzuwenden. Die rechtliche Gleichstellung unehelicher Kinder sei erforderlich, um der Ächtung und sozialen Benachteiligung von Müttern und Kindern entgegen zu wirken. Mit diesen Positionen greifen die Sozialdemokratinnen soziale Notlagen von Frauen der Nachkriegszeit in einer Form auf, die der zeitgenössischen, bürgerlich-christlichen Moral entgegensteht. Wie sich an späteren Debatten um die Anpassung des Familienrechts an Art. 3 II GG zeigt, basieren Ehe und Familie demnach auf einer „natürlichen Ordnung", nach der die Letztentscheidung dem Mann und Vater zukämen.[517]

---

[517] Siehe insbesondere die Diskussion um den Stichentscheid des Mannes in § 1354 BGB im Regierungsentwurf von 1952. Dazu Dokumente z.B. in: Klaus-Jörg Ruhl: Frauen in der Nachkriegszeit. 1945-1963. S. 154-190.

Die Abschaffung der Versorgungsehe zielt demgegenüber auf ein Ehemodell, dass der Frau die Möglichkeit eröffnet, sich jederzeit aus einer Ehe zu befreien, um nicht „unter Preisgabe ihrer persönlichen Würde, unter Preisgabe ihres Frauenstolzes und ihres Frauentums"[518] Zugeständnisse machen zu müssen. Die auf Abhängigkeit basierende Ehe wird entschieden abgelehnt und über Änderung des Unehelichenrechts und Abmilderung des § 218 eine ihrer entscheidenden Entstehungsursachen in Angriff genommen. Dem Vorwurf, damit „eine Bresche in das naturgegebene Gefüge von Eltern und Kindern [zu legen], das in seiner idealen Form als der angeborene Schutz des Menschen aus einer jahrtausendealten Tradition so fest in unser Bewußtsein eingegangen ist, daß es trotz sowjetischer und nazistischer Versuche von uns allen einzig als Normalzustand empfunden wird"[519], wird wiederum mit dem Verweis auf die soziale Situation und ihre Ursachen begegnet. Fielen Krieg und wirtschaftliche Not fort, so Susie Miller, müsse man sich wohl keine Sorgen machen, „über die Bereitschaft der Frauen, Kinder zu haben, und auch nicht über die der Männer, für die Familie in anständiger Weise zu sorgen."[520]

Das Modell ehelicher Aufgabenteilung, nach dem dem Mann vorrangig die finanzielle Versorgung der Familie obliegt, ist damit keineswegs in Frage gestellt. Vielmehr wird auch in diesem Kontext auf die soziale Situation verwiesen, die gerade nicht das Versorgtsein durch die Eheschließung gewähre. „Bitteres Leid und seelische Bedrückung drängen auf uns ein, wenn wir uns tiefer mit dem Problem beschäftigen. [...] Die besten Frauen ziehen es vor, sich still und fleißig ihren Lebensunterhalt zu verdienen, anstatt in breitester Öffentlichkeit darüber zu reden, daß ihr Mann sie nicht ernähren kann oder will. [...] Sollen alle diese Frauen einer Tradition zum Opfer fallen, die durch die wirtschaftlichen Notwendigkeiten längst überholt ist?"[521]

Das Ehe- und Familienmodell von Sozialdemokratinnen der Nachkriegszeit wendet sich gegen eine nach ihrer Analyse längst von der Wirklichkeit überholte Tradition, nach der das Leben von Frauen allein auf Heirat, Haushalt und Familie unter männlicher Versorgung und Vormundschaft ausgerichtet ist. Deshalb fordern sie die rechtliche Gleichstellung auf allen Rechtsgebieten, respektive gleicher Bildungs- und Ausbildungschancen, das Recht der Frau auf Arbeit, gerechte Entloh-

---

[518] Elisabeth Selbert, Redebeitrag, Wuppertaler Frauenkonferenz, S. 52.

[519] Die Redaktion: Uneheliches Kind im Grundgesetz. In: DIE WELT DER FRAU Heft 1, Juli 1949, S. 29.

[520] Susie Miller: Die Gewinnung der katholischen Frau. In: GENOSSIN Nr. 7 September 1948, S. 95.

[521] Elisabeth Innis: Arbeitende Ehefrauen sind keine Doppelverdiener. In: GENOSSIN Nr. 9 Okt. 1949, S. 261.

nung etc. Die volle Gleichberechtigung aber könne nur im demokratischen und sozialistischen Staat verwirklicht werden.

Einen ausgearbeiteten „revolutionären Entwurf" des demokratischen Sozialismus bezüglich der Gestaltung des alltäglichen Lebens der Frau in Haushalt, Familie und Beruf haben die Sozialdemokratinnen der Nachkriegszeit nicht hinterlassen. Viele ihrer Forderungen aber verweisen auf einen Gesellschaftsentwurf, in dem dem Begriff des Sozialismus eine Schlüsselstellung zukommt. So eröffnet die Vorstellung einer an den Bedürfnissen der Menschen orientierten planmäßigen Lenkung der Wirtschaft Perspektiven, nach denen ein Ausgleichshandeln für spezifische von den Frauen erbrachte Leistungen in Haushalt und Familie bzw. eine den Besonderheiten des Frauenlebens Rechnung tragende Gestaltung von Bildungs- und Erwerbsverläufen denkbar erscheint.

Hinweise auf ein entsprechend an menschlichen Bedürfnissen orientiertes Politik- und Staatsmodell liefert die Thematisierung der Zusammenhänge des Frauenlebens mit staatlichen Maßnahmen. Die Forderung nach Einrichtung von Ehe-, Jugend- und Sexualberatungsstellen geht zudem über die Vorstellung des repressiven Staates hinaus, der zum Schutz der „Heiligkeit des Lebens" mit Strafverfolgung droht und erst eingreift, wenn es zu spät ist. Der fürsorgende Staat sorgt demgegenüber durch Aufklärung vor. Probleme des „Privaten" sind insofern Gegenstand der Politik, als sie, wie die Diskussion um den Hausarbeitstag zeigt, als Konsequenzen der Organisation des Gemeinwesens begriffen werden.

In diesem Sinne erfolgt zwar kein Angriff auf die geschlechtsspezifische Arbeitsteilung zwischen Männern und Frauen in der Familie, aber ein Angriff auf die dualistische Aufspaltung einer nach männlichen Erfahrungszusammenhängen organisierten, Bedingungen der Reproduktion mißachtenden Öffentlichkeit und einer zum Dulden und Ertragen gezwungenen, in den engen Grenzen des privaten Haushalts verfangenen, weiblichen Bevölkerung. Das Bemühen der Sozialdemokratinnen, an die traditionellen Erfahrungshintergründe von Frauen im Bereich der Reproduktion anzuknüpfen, diese als Kompetenz anzusprechen und auf die Ebene des „Ganzen" zu übertragen, ist als spezifische Verarbeitungsform der Nachkriegssituation durch Sozialdemokratinnen zu werten. Ihre Forderung, die Ordnung des kleinen Kreises der Familie für das Ganze nutzbar zu machen, erweist sich insofern als staatspolitische Herausforderung, als diese Forderung die Abspaltung im Bereich der Reproduktion geltender Normen aus dem Bereich öffentlicher Organisation nicht nur ignoriert, sondern explizit Reproduktionshandeln zum Vorbild staatlichen Handelns erklärt.

Das emanzipatorische Potenzial sozialdemokratischer Frauenpolitik der Nachkriegszeit erschließt sich dabei weniger über die Betrachtung der spezifischen Lebensbedingungen der Nachkriegszeit und den daraus abgeleiteten Forderungen der Sozialdemokratinnen, sondern vielmehr über den Zugang von Sozialdemokratinnen zur Politik und ihrer aus diesem Zugang resultierenden Wahrnehmung der Nachkriegssituation. Denn die frauenpolitischen Forderungen der Sozialdemokratinnen basieren auf einem insbesondere über nahestehende Personen vermittelten Demokratiemodell, dem die Vorstellung, allen Menschen gebühre das gleiche Recht auf Teilhabe an staatlichem Handeln und auf Wahrnehmung sozialer Chancen, zugrundeliegt. Emanzipatorisch wirkt dieses Demokratiemodell insofern, als die Beteiligung von Frauen an Politik nicht nur nicht infrage steht, sondern vielmehr als Aufgabe und Verpflichtung begriffen wird. Die Durchbrechung geschlechts- und herkunftsbedingter (insbesondere Bildungs-)Barrieren ergibt sich als logische Konsequenz dieses Modells demokratischer Selbstverpflichtung und schließt entsprechend frauenpolitische Forderungen als demokratische Forderungen ein.

Der Kampf um Frauenrechte ist demnach zunächst ein selbstverständlicher Bestandteil des Aufbaus einer Demokratie nach 1945, die den Sozialdemokratinnen nach den Erfahrungen des Nationalsozialismus nur auf der Grundlage einer sozialistischen Wirtschaftsordnung realisierbar erscheint. Im Gegensatz zur Annahme der politisierenden Wirkung der Nachkriegsnot auf Frauen und aus der Bewährung der Frauen in der Not resultierender, frauenrechtlicher Forderungen sehen Sozialdemokratinnen die bereits vor 1933 von der Partei vertretenen Forderungen durch die allgemeine Not bestätigt. Ihre Forderungen sind dementsprechend nicht aus der Nachkriegssituation abgeleitet, sondern werden durch diese bekräftigt.

Dieser Hintergrund lässt – aus Sicht der Sozialdemokratinnen – die Sozialdemokratie zur Übernahme von Regierungsverantwortung prädestiniert erscheinen und die Verwirklichung sozialer Rechte, die die Not vieler Frauen mildern könnte, scheint nah. Der Wahlverlust der Sozialdemokratie ist unter diesem Aspekt jedoch von tragischer Konsequenz: Der Einsatz von Elisabeth Selbert im Parlamentarischen Rat hat die Wählerinnenmehrheit offenbar nicht zu überzeugen vermocht. Die Umsetzung der Gleichberechtigung obliegt nun einer konservativen Regierung, deren Vorstellung von der Gestaltung der Sozialordnung zu einem Verhältnis zwischen Verfassungsnorm und Verfassungswirklichkeit führt, das angesichts der von den Sozialdemokratinnen gehegten Hoffnungen als „Verfassungsbruch in Permanenz" erscheint.

Den Biographien sozialdemokratischer Politikerinnen aber ist zu entnehmen, welche emanzipatorischen Potenziale der Anspruch auf gleichberechtigte Teilhabe an der Gestaltung des politischen Lebens freizusetzen vermag. Die Überwindung geschlechts- und herkunftsbedingter Bildungsbarrieren bleibt ein wesentliches Kennzeichen der Lebenswege exponierter, sozialdemokratischer Politikerinnen und auch in der Opposition häufig ein Politikfeld, dem sie sich besonders verpflichtet fühlen. Für den Aufbruch der neuen Frauenbewegung bildet die zunehmende Bildungsbeteiligung von Frauen eine wesentliche Voraussetzung. Dieser neue „frauenpolitische Aufbruch" speist sich jedoch nicht zuletzt aus dem Widerspruch einer über die Verfassung garantierten Gleichberechtigung und einer dieser Garantie entgegenstehenden Verfassungswirklichkeit. Enttäuschungserfahrungen bestimmen entsprechend die Perspektive auf traditionelle Politikträger und auch innerhalb der Sozialdemokratie kommt es zum Bruch zwischen den Generationen. Die von Anke Martiny nachträglich auf Unkenntnis der jüngeren Frauen zurückgeführte Haltung, in der SPD sei überhaupt noch keine „richtige" Frauenpolitik geleistet worden, verletzt insbesondere jene, die sich auch in der Frauenpolitik der SPD jahrelange Verdienste erworben hatten.

So konstatiert Elfriede Eilers im Kontext der jahrzehntelangen Diskussion um die Änderung des §218: „Aber ich meine nur, da waren es die eigenen Frauen, die nicht anerkannten, daß da ein Bemühen da war, sondern das wurde eben nur als Schlappheit ausgelegt. Und in der Hinsicht war es, muß ich ehrlich sagen, in der Zeit, als ich die Frauenarbeit auf der Bundesebene aktiv übernommen habe, erst Annemarie Renger und ich zusammen, dann ich allein, das waren die härtesten Jahre, die ich in der Politik hatte. Die waren also nicht in der Allgemeinpolitik, sondern die waren in der Frauenpolitik."[522]

Vor diesem Hintergrund wurde einleitend zu dieser Arbeit der Aufbruch der AsF als paradoxer Wendepunkt bezeichnet: Warnungen älterer Politikerinnen wurden von den jüngeren Frauen ignoriert, um schließlich, wie im Fall der Abschaffung der Schutzklausel bei Vorstandswahlen, über entsprechende Rückschläge zu radikaleren Forderungen zu gelangen, die, wie Marta Schanzenbach bekennt, „zu denken, ich nicht gewagt hätte".[523]

Der Weg vieler Sozialdemokratinnen der Nachkriegszeit erscheint dabei dem Weg der jüngeren Frauen genau entgegengesetzt: Es ist der Weg in die Politik, der ihnen neue Teilhabechancen und entsprechende Bildungszugänge eröffnet. Die Unterstützung dieses Weges durch männliche Vorbilder und Lebensgefährten ist

---

[522] Elfriede Eilers, Interview, S. 10.
[523] Marta Schanzenbach zitiert nach: Regine Marquardt: Das Ja zur Politik. Frauen im Deutschen Bundestag 1949-1961. Ausgewählte Biographien. Opladen 1999, S. 205.

dabei von auffallender Bedeutung und wäre ein wichtiges Untersuchungsfeld für die Frage, ob die Einsicht in die Notwendigkeit der Emanzipation der Geschlechter tatsächlich mit dem biologischen Geschlecht verknüpft ist oder ob sie sich nicht eher aus grundsätzlichen Gerechtigkeitserwägungen speist.

Wenngleich es sich bei den im Kontext dieser Arbeit vorzugsweise zitierten Sozialdemokratinnen um eine Minderheit hoch motivierter Funktionärinnen handelt, erfüllen sie eine Vorbildfunktion. Das Erinnern an herausragende Repräsentantinnen erklärt sich aus dieser Funktion. Ebenso wichtig aber ist es, den Kontext deutlich zu machen, der entsprechende Lebenswege ermöglicht hat, denn das Thema „Gleichstellung verwirklichen" wirft immer wieder Fragen auf, die auf „alte" Diskussionen verweisen. Entsprechend ist die Forderung „Die Ordnung des kleinen Kreises auf das Ganze übertragen" nicht gleichbedeutend mit der Losung „Das Private ist politisch", aber es enthält Ansätze, deren Diskussion immer noch Impulse liefern kann, um die Politik mit dem „Privaten" angemessener umgehen zu lassen.

Der Spannungsbogen zwischen „Nebenwiderspruch" und „revolutionärem Entwurf" spiegelt vor diesem Hintergrund das frauenpolitische Dilemma der Verwiesenheit von Frauen auf Fragen der Alltagsbewältigung bei weitgehender Ignoranz der „Politik" gegenüber dem „Privaten". Der demokratische Aufbruch von Sozialdemokratinnen nach 1945 aber speist sich aus der Einsicht in die zerstörerische Kraft einer Politik, die elementare menschliche Grundrechte verletzt. Im Überleben liegt deshalb der Schlüssel zum entschlossenen Eintreten für eine Utopie, in der sich politisches Handeln an menschlicher Bedürftigkeit orientiert. Der in der Nachkriegszeit von Sozialdemokratinnen vertretene Anspruch einer gleichberechtigten Gesellschaft weist damit weit über die Verfassungswirklichkeit der Bundesrepublik Deutschland hinaus, denn er verlangt ein Ausgleichshandeln der Gesellschaft, um Frauen die Inanspruchnahme gleicher Rechte zu sichern.

Quellen- und Literaturverzeichnis

A. Ungedruckte Quellen

Interviewtranskripte der Gespräche mit

- Prof. Dr. Susie Miller am 24.01.1995 (I) und 18.02.1998 (II) in Bonn;
- Marga Tylinski am 11.03.1995 (I) und am 29.04.1995 (II) in Rethen bei Hannover;
- Dr. Lore Henkel am 22.06.1995 in Hannover;
- Margarete Hofmann am 27.06.1995 in Hannover;
- Nora Walter am 10.10.1996 in Hannover;
- Elfriede Eiler am 15.10.1996 in Bielefeld;
- Antje Huber am 31.10.1996 in Essen;
- Lucie Kurlbaum-Beyer am 26.10.1999 in Schwaig bei Nürnberg.

Nach Abschluss der Forschungsarbeiten sind die Interviewtranskripte einsehbar im Archiv der sozialen Demokratie.

Aktenbestand des Frauenbüros beim Parteivorstand im Archiv der sozialen Demokratie

Parteivorstand Frauenbüro (PV)

PV 0117 A Schriftwechsel mit den Bezirken darin:
Brief von Herta Gotthelf an Elisabeth Selbert vom 19.5.1948.
Brief von Herta Gotthelf an Irmgard Enderle vom 19.5.1948.
Brief von Herta Gotthelf an Clara Döhring vom 19. 6.1948
Brief von Elisabeth Selbert an Herta Gotthelf vom 19.6.1948.
Brief von Clara Döhring an Herta Gotthelf vom 29.6.1948.
Brief von Herta Gotthelf an Susie Miller vom 10.7.1948.
Brief von Herta Gotthelf an Marie Wagenknecht vom 12.7.1948.
Brief von Anni Krahnstöver an Herta Gotthelf vom 24.8.1948.
Brief von Herta Gotthelf an Anni Krahnstöver vom 26.8.1948.
Entschließung des sozialpolitischen Ausschusses der SPD in seiner Sitzung am 22.8.1948 in Bad Vilbel.

PV 0118 Allgemeiner Schriftverkehr darin:
Brief von Dr. Carl Crede an Herta Gotthelf vom 26.2.1947.
Briefabschrift von Dr. Carl Crede.

PV 0126 Rundschreiben 1946/1947 darin:
Herta Gotthelf, Rundschreiben an die Bezirke Nr. 12/46 vom 11.11.1946 sowie Anlagen
zu Konferenzbericht und Resolutionen der Frauenarbeitstagung November 1946 in
Frankfurt a.M..
Herta Gotthelf, Rundschreiben an die Bezirke Nr. 23 vom 26.9.1947.

PV 0127 Rundschreiben 1948/1949 darin:
Herta Gotthelf, Rundschreiben an die Bezirke Nr. 12/1948.
Herta Gotthelf, Rundschreiben an die Bezirke Nr. 16 vom 5. Juli 1948.

PV I 0234 Korrespondenz Militärregierung darin:
Brief von Herta Gotthelf an Captain H. Hochfelder, Local Gov. Dept., Mil. Gov. Hannover
Region, vom 6.12.1946.

PV 0244A Überparteiliche Frauenverbände darin:
Brief von Grete Schmalz an Herta Gotthelf vom 16.5.1947.

PV I 0258 Bundestagswahl 1949 darin:
Brief von Elisabeth Selbert an Herta Gotthelf vom 22.8.1949.

PV 04108 Zeitungsberichte über die Frauenkonferenz in Wuppertal darin:
SPD-Frauentagung Wuppertal, Sonderbericht des Neuen Vorwärts. In: Neuer Vorwärts
11.9.1948.
Sopade Informationsdienst Nr. 579 vom 21. September 1948.
Edwin Möhrke: Die Tage der roten Herzen. In: Hannoversche Presse vom 11.9.1948, Seite
der Frau.

PV 04039 Frauenkonferenz Wuppertal darin:
Stenographisches Protokoll der Wuppertaler Reichsfrauenkonferenz.
Brief von Elisabeth Selbert an Herta Gotthelf vom 8. November 1948.

PV 04040 Frauenkonferenz Wuppertal darin:
Merkblatt für Tagungsteilnehmer der SPD-Frauenkonferenz Wuppertal.
Programm der Wuppertaler Frauenkonferenz.

Bestand Kurt Schumacher (BKS):

BKS 170 Korrespondenz: Schleswig-Holstein A-Z darin:
Brief von Dr. Dorothea Klaje an Dr. Kurt Schumacher vom 10.4.1948.
Brief von Herta Gotthelf an Dr. Hermann Karl vom 4.2. 1948.
„Um den Paragraphen 218", Artikelmanuskript von Dr. Hermann Karl.
Brief von Dr. Hermann Karl an Herta Gotthelf vom 21.10.1947.
Dorothea Klaje: 14 Thesen zur Mutterfamilie. Kopie.

BKS 179 Korrespondenz: Hessen-Kassel/ Hessen-Nord A-Z darin:
Elisabeth Selbert: Zur Frage der Frauenausschüsse. Manuskript.
Elisabeth Selbert: Überparteiliche Frauenbewegung? Manuskript.

BKS 181 Korrespondenz: Niederbayern-Oberpfalz A-Z darin:
Brief von Friedel Schlichtinger an Herta Gotthelf vom 4.9.1948.
Brief von Herta Gotthelf an Friedel Schlichtinger vom 6.11.1947.
Ein offenes Wort. Artikelmanuskript von Friedel Schlichtinger.

BKS 182 Korrespondenz: Ober- und Mittelfranken/ Franken A-Z darin:
Brief Willi Balderer an Herta Gotthelf Nürnberg 22.12.1948.
Brief Herta Gotthelf an Willi Balderer 29.12.1948.

BKS 186 Korrespondenz: Württemberg-Baden A-Z darin:
Brief von Herta Gotthelf an Luise Schweikert vom 28. März 1947.

BKS 241 Allgemeine Korrespondenz darin:
Briefwechsel zwischen Elisabeth Selbert und dem Fraktionssekretär der SPD im Parlamentarischen Rat im Juli 1949.

B. Gedruckte Quellen und zeitgenössische Literatur (Erscheinungsjahr vor 1960)

<u>Artikel aus der GENOSSIN, SPD-Informationsblatt für Funktionärinnen:</u>

a) des Jahres 1947

Gotthelf, Herta: Zum Geleit. Nr. 5 Mai 1947, ohne Seitenangabe.

Juchacz, Marie: Marie Juchacz grüßt die „Genossin" und die Frauen der Sozialdemokratischen Partei Deutschlands. Nr. 5 Mai 1947, ohne Seitenangabe.

Kipp-Kaule, Lisel: Das Recht der Frau auf Arbeit. Nr. 7/8 Juni 1947, S. 3 (übernommen aus: DER BUND Nr. 3, ohne Datumsangabe).

Gotthelf, Herta: Fürth. Nr. 9/10 Juli 1947, S. 9-11.

Ohne Autorenangabe: Resolutionen der Reichsfrauenkonferenz in Fürth. Nr. 9/10 Juli 1947, S. 11-13.

Schlichtinger, Friedel: „Gleichberechtigung" einmal anders gesehen... Nr. 13/14 September 1947, S. 31.

Ohne Autorenangabe (vermutlich Gotthelf, Herta): § 218-Tagung. Nr. 15/16 Oktober 1947, S. 37-38.

Westendorf, Paula: Kommentar zum § 218. Nr. 15/16 Oktober 1947, S. 38.

Ohne Autorenangabe: „Gewerkschaftsarbeit". Nr. 15/16, Oktober 1947, S. 44.

b) des Jahres 1948:

Enderle, Irmgard: Die Frauen im Wirtschaftsleben. Nr. 1, Febr./März 1948, S. 2-4.

Leber, Annedore: Frauenschulung. Nr. 1, Febr./März 1948, S. 10-11.

Pfeiffenbring, Hedwig: Wille zur Menschlichkeit bei der Frau. Nr. 1, Febr./März 1948, S. 11-12.

Gotthelf, Herta: In eigener Sache. Nr. 1, Febr./März 1948, S. 12.

Korspeter, Lisa: Sind weibliche Beamte gleichberechtigt? Nr. 2, April 1948, S. 14 (aus: HANNOVERSCHE PRESSE, 18.3.1948).

Hillebrand, Rosel: Aus Hundhammers Reich. Nr. 2, Apr. 1948, S. 15.

Ohne Autorenangabe (-s.): Zur Diskussion über § 218. Nr. 2 April 1948, S. 17.

Willi Eichler: Der Paragraph 218. Nr.3 Mai 1948, S. 26-29.

Enderle, Irmgard: Umstrittener Hausarbeitstag. Nr. 3, Mai 1948, S. 29-31.

Hasche, M.: Verheiratete weibliche Beamte. Nr. 3, Mai 1948, S. 31-34.

Widera, Friedel: Eine schlesische Genossin schreibt. Nr. 3 Mai 1948, S.34.

Gotthelf, Herta: Preisausschreiben. Nr. 4 Juni 1948, S. 49.

Gotthelf, Herta: Gegen die Trägheit des Herzens. Nr. 5/6 Juli/August 1948, S. 53.

Innis, Elisabeth: Der bezahlte Hausarbeitstag. Nr. 5/6, Juli/Aug. 1948, S. 59-61.

Berthold, Hermine: Bremen nimmt Gesetz über freien Hausarbeitstag an. Nr. 5/6, Juli/Aug. 1948, S. 61-62.

Gehwitz, Lotte: Wie ich Sozialistin wurde. Nr. 5/6 Juli/August 1948, S. 71-72.

Leikert, Lore: Auf dem Wege zur vollen Gleichberechtigung. Nr. 5/6 Juli/August 1948, S. 74-76.

Gotthelf, Herta: Resignieren oder...? Nr. 7 Sept. 1948, S. 85.

Leikert, Lore: Was hat es mit der „Lohn-Preis-Schere" und den „Lebenshaltungskosten" auf sich? Nr. 7 Sept.1948, S. 89-91.

Miller, Susie: „Die Gewinnung der katholischen Frau." Nr. 7 Sept. 1948, S. 94-97.

Enderle, Irmgard: Kleine Vorlesung über Politik. Auf Grund der Polemik von Elisabeth Innis. Nr. 7, Sept. 1948, S. 111-112.

Reuning, Anneliese: Wie ich Sozialistin wurde. Nr. 7 Sept. 1948, S. 112-113.

Paymann, Else: Wie ich Sozialistin wurde. Nr. 7 Sept. 1948, S. 113-114.

Selbert, Elisabeth: Rededisposition zu dem Vortrag „Rechtsstellung der Frau". Nr. 8 Okt. 1948, S. 122-127.

Petersen, Katharina: Das Frauenstudium in Deutschland. Nr. 8 Okt. 1948, S. 134-136.

Henkel, Willi.: Die Mutter ist die erste Erzieherin. Nr. 8 Okt. 1948, S. 136-138.

Daur, Hedwig: Wie ich Sozialistin wurde. Nr. 8 Okt. 1948, S. 145.

Temme, Mimmi: Wie ich Sozialistin wurde. Nr. 8 Okt. 1948, S. 145-146.

Schlichtinger, Friedel: Wie ich Sozialistin wurde. Nr. 8 Okt. 1948, S. 146-147.

Leikert, Lore: Bist du kaufkräftig? Nr. 9 Nov. 1948, S.151-153.

Korspeter, Lisa: Die Frauen und die freien Preise. Nr. 9 Nov. 1948, S.153-155.

Goldstein, Ella: Fanny Jensen, Dänemarks Minister für Frauenfragen.(aus der holländischen sozialistischen Frauenzeitschrift WIR FRAUEN). Nr. 9 Nov. 1948, S. 155-156.

Henkel, Willi: Erziehung zum Sozialismus. Nr. 9 Nov. 1948, S. 165-167.

Klages, Marta: Am Rande des Geschehens. Eine Genossin erlebt Wuppertal.Nr. 9 Nov. 1948, S. 168-169.

Leber, Annedore: Katholikin und Sozialistin. Nr. 9 Nov. 1948, S. 176-178.

Leikert, Lore: Kleine Bevölkerungskunde. Nr. 10 Dez. 1948, S. 187-192.

c) des Jahres 1949:

Leikert, Lore: Hokuspokus... Wirtschaftsfreiheit. Nr. 1 Jan. 1949, S. 10-14.

Nadig, Frieda: Um das Recht des unehelichen Kindes. Nr. 1 Jan. 1949, S. 25-26.

Gb.: So sieht eine Sozialistin nicht aus! Nr. 1 Jan. 1949, S. 31-32.

Siemsen, Anna: Soll die Ehefrau arbeiten gehen? (aus: SOZIALDEMOKRAT, 9.1.1949).Nr. 2 Feb./März 1949, S. 43-44.

E.St.: Wie kann man der Hausfrau Erleichterungen verschaffen. Nr 2 Feb./März 1949, S. 46-47.

Friedl Widera: Die Generation zwischen 40 und 50. Nr. 2 Feb./März 1949, S. 58-59.

Henkel, Willi: Sozialistische Erziehung im Elternhaus.Nr. 2 Febr./März 1949, S.62-63.;

Schölz, Kläre: So sieht eine Sozialistin nicht aus! Nr. 3 April 1949, S. 94-95.

Nadig, Frieda: Das Unrecht am unehelichen Kind. (aus NEUER VORWÄRTS 26.2.1949) Nr. 3 April 1949, S. 89-90.

Widera, Friedl: Die Gleichberechtigung der Frau – einmal anders gesehen. Nr. 3 April 1949, S. 95-96.

Henkel, Dr. Lore: Frauen gehen stempeln! Nr.4 Mai 1949, S. 98-102.

Bila, Helene von: Die Frau im bizonalen Beamtengesetz. Nr. 4 Mai 1949, S. 109-110.

Lucie Beyer (Luzie Beier): Politische Schulung als Lehrfach. Nr. 4 Mai 1949, S. 120-121.

Giesemann, Marta: Methodik im Haushalt. Nr. 4 Mai 1949, S. 124-125.

Henkel, Dr. Lore: Mädchen und Frauen vor der Berufswahl. Nr. 5 Juni 1949, S. 139-142.

Samtleben, Ruth: Noch einmal: Hausfrauen-Stundenplan. Nr 5 Juni 1949, S. 143-144.

Strohmeyer, Martha: Sieben Frauen im Gerichtssaal und jede schon vorbestraft oder straf-fällig. Nr. 5 Juni 1949, S. 145-146.

Gottschalk, Rudolf: Man nennt es Fehlgeburt. Nr. 5 Juni 1949, S. 146-147.

Henkel, Dr. Lore: Medizin für die kranke Wirtschaft. Nr. 7 Aug. 1949, S. 194-197.

Henkel, Dr. Lore: Gehen Sie zu Truman in die Lehre Herr Erhard! Nr. 8 Sept. 1949, S. 244-245.

Anna Siemsen: Stilles Heldentum. Nr. 9 Okt. 1949, S. 258-259.

Innis, Elisabeth: Arbeitende Ehefrauen sind keine Doppelverdiener. (aus: WIRTSCHAFT UND WISSEN Nr.2) Nr. 9, Okt. 1949, S. 261-262.

Henkel, Dr. Lore: Warum wählen sie nicht SPD? Nr. 9 Okt. 1949, S. 280-284.

Henkel, Dr. Lore: Die Abwertung greift in deine Tasche! Nr. 10 Nov. 1949, S. 292-295.

Kämmer, Elfriede: Doppelverdiener trotz Arbeitslosigkeit? (aus: NORDWESTDEUT-SCHE RUNDSCHAU, 29.10.49). Nr. 11 Dez. 1949, S. 331-332.

Henkel, Dr. Lore: Die kleinen Leute tragen die großen Lasten. Nr. 11 Dez. 1949, S. 335-338.

Artikel aus anderen, zeitgenössischen Frauenzeitschriften:

Pfeffer, Maria: Unser neuer Weg. In: DER REGENBOGEN Heft 1 Februar 1946, S. 3-4.

Haluschka, Helene: Ist Adam wirklich so gescheit? In: DER REGENBOGEN Heft 1 Febr. 1946, S. 22-23.

Krüger, Johanna: Der weibliche Staatsbürger. In: DER REGENBOGEN Heft 7 Juli 1946, S. 2.

Brenner, Vanna: Ruf der Mütter. In: DER REGENBOGEN Heft 7 Juli 1946, S. 3.

Alscher, Elfriede: Haben wir Frauen versagt? In: DER REGENBOGEN Heft 8 August 1946, S. 3.

F K.: Ein neuer weiblicher Minister. In: DER REGENBOGEN Heft 7 Juli 1947, S. 20.

Habermeier, Elfriede: Zur Aussprache der Jugend. In: DER REGENBOGEN Heft 8 August 1947, S. 3.

Speicher, Rosina: Grenzen der Emanzipation. In: FRAUENWELT Heft 17, Sept. 1948, S. 3.

Strecker, Gabriele: Das uneheliche Kind. In: FRAUENWELT Heft 17, Sept. 1948, S. 4.

Strecker, Gabriele: Was steht im Wege? In: DIE WELT DER FRAU Heft 1 August 1948, S. 1-3.

Die Redaktion: Das uneheliche Kind im Grundgesetz. In: DIE WELT DER FRAU Heft 1 Juli 1949, S. 29.

G.R.: Ja zum unehelichen Kind. In: DIE WELT DER FRAU Heft 3 September 1949, S. 46.

Essig, Marianne: Recht auf Mutterschaft. In: DIE WELT DER FRAU Heft 5 November 1949, S. 46.

Haering-Hessel: SOS für den Frieden der Ehe. In: STIMME DER FRAU Heft 11, 1949, S.4-5.

Weitere Veröffentlichungen:

Baumert, Gerhard: Deutsche Familien nach dem Kriege. Darmstadt 1954.

Büro für Frauenfragen in der Gesellschaft zur Gestaltung öffentlichen Lebens (Hg.): Die Frau in der Wirtschaft. Entwicklung der deutschen Frauenarbeit von 1946-1951. Eine statistische Übersicht von Dr. rer. pol. Elsbeth Weichmann, Wiesbaden ca. 1951.

Gotthelf, Herta: Politik „hauptamtlich". In: Vorstand der Sozialdemokratischen Partei Deutschlands (Hg.): Frauen machen Politik. Was sie sind, wie sie es wurden. Lebensschicksale politischer Frauen. (Schriftenreihe für Frauenfragen), Bonn 1958, S. 38-41.

Juchacz, Marie: Sie lebten für eine bessere Welt. Lebensbilder führender Frauen des 19. und 20. Jahrhunderts. Hannover 1955.

Noelle, Elisabeth und Erich Peter Neumann (Hg.): Jahrbuch der öffentlichen Meinung 1947-1955, Allensbach 1956.

Parlamentarischer Rat: Stenographische Protokolle der Verhandlungen des Hauptausschusses. Bonn 1948/49.

Protokoll der Verhandlungen des Parteitages der Sozialdemokratischen Partei Deutschlands vom 11. bis 14. September 1948 in Düsseldorf, Hamburg ohne Jahresangabe.

Schelsky, Helmut: Wandlungen der deutschen Familie in der Gegenwart. Darstellung und Deutung einer empirisch-soziologischen Tatbestandsaufnahme. Dortmund 1953.

Statistisches Bundesamt Wiesbaden (Hg.): Statistische Berichte. Die Frau im wirtschaftlichen und sozialen Leben der Bundesrepublik. Wiesbaden 1951.

Thurnwald, Hilde: Gegenwartsprobleme Berliner Familien. Eine soziologische Untersuchung an 498 Familien. Berlin 1948.

Vorstand der Sozialdemokratischen Partei Deutschlands (Hg.): Frauen machen Politik. Was sie sind, wie sie es wurden. Lebensschicksale politischer Frauen. Schriftenreihe für Frauenfragen, Bonn 1958.

Wurzbacher, Gerhard: Leitbilder gegenwärtigen deutschen Familienlebens. Methoden, Ergebnisse und sozialpädagogische Folgerungen einer soziologischen Analyse von 164 Familienmongraphien. Stuttgart 1954.

C. Literatur

Ariadne. Almanach des Archivs der deutschen Frauenbewegung. Heft 27, Mai 1995: „Stunde Null" Kontinuitäten und Brüche.

Ariadne. Almanach des Archivs der deutschen Frauenbewegung. Heft 30, September 1996: Den Frauen ihr Recht - Zum 100. Geburtstag von Elisabeth Selbert.

Ariadne. Forum für Frauen- und Geschlechtergeschichte, Heft 40, November 2001: Parteilichkeiten. Politische Partizipation - Erfahrungen mit männlichen Politikbereichen.

Bandhauer-Schöffmann, Irene und Claire Duchen (Hg.): Nach dem Krieg. Frauenleben und Geschlechterkonstruktionen in Europa nach dem Zweiten Weltkrieg. Herbolzheim 2000.

Bandhauer-Schöffmann, Irene und Ela Hornung: Trümmerfrauen – ein kurzes Heldinnenleben. Nachkriegsgesellschaft als Frauengesellschaft. In: Andrea Graf (Hg.): Zur Politik des Weiblichen: Frauen Macht und Ohnmacht. Beiträge zur Innenwelt und Außenwelt. Wien 1990, S. 93-120.

Böttger, Barbara: Das Recht auf Gleichheit und Differenz. Elisabeth Selbert und der Kampf der Frauen um Art. 3 II Grundgesetz. Münster 1990.

Böttger, Barbara: Elisabeth Selbert. >Mutter< des Grundgesetzes, profilierte Politikerin, Anwältin aus Berufung, Frauenrechtlerin wider Willen. In: Ariadne Heft 30, September 1996: Den Frauen ihr Recht - Zum 100. Geburtstag von Elisabeth Selbert. S.4-9.

Bouillot, Corinne und Elke Schüller: „Eine machtvolle Frauenorganisation" – oder: „Der Schwamm, der die Frauen aufsaugen soll". Ein deutsch-deutscher Vergleich der Frauenzusammenschlüsse der Nachkriegszeit. In: Ariadne. Almanach des Archivs der deutschen Frauenbewegung. Heft 27, Mai 1995: „Stunde Null" Kontinuitäten und Brüche. S. 47-55.

Brandt, Willy (Hg.): Frauen heute. Jahrhundertthema Gleichberechtigung, Köln/Frankfurt a.M. 1978.

Brehmer, Ilse, Juliane Jacobi-Dittrich, Elke Kleinau und Annette Kuhn (Hg.): „Wissen heißt Leben..." Beiträge zur Bildungsgeschichte von Frauen im 18. und 19. Jahrhundert. Frauen in der Geschichte Bd. 4, Düsseldorf 1983.

Brüggemeier, Franz-Josef und Dorothee Wierling,: Einführung in die Oral History. Kurseinheit 2: Das Interview. Fernuniversität Hagen, 1986.

Denecke, Brigitte: „Wir hatten eine Kraft, das glaubt man nicht" Frauenalltag und Frauenpolitik der Nachkriegsjahre in Dortmund und Hamm. Dortmund 1997.

Dertinger, Antje: Herta Gotthelf (1902-1963). Als die Frauen ihre Chance verpaßten. Das Wirken der SPD-Frauensekretärin für einen demokratischen Wiederaufbau. In: Antje Dertinger (Hg.): Die bessere Hälfte kämpft um ihr Recht: der Anspruch der Frauen auf Erwerb und andere Selbstverständlichkeiten. Köln 1980, S. 203-227.

Dertinger, Antje (Hg.): Die bessere Hälfte kämpft um ihr Recht: der Anspruch der Frauen auf Erwerb und andere Selbstverständlichkeiten. Köln 1980, S. 203-227.

Dertinger, Antje: „Lassen Sie Berlin nicht zugrunde gehen!" Louise Schroeder – Bürgermeisterin in schwerer Zeit. In: Dies.: Frauen der ersten Stunde. Aus den Gründerjahren der Bundesrepublik. Bonn 1989, S. 167-178.

Dertinger, Antje: Frauen der ersten Stunde. Aus den Gründerjahren der Bundesrepublik. Bonn 1989.

Deutscher Bundestag. Wissenschaftliche Dienste. Abteilung Wissenschaftliche Dokumentation (Hg.): Abgeordnete des Deutschen Bundestages. Aufzeichnungen und Erinnerungen. Bd. 4, Boppard am Rhein 1988.

Die Hessische Landesregierung (Hg.): Ein Glücksfall für die Demokratie. Elisabeth Selbert (1896-1986). Die große Anwältin der Gleichberechtigung. Frankfurt a.M. 1999.

Drummer, Heike und Jutta Zwilling: Elisabeth Selbert. Eine Biographie. In: Die Hessische Landesregierung (Hg.): Ein Glücksfall für die Demokratie. Elisabeth Selbert (1896-1986). Die große Anwältin der Gleichberechtigung. Frankfurt a.M. 1999, S. 9-186.

Eiber, Ludwig: Die Sozialdemokratie in der Emigration. Die „Union sozialistischer Organisationen in Großbritannien" 1941-1946 und ihre Mitglieder. Protokolle, Erklärungen, Materialien. (Archiv für Sozialgeschichte: Beiheft 19), Bonn 1998.

Fabricius-Brand, Margarete, Kristine Sudhölter und Sabine Berghahn: Juristinnen. Berichte, Fakten, Interviews. Berlin 1982.

Frauenforschung. Informationsdienst des Forschungsinstituts Frau und Gesellschaft 7, Nr. 3, 1989.

Freier, Anna-Elisabeth: Frauenfragen sind Lebensfragen. Über die Deckung von Tagespolitik und Frauenpolitik nach dem Zweiten Weltkrieg. In: Dies. und Annette Kuhn (Hg.): Frauen in der Geschichte V. „Das Schicksal Deutschlands liegt in der Hand seiner Frauen" – Frauen in der deutschen Nachkriegsgeschichte. Düsseldorf 1984, S. 18-50.

Freier, Anna-Elisabeth und Annette Kuhn (Hg.): Frauen in der Geschichte Bd. V. „Das Schicksal Deutschlands liegt in der Hand seiner Frauen" – Frauen in der deutschen Nachkriegsgeschichte. Düsseldorf 1984.

Forschungsinstitut der Friedrich-Ebert-Stiftung (Hg.): Frauen in den neuen Bundesländern. Rückzug in die Familie oder Aufbruch zur Gleichstellung in Beruf und Familie? (Reihe Frauenpolitik H.2), Bonn 1991.

Fuchs, Susanne: Frauen bewältigen den Neuaufbau. Pfaffenweiler 1993.

Funke, Liselotte (Hg.): Frei sein, um andere frei zu machen. Die Liberalen. Stuttgart/Herford 1984

Genth, Renate, Reingard Jäkl, Rita Pawlowski, Ingrid Schmidt-Harzbach und Irene Stoehr: Frauenpolitik und politisches Wirken von Frauen im Berlin der Nachkriegszeit 1945-1949. Berlin 1996.

Genth, Renate: Arbeit und politisches Handeln. In: Dies. u.a.: Frauenpolitik und politisches Wirken von Frauen im Berlin der Nachkriegszeit 1945-1949. Berlin 1996, S. 14-19.

Genth, Renate: Die Frauen in der SPD: Ambivalenter Egalitarismus. In: Dies. u.a.: Frauenpolitik und politisches Wirken von Frauen im Berlin der Nachkriegszeit 1945-1949, Berlin 1996, S. 124-133.

Gerhard, Ute: „Fern von jedem Suffragettentum" – Frauenpolitik nach 1945, eine Bewegung der Frauen? In: Ulla Wischermann, Elke Schüller und Ute Gerhard (Hg.): Staatsbürgerinnen zwischen Partei und Bewegung. Frauenpolitik in Hessen 1945 bis 1955. Frankfurt a. M. 1993, S. 9-40; ebenso in: Irene Bandhauer-Schöffmann, Claire Duchen (Hg.): Nach dem Krieg. Frauenleben und Geschlechterkonstruktionen in Europa nach dem Zweiten Weltkrieg. Herbolzheim 2000, S. 175-200.

Gerhard, Ute, Mechthild Jansen, Andea Mayhofer, Pia Schmid und Irmgard Schultz (Hg.): Differenz und Gleichheit. Menschenrechte haben (k)ein Geschlecht.Frankfurt a.M. 1990.

Giesselmann, Rudolf: Geschichten von der Walkemühle. Wirkungsfeld von Minna Specht, Leonard Nelson, IJB und ISK. Bad Homburg 1997.

Gille, Karin: „Kennen Sie Herta Gotthelf?" Eine Parteifunktionärin im Schatten von Elisabeth Selbert. In: Sylke Bartmann, Karin Gille und Sebastian Haunss (Hg.): Kollektives Handeln. Politische Mobilisierung zwischen Struktur und Identität. Düsseldorf 2002, S. 221-238.

Gille, Karin und Heike Meyer-Schoppa: Elisabeth Selbert und Herta Gotthelf - Erinnern und Vergessen. Vortrag auf dem Workshop der Historischen Kommission beim Parteivorstand der SPD: Biographische Ansätze in der Geschichtsschreibung über die Sozialdemokratie in der Nachkriegsepoche. Abgedruckt in AvS-Informationsdienst Nr. 2/3 Dezember 2000, S. 11-14.

Gille, Karin und Heike Meyer-Schoppa: „Frauenrechtlerei" und Sozialismus. Elisabeth Selbert und die sozialdemokratische Frauenpolitik in den westlichen Besatzungszonen. In: metis. Zeitschrift für historische Frauenforschung und feministische Praxis. 8. Jg. (1999), Heft 16: Politeia. Frauenpolitik in Deutschland 1945-2000, S. 22-42.

Graf, Andrea (Hg.): Zur Politik des Weiblichen: Frauen Macht und Ohnmacht. Beiträge zur Innenwelt und Außenwelt, Wien 1990.

Grebing, Helga: Gleichstellung verwirklichen – Das alte-neue Thema in der Geschichte der Arbeiterbewegung. In: Inge Wettig-Danielmeier (Hg.): Greift die Quote? S. 39-61.

Haas-Rietschel, Helga und Sabine Hering: Nora Platiel. Sozialistin.Emigrantin.Politikerin. Eine Biographie. Köln 1990.

Haug, Frigga: Tagträume eines sozialistischen Feminismus. In: Ute Gerhard, Mechthild Jansen, Andea Mayhofer, Pia Schmid und Irmgard Schultz (Hg.): Differenz und Gleichheit. Menschenrechte haben (k)ein Geschlecht.Frankfurt a.M. 1990. S. 82-94.

Hellwig, Renate (Hg.): Unterwegs zur Partnerschaft. Die Christdemokratinnen. Stuttgart/Herford 1984.

Hoecker, Beate und Renate Meyer-Braun: Bremerinnen bewältigen die Nachkriegszeit. Frauen.Alltag.Arbeit.Politik. Bremen 1988.

Huber, Antje (Hg.): Verdient die Nachtigall Lob, wenn sie singt? Die Sozialdemokratinnen. Stuttgart/Herford 1984.

Huber, Antje: Nie aufhören, an eine bessere Welt zu glauben. In: Antje Huber (Hg.): Verdient die Nachtigall Lob, wenn sie singt? Stuttgart/Herford 1984, S. 131-140.

Jung, Martina und Martina Scheitenberger: ... den Kopf noch fest auf dem Hals. Frauen in Hannover 1945-1948. Ausstellungskatalog Hannover 1991.

Kelle, Udo und Susann Kluge: Vom Einzelfall zum Typus. Fallvergleich und Fallkontrastierung in der qualitativen Sozialforschung, Opladen 1999.

Kleinau, Elke: Über den Einfluß bürgerlicher Vorstellungen von Beruf, Ehe und Familie auf die sozialistische Frauenbewegung. In: Ilse Brehmer, Juliane Jacobi-Dittrich, Elke Kleinau und Annette Kuhn (Hg.): „Wissen heißt Leben..." Beiträge zur Bildungsgeschichte von Frauen im 18. und 19. Jahrhundert. Frauen in der Geschichte Bd. 4, Düsseldorf 1983, S. 145-168.

Kohli, Martin und Günther Robert (Hg.): Biographie und soziale Wirklichkeit. Neue Beiträge und Forschungsperspektiven. Stuttgart 1984.

Kolbe, Nieves, Domenica Rode und Ingrid N. Sommerkorn: Chancen und Grenzen der Emanzipation von Frauen in der Nachkriegszeit. In: Frauenforschung. Informationsdienst des Forschungsinstituts Frau und Gesellschaft 6 (1988) Nr. 3, S. 13-22.

Krockow, Christian Graf von: Die Stunde der Frauen. Bericht aus Pommern 1944 bis 1947. Stuttgart 1988.

Kuby, Erich: Die Russen in Berlin 1945, Bern/München 1965.

Kuhn, Annette: Das politische Vermächtnis der Elisabeth Selbert. In: Die Hessische Landesregierung (Hg.): Ein Glücksfall für die Demokratie. Elisabeth Selbert (1896-1986). Die große Anwältin der Gleichberechtigung. Frankfurt a.M. 1999, S. 198-207.

Kuhn, Annette, Marianne Pitzen und Marianne Hochgeschurz: Politeia. Szenarien aus der deutschen Geschichte nach 1945 aus Frauensicht. Bonn 1998.

Kuhn, Annette: 1945 – Versäumte Emanzipationschancen? Feministische Überlegungen zur Refamiliarisierung nach 1945. In: Forschungsinstitut der Friedrich-Ebert-Stiftung (Hg.): Frauen in den neuen Bundesländern. Rückzug in die Familie oder Aufbruch zur Gleichstellung in Beruf und Familie? (Reihe Frauenpolitik H.2), Bonn 1991, S. 17-43.

Kurlbaum-Beyer, Lucie: Erinnerungen. In: Deutscher Bundestag. Wissenschaftliche Dienste. Abteilung Wissenschaftliche Dokumentation (Hg.): Abgeordnete des Deutschen Bundestages. Aufzeichnungen und Erinnerungen. Bd. 4, Boppard am Rhein 1988, S. 139-215.

Landeszentrale für politische Bildung Schleswig-Holstein (Hg.): „Alle Mann an Deck!"– „Und die Frauen in die Kombüse?" Frauen in der schleswig-holsteinischen Politik 1945-1958, Kiel 1993.

Langer, Ingrid: Alibi-Frauen. Hessische Politikerinnen Bd. I. In den Vorparlamenten 1946 bis 1950. Frankfurt a.M. 1994.

Dieselbe: Alibi-Frauen. Hessische Politikerinnen Bd. II: Im 1. und 2. Hessischen Landtag 1946-1954, Frankfurt a.M. 1995,

Dieselbe: Alibi-Frauen. Hessische Politikerinnen Bd. III: Im 2. und 3. Hessischen Landtag 1950-1958, Frankfurt a.M. 1996.

Lemke-Müller, Sabine: Ethischer Sozialismus und soziale Demokratie. Der politische Weg Willi Eichlers vom ISK zur SPD. Bonn 1988.

Lepsius, Renate: Frauenpolitik als Beruf. Gespräche mit SPD-Parlamentarierinnen. Hamburg 1987.

Marquardt, Regine: Das Ja zur Politik. Frauen im Deutschen Bundestag 1949-1961. Ausgewählte Biographien. Opladen 1999.

Martiny, Anke: Schwestern, zur Sonne, zur Freiheit! In: Die Neue Gesellschaft 31 (1984) Nr. 2, S. 162-167.

Merfeld, Mechthild: Die Emanzipation der Frau in der sozialistischen Theorie und Praxis, Hamburg 1972.

Metz-Göckel, Sigrid: Vorwort. In: Brigitte Denecke: „Wir hatten eine Kraft, das glaubt man nicht" Frauenalltag und Frauenpolitik der Nachkriegsjahre in Dortmund und Hamm. Dortmund 1997, S.7-8.

Meyer, Birgit: Politik als Beruf auch für Frauen? Oder: Die Schwierigkeit, sich an die ersten Politikerinnen der Nachkriegszeit zu erinnern. In: Frauenforschung. Informationsdienst des Forschungsinstituts Frau und Gesellschaft 7, Nr. 3, 1989, S. 29-42.

Meyer, Sibylle und Eva Schulze: „Von Liebe sprach damals keiner." Familienalltag in der Nachkriegszeit. München 1985.

Meyer, Sibylle und Eva Schulze: „Wie wir das alles geschafft haben." Alleinstehende Frauen berichten über ihr Leben nach 1945. München 1988.

Meyer-Braun, Renate: Frauengeschichte – Männergeschichte. Geschlechterrollen in der Nachkriegszeit am Beispiel Bremen. In: Wissenschaftliche Einheit Frauenstudien und Frauenforschung an der Hochschule Bremen (Hg.): Neue Ansätze in der Frauenforschung, Bremen 1988, S. 96-127.

Meyer-Braun, Renate: Bremerinnen begegnen der Besatzungsmacht. In: Beate Hoecker und Renate Meyer-Braun: Bremerinnen bewältigen die Nachkriegszeit. Bremen 1988, S. 22-46.

Michalski, Bettina: Louise Schroeders Schwestern. Berliner Sozialdemokratinnen der Nachkriegszeit. Bonn 1996.

Miller, Susie: Frauenrecht ist Menschenrecht. Zur Frauenprogrammatik der Sozialdemokratie von den Anfängen bis Godesberg. In Brandt, Willy (Hg.): Frauen heute. Jahrhundertthema Gleichberechtigung, Köln/Frankfurt a.M. 1978, S. 52-72.

Nielsen, Birgit S.: Erziehung zum Selbstvertrauen. Ein sozialistischer Schulversuch im dänischen Exil 1933-1938. Wuppertal 1985.

Niethammer, Lutz: Fragen – Antworten – Fragen. Methodische Erfahrungen und Erwägungen zur Oral History. In: Lutz Niethammer, Alexander von Plato (Hg.): „Wir kriegen jetzt andere Zeiten". Auf der Suche nach der Volkserfahrung in nachfaschistischen Ländern, Berlin/Bonn 1985, S. 392-445.

Niethammer, Lutz und Alexander von Plato (Hg.): „Wir kriegen jetzt andere Zeiten". Auf der Suche nach der Volkserfahrung in nachfaschistischen Ländern, Berlin/Bonn 1985.

Notz, Gisela: „Ihr seid, wenn ihr wollt, diejenigen, die alle Arbeit in der Partei machen können." Sozialdemokratische Frauenpolitik im Nachkriegsdeutschland. In: Ariadne. Forum für Frauen- und Geschlechtergeschichte, Heft 40, November 2001: Parteilichkeiten. Politische Partizipation - Erfahrungen mit männlichen Politikbereichen., S. 58-63.

Notz, Gisela: Auswirkungen der Studentenbewegung auf die Frauenbewegung. In: metis. Zeitschrift für historische Frauenforschung und feministische Praxis. 8. Jg. (1999), Heft 16: Politeia. Frauenpolitik in Deutschland 1945-2000, S. 105-123.

Nyssen, Elke und Sigrid Metz-Göckel: „Ja, die waren ganz einfach tüchtig" – Was Frauen aus der Geschichte lernen können. In: Anna E. Freier, Annette Kuhn (Hg.): Frauen in der Geschichte Bd. V, Düsseldorf 1984, S. 312-347.

Overesch, Manfred: Die Deutschen und der Weg in die staatliche Teilung. In: Deutsches Institut für Fernstudien an der Universität Tübingen (Hg.): Deutsche Geschichte nach 1945. Teil 1: Nachkriegsjahre und Bundesrepublik Deutschland. Studienbrief 2, Tübingen 1986.

Plato, Alexander von: Nachkriegsgesellschaft. Erfahrungsstrukturen und „Große Politik". In: Deutsches Institut für Fernstudien an der Universität Tübingen (Hg.): Deutsche Geschichte nach 1945. Teil 1: Nachkriegsjahre und Bundesrepublik Deutschland. Studienbrief 3, Tübingen 1987.

Prinz, Friedrich und Marita Krauss (Hg.): Trümmerleben. Texte, Dokumente, Bilder aus den Nachkriegsjahren. München 1985.

Ruhl, Klaus-Jörg (Hg.): Unsere verlorenen Jahre. Frauenalltag in Kriegs- und Nachkriegszeit 1939-1949 in Berichten, Dokumenten und Bildern. Darmstadt/Neuwied 1985.

Ruhl, Klaus-Jörg: Frauen in der Nachkriegszeit 1945-1963. München 1988.

Ruhl, Klaus-Jörg: Verordnete Unterordnung. Berufstätige Frauen zwischen Wirtschaftswachstum und konservativer Ideologie in der Nachkriegszeit. (1945-1963). München 1994.

Sander, Helke und Barbara Johr: BeFreier und Befreite. Krieg, Vergewaltigungen, Kinder. München 1992.

Sander, Helke: Rede vom „Aktionsrat zur Befreiung der Frauen." am 13.9.1968 auf der 23. Delegiertenkonferenz des SDS in Frankfurt am Main, abgedruckt als Faksimile in metis, 8. Jg. (1999), Heft 16, S. 124-130.

Schanzenbach, Marta: Das Glück helfen zu können. In: Renate Lepsius: Frauenpolitik als Beruf. Gespräche mit SPD-Parlamentarierinnen. Hamburg 1987, S. 13-32.

Schmidt, Uta C. unter Mitarbeit von Cordelia Schäfer: Die Nachkriegszeit, 1945-1948. in: Annette Kuhn, Marianne Pitzen, Marianne Hochgeschurz: Politeia. Szenarien aus der deutschen Geschichte nach 1945 aus Frauensicht. Bonn 1998, S. 74-85.

Schmidt-Harzbach, Ingrid: Eine Woche im April. Berlin 1945. Vergewaltigung als Massenschicksal. In: Feministische Studien 3 (1984), S.51-65.

Schröder, Michael (Hg.): Auf gehts! Rama dama! Frauen und Männer aus der Arbeiterbewegung berichten über Wiederaufbau und Neubeginn 1945 bis 1949. Köln 1984.

Schubert, Doris: Hausarbeit als Überlebensarbeit. Krisenbewältigung auf Kosten der Frauen. In: Doris Schubert und Annette Kuhn (Hg): Frauen in der deutschen Nachkriegszeit. Band 1: Frauenarbeit 1945-1949. Quellen und Materialien. Düsseldorf 1984, S. 32-70.

Schubert, Doris: Ehrfurcht vor dem Leben? – Zur Diskussion um die Reform des § 218 in der deutschen Nachkriegszeit. In: Beiträge zur feministischen Theorie und Praxis Nr.14 (1985), S. 100-106.

Schubert, Doris und Annette Kuhn (Hg): Frauen in der deutschen Nachkriegszeit. Band 1: Frauenarbeit 1945-1949. Quellen und Materialien. Düsseldorf 1984.

Schütze, Fritz: Kognitive Figuren des autobiographischen Stegreiferzählens, in Martin Kohli, Günther Robert (Hg.): Biographie und soziale Wirklichkeit. Neue Beiträge und Forschungsperspektiven, Stuttgart 1984, S. 78-117.

Seeler, Angela: Ehe, Familie und andere Lebensformen in den Nachkriegsjahren im Spiegel der Frauenzeitschriften. in Anna-Elisabeth Freier und Annette Kuhn (Hg.): Frauen in der Geschichte V. „Das Schicksal Deutschlands liegt in der Hand seiner Frauen" – Frauen in der deutschen Nachkriegsgeschichte. Düsseldorf 1984, S. 90-121.

Stamm, Christoph (Hg.): Die SPD-Fraktion im Frankfurter Wirtschaftsrat 1947-1949: Protokolle, Aufzeichnungen, Rundschreiben. Bonn 1993

Steckeweh, Jutta: Herta Gotthelf. Politik „hauptamtlich". In: Lehrgebiet Frauengeschichte der Universität Bonn (Hg.): Der historische Wochenkalender 2000: Politeia. Frauenportraits aus 50 Jahren deutscher Geschichte. Dortmund 1999.

Thörmer, Heinz: „Wenn Frauen aktiv sind, sind sie's meistens länger als Männer!" Elfriede Eilers – Lebensbilder. Marburg 1996.

Volkshochschule der Stadt Bielefeld (Hg.): „Wir haben uns so durchgeschlagen..." Frauen im Bielefelder Nachkriegsalltag 1945-1950, Bielefeld 1992.

Wettig-Danielmeier, Inge (Hg.): Greift die Quote? Köln 1997.

Wettig-Danielmeier, Inge: Laßt die Pfoten von den Quoten. In: Dies. (Hg.): Greift die Quote? Köln 1997, S. 7-19.

Wierling, Dorothee und Franz-Josef Brüggemeier: Einführung in die Oral History. Kurseinheit 3: Auswertung und Interpretation. Fernuniversität Hagen, 1986.

Wischermann, Ulla, Elke Schüller und Ute Gerhard (Hg.): Staatsbürgerinnen zwischen Partei und Bewegung. Frauenpolitik in Hessen 1945 bis 1955. Frankfurt a. M. 1993.

Wissenschaftliche Dienste des Deutschen Bundestages: Parlamentarierinnen im Deutschen Bundestag 1949-1993, Bonn 1993.

Wissenschaftliche Einheit Frauenstudien und Frauenforschung an der Hochschule Bremen (Hg.): Neue Ansätze in der Frauenforschung, Bremen 1988.

Bodo von Borries
Wendepunkte der Frauengeschichte II. Über Muttergöttinnen,
Männeransprüche und Mädchenkindheiten. Modelle und Materialien
zum Ausprobieren und Bessermachen
Frauen in Geschichte und Gesellschaft, Band 38, 2003, ca. 360 Seiten, Abb.,
ISBN 3-8255-0345-3, ca. 25,– €

Florian Mildenberger
Allein unter Männern. Helene Stourzh-Anderle in ihrer Zeit
Frauen*Gesellschaft*Kritik, Band 42, 2004,
130 S., ISBN 3-8255-0463-8, 18,90 €

Manfred Cybalski
Ab nach Sibirien. Bericht einer Reise in die Gegenwart
2004, ca. 200 S., ISBN 3-8255-0462-3, ca. 18,– €

Hubert Kiesewetter
Irreale oder reale Geschichte? Ein Traktat über
Methodenfragen der Geschichtswissenschaft
Reihe Geschichtswissenschaft, Band 50, 2002, 200 Seiten,
ISBN 3-8255-0378-X, 20,90 €

Susanne Kinnebrock
Anita Augspurg (1857-1943). Eine kommunikationshistorische
Biographie im Kontext der deutschen Frauenbewegung und der
internationalen Frauenfriedensbewegung
Frauen in Geschichte und Gesellschaft, Band 39, 2003, ca. 680 Seiten, Abb.,
ISBN 3-8255-0393-3, ca. 30,– €

Kerstin Kerstin / Dörte Putensen / Monika Schneikart (Hg.)
Frauen im Ostseeraum. Gleicher Kulturraum – unterschiedliche
Traditionen – gemeinsame Zukunft? Internationale Tagung des Interdisziplinären
Zentrums für Frauen- und Geschlechterstudien an der Universität Greifswald.
Frauen*Gesellschaft*Kritik, Band 36, 2003, 190 S.,
ISBN 3-8255-0365-8, 25,60 € (z.T. englischsprachig)

Karlheinz Lipp
Friedensinitiativen in der Geschichte.
Aufsätze – Unterrichtsmaterialien – Service
Geschichte und Psychologie, Band 11, 2002, 220 Seiten, 4 Abb.,
ISBN 3-8255-0391-7, 18,90 €

Monica Marcello-Müller (Hrsgin.)
Frauenrechte sind Menschenrechte!
Die Schriften der Revolutionärin und Literatin Amalie Struve
Mit einem Geleitwort von Prof. Dr. Hans Fenske
2002, 280 Seiten, ISBN 3-8255-0341-0, 19,90 €

Peter Schulz-Hageleit
Geschichtsbewußtsein und Zukunftssorge. Unbewußtheiten
im geschichtswissenschaftlichen und geschichtsdidaktischen Diskurs.
Geschichtsunterricht als „historische Lebenskunde".
Geschichte und Psychologie, Band 12, 2004, ca. 300 Seiten,
ISBN 3-8255-0486-7, ca. 26,– €

Robert Valerius
Weibliche Herrschaft im 16. Jahrhundert.
Die Regentschaft Elisabeths I. zwischen Realpolitik,
Querelle des femmes und Kult der Virgin Queen
Reihe Geschichtswissenschaft, Band 49, 2002, 370 Seiten,
ISBN 3-8255-0362-3, 28,80 €

Kay Zierold
Der Bruch der sozial-liberalen Koalition. Eine Analyse
des Zerfallsprozesses anhand der „mulit-dimensional framework"
von Geoffrey Pridham.
Politische Studien, Band 8, 2004, ca. 310 Seiten,
ISBN 3-8255-0397-6, ca. 25,– €

Erklärung

Hiermit versichere ich, dass ich die vorliegende Dissertation:

Zwischen „Nebenwiderspruch" und „revolutionärem Entwurf"
Emanzipatorische Potenziale sozialdemokratischer Frauenpolitik 1945 – 1949

selbständig und ohne unerlaubte fremde Hilfe angefertigt und andere als die in der Dissertation angegebenen Hilfsmittel nicht benutzt habe. Alle Stellen, die wörtlich oder sinngemäß aus veröffentlichten oder nicht veröffentlichten Schriften entnommen sind, habe ich als solche kenntlich gemacht. Die vorliegende Dissertation hat zuvor keiner anderen Stelle zur Prüfung vorgelegen. Es ist mir bekannt, dass wegen einer falschen Versicherung bereits erfolgte Promotionsleistungen für ungültig erklärt werden und eine bereits verliehene Doktorwürde entzogen wird.

Haseldorf im August 2002